1 MONTH OF
FREE
READING

at
www.ForgottenBooks.com

By purchasing this book you are eligible for one month membership to ForgottenBooks.com, giving you unlimited access to our entire collection of over 1,000,000 titles via our web site and mobile apps.

To claim your free month visit:
www.forgottenbooks.com/free1052855

ISBN 978-0-365-72798-9
PIBN 11052855

Der sinnreiche Junker 🐝 🐝 🐝 🐝 Don Quijote von der Mancha
von Miguel de Cervantes Saavedra

Übersetzt, eingeleitet und mit
Erläuterungen versehen von
Ludwig Braunfels

Neue, revidierte Jubiläumsausgabe
Zweiter Band * (Des ersten Teiles zweite Hälfte)

Straßburg 1905
Verlag von Karl J. Trübner

Inhaltsverzeichnis

Sechsundzwanzigstes Kapitel,

worin die auserlesenen Absonderlichkeiten, die Don Quijote aus purer Verliebtheit in der Sierra Morena verrichtete, fortgesetzt werden.

Indem die Geschichte sich nun wiederum zur Erzählung dessen wendet, was der von der traurigen Gestalt begann, als er sich allein sah, berichtet sie, daß Don Quijote, sobald er in seinem erwähnten Aufzug, vom Gürtel abwärts nackend, vom Gürtel aufwärts bekleidet, sich in Purzelbäumen und im Radschlagen versucht hatte und sah, daß Sancho fortgeritten war, ohne noch mehr von seinen Torheiten abwarten zu wollen, sofort auf eine Felsenspitze stieg und hier wiederholt über einen Punkt nachdachte, den er sich schon sehr oft überlegt hatte, ohne jemals zu einem Entschlusse zu kommen. Es war dies die Frage, was wohl besser sei und sich eher für ihn schicke, dem Roland in dessen gewalttätigen oder dem Amadis in dessen schwermütigen Verrücktheiten nachzuahmen; und er redete so zu sich selber:

Wenn Roland ein so tapferer Ritter und so streitbar war, wie jeder sagt, was Wunder? Er war am Ende ja gefeit, und niemand konnte ihn umbringen, außer wenn man ihm eine von den großen Stecknadeln für einen Groschen durch die Fußsohle stach, und deshalb trug er immer Schuhe mit sieben eisernen Sohlen. Indessen nützten ihm seine Kniffe nichts gegen Bernardo del Carpio, der dahinterkam und ihn im Tale Ronces=

valles in seinen Armen erstickte. Aber lassen wir einmal beiseite,
was seine Tapferkeit betrifft, und kommen wir auf den Punkt
mit dem Verlieren des Verstandes, so ist es gewiß, er verlor
ihn wegen der Merkzeichen, die er an der Quelle fand, und
wegen der Mitteilung jenes Hirten, daß Angélika zweimal oder
öfter ihr Mittagsschläfchen mit Medor gehalten, einem kraus=
haarigen Mohrenjungen, dem Edelknaben Agramants. Und
wenn er sich überzeugt hielt, es sei dies wahr, und seine Ge=
liebte habe ihm eine Ungebühr angetan, so tat er nicht zu viel,
daß er verrückt wurde. Aber ich, wie kann ich ihm in seinen
Tollheiten nachahmen, wenn ich ihm nicht in dem Anlaß zu sel=
bigen nachahme? Denn meine Dulcinea del Toboso, das wage
ich zu beschwören, hat all ihr Lebtage keinen Mohren, wie er
es ist, gesehen, in seiner eignen Volkstracht, und ist heute noch
so rein, wie ihre Mutter sie geboren. Und ich würde ihr ein
offenbares Unrecht antun, wenn ich was andres von ihr dächte
und in die Art von Verrücktheit verfiele wie der rasende Roland.
Andrerseits finde ich, daß Amadis von Gallien, ohne den Ver=
stand zu verlieren und Narreteien zu verüben, solchen Ruhm
eines liebestreuen Ritters erwarb, daß ihn keiner darin über=
trifft. Und was er tat, wie seine Geschichte bezeugt, war nichts
andres, als daß er, zurückgewiesen von seiner Gebieterin
Oriana, die ihm geboten, vor ihrem Antlitz nicht wieder zu
erscheinen, bis sie ihm es verstatte, sich in Gesellschaft eines
Einsiedlers auf dem Armutsfelsen verbarg und sich Weinens
ersättigte, bis der Himmel ihm mitten in seiner größten Not
und Bedrängnis endlich zu Hilfe kam. Und wenn dies wahr
ist, und es ist wahr, warum will ich die Mühsal auf mich
nehmen, mich gänzlich auszukleiden oder diesen Bäumen ein
Leids zu tun, die mir keinerlei Böses zugefügt? Was hab' ich
für Grund, das klare Wasser dieser Bächlein zu trüben, die mir
zu trinken geben sollen, wenn es mich gelüstet? Nein, hoch lebe

das Angedenken des Amadis! Er werde von Don Quijote von der Mancha nachgeahmt in allem, was er vermag. Von Don Quijote wird man sagen, was von jenem gesagt worden: wenn er nicht Großes vollbracht hat, so strebte er sehnsüchtig danach, Großes zu vollbringen. Und wenn ich von meiner Dulcinea nicht verstoßen noch verschmäht wurde, so genügt mir schon, wie ich bereits gesagt, daß ich von ihr abwesend bin. Auf denn, Hand ans Werk! Kommt mir ins Gedächtnis, Taten des Amadis, und lehrt mich, womit ich beginnen soll euch nachzuahmen! Doch ich weiß schon: das allermeiste, was er tat, war beten und sich Gott befehlen, und so will ich auch tun.

Hierbei dienten ihm zum Rosenkranz die großen Galläpfel eines Korkbaumes, die er zu zehn aneinander reihte und zu denen er dann einen größeren fügte. Was ihn aber sehr bekümmerte, war, daß er weit und breit keinen Einsiedler fand, um ihm zu beichten und Trost bei ihm zu suchen. So vertrieb er sich denn die Zeit damit, auf dem schmalen Wiesenrain sich zu ergehn und auf die Rinden der Bäume und in den feinkörnigen Sand zahlreiche Verse zu schreiben und einzugraben, alle seinem Trübsinn entsprechend, doch einige zum Preise Dulcineas. Aber nur folgende waren, nachdem man den Ritter dort aufgefunden, vollständig erhalten und noch lesbar:

O ihr Bäum' in diesem Hage,
Gras und Blumen, grün und rot,
Die ihr hier entsprießt, ich frage:
Freut euch meines Herzens Not?
Wohl, wenn nicht, hört meine Klage.
Wenn ich trüb den Hain durchtrotte,
Bebet nicht, mir ist zu weh ja!
Euch zum Trotz, ob man auch spotte,
Hat geweint hier Don Quijote,
Weil ihm fern war Dulcinea
Del Toboso.

Hier in Waldes Finsternissen
Muß der treuste aller Ritter
Seiner Herrin Anblick missen;
Hat ein Dasein gar so bitter,
Ohne wann und wie zu wissen.
Lieb' war seines Hirns Marotte,
Liebe bracht' ihm großes Weh ja!
Fässer voll, beim höchsten Gotte!
Hat geweint hier Don Quijote,
Weil ihm fern war Dulcinea
Del Toboso.

Alles Unrecht auszumerzen,
Will zum Kampf den Gaul er spornen;
Fluchend ihrem harten Herzen,
Unter Felsen, unter Dornen,
Find't der Arme stets nur Schmerzen.
Wie am Licht versengt die Motte,
Fühlt er Glut und gräßlich Weh ja!
Da er Amorn ward zum Spotte,
Hat geweint hier Don Quijote,
Weil ihm fern war Dulcinea
Del Toboso.

Nicht geringes Gelächter erhob sich bei denen, die diese Verse fanden, als sie den Zusatz „del Toboso" bei dem Namen Dulcinea lasen. Sie vermuteten, Don Quijote habe notwendig glauben müssen, man werde die Strophen nicht verstehn, wenn er Dulcinea ohne el Toboso nenne. Und in der Tat glaubte er das, wie er später selbst eingestand.

Noch viel andre schrieb er, aber, wie gesagt, außer diesen drei Strophen konnte man nichts ins Reine bringen oder vollständig lesen. So brachte er seine Zeit damit hin, zu reimen, zu seufzen und die Faunen und die Waldgötter dieses Haines, die Nymphen der Bäche, die schmerzen= und tränenreichen Echos anzurufen, daß sie ihm Gehör, Antwort und Tröstung geben möchten; auch suchte er etwelche Kräuter, um sich davon zu nähren, bis Sancho wiederkäme. Wäre dieser, wie er drei Tage ausblieb, drei Wochen ausgeblieben, so wäre der Ritter von der traurigen Gestalt so verunstaltet worden, daß ihn seine eigene Mutter nicht erkannt hätte.

Jetzt wird es sich empfehlen, daß wir unsern Ritter in seinen Seufzern und Versen vergraben sein lassen und erzählen, wie es Sancho auf seiner Gesandtschaftsreise erging. Als er auf die Landstraße gelangt war, suchte er den Weg nach el Toboso, und am nächsten Tag gelangte er zu der Schenke, wo ihm das Unglück mit dem Wippen begegnet war. Kaum hatte er sie erblickt, da kam es ihm schon vor, als flöge er wiederum in den Lüften auf und nieder, und er begehrte nicht ins Haus, wiewohl er gerade zu einer Stunde angekommen war, wo er wohl hinein geburft und gesollt hätte. Denn es war Essenszeit, und er hatte die größte Lust, etwas Warmes zu genießen, nachdem es lange Tage nur kalte Küche gegeben hatte. Dies Bedürfnis drängte ihn, sich dicht an die Schenke heranzuwagen, noch immer im Zweifel befangen, ob er hinein solle oder nicht. Und während er noch so dastand, kamen aus der Schenke zwei Männer heraus, die ihn sogleich erkannten.

Sagt mir, Herr Lizentiat, sprach der eine zum andern, ist der auf dem Gaule nicht Sancho Panza, von dem die Haushälterin unsers abenteuernden Ritters erzählt hat, er sei mit ihrem Herrn als Schildknappe von dannen gezogen?

Freilich ist er es, antwortete der Lizentiat, und dies ist das Pferd unsers Don Quijote.

Sie mußten ihn wohl kennen, denn die beiden waren der Pfarrer und der Barbier seines eigenen Dorfs, die nämlichen, welche die Untersuchung und das große Ketzergericht über die Bücher gehalten hatten.

Sowie sie nun nicht mehr zweifeln konnten, Sancho Panza und Rosinante vor Augen zu haben, traten sie näher hinzu,

voller Begierde etwas über Don Quijote zu erfahren, und der
Pfarrer rief ihn bei seinem Namen an und sprach: Freund
Sancho Panza, wo ist denn Euer Herr?

Sancho Panza erkannte sie ebenfalls auf der Stelle und
nahm sich vor, den Ort, wo, und den Zustand, wie sein Herr
sich befand, geheim zu halten. Und so antwortete er ihnen, sein
Herr sei an einem gewissen Ort mit einer gewissen Sache beschäftigt, die ihm von großer Wichtigkeit sei, die er aber nicht
verraten dürfe, wenn es auch sein Leben und das Licht seiner
Augen gelten sollte.

Nein, nein, entgegnete der Barbier; Sancho Panza, wenn
Ihr uns nicht sagt, wo er sich befindet, so müssen wir glauben,
ja wir glauben schon wirklich, daß Ihr ihn umgebracht und be-
raubt habt, da Ihr auf seinem Pferd geritten kommt. Im vollen
Ernst, Ihr müßt uns entweder den Herrn des Pferdes zur
Stelle schaffen, oder es gibt was Gehöriges!

Bei mir sind Drohungen durchaus nicht angebracht, ich bin
kein Mann, der jemand beraubt oder umbringt; mag einen jeden
sein Schicksal umbringen oder der liebe Gott, der ihn geschaffen
hat. Mein Herr verweilt dort in dem Gebirge mitten drin und
tut da Buße nach Herzenslust.

Und nun in aller Geschwindigkeit und ohne einmal anzuhalten, erzählte er ihnen, in welchem Zustand der Ritter sich
dort umhertreibe, welche Abenteuer ihm begegnet seien, und
wie er selbst den Brief an das Fräulein Dulcinea del Toboso
überbringe, welches die Tochter von Lorenzo Corchuelo sei, in
welche Don Quijote bis über die Ohren verliebt sei. Die beiden
verwunderten sich höchlich über Sancho Panzas Mitteilungen;
und wiewohl sie Don Quijotes Verrücktheit und deren besondere
Art schon kannten, so waren sie jedesmal, wenn sie davon erzählen hörten, aufs neue verwundert. Sie baten Sancho, ihnen
den Brief vorzuweisen, den er an das Fräulein Dulcinea del

Toboso bringe. Er antwortete ihnen, der Brief sei in einem Notizbuche niedergeschrieben, und es sei seines Herrn Befehl, ihn am nächsten Ort, wohin er komme, auf Briefpapier abschreiben zu lassen; worauf der Pfarrer bemerkte, er solle ihm den Brief nur zeigen, er würde ihn mit bester Handschrift ins Reine bringen. Sancho griff mit der Hand in den Busen, um das Büchlein hervorzuholen; aber er fand es nicht und hätte es nicht finden können, wenn er bis zum heutigen Tag gesucht hätte, denn es war in Don Quijotes Händen geblieben, und dieser hatte es ihm nicht übergeben, noch hatte Sancho daran gedacht, es ihm abzufordern.

Als Sancho sah, daß er das Büchlein nicht fand, ward sein Gesicht totenblaß. Er befühlte sich abermals den ganzen Körper in größter Hast, sah abermals, daß es nicht zu finden war, fuhr sich ohne weiteres mit beiden Fäusten in den Bart und riß ihn sich zur Hälfte aus und versetzte sich in aller Geschwindigkeit und ohne Unterbrechung ein halb Dutzend Faustschläge ins Gesicht und auf die Nase, daß sie ganz in Blut schwamm.

Wie der Pfarrer und der Barbier das sahen, fragten sie, was ihm denn begegnet sei, daß er sich so übel zurichtete.

Was soll mir begegnet sein, antwortete Sancho, als daß ich im Handumdrehen drei Esel verloren habe, jeder groß und stark wie eine Burg.

Wie das? fragte der Barbier.

Ich habe das Notizbuch verloren, erwiderte Sancho, worin der Brief für Dulcinea war und eine Anweisung mit der Unterschrift meines Herrn, worin er seine Nichte beauftragte, mir drei Esel von den vieren oder fünfen zu geben, die im Stalle sind.

Und hierbei erzählte er ihnen den Verlust seines Grauen. Der Pfarrer tröstete ihn; wenn sein Herr aufgefunden würde, so wolle er denselben veranlassen, den Auftrag wieder in Kraft zu setzen und die Anweisung auf Papier auszufertigen, wie es

Brauch und Gewohnheit sei; denn die in ein Notizbuch ein-
geschriebenen würden nie angenommen noch berichtigt.

Damit gab sich Sancho getröstet und sagte: Wenn dieses so
sei, mache ihm der Verlust des Briefes an Dulcinea weiter nicht
viel Kummer, denn er wisse ihn beinahe auswendig, und so
könne man ihn aus dem Gedächtnis niederschreiben, wo und
wann man wolle.

Nun, dann sagt ihn her, sprach der Barbier, so wollen wir
ihn denn aufschreiben.

Sancho Panza hielt eine Weile still, kratzte sich den Kopf,
um den Brief in sein Gedächtnis zurückzubringen, stellte sich
bald auf einen Fuß, bald auf den andern, schaute ein paarmal
zu Boden, ein paarmal gen Himmel, und nachdem er sich schier
einen halben Finger abgenagt, während die andern in Spannung
dastanden und abwarteten, daß er ihnen den Brief vorsage,
sprach er nach Verfluß geraumer Zeit: Bei Gott, Herr Lizentiat,
der Teufel soll holen, was ich von dem Briefe noch weiß, ausgenommen daß er zu Anfang lautete: Hohe, berstende oder
fürchterliche Herrin.

Es wird nicht berstende oder fürchterliche, sondern herr-
schende oder fürstliche geheißen haben.

Ganz gewiß, versetzte Sancho. Denn, wenn ich mich recht
entsinne, hieß es weiter: Der Wundgeschlagene, der am Schlafe
keinen Teil selbst nicht mehr hat, der Durchbohrte küßt Euer
Gnaden die Hand, undankbare und unbekannte und höchst
geringgeschätzte Huldseligkeit. Und dann sagte er was vom Heil
und Unheil, das er ihr zuschicke, und so lief es da aus, bis es
unten hieß: Der Eurige bis in den Tod der Ritter von der
traurigen Gestalt.

Die beiden hatten nicht geringes Vergnügen an dem guten
Gedächtnis Sancho Panzas und lobten es gar sehr und verlangten, er solle ihnen den Brief noch zweimal vorsagen, damit

sie ihn ebenfalls auswendig lernten, um ihn seinerzeit nieder-
zuschreiben. Er sagte den Brief noch dreimal her, und jedesmal
brachte er wiederum breitausend Verkehrtheiten zutage. Hierauf erzählte er auch die Erlebnisse seines Herrn; aber er sprach
kein Wort von dem Wippen, das er in dieser Schenke ausge-
standen, in die er durchaus nicht hineinwollte. Auch erzählte er,
daß sein Herr, wenn er ihm die gute Botschaft von dem Fräulein Dulcinea bringe, die er ihm bringen solle, sich auf den Weg
begeben müsse, um Kaiser oder wenigstens Monarch zu werden,
denn so hätten sie es unter sich ausgemacht, und das zu werden,
sei bei seiner persönlichen Tapferkeit und der Stärke seines
Arms was sehr Leichtes. Und wenn er es geworden, wolle sein
Herr ihn verheiraten, denn alsbann werde er schon Witwer sein,
und das könne gar nicht anders kommen, und werde ihm eine
Hofdame der Kaiserin zum Weibe geben, die habe zum Erbe
ein reiches, großes Stammgut auf dem Festland, und da seien
keine Insuln oder Insulinen dabei, denn die möge er gar nicht
mehr.

Sancho sagte all dieses mit solcher Gelassenheit, wobei er
sich hier und da die Nase schneuzte, und mit so großer Einfalt,
daß die beiden aufs neue in Staunen gerieten, indem sie er-
wogen, wie gewaltig Don Quijotes Tollheit sein müsse, da sie
auch den Verstand dieses armen Teufels nachgezogen habe. Sie
wollten sich nicht damit abmüden, ihn aus seinem Irrtum zu
reißen; denn da dieser Sanchos Gewissen nirgends beschwere,
hielten sie es für besser, ihn darin zu lassen, und ihnen selbst
würde es zu größerer Ergötzlichkeit gereichen, seine Torheiten
anzuhören. Somit sagten sie ihm, er möge zu Gott um seines
Herrn Erhaltung beten, denn es sei allerdings denkbar und sehr
möglich, daß er es im Laufe der Zeit zum Kaiser bringe oder
doch wenigstens zum Erzbischof oder einer andern Würde von
gleichem Rang.

Darauf antwortete Sancho: Werte Herren, wenn das Glück das Rad der Dinge so drehte, daß es meinem Herrn in den Sinn käme, nicht Kaiser, sondern Erzbischof zu werden, so möchte ich wissen, was die fahrenden Erzbischöfe ihren Schildknappen zuzuwenden pflegen.

Der Pfarrer sagte darauf: Sie pflegen ihnen eine Pfründe ohne oder mit Seelsorge zu verleihen oder einen Küsterdienst, der ihnen viel an festem Einkommen trägt, außer den Nebeneinkünften, die man ebenso hoch anzuschlagen pflegt.

Dazu ist erforderlich, entgegnete Sancho, daß der Schildknappe unverheiratet ist und mindestens versteht, die Messe zu dienen, und wenn es so kommt, ach, ich Unglücklicher bin verheiratet und weiß nicht einmal den ersten Buchstaben vom Abc! Was soll's mit mir werden, wenn meinen Herrn die Lust anwandelt Erzbischof zu werden, und nicht Kaiser, wie es Brauch und Sitte der fahrenden Ritter ist?

Habt darum keine Sorge, Freund Sancho, sprach der Barbier. Wir wollen gleich Euren Herrn bitten und ihm den Rat erteilen, ja es ihm zur Gewissenspflicht machen, daß er Kaiser und nicht Erzbischof wird; denn das wird ihm viel leichter fallen, da er mehr ein streitbarer als ein studierter Mann ist.

Das kommt mir auch so vor, versetzte Sancho, wiewohl ich sagen kann, daß er zu allem Geschick hat. Was ich meinerseits zu tun gedenke, ist, unsern Herrgott zu bitten, er möge ihn dahin lenken, wo er dem Himmel am besten dienen und mir die meisten Gnaden erweisen kann.

Ihr redet als ein gescheiter Mann, sprach der Pfarrer, und werdet als ein guter Christ handeln! Was aber für jetzt geschehen muß, ist Anstalt zu treffen, wie man Euren Herrn von dieser unnützen Buße frei machen kann, der er, wie Ihr erzählt, jetzt obliegt. Und um zu überlegen, welch ein Verfahren wir dabei einzuhalten haben, und auch um das Mittagsmahl einzunehmen, wozu es nun Zeit ist, wird es am besten sein hier in die Schenke einzutreten.

Sancho sagte, sie ihresteils möchten nur hineingehen, er aber würde sie hier außen erwarten und später ihnen den Grund sagen, weshalb er nicht hineingehe und es ihm nicht angemessen scheine hineinzugehen; aber er bitte sie, ihm etwas zu essen herauszubringen, und zwar etwas Warmes, und so auch Gerste für Rosinante. Sie gingen hinein und ließen ihn draußen, und bald darauf brachte ihm der Barbier etwas zum Mahl.

Hierauf überlegten sich die beiden gründlich, welch ein Mittel sie anwenden wollten, um ihren Zweck zu erreichen. Da geriet der Pfarrer auf einen Gedanken, der ganz nach dem Geschmacke Don Quijotes und zugleich ihren Absichten höchst dienlich erschien. Es sei ihm nämlich der Einfall gekommen, sagte er dem Barbier, er wolle sich die Tracht eines fahrenden Fräuleins anlegen, er aber solle Sorge tragen, sich so gut wie möglich als Knappe zu verkleiden; und so wollten sie sich zu Don Quijote begeben. Der Pfarrer wolle vorgeben, er sei ein in Trübsal befangenes, hilfesuchendes Fräulein und wolle eine Vergünstigung von ihm heischen, welche er als ein mannhafter, fahrender Ritter nicht umhin könne ihr zu gewähren; und die Vergünstigung, die sie von ihm zu heischen gedenke, bestehe darin, mit ihr zu ziehen, wohin sie ihn führen werde, um einer Ungebühr abzuhelfen, die ihr ein böser Ritter angetan. Und zugleich wolle sie ihn anflehen, nicht zu verlangen, daß sie ihren Schleier hebe, und sie nimmer um ihre Verhältnisse zu befragen, bis er ihr von jenem bösen Ritter ihr Recht verschafft habe. Er sei sicher überzeugt, fügte der Pfarrer bei, Don Quijote werde auf alles eingehen, was sie unter solchen Vorwänden von ihm begehren werde, und auf diese Weise würden sie ihn von dort fortbringen und nach seinem Dorfe führen, wo sie suchen würden, ob es für seine sonderbare Verrücktheit ein Heilmittel gebe.

Siebenundzwanzigstes Kapitel

Wie der Pfarrer und der Barbier ihr Vorhaben ins Werk setzten, nebst andern Ereignissen, würdig in dieser großen Geschichte erzählt zu werden.

Dem Barbier gefiel der Einfall des Pfarrers nicht übel; er fand ihn vielmehr so vortrefflich, daß sie ihn gleich zur Ausführung brachten. Sie erbaten sich von der Schenkwirtin einen langen Weiberrock und Kopftücher, wofür sie ihr den neuen Chorrock des Pfarrers zum Pfande ließen. Der Barbier machte sich einen Bart zurecht aus einem graubraunen oder rötlichen Farrenschwanz, an welchem der Wirt seinen Kamm stecken hatte.

Die Wirtin fragte sie, wozu sie die Sachen haben wollten. Der Pfarrer erzählte ihr in kurzen Worten Don Quijotes Verrücktheit; diese Verkleidung sei das Mittel, ihn aus dem Gebirge fortzubringen, wo er sich gegenwärtig aufhalte. Wirt und Wirtin errieten sogleich, daß der Verrückte derselbe sein müsse wie der Gast mit dem Balsamtrank, der Herr des gewippten Schildknappen. Sie erzählten dem Pfarrer alles, was sich in ihrem Hause mit ihm zugetragen, ohne das zu verschweigen, was Sancho so sorgfältig verschwieg.

Alsdann kleidete die Wirtin den Pfarrer dergestalt um, daß man nichts Schöneres auf der Welt sehen konnte. Sie zog ihm einen wollenen Rock an, ganz mit handbreiten, ausgezackten Streifen von schwarzem Samt umzogen, nebst einem Leibchen von grünem Samt mit Säumen von weißem Atlas besetzt, welches, wie der Rock, ohne Zweifel zu König Wambas Zeiten gemacht war. Der Pfarrer litt nicht, daß man ihm eine Haube aufsetzte, sondern er tat ein Mützchen von gestepptem Linnen auf den Kopf, das er für die Nacht zum Schlafen bei sich trug.

Um die Stirn legte er eine Binde von schwarzem Taft, und aus einer andern Binde machte er einen Schleier, mit dem er sich Gesicht und Bart dicht bedeckte. Er stülpte seinen Hut auf, der so breit war, daß er ihm zum Sonnenschirm dienen konnte, zog seinen Mantel über und setzte sich nach Frauenart auf sein Maultier; der Barbier auf das seinige, mit seinem Bart, der bis zum Gürtel herabhing, halb rot, halb weiß, da er, wie gesagt, aus dem Schwanz eines scheckigen Ochsen gemacht war.

Sie nahmen Abschied von allen, auch von dem guten Ding Maritornes. Die versprach ihnen, sie wolle, wiewohl eine Sünderin, einen Rosenkranz dafür beten, daß Gott ihnen gute Erfolge verleihe bei einer so schwierigen und so christlichen Sache, wie sie unternommen hätten. Aber kaum waren sie aus der Schenke fort, da kam dem Pfarrer das Bedenken, daß er übel daran getan, sich so zu verkleiden, weil ein solcher Aufzug für einen Geistlichen unschicklich sei, selbst wenn für ihn auch noch soviel davon abhinge. Er sagte dies dem Barbier und bat ihn, sie möchten ihre Anzüge miteinander vertauschen, denn es sei weit richtiger, daß er das hilfesuchende Fräulein vorstelle; er seinerseits wolle den Knappen spielen, und dergestalt werde er seiner Würde weniger vergeben. Wenn der Barbier aber das nicht wolle, so sei er entschlossen nicht weiter zu gehen, wenn auch den Don Quijote der Teufel holen sollte.

Mittlerweile kam Sancho herzu, und als er die beiden in solchem Aufzug erblickte, konnte er das Lachen nicht an sich halten. Der Barbier aber ging auf alles ein, was der Pfarrer verlangte, und indem sie die Verkleidung miteinander vertauschten, belehrte der Pfarrer den Barbier, welch Benehmen er einzuhalten und welche Worte er bei Don Quijote anzubringen habe, um ihn zu bewegen oder vielmehr ihn zu zwingen, mit ihm zu kommen und den Lieblingsplatz zu verlassen, den er sich für seine eitle Bußübung erlesen hatte.

Der Barbier entgegnete, er werde, auch ohne daß er ihm
Unterricht gebe, die Sache aufs beste besorgen. Für jetzt aber
wollte er seine Tracht noch nicht anlegen, bis sie in Don Quijotes Nähe wären, und so faltete er die Frauenkleider zusammen,
der Pfarrer legte seinen Bart an, und sie verfolgten ihren Weg
unter Sancho Panzas Führung. Dieser erzählte ihnen derweilen, was ihnen mit dem Irrsinnigen begegnet war, den sie
im Gebirge angetroffen, verschwieg jedoch den Fund des Mantelsacks und seines Inhalts, denn wiewohl einfältig, war der
Bursche ziemlich habgierig.

Des andern Tags kamen sie an den Ort, wo Sancho die
Zweige als Merkzeichen ausgestreut, um die Stelle zu finden,
wo er seinen Herrn gelassen hatte. Er erkannte den Ort sogleich
und sagte ihnen, hier sei der Zugang, und hier könnten sie sich
denn auch anziehn, wenn das wirklich für die Erlösung seines
Herrn nötig wäre. Sie hatten ihm nämlich vorher schon gesagt,
auf diesen ihren Anzug und diese Verkleidung komme alles an,
wenn man seinen Herrn von der argen Lebensweise abbringen
wolle, die er sich erwählt habe. Auch hatten sie ihm bringend
ans Herz gelegt, seinem Herrn nicht zu verraten, wer sie seien;
und wenn er ihn danach frage (wie er ihn denn jedenfalls fragen würde), ob er Dulcineen den Brief übergeben habe, so sollte
er ja sagen, und da sie nicht lesen und schreiben könne, so habe
sie ihm mündlich geantwortet, daß sie ihm bei Strafe ihrer Un-
gnade befehle, zu einer Zusammenkunft mit ihr gleich auf der
Stelle aufzubrechen, weil dies von höchster Wichtigkeit für ihn
sei. Denn hierdurch und durch dasjenige, was sie ihm zu sagen
gedächten, hielten sie es für sicher, ihn einer besseren Lebensweise wieder zuzuführen und ihn zu vermögen, daß er sich sogleich auf den Weg begebe, um Kaiser oder Monarch zu werden.
Daß er aber Erzbischof werden sollte, das sei nicht zu befürchten.

Alles dies hörte Sancho aufmerksam an und prägte es sich
fest ins Gedächtnis, dankte ihnen auch gar sehr für ihre Absicht
seinem Herrn anzuraten, Kaiser und nicht Erzbischof zu werden,
denn er sei der Überzeugung, daß die Kaiser weit mehr als die
fahrenden Erzbischöfe imstande seien, ihren Schildknappen Gna=
den zu erweisen. Auch sagte er ihnen, es würde gut sein, wenn
er vorausginge, Don Quijote aufzusuchen und ihm die Antwort
seiner Gebieterin mitzuteilen, und dieselbe würde schon hin=
reichend sein, ihn zum Verlassen seines jetzigen Aufenthalts zu
bewegen, ohne daß sie sich in so viel Mühsal einließen.

Sanchos Vorschlag gefiel ihnen wohl, und so entschlossen
sie sich abzuwarten, bis er mit der Nachricht vom Auffinden
seines Herrn zu ihnen zurückkomme.

Sancho ritt in jene Schluchten des Gebirgs hinein und ließ
die beiden in einer derselben zurück, die ein sanftes Bächlein
durchfloß, über welches niedre Felsen und etliche umherstehende
Bäume einen angenehmen und frischen Schatten verbreiteten.
Die Hitze und der Tag, an welchem sie dort anlangten, war
eben wie im Monat August, wo in jenen Gegenden der Sonnen=
brand äußerst heftig zu sein pflegt; die Stunde war die dritte
des Nachmittags. Alles das machte das Plätzchen um so an=
genehmer, so daß es sie einlud, dort die Rückkunft Sanchos zu
erwarten. So taten sie denn auch.

Während sie nun dort geruhsam und im Schatten verweil=
ten, drang in ihr Ohr eine Stimme, die, ohne daß der Ton
eines Instruments sie begleitete, süß und köstlich klang. Dar=
über erstaunten sie nicht wenig, da es sie bedünkte, dies sei kein
Ort, wo sich jemand finden könnte, der so trefflich sänge. Denn
wenn man auch zu rühmen pflegt, es seien in den Wäldern und
Feldern Schäfer mit vorzüglicher Stimme anzutreffen, so sind
dies eher Übertreibungen von Dichtern als wahre Tatsachen.
Ihr Erstaunen wuchs, als sie bemerkten, was sie singen hörten,

seien Verse, nicht wie von bäurischen Hirten, sondern wie von geistvollen Personen von hochgebildetem Stande. In dieser Überzeugung bestärkte sie der Inhalt der Verse, die folgender= maßen lauteten:

> Was läßt mich in Gram vergehen?
>   Verschmähen.
> Was mehrt meiner Sorgen Wucht?
>   Eifersucht.
> Was erschwert mein herbes Leiden?
>   Scheiden.
> Und so will mich Hoffnung meiden,
> Und kein Rettungsport steht offen,
> Da mir morden all mein Hoffen
> Eifersucht, Verschmähen, Scheiden.

> Was macht mir das Dasein trübe?
>   Die Liebe.
> Was bringt jedes Heil zurück?
>   Das Glück.
> Wer hat mir dies Leid gebracht?
>   Himmels Macht.
> Und so wird des Todes Nacht,
> Fürcht' ich wohl, mich bald erfassen,
> Da vereint sind, mich zu hassen,
> Liebe, Glück und Himmels Macht.

> Wer gewinnt der Liebe Gut?
>   Wankelmut.
> Wer heilt einstens meine Not?
>   Der Tod.
> Wer macht bald von Schmerz mich frei?
>   Raserei.
> Und so kömmt's nur Toren bei,
> Heilung könne je gelingen,
> Wo allein kann Rettung bringen
> Wankelmut, Tod, Raserei.

Die Stunde und Jahreszeit, die Einsamkeit des Ortes, die
Stimme und Geschicklichkeit des Sängers, alles erweckte in den
beiden Hörern Staunen und Vergnügen. Sie verhielten sich
ruhig, in Erwartung noch mehr zu hören; da jedoch das Stillschweigen noch eine Weile dauerte, beschlossen sie den Ort zu
verlassen, um den Künstler aufzusuchen, der mit so trefflicher
Stimme sang. Aber gerade wie sie dies ausführen wollten, veranlaßte sie die nämliche Stimme sich nicht zu rühren, denn sie
drang aufs neue zu ihren Ohren und sang folgendes Sonett:

> O heil'ge Freundschaft, die auf leichten Schwingen,
> Dieweil dein Scheinbild nur uns blieb hienieden,
> Zum sel'gen Chor, dem Himmelsheil beschieden,
> Emporgeeilt, dem Staub dich zu entringen!
>
> Von dorten läßt du Kunde zu uns bringen
> Von dem, was uns verhüllt ist, Recht und Frieden,
> Von wahrer Tugend, die uns längst gemieden,
> Von Heucheltaten, die Verderben bringen.
>
> Verlaß den Himmel oder untersage,
> O Freundschaft, daß sich Trug in dich verkleide,
> Vor dem kein redlich Streben kann bestehen.
>
> Erlaubst du's, daß er deine Maske trage,
> So wird die Welt, von Zwietracht, Haß und Neide
> Erfüllt, im alten Chaos bald vergehen.

Der Gesang schloß mit einem tiefen Seufzer, und die beiden
blieben abermals in aufmerksamer Erwartung, ob etwa noch
mehr gesungen würde. Aber als sie sahen, daß die Liedertöne
sich in Schluchzen und schmerzliches Ächzen verwandelt hatten,
beschlossen sie nachzuforschen, wer der Unglückliche sei, dessen
Stimme so schön, wie sein Jammern schmerzvoll war. Sie
waren nicht weit gegangen, da erblickten sie beim Umbiegen um
eine Felsenecke einen Jüngling, von Gestalt und Aussehen ganz
wie Sancho Panza es geschildert hatte, als er ihnen die Ge-

schichte Cardenios erzählte. Aber als dieser ihrer ansichtig
wurde, blieb er, anstatt wie sonst zusammenzuschrecken, ruhig
sitzen, den Kopf auf die Brust gebogen, wie einer, der in Nach=
denken versunken ist, ohne daß er die Augen aufschlug, um sich
umzusehn, außer das erste Mal, wie sie so unvermutet auf ihn
zukamen. Der Pfarrer, der ein beredter Mann war, näherte
sich ihm, als bereits mit seinem Unglück vertraut (da er ihn an
den Merkmalen erkannt hatte), und mit kurzen, aber höchst
verständigen Worten bat er ihn und redete ihm zu, er möge
dieses elende Leben aufgeben, damit er es hier nicht gar einbüße,
was doch von allem Unglück das größte wäre.

Cardenio war jetzt gerade bei vollem Verstand, frei von
jenem Wutanfall, der ihn so oft außer Besinnung brachte; und
als er sie daher in einer bei den Leuten, die in seiner Einöde
verkehrten, so ungebräuchlichen Tracht erblickte, so war es na=
türlich, daß er einigermaßen in Verwunderung geriet; zumal
sie über seine Verhältnisse als wie über eine allbekannte Sache
sprachen, was er aus den Worten des Pfarrers deutlich er=
sehen konnte. Sonach antwortete er folgendermaßen: Wohl
sehe ich, geehrte Herren, wer ihr auch sein möget, daß der Him=
mel, der stets Sorge trägt, den Guten, und oftmals auch den
Bösen zu helfen, mir, ohne daß ich es verdiene, an diese vom
gemeinen Verkehr der Menschen so entfernten, so abgelegenen
Stätten edle Männer sendet, die mir mit eindringlichen und
mannichfachen Vernunftgründen vor Augen stellen, wie unver=
nünftig es von mir ist, ein solches Leben zu führen, und die sich
bemühen, mich aus demselben zu erlösen und auf einen bessern
Weg zu bringen. Aber da sie nicht wissen, daß ich nur zu gut
weiß, daß ich, von diesem Leide befreit, sofort in ein andres,
größeres fallen muß, so werden sie mich vielleicht für einen
Mann von schwachen Geisteskräften, oder was noch schlimmer,
für ein ganz vernunftloses Wesen halten müssen. Und es wäre

kein Wunder, wenn es so wäre; denn mir schimmert es im Bewußtsein durch, daß die Gewalt, welche die Vorstellung meiner
unglücklichen Schicksale auf mich übt, so mein ganzes Innere
erfaßt und soviel zu meinem Verderben vermag, daß ich manchmal widerstandslos zu Stein erstarre und alle menschliche Emp-
findung, alle Kenntnis meiner selbst verliere. Daß dem so ist,
das sehe ich erst ein, wenn die Leute mir erzählen und mir
Merkzeichen davon geben, was ich getan habe, solange der schreck-
liche Wutanfall mich beherrscht. Dann bleibt mir weiter nichts
übrig als vergeblich zu jammern und zwecklos mein Schicksal zu
verfluchen und zur Entschuldigung meines Wahnsinns jedem,
der mich hören will, dessen Ursache zu erzählen. Denn wenn
die Verständigen die Ursache hören, werden sie über die Wirkung nicht erstaunt sein, und wenn sie mir kein Heilmittel wissen,
werden sie mir wenigstens nicht die Schuld geben, und ihr Zorn
über meine Ausschreitungen wird sich in Betrübnis ob meines
Unglücks umwandeln. Und ist es nun der Fall, daß ihr Herren
mit derselben Absicht kommt wie andere schon gekommen, so
bitte ich euch, eh' ihr mit euren verständigen Vorstellungen fort-
fahrt, laßt euch die Geschichte meiner Leiden erzählen, die nicht
zu zählen sind; vielleicht, wenn ihr sie gehört, werdet ihr euch die
Mühe sparen für ein Unglück Trost spenden zu wollen, das
jedem Troste unzugänglich ist.

Die beiden, die gar nichts andres wünschten als aus seinem
eignen Munde die Ursache seines unglücklichen Zustands zu erfahren, baten ihn um Mitteilung derselben, wobei sie sich erboten, zu seiner Heilung oder Tröstung nichts andres zu tun,
als was er selbst verlangen würde. Und darauf hin begann der
arme Mann seine jammervolle Geschichte fast mit denselben
Worten und Umständen, wie er sie Don Quijote und dem
Ziegenhirten wenige Tage vorher erzählt hatte, als aus Anlaß
des Meisters Elisabat und der Gewissenhaftigkeit Don Quijotes

2*

in Aufrechthaltung der Würde des Rittertums, die Erzählung unbeendet blieb, wie unsre Geschichte es schon berichtet hat. Jetzt aber wollte es das gute Glück, daß sein Wutanfall länger ausblieb und ihm vergönnte, die Erzählung zu Ende zu führen. Und als er so bis zu dem Umstand mit dem Briefe kam, den Don Fernando im Buche vom Amadis von Gallien gefunden hatte, erwähnte er, daß er denselben vollständig im Gedächtnis habe, und daß er folgendermaßen lautete:

Luscinda an Cardenio.

„Jeden Tag entdecke ich in Euch Vorzüge, die mich verpflichten und zwingen Euch höher zu achten. Wollt Ihr also von dieser Schuld, in der ich gegen Euch stehe, mich befreien, ohne Euch mit meiner Ehre bezahlt zu machen, so könnt Ihr dies sehr leicht bewerkstelligen. Ich habe einen Vater, der Euch kennt und mich von Herzen liebt; er wird, ohne meinen Wünschen Zwang anzutun, jene Wünsche erfüllen, die Ihr von Rechts wegen hegen müßt, wenn Ihr mich wirklich so hochschätzt, wie Ihr es sagt und wie ich es glaube."

Durch dieses Briefchen ward ich bewogen um Luscindas Hand anzuhalten. Dies Briefchen war es, das Luscinda in Don Fernandos Augen als eine der geistvollsten und klügsten Damen ihrer Zeit erscheinen ließ; dies Briefchen erweckte in seinem Herzen den Wunsch mich zugrunde zu richten, bevor der Wunsch meines Herzens zur Erfüllung kommen könnte. Ich erzählte Don Fernando, woran Luscindas Vater Anstand nehme: er erwarte nämlich, daß mein Vater selbst bei ihm um Luscinda anhalte, was ich ihm nicht mitzuteilen wagte, weil ich fürchtete, er werde darauf nicht eingehn, und zwar nicht etwa deshalb, weil ihm Luscindas Stand, Vortrefflichkeit, Tugend und Schönheit nicht genügend bekannt wäre und er nicht wüßte, daß sie hinreichende Eigenschaften besitze, um jedes andre Geschlecht

Spaniens zu adeln; sondern weil ich seinen Wunsch kannte, ich
möchte mich nicht so rasch vermählen, damit man erst erfahre,
was Ricardo mit mir vorhabe. Kurz, ich sagte ihm, ich könne
es nicht auf mich nehmen, meinem Vater die Mitteilung zu
machen, sowohl um dieser Schwierigkeit willen als auch gar
mancher andern noch, die mich mutlos machten, ohne daß ich sie
zu bezeichnen wußte — nur war ich überzeugt, es werde was ich
wünsche, niemals in Erfüllung gehn. Auf all dieses entgegnete
mir Don Fernando, er selbst übernehme es, mit meinem Vater
zu sprechen und ihn zu vermögen, daß er mit dem Vater Lus=
cindas rede.

Ha du Marius, du nach jeder Art von Erfolg begierig! Du
grausamer Catilina! ruchloser Sulla! tückischer Ganelon! ver=
räterischer Bellido! rachsüchtiger Graf Julian! habsüchtiger
Judas! Verräterischer, grausamer, rachsüchtiger, betrügerischer
Mensch, welch schlimmen Dienst hatte er dir erwiesen, der Arme,
der mit solcher Unbefangenheit dir die Geheimnisse und Freuden
seines Herzens anvertraute? Welche Beleidigung habe ich dir
zugefügt? Welche Worte habe ich dir gesagt, oder welche Rat=
schläge dir gegeben, die nicht stets darauf abgezielt hätten, deine
Ehre, deinen Vorteil zu wahren? Aber worüber klage ich, ich
Unseliger! da es doch gewiß ist: wenn die Mißgeschicke ihre
Strömung von den Sternen aus entquellen lassen, so ist keine
andre Kraft, da sie aus der Höhe nach unten kommen und mit
Wut und Gewalt herniederstürzen — so ist keine andre Kraft auf
Erden, die ihnen widerstreben, kein menschliches Bemühen, das
ihnen vorbeugen könnte. Wer konnte denken, daß Fernando,
ein Edelmann von solchem Rang, verständig, mir durch meine
Dienste verpflichtet, mächtig genug, um alles zu erreichen, was
seine Liebeswünsche erstreben mochten, wo auch immer sie ihr
Ziel suchten, daß dieser Mann danach brannte, mir (wie man
zu sagen pflegt) mein einziges Schäflein zu rauben, das ich noch

nicht einmal mein eigen nannte! Doch es mögen diese Betrachtungen als zwecklos und unnütz beiseite bleiben, und laffet uns
den abgeriffenen Faden meiner unfeligen Geschichte wieder an-
knüpfen.

Ich fage also, daß Don Fernando, weil ihm meine Gegenwart zur Ausführung feines falschen, schlechten Vorhabens hin-
derlich fchien, mich zu feinem ältern Bruder zu schicken beschloß,
unter dem Vorwand, von ihm Geld zur Bezahlung von fechs
Pferden zu verlangen. Diefe hatte er absichtlich und lediglich
zu dem Zwecke, mich zu entfernen, um feinen tückischen Plan
beffer ausführen zu können, an dem nämlichen Tage gekauft,
wo er fich erbot mit meinem Vater zu fprechen, und deshalb
wollte er, ich folle fort, das Geld zu holen. Konnte ich einen
folchen Verrat vorausfehen? War es etwa möglich ihn nur zu
ahnen? Gewiß nicht; vielmehr erbot ich mich fehr gern, auf der
Stelle abzureifen, fo vergnügt war ich über den guten Kauf.

Diefelbe Nacht fprach ich Luscinda, erzählte ihr, was ich mit
Don Fernando verabredet hatte, und fagte ihr, fie möchte feft
darauf bauen, daß unfre reblichen, gerechten Wünsche in Erfüllung gehen würden. Sie bat mich, ob Fernandos Verräterei fo
ahnungslos wie ich, ich möchte auf balbige Rückkehr bebacht fein;
denn fie glaubte, die Krönung unfrer Wünsche würde fich nur
fo lange verzögern, als mein Vater zögern würde mit dem
ihrigen zu reden. Ich weiß nicht, wie es geschah: ihre Augen
füllten fich mit Tränen, als fie diefe Worte gesprochen, die
Kehle war ihr wie zugeschnürt, fo daß fie von dem Vielen, was
fie, wie mich bedünkte, mir noch fagen wollte, nicht das Geringste herausbringen konnte. Ich war ganz betroffen über
diefen mir ganz neuen, noch nie bei ihr erlebten Anfall. Denn
bisher hatten wir stets, wenn uns das gute Glück und mein
eifriges Bemühen die Gelegenheit verschaffte, uns heiter und
wohlgemut unterhalten, ohne jemals Tränen, Seufzer, Eifer-

sucht, Argwohn oder Besorgnis in unser Gespräch zu mischen.
Nie tat ich etwas andres, als daß ich mein Glück pries, das mir
sie zur Geliebten gegeben. Ich hob ihre Schönheit in den Himmel,
ich bestaunte ihre hohen Vorzüge und ihren Geist; sie gab mir
alles mit Zinseszinsen zurück, und lobte, was ihr, als dem liebevollen Mädchen, an mir des Lobes würdig schien. Dabei erzählten wir uns hunderttausend Kindereien und Geschichten von
unsern Nachbarn und Bekannten, und das Höchste, wohin
meine Kühnheit sich verstieg, war, daß ich fast mit Gewalt eine
ihrer schönen weißen Hände ergriff und sie an meine Lippen
drückte, so viel die Enge des niedrigen Fenstergitters, das uns
trennte, es zuließ. Aber in der Nacht, die dem trüben Tag
meiner Abreise vorherging, weinte sie, ächzte, seufzte und entfernte sich dann und ließ mich in Verwirrung und Bestürzung
zurück, ganz entsetzt über die nie erlebten, so traurigen Zeichen
von Angst und Schmerz, die ich an Luscinda bemerkt hatte.
Um jedoch meine Hoffnungen nicht selbst zu zerstören, schrieb
ich alles der Gewalt ihrer Liebe zu und dem Schmerze, den die
Trennung in allen wahrhaft liebenden Herzen erregt.

Niedergeschlagen und in tiefen Gedanken reiste ich endlich
ab. Mein Herz war voller Ahnungen und argwöhnischer Be-
sorgnisse, ohne zu wissen, was es argwöhnte und was es ahnte.
Das waren klare Zeichen, die mir das traurige Schicksal und
Unheil vorbedeuteten, das meiner harrte. Ich langte an dem Orte
an, wohin ich gesandt war. Ich übergab dem Bruder Don Fernandos die Briefe, wurde bestens aufgenommen, aber keineswegs
bestens abgefertigt, denn er befahl mir zu meinem großen Leidwesen, acht Tage lang zu warten, und zwar an einem Ort, wo
ich seinem Vater nicht zu Gesicht käme, da sein Bruder ihm geschrieben, eine gewisse Summe Geldes ihm ohne dessen Vor-
wissen zu schicken. All dieses war eine Erfindung des falschen
Don Fernando; denn es fehlte seinem Bruder keineswegs an

Geld, um mich auf der Stelle abzufertigen. Es war das ein
Auftrag und Befehl derart, daß es mich drängte, ihm nicht zu
gehorchen. Denn es schien mir unmöglich, so viele Tage fern
von Luscinda das Leben zu ertragen, zumal ich sie in dem trüben Gemütszustand verlassen, von dem ich euch berichtet habe.
Aber trotzdem gehorchte ich als ein treuer Diener, obschon ich
wohl einsah, es geschehe auf Kosten meiner Wohlfahrt.

Aber am vierten Tage meines Aufenthaltes kam ein Mann,
mich aufzusuchen, und brachte mir einen Brief, an dessen Aufschrift ich erkannte, er sei von Luscinda, da sie deren Handschrift
zeigte. Ich öffnete ihn mit Angst und Schrecken, da ich mir
wohl dachte, nur eine hochwichtige Sache könne sie veranlaßt
haben, mir zu schreiben, was sie so selten tat, wenn ich am
nämlichen Orte mit ihr war. Ehe ich den Brief las, fragte ich
den Mann, wer ihm denselben übergeben habe, und wie lange
er unterwegs gewesen. Er antwortete mir, als er zufällig um die
Mittagsstunde durch eine Straße der Stadt gegangen, habe ihn
eine sehr schöne Dame aus dem Fenster angerufen, die Augen
voller Tränen, und habe ihm in großer Hast gesagt: Guter
Freund, wenn Ihr, was Euer Aussehen zeigt, ein Christ seid,
so bitte ich Euch um Gotteswillen, gleich, ja gleich diesen Brief
nach dem Ort und zu dem Manne zu bringen, wie in der Aufschrift angegeben. Beides ist genugsam bekannt, und Ihr werdet
damit unsrem Herrgott ein wohlgefälliges Werk verrichten. Und
damit es Euch nicht an den nötigen Mitteln fehle, es verrichten
zu können, nehmt, was in diesem Tüchlein ist. Und mit diesen
Worten warf sie mir ein Taschentuch durchs Fenster zu, worin
hundert Realen und der goldene Ring, den ich hier trage, ein-
gebunden waren, nebst dem Briefe, den ich Euch gegeben. Und
auf der Stelle, ohne meine Antwort abzuwarten, entfernte sie
sich vom Fenster, sah aber noch vorher, wie ich den Brief und
das Tuch nahm und ihr mit Zeichen bemerklich machte, daß ich

ihren Auftrag ausrichten würde. Und da ich mich sonach für die Mühe des Überbringens an Euch so reichlich bezahlt fand und aus der Aufschrift ersah, daß der Brief für Euch bestimmt war — denn, Señor, ich kenne Euch ganz gut — und da ich durch die Tränen der schönen Dame mich dazu verpflichtet fühlte, so beschloß ich, mich auf keinen Dritten zu verlassen, sondern selbst zu reisen, um Euch den Brief zu überbringen, und in sechzehn Stunden, so lang ist es her, daß sie mir ihn anvertraute, habe ich den Weg zurückgelegt, welcher, wie Euch bekannt, achtzehn Meilen beträgt.

Während dieser dankbare Briefbote von neuer Art mit mir sprach, hing ich an seinen Worten, und die Beine zitterten mir so sehr, daß ich mich kaum aufrecht halten konnte. Dann öffnete ich den Brief und sah, daß er folgenden Inhalts war: „Das Wort, das Euch Don Fernando gab, mit Eurem Vater zu reden, damit er mit dem meinigen rede, hat er mehr zu seiner eignen Befriedigung als zu Eurem Frommen erfüllt. Wisset, Señor, daß er mich zur Gemahlin begehrt hat, und mein Vater, verleitet durch so vieles, was nach seiner Meinung Don Fernando vor Euch voraus hat, ist auf dessen Wünsche so bereitwillig eingegangen, daß von jetzt in zwei Tagen die Vermählung stattfinden soll, und zwar ganz im geheimen und unter uns, so daß nur der Himmel und einige Leute vom Hause Zeugen sein sollen. In welcher Lage ich mich befinde, mögt Ihr Euch denken. Ob es Euch erforderlich erscheint zu kommen, das möget Ihr erwägen, und ob ich Euch wahrhaft liebe oder nicht, wird der Verfolg der Sache Euch zu erkennen geben. Wolle Gott, daß dieser Brief in Eure Hände gelange, bevor meine Hand gezwungen wird, sich in die des Mannes zu legen, der die Treue, die er gelobt, so schlecht zu halten weiß."

Das war im wesentlichen, was der Brief enthielt und was mich bestimmte, mich auf der Stelle auf den Weg zu begeben,

ohne eine weitere Antwort oder Geld abzuwarten. Denn klar
erkannte ich jetzt, daß nicht um Pferde, sondern um das Ziel
seiner Wünsche zu erkaufen, Don Fernando sich bewogen fand,
mich zu seinem Bruder zu schicken. Der grimmige Haß, den ich
nun gegen Don Fernando faßte und zugleich die Furcht, das
geliebte Pfand zu verlieren, das ich mir mit so vielen Jahren
der Sehnsucht und Huldigung gewonnen, verlieh mir Vogel-
schwingen. Wie im Fluge gelangte ich des andern Tages in
meine Heimat, gerade zur rechten Zeit, um Luscinda sprechen
zu können. Ich kam im geheimen in den Ort und ließ mein
Maultier im Hause des braven Mannes, der mir den Brief gebracht; und das Glück ließ es mich jetzt so gut treffen, daß
ich Luscinda an jenem Fenstergitter fand, dem Zeugen unsrer
Liebe. Auf der Stelle erkannte mich Luscinda, und ich erkannte
sie; aber nicht so, wie sie mich hätte erkennen sollen, nicht so, wie
ich sie hätte erkennen sollen. Aber wer auf Erden könnte sich
rühmen, das unklare Denken und die veränderliche Laune eines
Weibes ergründet und verstanden zu haben? Gewiß niemand.

Also weiter. Sowie Luscinda mich erblickte, sprach sie: Cardenio, ich bin zur Hochzeit angezogen, schon erwarten mich im
Saale Don Fernando, der Verräter, und mein Vater, der Hab-
süchtige, nebst andern Zeugen, die eher Zeugen meines Todes
als meiner Vermählung sein sollen. Fasse dich, mein Freund,
und suche bei dieser Opferung zugegen zu sein, und kann ich sie
nicht durch meine Worte abwenden, so trage ich einen Dolch verborgen bei mir, der die entschlossenste Gewalt von mir fernzu-
halten vermag, und so wird denn das Ende meines Lebens zugleich der Anfang deiner wahren Kenntnis von meiner Liebe sein.

Ich antwortete ihr in Bestürzung und Hast, voller Besorgnis, es werde mir zur Antwort nicht Zeit genug bleiben: Mögen
deine Taten, o Geliebte, deine Worte wahr machen; und trägst
du einen Dolch bei dir, auf daß man dich achten lerne, so trage

ich hier ein Schwert, um dich damit zu verteidigen oder mich zu töten, wenn uns das Schicksal feindlich bleibt.

Ich glaube nicht, daß sie meine Worte alle vernehmen konnte, denn ich merkte, daß sie eilig abgerufen wurde, weil der Bräutigam wartete. Jetzt brach die Nacht meines Elends an, die Sonne meiner Freuden ging unter, meine Augen blieben ohne Licht, mein Geist ohne Besinnung. Ich gewann es nicht über mich, ihr Haus zu betreten, ich konnte mich nicht von der Stelle bewegen; aber da ich erwog, wie wichtig meine Gegenwart um dessenwillen sei, was sich unter diesen Umständen zutragen könne. So ermannte ich mich, soviel ich vermochte, und trat in ihr Haus ein. Und da ich alle Ein= und Ausgänge schon längst aufs genaueste kannte, so wurde ich — zumal bei der allgemeinen Unruhe, die (ob zwar insgeheim) das ganze Haus untereinander brachte — von niemand bemerkt. So fand ich, ohne daß man meiner ansichtig wurde, Gelegenheit, mich in einer Fensternische des Hochzeitssaales selbst zu bergen, die von den Spitzen und Säumen zweier Vorhangteppiche verdeckt war, zwischen denen hindurch ich alles, was im Saale vorging, sehen konnte, ohne gesehen zu werden. Wer vermöchte jetzt zu sagen, wie mein Herz gewaltsam pochte, während ich dort stand! wer die Gedanken zu sagen, die mich überfielen! die Betrachtungen, denen ich mich hingab! Es waren ihrer so viele und solchen Inhalts, daß sie nicht auszusprechen sind, ja daß es nicht gut wäre sie auszusprechen. Es genüge euch zu hören, daß der Bräutigam in den Saal trat, ohne einen andern Festesschmuck als die Alltags= kleider, die er zu tragen pflegte. Als Zeugen brachte er einen Vetter Luscindas mit, und im ganzen Saale war niemand Fremdes zugegen, sondern nur die Diener vom Hause. Kurz darauf trat Luscinda aus ihrem Ankleidezimmer, in Begleitung ihrer Mutter und zweier Zofen, so herrlich gekleidet und ge= schmückt wie es ihres Standes und ihrer Reize würdig war, als

die wahre Vollendung vornehmer Pracht und Glanzes. Ich
war so gespannt und außer mir, daß es mir nicht möglich war,
ihren Anzug in seinen Einzelheiten zu beobachten und mir zu
merken. Ich konnte nur auf die Farbe ihrer Gewänder achten
(sie waren rot und weiß) und auf das Funkeln der Edelsteine
und Kleinode in ihrem Kopfputz und an ihrem ganzen Anzug.
All dies wurde noch überstrahlt von dem wunderbaren Reiz
ihrer schönen blonden Haare, die im Wettstreit mit den köstlichen
Steinen und dem Lichte der vier Fackeln, die den Saal erhellten,
Luscindas Schönheitslicht den Augen in höherem Glanze zeigten. O Erinnerung, Todfeindin meiner Ruhe! Was frommt es,
die unvergleichliche Schönheit meiner angebeteten Feindin mir
jetzt vorzustellen? Ist es nicht besser, o grausame Erinnerung,
daß du mich nur daran mahnest und mir vorstellst, was Luscinda damals getan, damit ich, von so offenbarer Kränkung angetrieben, nur darauf sinne, wenn nicht Rache zu erlangen, so
doch wenigstens dies Leben zu enden? Möge es euch nicht er-
müden, werte Herren, diese Abschweifungen von meinem Gegenstand zu hören. Mein Leiden ist nicht von jener Art,
daß man es kurz und oberflächlich erzählen kann oder darf,
denn jeder Umstand dabei scheint mir einer ausführlichen Darlegung wert.

Hierauf entgegnete der Pfarrer, es ermüde sie keineswegs
ihm zuzuhören, vielmehr hörten sie die Einzelheiten, die er ihnen
erzähle, sehr gerne an, denn sie seien derart, daß sie verdienten
nicht mit Stillschweigen übergangen zu werden, sondern die
selbe Aufmerksamkeit zu erhalten wie der Hauptinhalt der
Erzählung.

Wohl denn, fuhr Cardenio fort; als sie alle im Saal waren,
trat der Pfarrer des Kirchspiels herein, ergriff beider Hände,
um das bei solcher feierlichen Handlung Übliche vorzunehmen.
Und als er die Worte sprach: „Wollt Ihr, Jungfrau Luscinda,

den hier anwesenden Herrn Don Fernando zu Eurem rechtmäßigen Ehegatten nehmen, wie es die heilige Mutter Kirche
vorschreibt?" da streckte ich Kopf und Hals ganz aus dem Vorhang hervor und horchte mit gespanntem Ohr und bangem Herzen auf Luscindas Antwort, von der ich mein Todesurteil oder
die Verheißung meines Lebens erwartete. O, wer in jenem
Augenblick sich erkühnt hätte hervorzustürzen und ihr zuzurufen:
Ha, Luscinda, Luscinda, bedenke, was du tust. Überlege, was du
mir schuldest! Bedenke, daß du die Meinige bist und einem andern
nicht angehören kannst! Erwäge wohl, daß das Ja aus deinem
Munde hören und mein Leben verlieren, beides in einem und
demselben Augenblick erfolgen wird. O, Verräter Don Fernando,
Räuber all meines Heils, Tod meines Lebens! was begehrst du?
Bedenke, daß du das Ziel deiner Wünsche nie im christlichen
Sinne erreichen kannst, denn Luscinda ist meine Gattin, ich bin
ihr Gemahl. O, ich Wahnsinniger! Jetzt, wo ich von ihr abwesend und fern von der Gefahr bin, jetzt sage ich, daß ich hätte
tun sollen, was ich nicht tat. Jetzt, wo ich mein höchstes Gut
mir rauben ließ, fluche ich dem Räuber, an dem ich mich rächen
konnte, wenn ich den Mut dazu gehabt hätte, wie ich ihn jetzt
habe, um Klagen auszustoßen. Ja, weil ich damals feige und
verstandlos war, so geschieht mir nicht zu viel, wenn ich jetzt
beschämt, reuevoll und irrsinnig sterbe.

Der Geistliche erwartete Luscindas Antwort, sie zögerte damit eine längere Weile, und als ich schon dachte, sie wollte den
Dolch ziehen, um eine Heldentat zu tun, oder wolle die Zunge
entfesseln, um ein Bekenntnis abzulegen oder falschen Voraus-
setzungen die Wahrheit entgegenzustellen, die mir zum Besten
gereichen würde, da höre ich sie mit kraftloser, matter Stimme
sagen: Ja, ich will. Das nämliche sagte Don Fernando. Er
gab ihr den Ring, und sie waren mit unauflöslichem Bande
aneinander gebunden.

Der Bräutigam näherte sich, seine Gattin zu umarmen; sie
brückte die Hand ans Herz und fiel ohnmächtig ihrer Mutter
in die Arme.

Nun bleibt mir noch zu sagen, in welchem Zustande ich
mich befand, als ich durch das Ja, das ich vernommen, meine
Hoffnungen für betrogen, Luscindas Worte und Verheißungen
für falsch erkannte und mich der Möglichkeit beraubt sah, je=
mals das Glück wieder zu gewinnen, das ich in diesem Augen=
blick verloren hatte. Ich stand ratlos da, vom Himmel, wie
mich dünkte, verlassen, feind der Erde, die mich bisher genährt,
während die Luft mir den Atem für meine Seufzer und das
Wasser mir das spärliche Naß für meine Augen versagte. Nur
das Feuer mehrte seine Glut so sehr, daß ich vor Ingrimm und
Eifersucht durch und durch entbrannte.

Alles war in Bestürzung über Luscindas Ohnmacht. Und
als ihre Mutter sie aufschnürte, damit die Luft Zugang zu
ihrer Brust habe, fand man in ihrem Busen ein verschlossenes
Papier, welches Don Fernando sogleich an sich nahm und beim
Licht einer Fackel durchlas. Kaum hatte er es gelesen, so setzte
er sich nieder auf einen Stuhl und stützte das Kinn auf die
Hand mit allen Zeichen tiefen Nachsinnens, ohne sich um die
Mittel zu kümmern, die man bei seiner Gattin versuchte, um
sie aus der Ohnmacht zu wecken. Da ich dergestalt das ganze
Haus in Aufruhr sah, wagte ich es, mich zu entfernen, gleich=
viel ob ich dabei gesehen würde oder nicht, mit dem festen Ent=
schlusse, wenn man mich bemerkte, eine solche Handlung der
Verzweiflung zu begehen, daß alle Welt den gerechten Groll
meines Herzens erkennen sollte an der Züchtigung des falschen
Don Fernando, ja auch der ohnmächtig daliegenden Verräterin.
Aber mein Schicksal, das mich wohl für noch größere Leiden,
— wenn es größere gibt, — aufbewahrt haben muß, fügte es,
daß mir in jenem Augenblick nur zu viel der Vernunft zu Ge=

bote stand, die mich seitdem verlassen hat. Und sonach wollte
ich, ohne Rache an meinen schlimmsten Feinden zu nehmen
(was leicht gewesen wäre, da keiner an mich dachte), die Rache
an mir selbst nehmen und die Strafe, die jene verdienten, an
mir vollstrecken, und das vielleicht mit größerer Härte, als
gegen sie wäre angewendet worden, wenn ich sie damals ge-
tötet hätte. Denn der Tod, den man plötzlich erleidet, beendet die Qual im Augenblick; aber den Tod unter Martern
lange verzögern, heißt unaufhörlich töten, ohne dem Leben ein
Ende zu machen. Kurz, ich verließ ihr Haus und eilte zum
Hause des Mannes, bei dem ich das Maultier gelassen. Ich
hieß ihn mir das Tier satteln, und ohne ihm Lebewohl zu
sagen, stieg ich auf und ritt zur Stadt hinaus und mochte als
ein andrer Lot nicht wagen, das Antlitz zu wenden und mich
nach ihr umzuschauen. Und als ich mich im freien Feld allein
sah, die Dunkelheit der Nacht mich umhüllte und ihre tiefe
Stille mich einlud, meine Klagen zu ergießen, da erhob ich
meine Stimme, ohne Scheu oder Besorgnis, daß ich gehört
werden könnte, und entfesselte meine Zunge zu so vielen Verwünschungen gegen Luscinda und Don Fernando, als hätte ich
mir damit Genugtuung verschafft für die Schmach, die sie mir
angetan. Ich nannte Luscinda grausam, gefühllos, falsch, undankbar, vor allem aber habgierig, da der Reichtum meines
Feindes ihrer Liebe die Augen verschlossen habe, um sie mir
zu entziehen und sie dem hinzugeben, gegen welchen das Glück
sich wohlwollender und freigebiger erwiesen hatte. Und doch,
mitten im Sturm dieser Verwünschungen und Schmähungen
suchte ich nach Entschuldigungen für sie und sagte, es sei nicht
zu verwundern, wenn ein eingezogen lebendes Mädchen, im
Hause der Eltern zum Gehorsam gegen sie erzogen und ge-
wöhnt, ihren Wünschen nachgegeben habe, da sie ihr einen solchen Edelmann zum Gemahl gaben, so vornehm, so reich, so

ftattlich, daß die Zurückweisung diefes Bewerbers der Ver=
mutung Raum gegeben hätte, daß fie entweder des Verftandes
ermangle oder ihre Neigung anderwärts vergeben habe, was
ihrem guten Namen und Ruf so sehr zum Nachteil gereicht
hätte. Dann sagte ich wieder: im Fall sie gesagt hätte, ich sei
ihr Gatte, so würden die Eltern erkannt haben, daß sie an mir
keine so schlechte Wahl getroffen hätte, um nicht Entschuldigung
bei ihnen zu finden; denn ehe sich Don Fernando ihnen an=
bot, konnten sie selber, wenn sie ihre Wünsche mit dem Maß=
stabe der Vernunft maßen, keinen Besseren als mich zum Ge=
mahl ihrer Tochter wünschen. Mithin hätte sie wohl, bevor sie
das Äußerste über sich ergehen ließ — ihre Hand hinzugeben
— sagen können, ich hätte ihr bereits die meinige gegeben; und
sicher würde ich allem zugestimmt und alles genehmigt haben,
was sie in einem solchen Falle zu ersinnen vermocht hätte.
Am Ende kam ich zu dem Schlusse, daß zu wenig Liebe, zu
wenig Urteilskraft, zu viel Ehrsucht und Streben nach Größe
die Schuld trugen, daß sie die Worte vergaß, mit denen sie
meine feste Hoffnung und redliche Neigung getäuscht, hin=
gezogen und aufrecht erhalten hatte.

Unter solchen lauten Klagen, in solchen Seelenqualen ritt
ich den Rest der Nacht dahin, und beim Morgengrauen stieß
ich auf einen Zugang zu diesen Gebirgszügen, welche ich drei
Tage lang ohne Weg und Steg durchirrte, bis ich zuletzt an
Weideplätzen Halt machte, die, ich weiß nicht mehr auf welcher
Seite dieser Berge liegen, und dort befragte ich mich bei Herden=
besitzern, nach welcher Richtung hin die wildeste Gegend des
Gebirges liege. Sie sagten mir, hier herum sei sie zu finden;
und sogleich ritt ich her, mit der Absicht, hier mein Leben zu
beschließen.

Kaum hatte ich diese Wildnis betreten, so fiel mein Maul=
tier tot nieder, weil es ausgehungert und abgemattet war, oder

weil es, was mir glaublicher scheint, der unnützen Bürde ledig
sein wollte, die es an mir trug. So mußte ich zu Fuße wan-
dern. Die Natur hielt es nicht mehr aus, ich war von Hunger
zerquält und hatte niemand und mochte niemand suchen, der
mir beistände. Und so lag ich, wie lange, weiß ich nicht, auf
dem Erdboden hingestreckt. Dann erhob ich mich, ohne Hunger
zu spüren, und fand ein paar Ziegenhirten mir zur Seite.
Diese waren es ohne Zweifel, die meiner Not abgeholfen, denn
sie erzählten mir, in welchem Zustand sie mich gefunden, und
wie ich so viel Unsinn und tolles Zeug gesprochen, daß ich
offenbar den Verstand verloren haben müßte. Seitdem habe
ich es auch in mir empfunden, daß ich wirklich nicht immer
meinen Verstand völlig habe, sondern bisweilen so schwach und
matt, daß ich tausend Tollheiten begehe, mir die Kleider vom
Leibe reiße und in diese öden Wildnisse laut hinausschreie,
mein Schicksal verwünsche und zwecklos den geliebten Namen
meiner Feindin wiederhole. Alsdann habe ich keinen andern
Gedanken oder Willen, als daß ich in wildem Aufschrei mein
Leben enden möchte. Und wenn ich dann wieder zur Besinnung
komme, so finde ich mich so abgemattet und zerschlagen, daß
ich mich kaum regen kann. Meine Wohnung ist meist in der
Höhlung eines Korkbaums, die gerade den Raum bietet, diesen
elenden Körper darin zu bergen. Die Ziegen- und Rinder-
hirten, die in diesem Gebirge umherziehen, fühlen Erbarmen
mit mir und fristen mein Leben, indem sie mir Nahrungsmittel
auf die Wege und Felsensteige hinlegen, wo sie vermuten, daß
ich vorüberkommen und das mir Bestimmte finden werde. Und
wenn ich dann auch nicht bei Sinnen bin, so läßt das Natur-
bedürfnis mich erkennen, was mich nähren soll, und erweckt in
mir den Drang es zu begehren und den Willen es zu nehmen.
Zu andern Malen, wenn ich bei Verstande bin, sagen sie mir,
daß ich die Schäfer, die mit Speise vom Dorf zu den Hürden

II 3

kommen, öfters auf dem Wege überfalle und ihnen die Speise
mit Gewalt abnehme, wenn sie mir auch alles gern aus freien
Stücken geben wollten.

In solcher Weise verbringe ich den elenden Rest meiner
Tage, bis es dem Himmel dereinst gefällt, entweder meinem
Leben oder meinem Gedächtnis ein Ende zu machen, auf daß ich
mich der Schönheit und Verräterei Luscindas und der Frevel=
tat Don Fernandos nicht mehr erinnere. Tut der Himmel
dieses, ohne mir zugleich das Leben zu rauben, so will ich
meine Gedanken auf einen besseren Weg lenken; wo nicht, so
bleibt nichts übrig als zum Himmel zu beten, daß er meiner
Seele gnädig sei, denn ich fühle in mir weder Mut noch Kraft,
um meinen Körper aus diesem Elend zu befreien, in das ich
ihn aus freier Wahl gebracht habe.

Dies ist, liebe Herren, die bittere Geschichte meines Un=
glücks. Sagt mir, ob es derart ist, daß es mit anderm Schmerz=
gesühl, als ihr an mir bemerkt habt, sich hätte schildern lassen.
Müht euch nicht damit ab, mich zu bereden oder mir anzuraten,
was die Vernunft euch als erspießlich zu meiner Heilung er=
scheinen läßt; denn es würde mir nicht mehr helfen als das Re=
zept eines vortrefflichen Arztes dem Kranken, der die Arznei nicht
einnehmen will. Ich will nicht gesunden ohne Luscinda; und da
es ihr gefällt einem andern zu gehören, während sie mein eigen
ist oder sein sollte, so soll es mir gefallen dem Unglück zu eigen
zu sein, da ich doch dem Glück angehören könnte. Sie wollte
mit ihrer Wandlung mein Verderben unwandelbar machen; so
will ich denn selbst auf mein Verderben bedacht sein, um ihren
Willen zu erfüllen. Den nach mir Kommenden aber wird es
ein warnendes Beispiel sein, daß ich allein unter allen dessen
ermangelt habe, was die Unglücklichen sonst im Übermaß haben,
denn ihnen allen pflegt gerade die Unmöglichkeit Trost zu finden
zum Troste zu werden, während sie mir noch größere Schmer=

zen und Leiden verursacht, da ich denken muß, daß sie selbst
mit dem Tode nicht enden werden.

Hiermit beschloß Cardenio seine lange Erzählung, seine so
unglückliche als liebeglühende Geschichte. Und gerade als der
Pfarrer sich anschickte, ihm einige Worte des Trostes zu sagen,
ward er darin durch eine Stimme gestört, die ihm zu Ohren
drang, und sie hörten in klagenden Tönen sprechen, was im
folgenden Kapitel erzählt werden soll; denn hier schließt für
jetzt der weise und sorgfältige Geschichtschreiber Sidi Hamet
Benengeli.

Achtundzwanzigstes Kapitel,

**welches von dem neuen und lieblichen Abenteuer handelt, das dem
Pfarrer und Barbier in dem nämlichen Gebirge begegnete.**

Beseligt und hochbeglückt waren die Zeiten, wo der kühnste
aller Ritter Don Quijote von der Mancha auf die Erde gesendet ward. Denn weil er den so ehrenhaften Entschluß hegte,
den bereits verloren gegangenen und schier erstorbenen Orden
der fahrenden Ritterschaft neu zum Leben zu erwecken und der
Welt wiederzugeben, so genießen wir jetzt in unserm Zeitalter,
das ergötzlicher Unterhaltung so sehr benötigt ist, nicht nur die
Lieblichkeit seiner wahrhaften Geschichte, sondern zugleich auch
die in dieselbe eingestreuten Erzählungen und Nebengeschichten,
die zum Teil nicht minder anmutig und wahrhaftig sind wie
die Geschichte selbst. Diese nun erzählt, indem sie ihren wohl-
gehechelten, wohlgezwirnten und wohlgehaspelten Faden wieder
aufnimmt, daß, sowie der Pfarrer sich anschickte Cardenio zu
trösten, eine zu seinen Ohren dringende Stimme ihn darin
störte, welche sich in klagendem Ton also vernehmen ließ:

O Gott! sollte es denn möglich sein, daß ich schon den Ort
gefunden habe, der der kummervollen Last dieses Körpers, die

3*

ich so sehr wider meinen Willen trage, zur verborgenen Grab-
stätte dienen könnte? Ja, es muß so sein, wenn die Einsamkeit,
die diese Berge verheißen, mir nicht lügt. Ich Unglückselige!
Welche weit erwünschtere Gesellschaft werden diese Felsen und
Gebüsche, da sie mir es vergönnen, mein Leid dem Himmel zu
klagen, mir zu meinem Vorhaben bieten als die jedes menschlichen Wesens, da es keines gibt, von dem jemals Rat in den
Zweifeln, Linderung im Schmerze, Hilfe in Nöten zu erhoffen ist!

Der Pfarrer und die mit ihm waren, hörten und vernahmen deutlich all diese Worte, und da sie in der Nähe gesprochen
schienen (wie es auch wirklich der Fall war), so erhuben sie sich,
den Sprecher aufzusuchen. Sie waren nicht zwanzig Schritte
weit gegangen, als sie hinter einem Felsen am Fuß einer Esche
einen Jüngling in Bauerntracht sitzen sahen, dessen Antlitz sie
anfangs noch nicht erblicken konnten, da er es herabgeneigt hielt,
weil er sich in dem vorüberfließenden Bach die Füße wusch.
Sie näherten sich dem Jüngling so leise, daß er sie nicht bemerkte; auch war er auf nichts achtsam als auf das Waschen
seiner Füße, die nicht anders aussahen denn wie zwei Stücke
blanken Kristalls, erzeugt unter den übrigen Steinen des Baches.
Sie staunten ob der Weiße und Zierlichkeit der Füße, die, wie
es die Zuschauer bedünkte, sicher nicht dazu bestimmt waren,
auf Erdschollen zu treten oder hinter dem Pflug und Ochsen-
gespann herzugehen, was doch die Tracht des Jünglings an-
deutete. Da sie nun sahen, daß sie nicht wahrgenommen worden, so gab der Pfarrer, der voranging, den andern beiden einen
Wink, sich hinter Felsblöcken, die dort umherlagen, versteckt und
still zu halten. Sie taten es alle und beobachteten sodann mit
großer Aufmerksamkeit, was der Jüngling vornahm. Er trug
einen kurzen braunen Frauenmantel mit zwei Schößen, den ein
weißes Tuch eng um den Leib gürtete; so trug er auch Beinkleider und Gamaschen von graubraunem Tuch und auf dem

Kopf eine graue Jagdmütze; die Gamaschen waren bis zur Mitte des Beines hinaufgestreift, welches in der Tat aus weißem Alabaster gebildet schien. Nun war er zu Ende mit dem Waschen der schönen Füße, zog unter der Mütze ein Handtuch hervor und trocknete sie. Und wie er es hervornahm, hob er das Gesicht in die Höhe, und die Zuschauer hatten nun Gelegenheit eine unvergleichliche Schönheit zu erblicken, so daß Cardenio mit leiser Stimme zum Pfarrer sagte: Da dies nicht Luscinda ist, so ist es kein menschliches, sondern ein göttliches Wesen.

Der Jüngling nahm die Mütze ab, und wie er den Kopf nach allen Seiten hin schüttelte, sah man Haare sich lösen und herabwallen, die den Strahlen der Sonne Neid einflößen konnten. Daran erkannten sie, daß was ein Bauernknabe schien, ein Weib war, ein zartes Weib, ja das schönste, das die Augen der beiden je erschaut hatten, ja selbst Cardenios Augen, wenn sie nicht Luscinda gesehen und gekannt hätten; denn später versicherte er, daß nur Luscindas Reize mit denen dieses Mädchens wetteifern könnten. Die reichen blonden Haare bedeckten ihr nicht bloß die Schultern, sondern hüllten sie rings ein und ließen mit Ausnahme der Füße nichts von ihrem Körper sehen, so lang und üppig waren sie. Und dabei diente ihnen zum Kamm ein Händepaar, so schön, daß, wenn die Füße im Wasser Stücke Kristalles schienen, die Hände in den Locken jetzt Stücken gepreßten Schnees glichen. Alles das erhöhte in den drei Zuschauern die Bewunderung und das Verlangen zu erfahren, wer sie sei. Sie beschlossen daher sich zu zeigen; aber wie sie eine Bewegung machten, um aufzustehen, erhub das schöne Mädchen den Kopf, strich sich mit beiden Händen die Haare aus dem Gesicht und sah nach den Leuten hin, die das Geräusch verursacht hatten. Kaum hatte sie sie erblickt, so sprang sie auf die Füße, und ohne daß sie sich die Zeit nahm, die Schuhe anzuziehen oder die Haare aufzubinden, ergriff sie mit größter Hast ein neben

ihr liegendes Bündel, mit Kleidern, wie es den Anschein hatte,
und wollte voll Verwirrung und Schrecken die Flucht ergreifen.
Aber sie war nicht sechs Schritte weit gelaufen, als sie zu Bo=
den fiel, da ihre zarten Füße die scharfen Spitzen der Steine
nicht vertragen konnten.

Wie die drei das sahen, eilten sie zu ihr hin, und der
Pfarrer war der erste, der sie anredete: Haltet inne, Señora,
wer Ihr auch sein möget; denn die Ihr hier erblicket, haben nur
die Absicht, Euch Dienste zu leisten. Es ist wahrlich kein Grund
zu einer so zwecklosen Flucht, die Eure Füße weder aushalten
noch wir gestatten könnten.

Auf all dieses entgegnete sie kein Wort, voll Staunen und
Verwirrung. Jene traten nun zu ihr heran, der Pfarrer faßte
sie an der Hand und fuhr fort: Was Eure Tracht, Señora,
uns leugnet, das entdecken uns Eure Locken. Klar erkennen
wir, daß die Ursachen von nicht geringer Bedeutung sein muß=
ten, die Eure Schönheit in so unwürdige Tracht verhüllen und
in eine so öde Wildnis wie diese geführt haben, in der es nur
ein Glücksfall war, daß wir Euch fanden, um Euren Leiden,
wenn nicht Heilung, so doch wenigstens freundlichen Rat zu
bieten. Denn kein Leid kann so schwer bedrängen noch so völlig
auf den höchsten Punkt steigen, daß es ablehnen dürfte, solange
das Leben nicht zu Ende geht, mindestens den Rat anzuhören,
den man dem Leidenden aus guter Absicht erteilt. Sonach, wer=
tes Fräulein, oder werter Herr, oder was Ihr sein wollt, erholt
Euch von dem Schrecken, in welchen unser Anblick Euch versetzt
hat, und erzählt uns Eure guten oder schlimmen Schicksale;
denn in uns allen zusammen und in jedem von uns werdet Ihr
ein Herz finden, das gerne mit Euch Eure Mißgeschicke mitfühlt.

Während der Pfarrer diese Worte sprach, stand das ver=
kleidete Mädchen wie betäubt da und schaute sie alle an, ohne
die Lippen zu bewegen oder ein Wort zu sagen, wie ein Bauer

vom Dorf, dem man unversehens seltene, von ihm noch nie erblickte Dinge zeigt. Da aber der Pfarrer ihr abermals mancherlei in ähnlichem Sinne sagte, so brach sie endlich ihr Schweigen,
und einen tiefen Seufzer ausstoßend begann sie: Da die Einsamkeit dieser Felsen mich nicht verbergen vermochte und das
freie Herabwallen meines aufgelösten Haares meiner Zunge
nicht zu lügen verstattet, so wäre es umsonst jetzt noch vorzu-
geben, was man mir höchstens aus Höflichkeit und kaum aus
einem andern Grunde glauben würde. Dies also vorausgeschickt,
sage ich, meine Herren, daß ich euch für euer Anerbieten Dank
schulde, und daß dasselbe mir die Verpflichtung auferlegt, euch
in allem, was ihr von mir verlangt, Genüge zu leisten, obschon
ich fürchte, die Erzählung meiner Mißgeschicke werde bei euch in
ebenso hohem Grade als das Mitleid, das Schmerzgefühl hervorrufen; denn ihr werdet kein Heilmittel finden ihnen zu helfen, noch Trost, um sie zu ertragen. Aber trotzdem, damit in
eurer Meinung meine Ehre nicht zweifelhaft erscheine, nachdem
ihr nun in mir ein Weib erkannt und mich jung, allein und in
dieser Tracht hier gesehen habt, — Umstände, die zusammengenommen, wie jeder schon für sich allein, jeglichen guten Ruf
zugrunde richten können, — so muß ich euch erzählen, was ich
verschweigen möchte, wenn ich es dürfte.

Dies alles sagte sie, ohne zu stocken, die nun als ein so
reizendes Mädchen sich darstellte, mit fließender Sprache und
süßtönender Stimme, so daß ihre verständige Art nicht minder
als ihre Schönheit die Zuhörer mit Bewunderung erfüllte.
Aufs neue wiederholten sie ihre Anerbietungen, drangen aufs
neue in sie, ihre Zusage zu erfüllen, und ohne sich länger bitten
zu lassen, nachdem sie erst in aller Bescheidenheit ihre Fuß-
bekleidung angelegt und ihr Haar zusammengebunden, setzte sie
sich auf einem Steine zurecht. Und indem die drei um sie her
standen und sie sich Gewalt antun mußte, um die Tränen zu-

rückzuhalten, die ihr unwillkürlich ins Auge traten, begann fie
mit ruhiger, klarer Stimme die Geschichte ihres Lebens folgendermaßen:

Hier in Andalufien ist ein Städtchen, von welchem ein
Herzog ben Titel führt, der ihn zu einem jener Vornehmen
macht, die man Granden von Spanien nennt. Diefer hat zwei
Söhne, von benen der ältere der Erbe feines Stammbefißes und
dem Anfcheine nach auch feiner guten Eigenfchaften ist. Was
aber das Erbteil des jüngeren fein mag, weiß ich nicht, wenn
nicht etwa die Verräterei des Bellibo und die Heimtücke Gane-
lons. Zu den Vasallen diefes Granden gehören meine Eltern,
gering von Gefchlecht, aber fo reich, daß, wenn bei ihnen die
Gaben der Geburt denen des Glückes gleichkämen, fie mehr nicht
zu wünfchen und ich niemals zu fürchten gehabt hätte, mich in
dem unglücklichen Zuftande zu fehen, in dem ich mich jeßt befinde. Denn vielleicht entfpringt mein Mißgefchick aus dem ihrigen, das ihnen nicht vergönnte von erlauchter Geburt zu fein.
Allerbings find fie nicht von fo niederem Stande, daß fie fich
deffen zu fchämen hätten; aber auch nicht von fo hohem, um
mir den Glauben zu benehmen, daß gerade ihr geringer Stand
mein Unglück verfchulbet habe. Mit einem Worte, fie find
Landleute, fchlichte Menfchen, deren Gefchlecht fich nie mit einem
übelberufenen Stamme vermifcht hatte, alte Chriften, fo uralt,
daß fie, wie man zu fagen pflegt, moderig geworden, fo uralt,
daß ihr Reichtum und ihre vornehme Lebensweife ihnen allmählich den Rang von Junkern, ja von Rittern erwirbt. Was
fie indeffen als ihren höchften Reichtum und Adel fchäßten, war,
mich zur Tochter zu haben; und da fie keinen andern Erben be-
faßen und Eltern voll zärtlicher Liebe waren, fo wurde ich von
ihnen fo verwöhnt, wie nur jemals Eltern ein Kind verwöhnen
konnten. Ich war der Spiegel, in dem fie fich fchauten, der
Stab ihres Alters, das Ziel all ihrer Wünfche, die fie nur

zwischen mir und dem Himmel teilten, und von welchen, da sie
stets nur das Beste wollten, die meinigen nie im geringsten ab-
wichen. So wie ich die Herrin ihres Herzens war, ebenso war
ich die ihres Vermögens. Durch mich wurden die Diener angenommen und entlassen, die Aufstellungen und Rechnungen
über Aussaat und Ernte gingen durch meine Hand; ich führte
Buch über die Ölmühlen, die Weinkeltern, die Zahl des großen
und kleinen Viehs und der Bienenstöcke, kurz, über alles, was
ein so reicher Landmann wie mein Vater besitzen kann und besitzt. Ich war die Oberverwalterin und Gebieterin und war es
mit solchem Eifer meinerseits und zu solcher Zufriedenheit ihrerseits, daß ich in der Tat nicht leicht zu viel davon sagen kann.
Die Zeit, die mir vom Tage übrig blieb, nachdem ich den Ober-
knechten, Aufsehern und Tagelöhnern das Erforderliche ange-
wiesen, verwendete ich zu Beschäftigungen, wie sie den Mädchen
so wohlanständig als unentbehrlich sind, wie die, welche die
Nadel, das Klöppelkissen und besonders häufig das Spinnrad
darbietet. Und wenn ich manchmal, um den Geist zu erfrischen,
diese Arbeiten ließ, so nahm ich meine Zuflucht zum Lesen
irgend eines erbaulichen Buches, oder auch zum Harfenspiel,
weil die Erfahrung mich lehrte, daß die Musik das beunruhigte
Gemüt wieder beruhigt und die Sorgen erleichtert, die im Gemüte entstehen. Dies also war meine Lebensweise im elterlichen
Hause, und wenn ich sie in allen Einzelheiten erzählt habe, so
geschah es nicht etwa, um großzutun oder um meinen Reichtum
zu zeigen, sondern um bemerklich zu machen, wie ganz schuldlos
ich aus dem Zustande, den ich geschildert, in den unglücklichen
geraten bin, in welchem ich mich gegenwärtig befinde.

Nun fügte es sich, während ich mit so vielerlei Beschäftigungen und in einer Zurückgezogenheit, die man mit der eines
Klosters vergleichen konnte, mein Leben zubrachte, ohne, wie mich
bedünkte, von jemand anders als von Dienern des Hauses ge-

sehen zu werden, — denn an den Tagen, wo ich zur Messe ging, geschah es so früh am Morgen, und ich war so verschleiert und so schüchtern, daß meine Augen kaum mehr vom Boden sahen als die Stelle, auf die ich den Fuß setzte; — da fügte es sich trotz alledem, daß mich die Augen der Liebe erblickten, oder besser gesagt, die des Müßiggangs, scharfsichtiger als die des Luchses, mit welchen die Liebeswerbung Don Fernandos umherschaute; — denn dies ist der Name jenes Sohnes des Herzogs, von dem ich euch gesagt habe.

Die Erzählerin hatte kaum Don Fernando genannt, als Cardenios Gesicht die Farbe wechselte, der Schweiß brach ihm aus, unter solcher Aufregung, daß der Pfarrer und der Barbier, die es bemerkten, in Furcht gerieten, es möchte der Anfall von Raserei über ihn kommen, der, wie man ihnen erzählt hatte, von Zeit zu Zeit über ihn kam. Allein Cardenio tat nichts weiter, als daß er in Angstschweiß ruhig dastand und das Bauernmädchen unverwandt anschaute, indem er schon ahnte, wer sie sei.

Ohne Cardenios Aufregung zu bemerken, fuhr das Mädchen so mit seiner Geschichte fort: Noch hatten seine Augen mich kaum gesehen, als er, wie er mir später sagte, sich von Liebe zu mir so gefesselt fühlte, wie sein Benehmen mir es vollständig kund gab. Aber damit ich rasch zu Ende komme, meine Leiden zu erzählen, die nicht zu zählen sind, übergehe ich mit Schweigen all die Schritte, die Don Fernando tat, um mir seine Neigung zu offenbaren: er bestach alle Leute meines Hauses, gab und anerbot meinen Verwandten Geschenke und Gunstbezeugungen; jeden Tag war in meiner Straße ein Fest und eine Lustbarkeit, in den Nächten ließen die Ständchen niemand zum Schlafe kommen; die Briefchen, die, ich weiß nicht wie, in meine Hände gelangten, waren zahllos, voll liebeglühender Worte und Anerbietungen, mit mehr Verheißungen und Schwüren als Buchstaben darin. Doch alles dies stimmte mich nicht zu freundlicher

Gesinnung, verhärtete mir vielmehr das Herz, als wäre er mein
Todfeind, und als hätte er alles, was er vornahm, um mich ihm
geneigt zu machen, zu dem entgegengesetzten Zwecke getan. Nicht
als ob mir Don Fernandos liebenswürdiges Benehmen mißfallen oder ich seine Bewerbungen für Zudringlichkeit erachtet
hätte; nein, ich empfand, ich weiß nicht was für ein Behagen,
mich von einem so vornehmen Herrn so geliebt und gefeiert zu
sehen, und es tat mir nicht leid, in seinen Briefen mein Lob zu
lesen. Denn in diesem Punkte bedünkt es mich, so häßlich wir
Frauen auch sein mögen, so gefällt es uns immer, wenn man
uns schön nennt. Aber all diesen Bemühungen traten meine
Sittsamkeit und die redlichen Warnungen meiner Eltern entgegen, die bereits Don Fernandos Neigung vollständig in Erfahrung gebracht hatten, da ihm gar nichts daran lag, daß die
ganze Welt davon erfahre. Meine Eltern sagten mir, meiner
Tugend und Rechtschaffenheit allein überließen und vertrauten
sie ihre Ehre und ihren guten Ruf; ich möchte die Ungleichheit
zwischen meinem und Don Fernandos Stand erwägen; daraus
würde ich sehen, daß er bei all seinem Dichten und Trachten,
wenn seine Worte auch anders lauteten, nur sein Vergnügen
und nicht mein Bestes im Auge habe. Und wenn ich wünschte,
ihm irgend ein Hindernis entgegenzustellen, damit er von seiner
unziemlichen Bewerbung ablasse, so würden sie mich unverzüglich verheiraten, mit wem ich es am liebsten unter den Angesehensten unseres Ortes und der ganzen Nachbarschaft wollte,
da ihr großes Vermögen und mein guter Ruf mir jeden Anspruch erlaube. Mit diesen bestimmten Versprechungen und der
Wahrheit, die ihren Vorstellungen zugrunde lag, bestärkte ich
mich in meinem festen Sinn, und niemals gestattete ich mir,
Don Fernando das geringste Wort zu erwidern, das ihm, wenn
auch nur von ferne, Hoffnung auf Erfüllung seiner Wünsche
hätte bieten können. Jedoch all diese Vorsicht meinerseits, die

er wohl nur für Sprödigkeit hielt, hatte offenbar nur die Wirkung, seine lüsterne Begierde noch mehr zu entflammen, denn so
nur kann ich die Neigung nennen, die er mir bezeigte. Wäre
sie das gewesen, was sie sein sollte, so würdet ihr nie von ihr
gehört haben, denn ich hätte alsdann nie einen Anlaß gehabt,
euch von ihr zu erzählen. Zuletzt erfuhr Don Fernando, daß
meine Eltern damit umgingen, mich zu verheiraten, um ihm die
Hoffnung auf meinen Besitz zu benehmen, oder mindestens damit ich mehr Hüter hätte mich zu hüten. Diese Nachricht, oder
war es nur seine Vermutung, bewog ihn zu einer Tat, die ihr
jetzt hören sollt.

Als ich nämlich eines Nachts mit einem Mädchen, das mich
bediente, in meinem Zimmer allein war, dessen Türen ich wohl-
verschlossen hatte, aus Besorgnis, daß etwa durch Nachlässigkeit
meine Ehre gefährdet würde, da, ohne zu wissen oder nur vermuten zu können, wie, trotz all dieser Vorsicht und Sorgfalt, in
der Einsamkeit und Stille meiner Klause, sah ich ihn plötzlich
vor mir stehen; — ein Anblick, der mich so betäubte, daß er
meinen Augen die Sehkraft benahm und meine Zunge stumm
machte. So war ich nicht einmal vermögend um Hilfe zu rufen;
auch glaub' ich, er würde mir nicht Zeit dazu gelassen haben,
denn er stürzte sogleich auf mich zu, umfaßte mich mit seinen
Armen (da, ich sagte es schon, betäubt wie ich war, ich keine
Kraft zur Verteidigung hatte) und begann so mit mir zu sprechen, daß ich noch heute nicht begreife, wie die Lüge so geschickt
sein kann, ihren Worten so völlig den Anschein der Wahrheit zu
geben. Der Verräter wußte sich so anzustellen, daß Tränen
seinen Worten, Seufzer seinen Gesinnungen den Stempel der
Aufrichtigkeit aufdrückten. Ich armes Kind, so ganz allein im
eignen Hause, ohne alle Erfahrung in solchen Dingen, begann,
ich weiß nicht, wie es kam, diesem Gewebe von Falschheit Glauben zu schenken, jedoch nicht so weit, daß ich mich zu einem Mit-

gefühl von nicht geziemender Art hätte hinreißen laffen. Und
so, nachdem die erste Beftürzung bei mir vorübergegangen war
und ich einigermaßen die verlorenen Lebensgeister wieder ge=
sammelt, sagte ich ihm mit mehr Entschlossenheit, als ich mir
selbst zugetraut hätte: Wenn jetzt so wie ich in deinen Armen
bin, Señor, ich in den Pranken eines grimmigen Löwen wäre
und ich könnte mir Rettung aus ihnen dadurch sichern, daß ich
etwas zum Nachteil meiner Ehre sagte oder täte, so wäre es
mir gerade so möglich es zu tun oder zu sagen, wie es möglich
ift, daß nicht gewesen wäre, was gewesen ist. Wenn du also
meinen Körper mit deinen Armen umschlungen hältft, so halte
ich meine Seele fest im Bande meiner guten Vorsätze, die so
verschieden von den deinigen sind, wie du es erkennen würdeft,
wenn du sie durch Gewalttätigkeit gegen mich zur Ausführung
bringen wollteft. Ich bin deine Untertanin, nicht aber deine
Sklavin. Der Adel deines Blutes hat keine Macht und darf sie
nicht haben, um die geringere Würde des meinen zu entehren
oder auch nur geringzuschätzen, und ich achte mich so hoch als
Mädchen vom Land und Bäuerin, wie du dich als vornehmer
Herr und Edelmann. Bei mir würden Gewalttaten erfolglos
bleiben, deine Reichtümer keinen Wert haben. Deine Worte
vermögen mich nicht zu berücken, deine Seufzer und Tränen
mich nicht zu rühren. Ja, wenn ich die Handlungsweise, die ich
dir vorwerfen muß, allenfalls bei dem Mann fände, den mir
meine Eltern zum Gemahl erwählt hätten, dann würde aller=
dings feinem Willen der meinige sich fügen und mein Wille von
dem seinigen nicht abweichen. Dann würde ich, wenn mir nur
die Ehre bliebe, ob auch die innere Freude fehlte, dir aus freien
Stücken hingeben, was du, Señor, jetzt mit solcher Gewaltsam=
keit erstrebft. Das alles habe ich dir gesagt, weil nicht daran
zu denken ift, daß jemand von mir etwas erlangte, der nicht
mein rechtmäßiger Gemahl ift.

Wenn du, sagte der treulose Edelmann, nur hierüber Bedenken trägst, schönste Dorotea (denn so heiße ich Unglückliche), so gebe ich dir die Hand darauf, ich bin dein Gemahl, und daß dies Wahrheit ist, dessen Zeugen seien die Himmel, denen nichts verborgen ist, und dies Bild Unsrer Lieben Frau, das du hier hast.

Als Cardenio hörte, daß sie Dorotea heiße, geriet er abermals in seine heftige Aufregung, und er fand die Richtigkeit seiner anfänglichen Vermutung vollends bestätigt. Aber er wollte die Erzählung nicht unterbrechen, um zu hören, was der Ausgang einer Geschichte sein werde, die er schon so ziemlich kannte. Er sagte nur: Also Dorotea ist dein Name, Señora? Eine andre desselben Namens habe ich wohl schon erwähnen hören, deren Mißgeschick vielleicht dem deinigen ähnlich ist. Aber gehe weiter; es wird die Zeit kommen, wo ich dir Dinge sage, die dich in ebenso hohem Grade erstaunen als betrüben mögen.

Dorotea wurde jetzt auf Cardenios Worte und auf seine seltsame, zerlumpte Kleidung aufmerksam und bat ihn, wenn er etwas von ihren Verhältnissen wisse, möchte er es ihr doch sogleich mitteilen. Denn wenn das Schicksal ihr noch etwas Gutes übrig gelassen, so sei es ihr Mut, jedes Unheil, das sie überfalle, zu ertragen, in der Gewißheit, daß keines kommen könne, das ihres Bedünkens ihre jetzigen Leiden nur im geringsten zu mehren, nur um einen Augenblick zu verlängern vermöchte.

Und ich würde nicht einen Augenblick verlieren, Señora, erwiderte Cardenio, dir meine Gedanken mitzuteilen, wenn, was ich vermute, sicher wäre; bis jetzt aber geht uns der rechte Augenblick dazu noch nicht verloren; auch ist es von keiner Bedeutung für dich es zu erfahren.

Dem sei, wie ihm wolle, versetzte Dorotea; was in meiner Geschichte jetzt vorgeht, war, daß Don Fernando das Muttergottesbild nahm, das in meinem Zimmer hing, und es zum Zeugen unsrer Vermählung anrief. Mit den stärksten Worten

und unerhörten Eidschwüren gab er mir das bindende Wort
als mein Ehegatte, trotzdem ich ihn, bevor er es noch völlig ausgesprochen, ermahnte, wohl zu überlegen, was er tue und zu erwägen, wie sein Vater darob zürnen werde, ihn mit einer
Bäuerin, seiner Untertanin, vermählt zu sehen. Er solle, sagte
ich, sich von meiner Schönheit, wie sie nun einmal sein möge,
nicht verblenden lassen, da sie nicht hinreichend sei, um in ihr
Entschuldigung für seinen Fehler zu finden. Wenn er mir aber
um seiner Liebe willen etwas Gutes erweisen wolle, so wäre es
dieses, daß er mein Geschick meinem Stande völlig gleich bleiben
lasse; denn so ungleiche Ehen bringen niemals rechten Genuß
und verharren nicht lang in der freudigen Stimmung, mit der
sie beginnen. Alles dieses, was ich euch hier sage, sagte ich ihm
damals und noch viel anderes, dessen ich mich nicht mehr entsinne. Aber all meine Vorstellungen vermochten ihn nicht von
der Verfolgung seines Planes abzubringen, ganz so wie ein Käu-
fer, der nicht beabsichtigt zu zahlen, beim Abschluß des betrüg-
lichen Handels sich nicht erst lange mit Feilschen aufhält.

Ich ging inzwischen wenige Augenblicke mit mir zu Rat und
sagte zu mir selbst: Wahrlich, ich wäre nicht die erste, die auf
dem Wege der Heirat von geringem zu hohem Stand emporgestiegen, und Don Fernando wäre nicht der erste, welchen
Schönheit oder blinde Leidenschaft — was eher anzunehmen —
bewogen hätte, eine Lebensgefährtin zu wählen, die seinem
hohen Range nicht gleichsteht. Wenn ich also keine neue Welt
und keinen neuen Brauch schaffe, so ist es wohlgetan, diese Ehre
zu erfassen, die mir das Schicksal bietet, selbst wenn auch bei
ihm die Liebe, die er mir zeigt, nicht länger währen sollte als
die Erreichung seiner Wünsche währt, denn vor Gott werde ich
ja doch seine Gemahlin sein. Wenn ich ihn aber geringschätzig
abweisen wollte, so sehe ich ihn in einer Stimmung, daß er, anstatt das Mittel pflichtgemäßer Handlungsweise, das der Ge-

walttätigkeit anwenden wird. Und dann wird es mir geschehen,
daß ich Entehrung erleide und keine Entschuldigung habe für
die Schuld, die mir jeder beimessen würde, der nicht wüßte, wie
unverschuldet ich in diese Lage geraten bin. Denn welche Gründe
würden ausreichen, meine Eltern und Dritte zu überzeugen, daß
dieser Edelmann ohne meine Zustimmung in mein Gemach ge=
kommen?

All diese Fragen und Antworten wälzten sich in einem
Augenblick hin und her in meinem Geiste; und was mehr als
alles mich überwältigte und mich zu einer Nachgiebigkeit bewog,
die, ohne daß ich es ahnte, mein Verderben werden sollte, das
waren Don Fernandos Schwüre, die Zeugen, die er anrief, die
Tränen, die er vergoß, und endlich seine edle Gestalt und Lie=
benswürdigkeit, was alles, begleitet von so vielen Beteuerungen
wahrer Liebe, wohl jedes andre Herz, so frei und sittig wie das
meine, zu besiegen vermocht hätte. Ich rief meine Dienerin,
damit ihr Zeugnis sich auf Erden dem Zeugnis des Himmels
beigeselle. Don Fernando wiederholte und bestätigte seine eid=
lichen Verheißungen aufs neue, rief neue Heiligen zu den vor=
herigen als Zeugen an und schleuderte tausend Verwünschungen
für alle kommende Zeit auf sein Haupt, wenn er sein Gelöbnis
nicht erfüllen sollte. Abermals zwang er Tränen in seine Augen,
verdoppelte seine Seufzer und preßte mich fester in seine Arme,
aus denen er mich nie gelassen hatte. Und hiermit, als mein
Mädchen das Zimmer wieder verlassen hatte, büßte ich den
Namen eines Mädchens ein und erwarb er den eines voll=
endeten Verräters und wortbrüchigen Schurken.

Der Tag, der auf die Nacht meines Unheils folgte, kam
nicht so rasch, als Don Fernando, wie ich überzeugt bin, es
wünschte; denn wenn einmal erlangt ist, was die Lüsternheit
begehrt, so kann kein größerer Genuß nachfolgen, als den Ort
zu verlassen, wo sie befriedigt worden. Ich schließe das aus dem

Umstande, daß Don Fernando große Eile hatte, sich von mir zu
entfernen. Mit Hilfe meiner listigen Dienerin, — es war dieselbe, die ihn herein zu mir gebracht hatte, — sah er sich vor
Tagesanbruch auf der Straße, und beim Abschied sagte er mir,
doch nicht mit so viel Leidenschaftlichkeit und Ungestüm als da
er kam, ich solle sicher sein, daß seine Treue stetig und seine
Eide unverbrüchlich und wahrhaft seien; und zu größerer Bekräftigung seines Wortes zog er einen kostbaren Ring vom
Finger und steckte ihn mir an.

So ging er, und ich blieb in einem Zustande zurück, ich
weiß nicht, ob betrübt oder heiter; in Verwirrung jedenfalls
und in tiefen Gedanken, das kann ich sagen, und beinahe ohne
Besinnung ob des ungeahnten Ereignisses. Ich hatte nicht den
Mut, oder ich dachte nicht daran, mein Mädchen zu schelten ob
des begangenen Verrats, daß sie Don Fernando in mein eignes
Gemach eingelassen; denn noch war ich nicht einig mit mir, ob
es Glück oder Unglück sei, was mir begegnet war. Beim Abschied sagte ich ihm, da ich jetzt die Seinige sei, könne er, wie
diese Nacht, durch Vermittlung der nämlichen Dienerin mich
auch andre Nächte besuchen, bis er es wolle, daß das Geschehene
veröffentlicht werde. Allein er kam keine Nacht mehr, ausgenommen die folgende, und ich bekam ihn auf der Straße und
in der Kirche über einen Monat nicht zu sehen, währenddessen
ich mich bemühte nach ihm zu forschen, obgleich ich wußte, daß
er im Städtchen war und fast jeden Tag auf die Jagd ging,
was seine Lieblingsbeschäftigung war. Jene Tage und jene
Stunden, wohl weiß ich noch, wie sie mir bitter und schmerzlich
waren, und wohl weiß ich, wie ich damals an Don Fernandos
Treue zu zweifeln, ja den Glauben daran zu verlieren begann.
Und das auch weiß ich noch wohl, wie meine Dienerin jetzt die
Worte zu hören bekam, die sie, zur herben Mißbilligung ihres
Erdreistens, früher nicht von mir gehört hatte. Ich weiß, wie

ich mir Gewalt antun mußte, um über meine Tränen und die
Mienen meines Gesichts zu wachen, damit ich meinen Eltern
keine Veranlassung gäbe, mich über die Gründe meiner Miß=
stimmung zu fragen und mich zum Ersinnen von Lügen zu
nötigen. Aber alles dies endete in einem Augenblick, als näm=
lich der kam, wo jede Rücksicht beiseite gesetzt, jeder Gedanke an
Ruf und Ehre vergessen wurde, wo die Geduld zu Ende ging
und meine geheimsten Gedanken zutage traten. Und das ge=
schah darum, weil man wenige Tage später im Ort erzählte, in
einer nahe gelegenen Stadt habe sich Don Fernando mit einer
Dame vermählt, die über alle Maßen schön sei, die Tochter sehr
vornehmer Eltern, wiewohl nicht so reich, daß sie um ihrer
Mitgift willen Anspruch auf eine so hohe Verbindung hätte er=
heben können. Man sagte, sie heiße Luscinda; man erzählte
auch anderes, was bei ihrer Vermählung vorgegangen und was
staunenswert ist.

Cardenio hörte den Namen Luscinda — indessen tat er
nichts weiter, als daß er die Schultern an den Kopf zog, sich
auf die Lippen biß, die Brauen runzelte und gleich darauf zwei
Tränenbäche aus den Augen herniederstürzen ließ. Doch Doro=
tea hörte darum mit der Fortsetzung ihrer Erzählung nicht auf
und sprach: Die schmerzliche Nachricht kam mir zu Gehör. Aber
statt daß mein Herz darob zu Eis erstarren sollte, entbrannte
es so gewaltig von Ingrimm und Raserei, daß wenig daran
fehlte, ich wäre laut schreiend auf die Gassen hinaus gestürzt
und hätte die schmähliche Tücke und Verräterei offen verkündet,
die gegen mich verübt worden. Aber diesen Wutanfall dämpfte
für den Augenblick der Gedanke, ich müßte noch in derselben
Nacht das ins Werk setzen, was ich zu tun vorhatte: nämlich
diese Tracht anzulegen, die mir einer von den Burschen, die
man bei den Landleuten Hirtenbuben nennt, ein Diener meines
Vaters, dazu geliehen. Und nachdem ich ihm mein ganzes Un=

glück anvertraut hatte, ersuchte ich ihn, mich nach der Stadt zu
begleiten, wo sich, wie ich gehört, mein Feind aufhielt. Er miß-
billigte mein Unterfangen und tadelte meinen Entschluß; aber
da er mich auf meinem Willen fest beharren sah, erbot er sich,
mir bis ans Ende der Welt, wie er sich ausdrückte, treue Gesellschaft zu leisten. Sogleich packte ich in einen leinenen Kissenüberzug ein Frauengewand, ein paar Kleinodien und etwas
Geld für den Notfall, und in der Stille jener Nacht, ohne meine
verräterische Zofe zu benachrichtigen, begleitet von meinem
Diener und von tausenderlei Gedanken, verließ ich mein Haus
und begab mich auf den Weg nach der Stadt, zwar zu Fuß,
aber wie im Fluge fortgeführt von dem Wunsche rechtzeitig hinzukommen, wenn auch nicht, um zu hindern, was ich für geschehen hielt, so doch wenigstens Don Fernando aufzufordern,
er solle mir sagen, wie er das Herz gehabt habe, so etwas zu tun.

In dritthalb Tagen gelangte ich, wohin ich begehrte. Als
ich die Stadt betrat, fragte ich nach dem Hause von Luscindas
Eltern, und der erste, an den ich diese Frage richtete, antwortete
mir mehr als ich hätte wissen mögen. Er sagte mir das Haus
und alles, was sich bei der Vermählung der Tochter des Hauses
zugetragen; alles so stadtbekannt, daß überall im Orte die Leute
zusammenstehen, um davon zu erzählen. Er berichtete mir, an
dem Abend, wo Don Fernando sich mit Luscinda vermählte, sei
sie, nachdem sie das Jawort gegeben, von einer tiefen Ohnmacht
befallen worden, und als ihr Gatte sich ihr genähert, um sie
aufzuschnüren, damit sie Luft schöpfe, habe er bei ihr einen von
ihrer eigenen Hand geschriebenen Brief gefunden, worin sie
sagte und beteuerte, sie könne nicht Don Fernandos Gemahlin
werden, weil sie die Cardenios sei, welcher, wie der Mann mir
sagte, ein sehr vornehmer Edelmann aus derselben Stadt sei,
und wenn sie Don Fernando das Jawort gegeben, so sei der
Grund, daß sie nicht von der Pflicht des Gehorsams gegen ihre

Eltern habe abweichen wollen. Kurz, solche Äußerungen habe
der Brief enthalten, daß er ersehen ließ, sie habe die Absicht
gehabt, sich nach geschehener Trauung umzubringen; der Brief
gab die Gründe an, weshalb sie sich das Leben genommen habe.
Alles dies, sagt man, wurde durch einen Dolch bestätigt, den
man, ich weiß nicht in welchem Stück ihrer Kleidung fand.
Wie nun Don Fernando das ersah, bedünkte es ihn, daß Luscinda ihn zum besten gehabt, verhöhnt und verachtet habe. Er
stürzte sich auf sie, ehe sie noch wieder zu sich gekommen, und
wollte sie mit dem nämlichen Dolche, den man bei ihr gefunden,
erstechen; und er hätte das auch vollführt, wenn ihre Eltern
und die andern Anwesenden ihn nicht daran gehindert hätten.
Ferner heißt es, daß Don Fernando sogleich die Stadt verließ
und Luscinda sich nicht vor dem folgenden Tage von ihrer Ohnmacht erholte, wo sie dann ihren Eltern erzählte, daß sie in
Wahrheit die Gattin jenes Cardenio sei, dessen ich erwähnte.
Auch erfuhr ich, jener Cardenio sei, soviel die Leute sagten, bei
der Trauung zugegen gewesen, und als er sie vermählt sah, was
er nie geglaubt hätte, sei er in Verzweiflung aus der Stadt
enteilt und habe Luscinda einen Brief zurückgelassen, worin er
die Kränkung, die sie ihm angetan, zu aller Kenntnis brachte,
und sagte, er werde hingehen, wo ihn Menschen nimmer zu
sehen bekämen. Dies alles war in der ganzen Stadt bekannt
und verbreitet, alle Leute redeten davon. Aber sie redeten noch
mehr, als sie erfuhren, Luscinda sei aus dem Hause ihrer Eltern
und aus der Stadt verschwunden. Man konnte sie nirgends
finden. Ihre Eltern verloren schier den Verstand darüber und
wußten nicht, welches Mittel sie ergreifen sollten, um sie wieder
zu erlangen.

Diese Nachrichten ließen meine Hoffnungen wieder auf-
dämmern, und ich hielt es nun für besser, Don Fernando nicht,
als ihn vermählt gefunden zu haben. Es deuchte mir, die

Pforte zu meiner Rettung sei noch nicht völlig verschlossen, und
ich bildete mir ein, möglicherweise habe der Himmel dies Hin=
dernis der zweiten Ehe entgegengestellt, um ihn zur Erkenntnis
seiner Verpflichtungen gegen die erste und zur Einsicht zu
bringen, daß er ein Christ und seinem Seelenheil mehr schuldig
sei als menschlichen Rücksichten. All diese Gedanken wälzte ich
in meinem Geiste hin und her und sprach mir Trost zu, ohne
Trost zu finden, und spiegelte mir ferne, schwache Hoffnungen
vor, um die Last dieses Lebens weiter tragen zu können, das
ich jetzt verabscheue.

Während ich nun noch in der Stadt weilte und, weil ich
Don Fernando nicht fand, ungewiß war, was ich tun sollte,
kam ein öffentlicher Ausruf mir zu Ohren, in welchem ein gro=
ßer Findelohn jedem versprochen wurde, der meinen Aufenthalt
nachwiese, wobei mein Alter und die Kleidung, die ich trug,
genau angegeben war. Und zugleich hörte ich sagen, man er=
zähle, daß der Junge, der mich begleitete, mich aus dem Hause
meiner Eltern entführt habe. Das traf mich ins Herz, weil ich
erkannte, wie tief mein Ruf gesunken sei, indem man es nicht
hinreichend fand, daß ich ihn durch meine Flucht eingebüßt,
sondern noch hinzufügte, mit wem ich geflohen, während der
Genannte doch so tief unter mir und meiner redlichen Gedanken
so unwert war. Im Augenblick, wo ich den öffentlichen Ausruf
hörte, eilte ich zur Stadt hinaus mit meinem Diener, der bereits
verriet, daß er in der Treue, die er mir verheißen, zu wanken
begann. Noch in der nämlichen Nacht, da wir fürchten mußten
entdeckt zu werden, gelangten wir mitten in die dichten Wal=
dungen dieses Gebirges.

Aber wie man zu sagen pflegt, ein Unglück reicht dem an=
dern die Hand, und das Ende eines Leidens ist der Anfang zu
einem neuen und schwereren Leiden, so erging es mir. Denn
sobald mein redlicher Diener, bisher treu und zuverlässig, mich

in dieser Einöde sah, wollte er, von seiner eignen Schurkerei
mehr als von meiner Schönheit angereizt, die Gelegenheit benutzen, die ihm seines Bedünkens diese Wüstenei darbot, und
alle Scham und noch mehr die Furcht Gottes wie die Achtung
vor mir außer Augen setzend, verfolgte er mich mit Liebesan-
trägen. Und da er sah, daß ich mit gebührenden, streng ver-
weisenden Worten der Schamlosigkeit seiner Zumutungen begegnete, ließ er die Bitten beiseite, mit denen er es zuerst
versucht hatte, und begann Gewalt zu brauchen. Allein der
gerechte Himmel, der selten oder nie seine Obhut und Gunst
redlichem Wollen versagt, stand dem meinigen bei, so daß ich
mit meinen geringen Kräften und mit geringer Anstrengung ihn
in einen steilen Abgrund hinabstürzte, wo ich ihn liegen ließ,
ich weiß nicht, ob tot oder lebend. Und ohne Zögern, mit größerer Behendigkeit, als mein Schrecken und meine Ermüdung
zu gestatten schien, flüchtete ich tiefer ins Gebirge, ohne andern
Gedanken und Plan, als mich da versteckt zu halten, um meinem
Vater und denen, die in seinem Auftrage nach mir suchten, zu
entgehen.

Ich weiß nicht, wieviel Monate es her ist, seit ich zu diesem
Zwecke diese Gegend betrat. Ich fand hier einen Herdenbesitzer,
der mich als seinen Diener in einem Dorf im Innersten des
Gebirges mitnahm. Ich diente ihm während dieser ganzen
Zeit als Hirtenjunge und suchte mich immer auf dem Felde
aufzuhalten, damit ich dieses Haar vor ihm verbergen könnte,
das mich heute so unvermutet euch verraten hat. Aber all
mein Mühen und all meine Vorsicht war und blieb erfolglos,
da mein Herr zuletzt doch in Erfahrung brachte, daß ich kein
Mann sei, und in ihm der nämliche böse Gedanke aufstieg wie
bei meinem Diener. Aber da das Glück nicht immer mit den
Nöten, die es uns sendet, auch die Rettungsmittel gewährt, so
fand ich keine Abgründe und Schluchten, um dem Herrn vom

Leben und Lieben zu helfen, wie ich sie früher für den Diener gefunden; und darum hielt ich es für das geringere Übel ihn im Stiche zu lassen und mich abermals in diesen Wildnissen zu verbergen, als meine Kraft oder meine Vorstellungen ihm gegenüber zu versuchen.

So nahm ich aufs neue zu meinem Versteck meine Zuflucht, um einen Ort zu suchen, wo ich ungestört mit Seufzern und Tränen zum Himmel beten könnte, daß er sich meines Unglücks erbarme und mir Geisteskraft verleihe und seine Hilfe, um aus diesem Elend zu kommen oder das Leben in dieser Einöde zu lassen, ohne daß ein Angedenken bleibe an diese Unglückliche, deren Erlebnisse so ganz unverschuldet den Stoff dazu gegeben, daß in ihrer Heimat und in fremden Landen sie in den Mund der Leute und in üble Nachrede gekommen ist.

Neunundzwanzigstes Kapitel,

welches von dem anmutigen Kunstgriff und schlauen Mittel handelt, so angewendet ward, um unsern verliebten Ritter aus der gar harten Buße zu erlösen, die er sich auferlegt hatte.

Dies ist, meine Herren, der wahrhafte Verlauf meines Trauerspiels. Bedenkt und urteilt jetzt, ob es für die Seufzer, die ihr gehört, die Worte, die ihr vernommen, und die Tränen, die aus meinen Augen flossen, nicht genugsame Veranlassung war, in reichlichster Fülle zutage zu treten. Und wenn ihr die Art meines Unglücks erwägt, werdet ihr erkennen, daß Tröstung vergeblich ist, da Abhilfe nicht möglich ist. Ich bitte euch um nic t weiter, als daß ihr, was ihr mit Leichtigkeit tun könnt und müßt, mir Rat erteilet, wo ich mein Leben verbringen kann, ohne daß mich Furcht und Entsetzen ob der Möglichkeit tötet, von den Leuten, die mich suchen, entdeckt zu werden. Denn wie-

wohl ich weiß, daß die große Liebe meiner Eltern zu mir jedenfalls mir eine gute Aufnahme bei ihnen verbürgt, so fühle ich
mich doch schon bei dem bloßen Gedanken, vor ihren Augen
nicht so, wie sie es hofften, erscheinen zu müssen, von so großer
Scham ergriffen, daß ich es für besser erachte, mich für immer
aus ihrer Gegenwart zu verbannen, als mit der Besorgnis in ihr
Angesicht zu schauen, daß sie das meinige jener Sittsamkeit entfremdet sehen, die sie sich von mir ehemals versprechen durften.

Hier schwieg sie, und ihr Antlitz bedeckte sich mit einer
Blässe, die ihrer Seele Schmerz und Scham wohl klar zeigte.
Und in ihren Seelen empfanden die, so ihr zugehört, so viel Betrübnis als Staunen ob ihres harten Geschicks. Und wiewohl
der Pfarrer ihr sofort seinen Trost und Rat erteilen wollte,
nahm Cardenio zuerst das Wort und sprach: Also du, Señora,
bist die schöne Dorotea, die einzige Tochter des reichen Clenardo?

Dorotea war hoch erstaunt, als sie den Namen ihres Vaters
hörte und die ärmliche Erscheinung des Mannes sah, der ihn
genannt hatte; denn es ist schon bemerkt worden, in wie jämmer-
lichem Aufzug Cardenio einherging. Daher sagte sie zu ihm:
Und wer seid Ihr, guter Freund, daß Ihr so den Namen
meines Vaters wißt? Denn bis jetzt, wenn ich mich recht
entsinne, habe ich ihn in der ganzen Erzählung meines Miß-
geschicks noch nicht genannt.

Ich bin, antwortete Cardenio, jener vom Glück Verlassene,
welchen Luscinda, wie Ihr erklärt habt, Señora, für ihren
Gatten erklärte. Ich bin der unselige Cardenio, den jener
Elende, der auch Euch in dies Elend verlockte, dahin gebracht
hat, daß Ihr mich in diesem Zustande seht, abgerissen, nackt,
jeder menschlichen Tröstung, und was schlimmer ist, des Verstandes entbehrend, da ich ihn nur besitze, wenn es dem Himmel
manchmal beliebt, mir ihn auf kurze Zeit zu vergönnen. Ich
bin es, Dorotea, der bei den Missetaten Don Fernandos zu-

gegen war und der dort harrend stand, um aus Luscindas
Munde das Ja zu hören, mit welchem sie sich zu seinem Ehe-
weib erklärte. Ich bin es, der den Mut nicht hatte, den Verfolg
ihrer Ohnmacht und das Ergebnis des Briefes, den man in
ihrem Busen fand, abzuwarten, weil meine Seele nicht die
Kraft besaß, so viel herbe Schicksale auf einmal zu ertragen.
So schied ich vom Hause und von der Geduld und ließ einem
Gastfreunde einen Brief zurück mit der Bitte, ihn in Luscindas
Hände zu legen, und begab mich hierher, um in dieser Einöde
mein Leben zu beschließen, das ich von dem Augenblicke an wie
meinen Todfeind haßte. Allein das Verhängnis hat es mir
nicht rauben wollen; es begnügte sich, mir den Verstand zu
rauben, vielleicht weil es mich für das Glück aufbewahren
wollte Euch zu finden. Denn wenn wahr ist, was Ihr eben
erzähltet, und ich glaube, es ist wahr, so wäre es noch immer
möglich, daß der Himmel uns einen besseren Ausgang unserer
Mißgeschicke vorbehalten hätte als wir gedacht; denn da, wie
nun feststeht, Luscinda sich mit Don Fernando nicht vermählen
kann, weil sie die Meine ist, und Don Fernando nicht mit
ihr, weil er der Eure ist, und Luscinda sich so offen und un-
umwunden ausgesprochen hat, so dürfen wir wohl hoffen, der
Himmel werde uns zurückerstatten, was unser ist, weil es ja
noch immer sein Dasein behauptet und weder uns entfremdet
noch zunichte geworden. Und da wir also diesen Trost besitzen, der nicht etwa aus sehr ferner Hoffnung erzeugt noch
auf törichte Einbildungen gegründet ist, so bitte ich Euch,
Señora, in Eurem ehrenhaften Sinn einen andern Entschluß
zu fassen, wie auch ich tun will, und Euer Gemüt auf das
Erhoffen besseren Glücks zu bereiten. Ich schwöre Euch bei
Ritterwort und Christentreue, ich werde Euch nicht verlassen,
bis ich Euch im Besitze Don Fernandos sehe, und wenn ich ihn
nicht mit vernünftigen Gründen dazu bewegen kann, daß er

anerkenne, was er Euch schuldig ist, dann werde ich von der freien Befugnis Gebrauch machen, die mir dadurch vergönnt ist, daß ich ein Edelmann bin und also mit voller Berechtigung ihn herausfordern kann, um ihm nach Gebühr für die Ungebühr zu lohnen, die er Euch zufügt. Meiner eigenen Kränkungen will ich nicht eingedenk sein und deren Bestrafung dem Himmel überlassen, um auf Erden den eurigen abzuhelfen.

Bei Cardenios Worten stieg Doroteas Erstaunen auf den höchsten Grad, und da sie nicht wußte, wie sie ihm für so große Anerbietungen danken sollte, wollte sie seine Füße umfassen und küssen; aber Cardenio gab es nicht zu. Der Lizentiat antwortete für beide und sprach seine Billigung aus ob der edlen Worte Cardenios; insbesondere aber drang er in sie beide mit Bitten, gutem Rat und freundlichem Zureden, sie möchten mit ihm in sein Dorf gehen, wo sie sich mit allem, was ihnen fehlte, versorgen könnten, und dort werde man dann Anstalt treffen, wie Don Fernando aufzusuchen sei, wie Dorotea zu ihren Eltern zu bringen oder wie sonst alles vorzunehmen sei, was ihnen zweckmäßig erscheine. Cardenio und Dorotea dankten ihm und nahmen die angebotene Freundlichkeit an.

Der Barbier, der allem gespannt und schweigend beigewohnt hatte, brachte nun auch seine wohlgemeinten Worte an und erbot sich, mit nicht geringerer Bereitwilligkeit als der Pfarrer, zu allem, was ihnen dienlich sein könne. Auch berichtete er in Kürze den Beweggrund, der sie hierher geführt, und die seltsame Verrücktheit Don Quijotes, sowie daß sie seinen Schildknappen erwarteten, der weggegangen sei, um den Ritter aufzusuchen. Wie im Traume erinnerte sich jetzt Cardenio des Streites, den er mit Don Quijote gehabt, und er erzählte ihn den andern, aber er wußte nicht zu sagen, um was es sich dabei gehandelt habe.

Indem hörten sie lautes Rufen und erkannten Sancho Panzas Stimme, der, weil er sie an der Stelle, wo er sie verlaffen hatte, nicht mehr fand, mit schallendem Geschrei nach ihnen rief. Sie gingen ihm entgegen und fragten ihn nach Don Quijote. Er erzählte ihnen, wie er ihn halbnackt gefunden, im bloßen Hemde, ganz schwach, blaßgelb im Gesicht, sterbend vor Hunger und nach seiner Herrin Dulcinea seufzend. Und wie= wohl er ihm gesagt, sie selbst befehle ihm, diesen Ort zu verlassen und nach Toboso zu ziehen, wo sie ihn erwarte, so habe er doch entgegnet, er sei festiglich entschlossen, vor ihrer Huldseligkeit sich nicht erschauen zu lassen, bis denn er solcherlei Taten getan, daß man tätlich befinde, wie er würdig sei ihrer liebwerten Gunst. Und wenn das so weiter ginge, so liefe er Gefahr, weder ein Kaiser zu werden, wie es seine Pflicht und Schuldigkeit sei, noch auch nur ein Erzbischof, was doch das Geringste sei, was er werden könne. Daher möchten sie sich überlegen, was zu tun sei, um ihn von dort wegzubringen.

Der Lizentiat erwiderte ihm, er solle unbesorgt sein, sie würden ihn, so widerwillig er sich auch bezeige, schon fortbringen. Und er erzählte alsbald Dorotea und Cardenio, was sie sich ausgedacht, um Don Quijote zu heilen oder wenigstens nach seinem Hause zurückzuführen. Worauf Dorotea sagte, sie würde das hilfsbedürftige Fräulein besser darstellen als der Barbier; zudem habe sie Kleider hier, um die Rolle ganz nach der Natur zu spielen. Sie möchten ihr nur die Sorge überlassen, alles vorzustellen, was zur Ausführung ihres Planes erforderlich sei; denn sie habe viele Ritterbücher gelesen und verstünde sich gut auf den Stil, in dem die bedrängten Fräulein sprächen, wenn sie sich Vergünstigungen von fahrenden Rittern erbäten.

Dann ist weiter nichts erforderlich, sprach der Pfarrer, als daß man es sogleich ins Werk setze. Denn gewiß, das Glück zeigt sich mir günstig, da so ganz unvermutet, meine Herr= schaften, die Türe zu eurem Heil sich zu erschließen beginnt und die, deren wir bedurften, sich uns gleichzeitig darbietet.

Dorotea holte alsbald aus ihrem Kissenüberzug ein reiches Schleppkleid von einem gewissen feinen Wollenstoff hervor, nebst einer Mantille von prächtigem grünem Zeug, und aus einem Kästchen ein Halsband mit andern Kostbarkeiten, womit sie sich in einem Augenblick so ausstaffierte, daß sie wie eine vornehme reiche Dame aussah. Alles dies und noch andres, sagte sie, habe sie aus dem Elternhause für alle Fälle mitgenommen, und bis jetzt habe sich noch keine Gelegenheit geboten, wo sie es hätte brauchen können. Alle waren entzückt von ihrer Anmut, ihrem lieblichen Wesen, ihren Reizen, und aller Urteil stand nun fest, daß Don Fernando sich auf Frauen wenig verstehe, da er eine so ungewöhnliche Schönheit verschmähe. Wer aber am meisten staunte, war Sancho Panza; denn es bedünkte ihn — wie es auch wirklich der Fall war — er habe alle seine Lebtage ein so schönes Geschöpf nicht mit Augen gesehen. Er bat daher den Pfarrer sehr angelegentlich, er möchte ihm doch sagen, wer dieses holdselige Ritterfräulein sei und was selbige in dieser unwirtlichen Gegend zu suchen habe.

Diese schöne Dame, antwortete der Pfarrer, Freund Sancho, ist nichts mehr und nichts weniger als die hohe Prinzessin, die Erbin im rechten Mannesstamme, vom großen Königreich Mikomikón, und selbige hat sich auf die Suche nach Eurem Herrn begeben, um eine Vergabung und Vergünstigung von ihm zu erflehen, die darin besteht, daß er einer Ungebühr oder Unbill abhelfen soll, so ein böser Riese ihr angetan. Und ob des Ruhmes echten, rechten Rittertums, welchen Euer Herr in allen bis jetzt entdeckten Landen hat, kommt besagte Königstochter von Guinea um ihn aufzusuchen.

Glückliches Suchen und glückliches Finden! sprach hier Sancho Panza; und zumal wenn mein Herr soviel Glück hat und die Unbill wieder gut macht und das Unrecht wieder zurechte bringt und jenen Bankert von Riesen totschlägt, von dem Euer

Gnaden erzählt. Und totschlagen wird er ihn allerdings, wenn
er ihn nur findet, vorausgesetzt, daß es keine Spukgestalt ist,
denn gegen Spukereien hat mein Herr keinerlei Gewalt. Aber
eins will ich Euer Gnaden vor anderm bitten, Herr Lizentiat.
Nämlich, damit nicht etwa meinen Herrn die Lust anwandelt
Erzbischof zu werden, was ich gar sehr fürchte, so soll Euer
Gnaden ihm den Rat geben, sich gleich mit der Prinzessin da zu
verheiraten, und dergestalt wird's ihm unmöglich gemacht, die
erzbischöflichen Weihen zu empfangen, und er gelangt mit aller
Leichtigkeit zu seinem Kaisertum, und ich ans Ziel meiner Wün=
sche. Denn ich habe mir's wohl überlegt, und ich finde, soviel
mich angeht, es ist nicht gut für mich, wenn mein Herr ein Erz=
bischof wird, weil ich für die Kirche nicht zu brauchen bin, sinte=
mal ich verheiratet bin. Und soll ich dann herumlaufen und
Dispens einholen, daß ich, trotzdem ich Frau und Kinder habe,
von einer Kirchenpfründe Einkommen haben darf, da würde man
niemals fertig damit. Sonach dreht sich alles darum, daß mein
Herr sich mit dem Fräulein da verheiratet; ich weiß aber noch
nicht, wie Ihro Gnaden heißt, und darum nenne ich sie nicht
mit ihrem Namen.

Sie heißt Prinzessin Mikomikona, antwortete der Pfarrer;
denn da ihr Königreich Mikomikón heißt, so ist es klar, daß sie
so heißen muß.

Daran ist kein Zweifel, versetzte Sancho. Ich habe auch
schon viele ihre Familien= und Stammesnamen von dem Ort
entlehnen sehen, wo sie geboren wurden. So nannten sie sich
Pedro von Alcalá, Juan de Úbeda oder Diego von Valladolid;
und dasselbe muß auch in Guinea der Brauch sein, daß die Kö=
niginnen den Namen ihres Königreichs annehmen.

So wird es wohl sein, sprach der Pfarrer; und was Eures
Herrn Verheiratung betrifft, so will ich dabei tun, was nur in
meinen Kräften steht.

Hierüber war Sancho ebenso vergnügt als der Pfarrer er=
staunt über seine Einfalt und über die Leichtgläubigkeit, mit der
er sich die nämlichen Torheiten wie sein Herr in den Kopf ge=
setzt, da er es für zweifellos hielt, daß dieser es zum Kaiser
bringen würde.

Inzwischen hatte sich Dorotea bereits auf das Maultier des
Pfarrers gesetzt, und der Barbier hatte seinen Farrenschwanz
hart vor dem Gesicht befestigt. Sie forderten Sancho auf, sie
zu Don Quijote zu führen, und wiesen ihn an, sich nicht merken
zu lassen, daß er den Lizentiaten oder den Barbier kenne. Denn
wenn sein Herr es zum Kaiser bringen solle, so käme es haupt=
sächlich darauf an, daß er sie nicht kenne. Zwar wollte weder
der Pfarrer noch Cardenio mit den andern gehen; Cardenio nicht,
damit Don Quijote nicht an seinen Streit mit ihm erinnert
werde, und der Pfarrer, weil seine Gegenwart für den Augen=
blick noch nicht nötig war. So ließen sie denn jene voranziehen,
und sie selber folgten ihnen langsam zu Fuße nach. Der
Pfarrer hatte es inzwischen nicht versäumt, Dorotea zu unter=
weisen, was sie zu tun habe; worauf sie erwiderte, sie möchten
nur ohne Sorge sein; alles werde, ohne daß nur ein Titelchen
daran fehle, so geschehen, wie es die Ritterbücher erheischen und
schildern.

Dreiviertel Meilen etwa mochten sie gewandert sein, als sie
Don Quijote inmitten unwegsamer Felsen entdeckten, bereits
wieder angekleidet, jedoch ohne Rüstung. Und sobald Dorotea
seiner ansichtig ward und von Sancho hörte, es sei Don Qui=
jote, gab sie ihrem Zelter einen Schlag mit der Geißel. Der
Barbier folgte ihr nach, und wie sie in seine Nähe kamen, sprang
der wohlbebartete Bartscherer vom Maultier herab und nahm
Dorotea in die Arme; sie stieg munter und mit großer Leichtig=
keit ab und warf sich vor dem Ritter auf die Knie. Obschon
dieser sich aufs äußerste bemühte sie aufzuheben, so stund sie

doch nimmer vom Boden empor und tat zu ihm folgende An-
sprache:

Von dieser Scholle werde ich nimmer emporstehen, Ritter
sonder Furcht und Tadel, bis Dero Fürtrefflichkeit und Edelmut mir eine Vergünstigung zusagt, welche Euch zu Ehren aus-
schlagen wird und Eurer Person zum Preise und zu Nutz und
Frommen der trostlosesten, der bedrängtesten Jungfrau, welche
Gottes Sonne je erschaut hat; und wenn in Wahrheit die
Mannhaftigkeit Eures starken Armes dem Ruf Eurer unsterb-
lichen Gloria entspricht, dann seid Ihr verpflichtet, großgünstigen
Beistand der Glückverlassenen zu leihen, die dem Heldengeruch
Eures Namens von so fernen Landen nachzieht und Euch auf-
sucht zur Errettung aus ihrer Trübsal.

Ich werde Euch kein Wörtlein antworten, allerschönste
Herrin mein, erwiderte Don Quijote, und ein mehreres in
Euren Sachen nicht anhören, bis daß Ihr Euch vom Boden
erhebet.

Ich werde mich nicht erheben, antwortete das schmerzens-
reiche Fräulein, so nicht zuvor von Eurer Höflichkeit die Vergünstigung, die ich erbitte, mir zugesagt worden.

Ich sage sie Euch zu und gewähre sie, versetzte Don Quijote,
mit dem Beding jedoch, daß sie nimmer vollbracht werden dürfe
zur Schädigung und Beschwer meines Königs, meines Vater-
lands und derer, die da den Schlüssel hat zu meinem Herzen
und meiner Freiheit.

Sie wird nicht zur Schädigung und Beschwer gereichen
allen selbigen, die Ihr benamset habt, mein edler Herr, entgegnete das schmerzenreiche Fräulein.

Mittlerweile näherte sich Sancho Panza dem Ohr seines
Herrn und flüsterte ihm leise zu: Señor, ganz wohl kann Euer
Gnaden ihr Begehr gewähren, denn es ist ein wahres Nichts.
Es besteht bloß darin, daß Ihr einen gewaltigen Riesen tot-

schlagen sollt, und die da, welche es begehrt, ist die hohe Prinzessin Mikomikona, die Königin im großen Reich Mikomikón in Äthiopien.

Möge sie sein, was sie wolle, entgegnete Don Quijote, ich werde tun, wozu ich verpflichtet bin und was mir mein Gewissen vorschreibt, gemäß dem Beruf, zu dem ich geschworen.

Und sich zu dem Fräulein wendend, sprach er: Möge Eure erhabene Huldseligkeit sich erheben, denn ich gewähre Euch Beistand und Vergünstigung, so Ihr begehrt.

Wohl denn, sprach das Fräulein, mein Begehr ist, daß Eure großherzige Person sofort mit mir dahin eile, wohin ich Euch zu führen gedenke, und daß Ihr mir verheißet, Euch keines andern Abenteuers noch Verlangens anzunehmen, bevor Ihr mir zur Rache helfet an einem Bösewicht, der wider alles göttliche und menschliche Recht sich meines Reiches angemaßt hat.

Hiermit tu' ich kund, daß ich selbiges gewähre, erwiderte Don Quijote, und sonach könnt Ihr, edle Herrin, itzund wie hinfüro, Euch des Trübsinns abtun, der Euch drückt, und Euer barniedergelegenes Hoffen neuen Mut und Kraft gewinnen lassen. Denn mit Hilfe Gottes und meines starken Armes werdet Ihr Euch alsbalde wieder eingesetzt sehen in Euer Reich und sitzend auf dem Stuhle Eurer alten weitreichenden Herrschaft, zu Trutz und Ärgernus allen Schurken, die dem zuwider sein möchten. Und nun Hand ans Werk, denn im Zaudern, sagen die Leute, pflegt die Gefahr zu sitzen.

Das hilfsbedürftige Fräulein gab sich beharrlichst alle Mühe, ihm die Hände zu küssen. Aber Don Quijote, der in all und jedem sich als einen feingesitteten und höflichen Ritter zeigte, gab das nie und nimmer zu, hob sie vielmehr vom Boden auf und umarmte sie mit feinster Sitte und Höflichkeit und befahl sodann Sancho, Rosinantes Sattel und Gurt gehörig zu besorgen und ihn gleich auf der Stelle zu waffnen. Sancho

nahm die Rüstung herunter, die wie ein Siegesmal an einem
Baume hing, sah nach Rosinantes Gurt und waffnete seinen
Herrn in einem Augenblick. Und wie dieser sich wohlgerüstet
sah, sprach er: Auf nun, ziehen wir in Gottes Namen hin, dieser
hohen Herrin Beistand zu leisten.

Der Barbier lag noch immer auf den Knien und gab sich
die größte Mühe, das Lachen zu verbeißen und seinen Bart festzuhalten, dessen Abfallen vielleicht ihnen allen ihren wohlgemeinten Plan vereitelt hätte. Da er aber sah, wie die Vergünstigung schon gewährt war, und wie eilfertig Don Quijote
sich bereit machte, die Zusage zu erfüllen, so stand er auf und
faßte seine Herrin an der Hand, und beide gemeinsam hoben sie
auf das Maultier. Sofort bestieg Don Quijote den Rosinante,
der Barbier setzte sich auf seinem Tiere zurecht, Sancho aber
wanderte zu Fuß, wobei er an den Verlust seines Grauen dadurch, daß er ihn jetzt entbehren mußte, aufs neue gemahnt
wurde. Aber all dieses ertrug er mit Freuden, weil es ihn bedünkte, sein Herr sei jetzt auf dem Wege, ja ganz nahe daran,
ein Kaiser zu werden. Denn er glaubte, Don Quijote werde sich
ohne Zweifel mit dieser Prinzessin verheiraten und aufs min-
deste König von Mikomikón werden. Nur das machte ihm
Kummer, daß dies Königreich im Negerlande läge und die Leute,
die man ihm zu Untertanen gäbe, sämtlich Neger sein würden.

Hierfür aber fand er alsbald in seiner Vorstellung ein
gutes Mittel, und er sprach zu sich selber: Was liegt mir dran,
ob meine Untertanen Schwarze sind? Was braucht's weiter, als
sie aufs Schiff zu laden und nach Spanien zu bringen, wo ich
sie verkaufen kann und man mir sie bar bezahlen wird? Und
mit dem Gelde kann ich alsdann ein Gut, das den Adel verleiht,
oder ein Amt kaufen, um davon all meine Lebenstage geruhsam
zu leben. Ja, leg' dich nur schlafen! Und hab' nicht soviel Verstand und Geschick, um eine Sache ordentlich anzufangen und

breißig- oder meinetwegen zehntausend Untertanen im Hand=
umbrehen zu verschachern! Nein, bei Gott, ich will sie mir auf=
jagen, groß und klein, im Ramsch oder wie ich's sonst fertig
bringe; und sind sie auch schwarz, so will ich ihre Farbe in
silberweiß oder goldgelb verwandeln! Kommt nur, glaubt nur,
ich tät' wie ein Blödsinniger an den Fingern kauen!

Mit diesen Gedanken war er so beschäftigt und so vergnügt,
daß er den Kummer vergaß, zu Fuße gehen zu müssen.

All dieses beobachteten Cardenio und der Pfarrer hinter
Dornbüschen hervor und wußten nicht, wie sie es anfangen soll=
ten, sich der Gesellschaft anzuschließen. Jedoch der Pfarrer, der
ein gar anschlägiger Kopf war, kam gleich darauf, wie ihr Zweck
zu erreichen sei. Er nahm nämlich eine Schere, die er in einem
Futteral bei sich trug, schnitt Cardenio mit großer Behendigkeit
den Bart ab, zog ihm seinen eignen grauen Rock an, gab ihm
den schwarzen Mantel darüber, und er selbst blieb nur in Hosen
und Wams. Cardenio aber war ein so ganz andrer als vorher
geworden, daß er sich selbst im Spiegel nicht erkannt hätte. Als
dies vollbracht, gelangten sie, obschon während ihrer Umkleidung
die andern weiter gegangen waren, ohne Mühe früher als diese
auf die Landstraße, weil das viele Gestrüpp und die schlimmen
Wege in der Gegend die Leute zu Pferd nicht so schnell fort=
kommen ließen als die zu Fuß. Wirklich gelangten sie sogleich
beim Abstieg vom Fußweg auf die ebene Straße, und wie Don
Quijote mit den Seinigen herunterkam, stellte sich der Pfarrer
hin und betrachtete ihn ernst und bedächtig, gab durch Gebärden
kund, daß er ihn wiedererkenne, und nachdem er ihm geraume
Zeit ins Gesicht geschaut, eilte er ihm mit offnen Armen ent=
gegen und rief laut: Gesegnet sei die Stunde, da ich ihn wieder=
sehe, ihn, den Spiegel des Rittertums, meinen trefflichen Lands=
mann Don Quijote von der Mancha, des Edelsinns Blume und
Perle, Schutz und Rettung der Bedrängten, Quintessenz der

fahrenden Ritter! Und dieses sagend, umfaßte er am Knie das linke Bein Don Quijotes. Der aber war höchst betroffen über alles, was er den Mann sagen hörte und tun sah. Er betrachtete ihn mit höchster Aufmerksamkeit und erkannte ihn endlich; er war schier entsetzt, den Pfarrer hier zu sehen, und tat sein möglichstes, um vom Pferde zu steigen. Allein der Pfarrer ließ es nicht zu; weshalb Don Quijote sprach: Laßt mich, Herr Lizentiat; es ist nicht recht, daß ich zu Pferde sitze, während ein so hochwürdiger Herr wie Ihr zu Fuß ist.

Das werde ich nie und unter keiner Bedingung zugeben, entgegnete der Pfarrer. Wolle Eure erhabene Person nur zu Pferde bleiben, denn zu Pferde vollbringt Ihr die größten Heldentaten und Abenteuer, die zu unsern Zeiten erlebt worden. Für mich aber, einen (obschon unwürdigen) Priester, ist es schon genug, mich auf die Kruppe eines Maultiers dieser Herrschaften zu setzen, die mit Euer Gnaden des Weges ziehn, falls es ihnen nicht zuwider ist. Und auch auf solchem Sitze schon wird es mir sein, als ritte ich auf dem Pferde Pegasus, ja auf dem Zebra oder Schlachtroß, das jenen berühmten Mohren Muzaraque trug, welcher noch heutigen Tages in dem breiten Hügel Zulema verzaubert liegt, der sich nicht fern von der berühmten Stadt Complutum (Alcalá) erhebt.

Daran hatte ich wirklich nicht gedacht, mein geehrter Herr Lizentiat, erwiderte Don Quijote, und ich bin überzeugt, meine gnädige Prinzessin wird geruhen, aus Gefälligkeit gegen mich, ihrem Knappen zu befehlen, daß er Euer Gnaden den Sitz auf dem Sattel seines Maultiers einräume; er aber kann sich auf die Kruppe setzen, falls das Tier es verträgt.

Gewiß verträgt es das, so viel ich glaube, versetzte die Prinzessin; und ich weiß auch, daß es nicht nötig ist, solches meinem Herrn Knappen anzubefehlen, denn er ist so höflich und von seiner Sitte, daß er nicht zugeben wird, daß ein geist=

5*

licher Herr zu Fuße geht, wenn die Möglichkeit vorhanden ist,
daß er reite.

So ist es, sagte der Barbier, stieg im Nu ab und bot dem
Pfarrer den Sattel an, und dieser nahm ihn ein, ohne sich
lange bitten zu lassen. Aber das Schlimme dabei war, daß, wie
der Barbier auf die Kruppe steigen wollte, das Maultier, das
ein Mietgaul war, — was zur Genüge besagt, daß es bösartig
war, — die Hinterfüße in die Höhe warf und ein paarmal so
mächtig ausschlug, daß, wenn es den Meister Nikolas auf Brust
oder Kopf getroffen hätte, er sicher seine Reise zur Auffindung
Don Quijotes zum Teufel gewünscht hätte. Aber auch so schon
erschrak er darob so heftig, daß er zu Boden stürzte und dabei
so wenig acht auf den Bart hatte, daß er ihm abfiel. Wie er
sich nun ohne Bart sah, wußte er sich nicht anders zu helfen,
als daß er sich das Gesicht mit beiden Händen bedeckte und
jammerte, es seien ihm die Backenzähne ausgeschlagen. Wie
Don Quijote diesen ganzen Knäuel Bart ohne Kinnbacken und
ohne Blut, weit von dem Gesicht des hingestürzten Knappen
liegen sah, sprach er: So mir Gott helfe, das ist ein großes
Wunder! Das Tier hat ihm den Bart abgeschlagen und aus
dem Gesichte gerissen, grade als hätte man ihn vorsätzlich abgeschnitten.

Der Pfarrer sah, wie sein Anschlag Gefahr lief aufgedeckt
zu werden, holte den Bart in aller Eile und brachte ihn zu der
Stelle, wo Meister Nikolas noch schreiend lag, drückte dessen
Kopf an seine Brust und setzte ihm den Bart mit einem Ruck
wieder an, wobei er etliches murmelte, was, wie er sagte, ein
Zaubersegen sei, der die Kraft habe Bärte festzumachen, wie sie
gleich sehen würden. Wie er ihm nun den Bart wieder angelegt
hatte, trat er zur Seite, und da zeigte sich der Barbier so heil
und so wohl bebartet als vorher. Darob verwunderte sich Don
Quijote über die Maßen und bat den Pfarrer, wenn er Ge-

legenheit dazu finde, möchte er ihn den Zauberspruch lehren;
denn er meine, dessen Kraft müsse sich noch auf viel mehr als
auf das Ansetzen von Bärten erstrecken. Es sei doch klar, daß
da, wo der Bart ausgerissen worden, Haut und Fleisch wund
und zerrissen sein müsse; da aber der Spruch all dieses heile,
so sei er für noch andres als den Bart mit Nutzen zu ge=
brauchen.

Allerdings ist das der Fall, entgegnete der Pfarrer und
versprach, ihn den Spruch bei erster Gelegenheit zu lehren.

Sie kamen nun überein, für jetzt solle der Pfarrer auf=
steigen und die andern drei sollten streckenweise mit ihm ab=
wechseln, bis sie zu der Schenke kämen, die gegen zwei Meilen
von dort sein müsse. Während so drei ritten, nämlich Don
Quijote, die Prinzessin und der Pfarrer, und drei zu Fuße
gingen, Cardenio, der Barbier und Sancho Panza, sprach Don
Quijote zu dem Fräulein: Herrin mein, Eure Hoheit wolle die
Führung übernehmen, wohin Euch zumeist Begehr ist.

Bevor sie antworten konnte, sprach der Lizentiat: Zu wel=
chem Reiche will Eure Herrlichkeit uns führen? Vielleicht zum
Königreich Mikomikón? Ja, so muß es sein, oder ich verstehe
mich schlecht auf Königreiche.

Sie, die sich auf alles wohl verstand, merkte, daß sie ja
antworten müsse, und sagte demgemäß: Ja, Herr Lizentiat, zu
diesem Königreiche geht mein Weg.

Wenn dem so ist, sprach darauf der Pfarrer, so müssen wir
mitten durch mein Dorf reisen, und von da wird Euer Gnaden
den Weg nach Cartagena einschlagen, wo Ihr Euch, so das
Glück will, einschiffen könnt, und ist der Wind günstig, die See
ruhig und ohne Stürme, so seid Ihr wohl in weniger als neun
Jahren in Sicht des großen Sees Mäona, ich meine Mäotis
(Asowsches Meer), welcher wenig mehr als hundert Tagereisen
diesseits von Euer Hoheit Königreich liegt.

Euer Gnaden ist im Irrtum, werter Herr, sprach sie; denn es ist noch nicht zwei Jahre her, seit ich von dort abgereist bin, und wahrlich hatte ich dabei niemals gut Wetter. Und dessenungeachtet bin ich jetzt hierher gelangt, um hier zu erblicken, was ich so sehr ersehnte, nämlich den Herrn Don Quijote von der Mancha, von welchem, sobald ich den Fuß auf Spaniens Boden setzte, Kunde zu meinen Ohren drang. Und diese Kunde ist's, die mich antrieb, ihn aufzusuchen, um mich seinem Edelmut zu befehlen und mein Recht dem Heldentum seines unbesieglichen Arms anzuvertrauen.

Nicht weiter! Laßt ab von solchem Lobpreis, sprach hier Don Quijote, denn aller Art von Schmeichelei bin ich feind; und selbst wenn dies keine Schmeichelei wäre, so verletzen solche Reden doch immer meine keuschen Ohren. Was ich sagen kann, Herrin mein, ob ich nun Heldensinn besitze oder nicht, — was ich davon besitze oder nicht besitze, soll Eurem Dienste gewidmet sein, bis ich des Lebens verlustig gehe. Und indem wir dies bis zu seiner Zeit beruhen lassen, bitte ich den Herrn Lizentiaten mir zu sagen, welche Ursache ihn hierher geführt hat, so ganz allein, ohne Diener und so leicht gekleidet, daß ich darob wahrhaft erschrocken bin.

Darauf werde ich kurz antworten, erwiderte der Pfarrer. Euer Gnaden wisse, daß ich mit Meister Nikolas, unserm Freund und Barbier, nach Sevilla ging, um gewisse Gelder zu erheben, die ein Verwandter von mir, der vor vielen Jahren nach Indien gegangen, mir geschickt hatte. Es war nicht wenig: es überstieg sechzigtausend vollwichtige Pesos, was keine Kleinigkeit ist. Wie wir aber gestern durch diese Gegend kamen, überfielen uns vier Räuber und nahmen uns alles ab, ja selbst den Bart, und dergestalt haben sie uns ihn abgenommen, daß der Barbier sich einen falschen ansetzen mußte; und auch diesen jungen Mann, — hier zeigte er auf Cardenio, — haben sie

übel zugerichtet und aller Habe beraubt. Und das Schönste bei
der Sache ist, daß man in der ganzen Umgegend sich erzählt,
unsere Räuber gehören zu einer Kette Galeerensklaven, welche,
gerade hier in der Nähe, ein tapfrer Mann befreit hat, ein
Mann von solcher Heldenkraft, daß er sie trotz dem Kommissär
und den Wächtern von den Fesseln losmachte. Der Mann muß
gewiß nicht bei Verstande sein oder ein ebenso arger Schurke
wie sie selber oder ein Mensch ohne Herz und ohne Gewissen,
da er den Wolf unter die Schafe losließ, den Fuchs unter
die Hühner, die Mücke unter die Honigtöpfe. Er wollte die
Gerechtigkeit um das Ihrige betrügen, wider seinen König und
angestammten Herrn sich auflehnen, da er gegen dessen gerechte
Gebote handelte; er wollte, sag' ich, die Galeeren ihrer Arme
berauben, die heilige Verbrüderung in Aufruhr bringen, sie,
die schon seit vielen Jahren ruhte; kurz, er wollte eine Tat
ausführen, die seiner Seele Verderben und seinem Leibe keinen
Gewinn bringen wird.

Sancho hatte dem Pfarrer und dem Barbier das Abenteuer
mit den Galeerensklaven erzählt, welches sein Herr so ruhmvoll
zu Ende gebracht, und deshalb drückte sich der Pfarrer bei
seiner Erzählung so stark aus, um zu sehen, was Don Quijote
sagen oder tun werde. Der aber wechselte die Farbe bei jedem
Wort und wagte nicht zu sagen, daß er der Befreier dieser
Biedermänner gewesen.

Diese also, sagte der Pfarrer, waren es, die uns beraubten,
und Gott in seiner Barmherzigkeit verzeihe es jenem, der nicht
zuließ, sie ihrer wohlverdienten Strafe zuzuführen.

Dreißigstes Kapitel,

welches von der Klugheit der schönen Dorotea handelt, nebst andern sehr ergötzlichen und unterhaltenden Dingen.

Kaum hatte der Pfarrer geendet, so sprach Sancho: Nun meiner Treu, Herr Lizentiat, der diese Heldentat getan, das war mein Herr, und nicht als ob ich es ihm nicht vorher schon gesagt und ihn gewarnt hätte, er solle wohl bedenken, was er tue, und es sei eine Sünde, sie zu befreien, denn sie kämen auf die Galeeren, weil sie ausgemachte Schurken seien.

Dummer Tölpel, fiel hier Don Quijote ein, den fahrenden Ritter geht es nicht an und ist nicht seine Sache zu untersuchen, ob die Bekümmerten, mit Ketten Beladenen, Bedrückten, die er auf den Wegen antrifft, um ihrer Schuld willen oder um ihres Unglücks willen in solchem Aufzug umhergehen und sich in solchem Elend befinden. Es ist seine Aufgabe, lediglich ihnen als Hilfsbedürftigen beizustehen, er hat auf ihre Leiden zu sehen und nicht auf ihre Schelmenstreiche. Ich traf einen wahren Rosenkranz, eine aufgereihte Schnur jammervoller unglückseliger Leute, und mit denen tat ich, was meine Ordenspflicht mir gebeut, und mit allem übrigen mag es werden, wie es will. Und wem das mißbehagt, mit Respekt vor der heiligen Würde des Herrn Lizentiaten und vor seiner hochgeehrten Person, dem sag' ich, er versteht gar wenig in Sachen des Rittertums und lügt wie ein Hurensohn und schlechter Kerl, und das will ich ihm mit meinem Schwerte so beweisen, wie es anderswo ausführlicher geschrieben steht.

So sprach er, setzte sich in den Bügeln fest und drückte die Sturmhaube in die Stirn; denn die Barbierschüssel, die nach seiner Meinung der Helm des Mambrin war, hatte er solange

am vorderen Sattelknopf hängen, bis er sie von den Mißhand-
lungen, die sie bei den Galeerensklaven erlitten, wieder heilen
lassen könnte.

Dorotea, die verständig und voll witziger Einfälle war,
wollte, da sie Don Quijotes verschrobene Eigentümlichkeiten
bereits wohl kannte und sah, daß alle, mit Ausnahme Sancho
Panzas, ihn zum besten hielten, nicht zurückbleiben und sprach,
als sie ihn so aufgebracht sah: Herr Ritter, es möge Euer Gnaden im Angedenken bleiben, daß Ihr mir eine Vergünstigung
zugesprochen habt, und daß Ihr Euch in Gemäßheit derselben
keines andern Abenteuers annehmen dürft, so bringlich auch
selbiges sein möge. Beruhige Euer Gnaden Euer Herze; denn
hätte der Herr Lizentiat gewußt, daß durch diesen nie besiegten
Arm die Galeerensklaven ihre Befreiung erlangten, so hätte er
sich lieber mit drei Stichen den Mund vernäht, ja, er hätte sich
dreimal auf die Zunge gebissen, ehe er ein Wort gesagt hätte
so Euer Gnaden zum Ärgernus gereichte.

Gewiß, darauf schwöre ich, versetzte der Pfarrer, ja, ich hätte
mir lieber den halben Schnurrbart abgeschnitten.

So werd' ich denn schweigen, Herrin mein, sprach Don
Quijote, und werde den gerechten Zorn niederkämpfen, der bereits in meinem Busen emporgestiegen, und werde geruhig und
friedsam einherziehen, bis daß ich Euch die zugesagte Vergünstigung ins Werk gerichtet. Aber zum Entgelt dieses redlichen
Fürhabens bitte ich Euch, mir zu sagen, sofern es Euch nicht
zur Unannehmlichkeit gereicht: von was für Art ist Eure Be-
drängnus? imgleichen wieviele, wer und welcher Art sind die
Feinde, an denen ich Euch gebührende, zufriedenstellende und
vollständige Rache zuwege bringen soll?

Mit Freuden will ich sotanes tun, antwortete Dorotea, so
es Euch nicht etwa beschwerlich fällt, großem Leid und Bedräng-
nissen Euer Ohr zu leihen.

Solches wird mir nicht beschwerlich fallen, entgegnete Don Quijote.

Worauf Dorotea erwiderte: Sintemalen dem so ist, so merket auf meine Rede, liebwerte Herren.

Kaum hatte sie dies gesagt, so stellten sich Cardenio und der Barbier ihr zur Seite, begierig zu vernehmen, wie sich die kluge Dorotea ihre Geschichte ersinnen werde. Das nämliche tat Sancho, der aber ebenso in Täuschung über sie befangen war wie sein Herr. Sie aber begann, nachdem sie sich im Sattel zurechtgesetzt und sich mit Husten und allerhand Bewegungen zum Sprechen vorbereitet, folgendermaßen:

Zuvörderst will ich Euch wissen lassen, meine hochpreislichen Herren, ich heiße . . . .

Hier stockte sie, denn ihr war der Name entfallen, den der Pfarrer ihr beigelegt hatte. Er aber kam ihr zu Hilfe, denn er merkte wohl, wo sie der Schuh drückte, und sprach: Es ist kein Wunder, gnädiges Fräulein, daß Euer Hoheit in Verwirrung gerät und außer Fassung kommt bei Erzählung so trüber Schicksale, wie es ja in der Regel an sich haben, daß sie dem von ihnen Gequälten oftmalen das Gedächtnis rauben, dergestalt, daß er sich nicht einmal seines eigenen Namens erinnert. Und so haben Eure Schicksale mit Eurer Herrlichkeit getan, da es Euch entfallen ist, daß Ihr Euch die Prinzessin Mikomikona nennt, die Erbin des großen Königreichs Mikomikón. Mit diesem Fingerzeig wird Eure Hoheit alles, was Euch zu berichten beliebt, leichtlich wieder in Hochdero vom Schmerz angegriffenes Gedächtnis zurückbringen.

So ist es in der Tat, entgegnete das Fräulein, und nun, glaub' ich, wird es hinfüro nicht mehr erforderlich sein, mir einen Fingerzeig zu geben; ich denke, ich werde mit meiner wahrhaften Geschichte glücklich in den Hafen einlaufen. Selbige besagt folgendes: Der König, mein Vater, welcher Tinakrio der Viel-

wisser hieß, war hochgelahrt in der Kunst, so man Magie benennt. Durch seine Wissenschaft brachte er es heraus, daß meine
Mutter, welche Königin Jaramilla hieß, früher als er sterben,
er aber bald darauf ebenfalls aus diesem Leben scheiden müßte
und ich als vater- und mutterlose Waise zurückbleiben würde.
Aber dieses bekümmerte ihn, wie er sagte, nicht so sehr, als ihn
die klar von ihm erkannte Gewißheit beängstigte, daß ein un-
geschlachter Riese, der Beherrscher einer großen Insel, die fast
an unser Reich grenzt, namens Pandafilando mit dem finstern
Blick (also genannt, weil es eine ausgemachte Sache ist, daß er,
wiewohl seine Augen an ihrer richtigen Stelle stehen und grad-
aus sehen, dennoch immer scheel blickt, als ob er wirklich schielte;
das tut er aber aus Bosheit, und um jeden, den er ansieht, in
Furcht und Schrecken zu setzen). Also sag' ich, mein Vater sah
voraus, daß selbiger Riese, sobald er meine Verwaisung erführe,
mit großer Macht mein Reich überziehen und es vollständig
rauben und mir nicht ein einzig Dorf als Zufluchtstätte übrig
lassen würde. Zwar wußte er auch, daß ich all dieses Verder-
bens, all dieses Unheils ledig gehen könne, wenn ich mich mit
ihm vermählen wollte. Allein seines Erachtens durfte er nicht
glauben, es werde mir je in den Sinn kommen, eine so ungleiche
Ehe einzugehen. Und darin sagte er die reine Wahrheit, denn
es fiel mir nicht im entferntesten ein, mich mit selbigem Riesen
zu verehelichen; aber ebensowenig mit einem andern, und wenn
er auch noch so groß und ungeheuerlich wäre. Mein Vater sagte
mir ferner, sobald er tot sei und ich den Pandafilando in mein
Reich einbrechen sähe, solle ich mich nicht etwa damit aufhalten,
mich zur Wehr zu setzen, weil ich mich dadurch zugrunde richten
würde; sondern ich solle ihm das Königreich frei und ohne Hindernis überlassen, wenn ich vermeiden wolle, mich dem Tod
und meine guten, getreuen Untertanen dem völligen Verderben
preiszugeben; denn es werde unmöglich sein, mich vor der teuf-

lischen Kraft des Riesen zu schirmen. Vielmehr sollte ich sofort mit etlichen meiner Leute mich auf den Weg nach den hispani= schen Landen begeben, wo ich Rettung aus meinen Nöten finden, nämlich einen fahrenden Ritter treffen würde, dessen Ruhm zu diesen Zeiten über dieses ganze Reich verbreitet sei, und selbiger Ritter solle, wenn ich mich recht erinnere, Don Gesotten oder Dunkelschote heißen.

Don Quijote wird er gesagt haben, fiel hier Sancho Panza ein, oder mit andern Worten, der Ritter von der traurigen Gestalt.

So ist's in Wirklichkeit, sprach Dorotea. Ferner sagte mein Vater, der Ritter werde hoch von Wuchs, hager von Gesicht sein und werde auf der rechten Seite unter der linken Schulter oder nahe dabei ein braunes Muttermal mit Haaren wie Borsten haben.

Wie Don Quijote das hörte, sprach er zu seinem Schild= knappen: Komm her, mein Sohn Sancho, hilf mir die Kleider ablegen; ich will nachsehen, ob ich der Ritter bin, von dem jener gelahrte König geweissagt hat.

Warum denn will Euer Gnaden die Kleider ablegen? fragte Dorotea.

Um zu sehen, ob ich das Muttermal habe, von welchem Euer Vater gesprochen hat, antwortete Don Quijote.

Dazu ist kein Auskleiden vonnöten, sprach Sancho; weiß ich ja doch, daß Euer Gnaden ein Muttermal mit den besagten Merkmalen mitten auf dem Rückgrat hat, ein Zeichen, daß Ihr ein Mann von großen Kräften seid.

Das genügt, sprach Dorotea; denn unter guten Freunden muß man nicht auf Kleinigkeiten sehen, und ob es an der Schul= ter oder am Rückgrat ist, tut wenig zur Sache. Genug, daß ein Muttermal vorhanden ist, und da mag es denn sein, wo es wolle, sintemal alles doch ein Fleisch ist. Und ohne Zweifel hat

mein Vater in allem das Richtige getroffen, und auch ich hab's
getroffen, indem ich meine Sache dem Herrn Don Quijote an=
befahl. Er ist's offenbar, von dem mein Vater gesprochen, da
die Merkzeichen des Gesichts zu denen des hohen Rufes stimmen,
dessen dieser Ritter nicht nur in Spanien, sondern in der ganzen
Mancha genießt. Denn kaum war ich in Osuna gelandet, da
hörte ich von ihm soviel Heldentaten erzählen, daß mir gleich
mein Herz sagte, er müsse der nämliche sein, den ich aufzusuchen
gekommen.

Aber Herrin mein, wie kann Euer Gnaden in Osuna ge=
landet sein, fragte Don Quijote, wenn es doch kein Seehafen ist?

Ehe jedoch Dorotea noch antworten konnte, kam der Pfarrer
zuvor und sagte: Gewiß hat die gnädige Prinzessin sagen wollen,
daß nach ihrer Landung zu Málaga der erste Ort, wo sie Kunde
von Euer Gnaden erhielt, Osuna war.

So habe ich sagen wollen, sprach Dorotea.

Und so ist's in Richtigkeit, versetzte der Pfarrer. Euer
Majestät wolle nur weiter sprechen.

Es ist da nichts weiter zu sprechen, entgegnete Dorotea, als
daß letztlich mein Schicksal, indem es mich den Herrn Don Qui=
jote auffinden ließ, sich so günstig gestaltet hat, daß ich mich
schon für die Königin und Herrin meines gesamten Reiches
ansehe und erachte, sintemalen er nach seiner edlen Sitte und
Großherzigkeit mir die Vergünstigung zugesagt hat mit mir
hinzuziehen, wohin ich ihn führen werde. Und führen will ich
ihn nirgends anderswohin, als wo ich ihn dem Pandafilando
mit dem finstern Gesicht gegenüberstelle, damit er ihn töte
und mir das wiedererstatte, wessen der Riese sich gegen mich
widerrechtlich angemaßt hat. Und all dies wird nach Herzens=
wunsch geschehen, denn so hat es geweissagt Tinakrio der
Vielwisser, mein edler Vater. Selbiger hinterließ auch münd=
lich und schriftlich in kaldäischer Schrift oder in griechischer, —

denn lesen kann ich sie nicht: — wenn dieser Ritter, von wel=
chem er geweissagt, den Riesen geköpft hat und sich dann
mit mir vermählen will, so solle ich auf der Stelle und ohne
Widerrede mich ihm zu seiner rechtmäßigen Ehegattin über=
antworten und ihm den Besitz meines Königreichs zugleich mit
dem meiner Person gewähren.

Wie bedünkt dich das, Freund Sancho? fiel hier Don Qui=
jote ein. Hörst du, was vorgeht? Sagte ich dir es nicht? Sieh
nun, ob wir nicht alsbald ein Königreich zu beherrschen und
eine Königin zu heiraten bekommen.

Darauf will ich einen Eid leisten, sprach Sancho. Ein
lumpiger Bankert, der sich nicht gleich verheiratet, sowie er
dem Herrn Pantoffelhand die Kehle abgeschnitten hat! Mein
Sixchen, die Königin ist gar häßlich! Ich wollte, es täte jeder
Floh in meinem Bett sich in so was verwandeln.

Und mit diesen Worten machte er ein paar Luftsprünge und
schlug sich dabei auf die Fußsohlen, mit Freudenbezeugungen
über alles Maß, faßte sofort die Zügel von Doroteas Maulesel
und hielt ihn an, warf sich auf die Knie vor ihr und bat sie,
ihm die Hände zu reichen, damit er zum Zeichen, daß er sie zu
seiner Königin und Gebieterin annehme, einen Kuß darauf
drücken dürfe.

Wer von den Umstehenden hätte beim Anblick der Ver=
rücktheit des Herrn und der Einfalt des Dieners nicht lachen
müssen? Dorotea reichte ihm wirklich die Hände und verhieß,
ihn zu einem großen Herrn in ihrem Reiche zu machen, falls
der Himmel ihr das Glück verleihe, daß sie es wieder erlange
und besitze. Sancho dankte ihr dafür mit solchen Ausdrücken,
daß er bei allen lautes Gelächter hervorrief.

Dieses also, meine Herren, fuhr Dorotea jetzt fort, ist
meine Geschichte. Es erübrigt mir nur noch euch zu sagen, daß
von all dem Geleite, das ich aus meinem Reiche mitnahm,

mir allein dieser biebre bärtige Knappe übrig geblieben. Die andern alle sind in einem heftigen Sturm in Sicht des Hafens ertrunken. Er und ich sind wie durch ein Wunder auf zwei Brettern ans Land entkommen; und so ist der Verlauf meines Lebens durchaus Wunder und verborgenes Rätsel, wie ihr bemerkt haben werdet. Wenn ich aber in irgend einem Punkte zu weitläufig gewesen bin oder nicht so ganz das Richtige gesagt, wie ich sollte, so werft die Schuld auf den Umstand, welchen der Herr Lizentiat zu Anfang meiner Erzählung hervorhob, daß langdauernde und ungewöhnliche Nöte dem das Gedächtnis rauben, der sie erleidet.

Mir, erhabene und hochgemutete Prinzessin, sprach Don Quijote, sollen es all die Nöte nicht rauben, die ich zu Eurem Dienst ertragen werde, so groß und unerhört sie auch sein mögen. Und so bestätige ich aufs neue die Vergünstigung, so ich Euch zugesagt habe, und schwöre, mit Euch bis ans Ende der Welt zu ziehn, bis daß ich mich Eurem ingrimmigen Feinde gegenüber sehe, welchem ich gedenke, durch Gottes Hilfe und meines Armes Stärke den Kopf abzuschlagen mit der Schneide dieses — ich will nicht sagen guten Schwertes, dank dem Ginés von Pasamonte, der mir das meinige geraubt hat.

Diese letzten Worte murmelte er zwischen den Zähnen und fuhr dann fort: Und habe ich ihm den Kopf abgehauen und Euch in friedlichen Besitz Eures Landes gesetzt, dann soll es Eurem Willen anheimgestellt sein, über Eure Person so zu verfügen, wie es hinfür Euch belieben mag. Denn solange mein Gedächtnis anderwärts in Beschlag genommen, mein Wille gefangen, meine Denkfähigkeit verloren ist um jener Holden willen, die . . . . ich sage nicht mehr! . . . . solange ist es mir nicht vergönnt, auch nur in Gedanken der Möglichkeit einer Vermählung ins Auge zu schauen, und wäre es mit dem Vogel Phönix selber.

So großes Mißfallen hatte Sancho an den letzten Worten, die sein Herr über das Ablehnen der Verheiratung sprach, daß er mit gewaltigem Ärger die Stimme erhub und sprach: Hol' mich der und jener! Ich schwör's bei dem und jenem: Herr Don Quijote, Euer Gnaden ist nicht bei vollem Verstand. Denn wie ist's möglich, daß Euer Gnaden nur im Zweifel sein kann, ob Ihr eine so hohe Prinzessin wie diese heiraten wollt? Glaubt Ihr etwa, das Schicksal wird Euch hinter jedem Chausseestein ein solches Glück bieten, wie es Euch jetzt geboten wird? Ist vielleicht unser Fräulein Dulcinea schöner? Wahrhaftig nicht, nicht einmal halb so schön; ja, ich darf sagen, daß sie dem Fräulein hier nicht das Wasser reicht. Wenn es so geht, zum Henker! wie soll ich die Grafschaft kriegen, auf die ich warte, wenn Euer Gnaden Artischocken auf hoher See suchen will? Heiratet, heiratet auf der Stelle, und mag Euch der Satanas behilflich sein, und nehmt mir dies Königreich, daß Euch mit Kußhänden zugeworfen wird, und wenn Ihr König seid, macht mich zum Markgrafen oder zum Statthalter, und hernach mag meinetwegen der Teufel die ganze Welt holen.

Don Quijote, der solche Lästerungen gegen seine Herrin Dulcinea ausstoßen hörte, konnte das nicht aushalten. Er erhub seinen Spieß, und ohne Sancho ein Wort zu sagen und ohne den Mund nur einmal aufzutun, versetzte er ihm zwei so mächtige Streiche, daß er ihn zu Boden warf, und hätte nicht Dorotea laut aufgeschrieen, er solle doch mit Schlägen einhalten, so hätte er ihm sicher auf der Stelle das Leben genommen.

Denkt Er, sagte er zu ihm nach einer kleinen Weile, Er schlechter Bauer, es soll immer so gehen, daß ich die Hände in die Hosen stecke, und es soll stets alles damit abgetan sein, daß Er sündigt und ich ihm verzeihe? O, das bilde er sich nicht ein, verfluchter Schurke, denn das bist du jedenfalls, sintemal deine Zunge die unvergleichliche Dulcinea anzutasten gewagt hat.

Weißt du nicht, du Lump, du Bettler, du Taugenichts, wenn nicht die Kraft wäre, die sie meinem Arm eingießt, daß ich deren nicht so viel hätte, um nur einen Floh umzubringen? Sage Er doch, Er Schelm mit der Vipernzunge, wer hat das Königreich erobert und dem Riesen den Kopf abgeschlagen und Ihn zum Markgrafen gemacht, — denn all dieses ist meines Erachtens schon so gut als geschehen und ein- für allemal abgemacht, — wer, wenn nicht Dulcineas Tapferkeit, die meinen Arm zum Werkzeug ihrer Heldentaten genommen hat? Sie kämpft in mir und siegt in mir, und in ihr lebe ich und atme und habe Leben und Dasein in ihr. Er Bankert, Er Schuft, wie undankbar ist Er! Sieht sich aus dem Staub der Erde erhoben zu einem Edelmann mit Rittergut, und eine so große Wohltat vergilt Er der Wohltäterin mit Lästerungen!

Sancho war nicht so übel zugerichtet, daß er nicht all die Worte seines Herrn deutlich vernommen hätte. Er erhub sich ganz hurtig vom Boden, nahm Stellung hinter Doroteas Zelter, und von dieser Schutzwehr aus sprach er zu seinem Herrn: Sagt mir, Señor, wenn Euer Gnaden entschlossen ist, diese große Prinzessin nicht zu heiraten, so ist's klar, daß Ihr das große Königreich nicht bekommt, und wenn Ihr's nicht bekommt, welche Gnaden könnt Ihr mir erweisen? Das ist's eben, was mir weh tut. Heiratet, gnädiger Herr, heiratet unter aller Umständen diese Königin, wir haben sie ja zur Hand wie vom Himmel herabgeschneit, und nachher könnt Ihr immerhin wieder zu unserm Fräulein Dulcinea zurückkehren. Denn sicher hat es schon manchen König in der Welt gegeben, der sich eine Nebenfrau hielt. Den Punkt aber von wegen der Schönheit, da laß ich mich nicht drauf ein. Denn in aller Wahrheit, wenn sie doch gesagt werden muß, beide gefallen mir, wiewohl ich das Fräulein Dulcinea niemals mit Augen gesehen.

Wie kannst du sie nicht gesehen haben, tückisches Lästermaul?

entgegnete Don Quijote. Hast du mir nicht eben erst eine Bot=
schaft von ihr gebracht?

Ich meine, antwortete Sancho, ich habe sie nicht mit genug=
samer Muße angesehen, um mir ihre Schönheit im einzelnen und
ihre Vorzüge Punkt für Punkt zu merken; aber so im ganzen
gefällt sie mir.

Nun hiernach will ich dir deine Schuld nachsehen, sprach
Don Quijote. Vergib auch du mir die Kränkung, die ich dir
zugefügt; die ersten Regungen hat der Mensch nicht in seiner
Gewalt.

Das seh' ich wohl, erwiderte Sancho. Und so ist bei mir
die Lust zu plaudern immer die erste Regung, und ich kann's
nicht lassen wenigstens einmal herauszusagen, was mir auf die
Zunge kommt.

Trotzdem, sprach Don Quijote, bedenke, Sancho, was du
sprichst. Denn der Krug geht so lange zum Brunnen ... Weiter
sag' ich nichts.

Gut schon, entgegnete Sancho. Es lebt ein Gott im Himmel,
der sieht die Fallstricke, die dem Menschen gelegt werden, und
wird Richter sein, wer von uns beiden sich ärger versündigt, ich,
wenn ich unrecht rede, oder Ihr, wenn Ihr unrecht handelt.

Laßt nun genug sein, sprach Dorotea. Eilet hin, Sancho,
und küßt Eurem Herrn die Hand, bittet ihn um Verzeihung
und nehmt Euch fürderhin besser in Obacht bei Eurem Loben
und Tadeln und sagt jener Dame Toboso nichts mehr Böses
nach, von der ich nichts weiter weiß, als daß ich ihr zu Diensten
bereit bin. Vertraut auf den lieben Gott, und es wird Euch
nicht an einem Erbgut fehlen, wo Ihr wie ein Prinz leben
könnt.

Sancho ging gesenkten Hauptes hin und bat seinen Herrn
um die Hand; der reichte sie ihm mit ernster Haltung zum
Kusse und gab ihm dann seinen Segen. Hierauf sagte der Ritter

zu Sancho, sie wollten ein wenig vorangehen; er habe wichtige
Dinge ihn zu fragen und mit ihm zu besprechen. Sancho tat
also. Die beiden gingen den andern eine kleine Strecke voraus,
und Don Quijote sprach: Seit du gekommen bist, habe ich weder
Gelegenheit noch Muße gefunden, um dich nach mancherlei
Umständen betreffs der Botschaft, die du hingetragen, und der
Antwort, die du gebracht hast, zu fragen; jetzt aber, da der Zufall uns Zeit und Gelegenheit vergönnt hat, so versage du mir
nicht die Glückseligkeit, die du mir durch so erfreuliche Kunde
verschaffen kannst.

Fragt, edler Herr, entgegnete Sancho, soviel Ihr nur wollt,
und ich will mit allem ebenso gut zu Ende kommen, wie ich den
Anfang gemacht habe. — Aber, Herre mein, eins bitt' ich Euer
Gnaden, tragt mir doch fürderhin nicht alles so lange nach.

Weshalb sagst du dieses, Sancho? fragte Don Quijote.

Deshalb, antwortete Sancho, weil die Prügel von soeben
doch mehr für den Streit ausgeteilt wurden, den neulich des
Nachts der Teufel zwischen uns beiden angezettelt, als für meine
heutigen Äußerungen wider Fräulein Dulcinea, welche wie eines
heiligen Märtyrers Gebresten (wiewohl sie keines an sich hat)
von mir geschätzt und verehrt wird, bloß weil sie Euer Gnaden
angehört.

Komme nicht wieder auf jenes Gespräch zurück, Sancho, so
dir dein Leben lieb ist, entgegnete Don Quijote, denn das macht
mir Verdruß. Damals habe ich dir verziehen, aber du weißt,
neue Sünde fordert neue Buße.

Während dies vorging, sahen sie auf dem Wege, den sie
zogen, einen Mann auf einem Esel reiten, und als er ihnen nahe
war, kam er ihnen wie ein Zigeuner vor. Aber Sancho Panza,
dem, wo immer er einen Esel sah, Herz und Augen gleich dahinter waren, hatte kaum den Mann erblickt, als er Ginés von
Pasamonte erkannte, und wie man am Faden den Knäuel auf-

6*

zieht, so zog er aus dem Zigeuner den Schluß auf seinen Esel.
Und so verhielt es sich wirklich, denn es war Sanchos Grauer,
auf welchem Pasamonte daher ritt. Dieser hatte, um nicht er=
kannt zu werden und um den Esel zu verkaufen, die Tracht der
Zigeuner angelegt, deren Sprache, wie noch manche andre, er so
gut redete, als wenn es seine Muttersprache wäre. Sancho
sah ihn und erkannte ihn, und kaum hatte er ihn gesehen und
erkannt, als er ihn mit gewaltiger Stimme anrief: Ha, du
Spitzbube Gineselchen, gib mein Kleinod her, gib mein Leben
her, du sollst dich nicht bereichern mit meinem Lebensglück!
Laß mir meinen Esel, laß mir meine Wonne, mach dich von
dannen, du Hurenkerl; pack dich fort, du Räuber; gib heraus,
was nicht dein ist!

Soviel Geschrei und Geschimpfe war indessen gar nicht
nötig, denn schon beim ersten Wort sprang Ginés herab und da=
von, seine Füße schlugen einen Trab ein, der wie ein Galopp
war, und in einem Augenblick war er fort und allen aus den
Augen. Sancho eilte zu seinem Grauen, umarmte ihn und
sprach zu ihm: Wie ist's dir denn ergangen, mein Teuerster,
mein Herzensesel, mein treuer Geselle? Und damit küßte und
liebkoste er ihn, als wär' er ein Mensch. Der Esel schwieg still,
ließ sich von Sancho küssen und liebkosen und erwiderte kein Wort.

Alle kamen nun herbei und wünschten ihm Glück, daß er
seinen Grauen wiedergefunden, vor allen Don Quijote, der
ihm erklärte, daß er deshalb die Anweisung auf die drei Esel
keineswegs zurücknehme. Sancho sagte ihm Dank dafür.

Während die beiden sich in diesem Gespräch ergingen, sagte
der Pfarrer zu Dorotea, sie habe sich sehr klug gezeigt, sowohl
in der Erzählung und deren Kürze, als in der Ähnlichkeit, die
dieselbe mit den Ritterbüchern hatte.

Sie erwiderte, gar oft habe sie sich mit dem Lesen solcher
Bücher unterhalten, aber freilich wisse sie nichts von der Lage

der Provinzen und Seehäfen, und so habe sie auf gut Glück gesagt, sie sei in Osuna gelandet.

So habe ich es mir gedacht, sprach der Pfarrer, und deshalb
kam ich gleich mit meiner Bemerkung zu Hilfe, durch die alles
wieder ins rechte Geleise gebracht wurde. Aber ist es nicht er-
staunlich, wie leichtgläubig der unselige Junker all diese Erfindungen und Lügen für wahr hinnimmt, bloß weil sie die
Art und Weise der Albernheiten aus seinen Büchern an sich
tragen?

Freilich, sprach Cardenio; und so merkwürdig und unerhört
ist diese Leichtgläubigkeit, daß, wenn man sie lügnerisch erfinden
und mit Kunst ersinnen wollte, ich nicht glaube, daß es einen
so geistreichen Schriftsteller gäbe, um auf so etwas zu kommen.

Es ist aber noch etwas andres dabei, sagte der Pfarrer.
Sieht man von den Albernheiten ab, die dieser wackre Junker
vorbringt, wenn es sich um seine närrischen Einbildungen handelt, so sind all seine Äußerungen höchst vernünftig, sobald man
mit ihm über andre Dinge redet, und bewähren in ihm einen
hellen, heiteren Geist; so daß ein jeder ihn, vorausgesetzt daß
man nicht an sein Ritterwesen rührt, für einen Mann von
durchaus gesundem Verstande halten muß.

Während sich diese in solcher Unterhaltung ergingen, setzte
Don Quijote die seinige fort und sprach zu Sancho: Laß uns,
Freund Sancho, unsre Häkeleien ins Meer der Vergessenheit
versenken, und sage mir jetzt, ohne daß du dem Ärger und Groll
Raum gibst: Wo, wie und wann hast du Dulcinea gefunden?
Womit beschäftigte sie sich? Was für ein Gesicht machte sie, als
sie meinen Brief las? Wer hat ihn dir abgeschrieben? Kurz,
sage alles, was in diesem Fall du des Wissens, Erfragens, Be-
antwortens wert erachtest, ohne daß du etwas hinzusetzest oder
erlügest, um mir Angenehmes zu erweisen, oder etwas abkürzest,
um mich etwas Unangenehmes nicht hören zu lassen.

Señor, antwortete Sancho, wenn ich doch die Wahrheit sagen soll, so hat mir niemand den Brief abgeschrieben, denn ich habe den Brief gar nicht mitgenommen.

Es ist so wie du sagst, sprach Don Quijote, denn das Notiz- büchlein, worin ich ihn schrieb, habe ich zwei Tage nach deinem Weggang in meinem Besitz gefunden. Es war mir das höchst unangenehm, weil ich mir nicht vorstellen konnte, was du an- fangen solltest, wenn du das Fehlen des Briefes bemerken würdest, und ich dachte beständig, du würdest umkehren, sobald du ihn vermißtest.

Das wäre auch geschehen, entgegnete Sancho, hätte ich mir ihn nicht ins Gedächtnis eingeprägt, als Euer Gnaden ihn mir vorlas. Da konnte ich ihn denn einem Küster vorsagen, der ihn mir aus dem Kopfe niederschrieb, Punkt für Punkt, so daß er mir sagte, er habe zwar schon viele geistliche Bannbriefe gelesen, doch nie einen so hübschen Brief wie diesen.

Hast du ihn noch im Gedächtnis, Sancho? fragte Don Quijote.

Nein, Señor, antwortete Sancho. Sowie ich ihn hergegeben hatte und sah, daß er mir zu nichts mehr nütze war, verlegte ich mich drauf, ihn zu vergessen. Wenn mir doch noch was in der Erinnerung ist, so ist es der Satz von der fürchterlichen, ich will sagen fürstlichen Gebieterin, und der Schluß: Der Eurige bis in den Tod, der Ritter von der traurigen Gestalt. Und in- mitten zwischen die zwei Stellen setzte ich mehr als dreihundert „Herzliebchen" und „mein Leben" und „Licht meiner Augen."

Einunddreißigstes Kapitel

Von der ergötzlichen Zwiesprach, die Don Quijote und sein Schildknappe Sancho Panza miteinander hielten, nebst andern Begebnissen.

All dieses mißbehagt mir keineswegs, sprach Don Quijote; fahre fort. Du kamst also hin, und womit beschäftigte sich die Königin der Schönheit? Sicher fandest du sie, wie sie Perlen aufreihte oder mit Goldfaden eine neue Devise für mich, den in ihren Fesseln liegenden Ritter stickte.

So hab' ich sie nicht gefunden, entgegnete Sancho, sondern wie sie auf ihrem Hof zwei Scheffel Weizen siebte.

Dann sei gewiß, sagte Don Quijote, die Körner dieses Weizens waren, von ihrer Hand berührt, eitel Perlenkörner. Und wenn du genau hingesehen hast, Freund, war der Weizen von der guten oder rötlichen Art?

Es war nic t andres als gemeiner gelber Weizen, antwortete Sancho.

Nun, dann versichere ich dir, sprach Don Quijote, von ihren Händen gesiebt, gab er ohne Zweifel das feinste Semmelbrot. Aber geh weiter! Als du ihr meinen Brief überreichtest, hat sie ihn geküßt? Hat sie mit ihm die Stirn berührt? Hat sie ihn mit irgend einer Feierlichkeit empfangen, wie sie eines solchen Briefes würdig war? Oder was hat sie überhaupt getan?

Als ich ihn ihr reichen wollte, antwortete Sancho, hatte sie gerade eine tüchtige Menge Weizen im Sieb und war mitten im heftigsten Schütteln; da sagte sie zu mir: Lieber Freund, legt mir den Brief auf den Sack dort, ich kann ihn nicht lesen, bis ich den ganzen Vorrat hier fertig gesiebt habe.

Welch verständige Dame! sprach Don Quijote. Sie tat dies jedenfalls, um ihn mit Muße zu lesen und sich an ihm zu

ergötzen. Weiter, Sancho! Während sie bei ihrer Beschäftigung
war, welche Zwiesprach hielt sie mit dir? Was fragte sie dich
über mich? Und du, was hast du ihr geantwortet? Komm einmal zu Ende, erzähle mir alles; nicht eine Achtelnote darfst du
auslassen.

Sie fragte mich gar nichts, sprach Sancho. Ich aber erzählte ihr, wie es Euch aus Liebe zu ihr erginge, indem Ihr
Buße tuet, vom Gürtel aufwärts entblößt, in diesem Gebirge
steckend, als ob Ihr ein Wilder wäret, auf dem Erdboden schlafend, ohne je auf einem Tischtuch zu essen, ohne Euch den Bart
zu kämmen, Euer Schicksal beweinend und verwünschend.

Wenn du sagtest, ich verwünsche mein Schicksal, so muß ich
deine Worte verwünschen, sagte Don Quijote. Denn ich segne
es vielmehr und werde es all meine Lebenstage segnen, daß es
mich der Gunst würdig machte, eine so hohe Gebieterin wie Dulcinea del Toboso zu lieben.

Ja, so hoch ist sie, versetzte Sancho, daß sie mir wahrhaftig
um mehr als eine Faust über ist.

Wie das, Sancho, fragte Don Quijote. Hast du dich mit
ihr gemessen.

Wir haben uns auf die Weise gemessen, antwortete Sancho,
daß, wie ich herzuging, um ihr einen Sack Weizen auf einen
Esel laden zu helfen, wir so nahe zusammen kamen, daß ich sehen
konnte, sie sei um eine gute Hand breit größer als ich.

Freilich muß man sagen, entgegnete Don Quijote, daß sie
diese Körpergröße nicht mit tausend Millionen Reizen der Seele
bekleidet und schmückt!! Aber eines wirst du mir nicht in Abrede
stellen, Sancho. Als du ihr so nahe kamst, Sancho, spürtest du
da nicht einen sabäischen Wohlgeruch, einen balsamischen Hauch,
ein, ich weiß nicht was, Fürtreffliches, daß ich nicht zu nennen
imstande bin, ich meine einen Duft oder Dunst, als ob du im
Laden eines modischen Handschuhmachers wärst?

Ich kann weiter nic t sagen, entgegnete Sancho, als daß
ich so ein bißchen muffigen Geruch von ihren Achseln verspürte,
und das mochte wohl daher kommen, daß sie von der vielen
Arbeit schwitzte und schier trieste.

Das kann's nicht gewesen sein, sprach Don Quijote; sondern
du hattest sicher den Schnupfen oder mußt dich selbst gerochen
haben. Denn ich weiß gar wohl, wonach sie duftet, diese Rose
unter Dornen, diese Lilie im Tal, diese flüssige Ambra.

Das kann alles sein, erwiderte Sancho; denn häufig geht
von mir der Geruch aus, der mir damals von des Fräuleins
Dulcinea Gnaden auszugehen schien. Allein darüber darf man
sich nicht verwundern, denn ein Teufel ist gerade so wie der
andre.

Nun gut, fuhr Don Quijote fort; wir sind so weit, sie hat
ihren Weizen jetzt fertig gesiebt und in die Mühle gesendet. Wie
benahm sie sich, als sie meinen Brief las?

Den Brief, sprach Sancho, den hat sie gar nicht gelesen,
denn sie sagte, sie könne nicht lesen noch schreiben. Vielmehr
zerriß sie ihn und zerstückte ihn in kleine Fetzen und sagte, sie
wolle ihn niemand zu lesen geben, damit man im Dorf nicht
ihre Geheimnisse erfahre; und es sei schon hinreichend, was ich
ihr mündlich über Euer Gnaden Liebe zu ihr gesagt, und über
die absonderliche Buße, die Ihr von ihretwegen fortwährend
übt. Und schließlich sagte sie mir, ich solle Euer Gnaden sagen,
sie küsse Euch die Hände und trage mehr Lust Euch dort zu
sehen als Euch zu schreiben. Und sonach bitte und befehle sie
Euch, nach Sicht des Gegenwärtigen sollt Ihr Euch aus diesen
Wildnissen entfernen und sollt mit dem Verüben von Narreteien aufhören und sollt Euch gleich zur Stelle auf den Weg
nach el Toboso begeben, wenn Euch eben nichts Wichtigeres auf-
stieße, denn sie habe große Begier, Euer Gnaden zu sehen. Sie
lachte mächtiglich, als ich ihr sagte, Euer Gnaden nenne sich den

Ritter von der traurigen Gestalt. Ich fragte sie, ob der Bis-
kayer von neulich gekommen sei. Sie sagte mir ja, und es sei
ein sehr wackerer Mann. Auch fragte ich sie nach den Galeerensklaven; allein sie erwiderte mir, sie habe bisher keinen zu Gesicht bekommen.

Soweit geht alles gut, sprach Don Quijote. Aber sage mir,
welch ein Kleinod hat sie dir, da sie dich verabschiedete, für die
Nachricht geschenkt, die du ihr von mir brachtest? Denn unter
Rittern und Damen von der fahrenden Zunft ist es bräuchliche,
alte Sitte, den Knappen, Zofen oder Zwergen, die den Rittern
Nachricht von den Damen, und diesen von ihren fahrenden Helden bringen, irgend ein köstlich Kleinod zum Lohn zu verehren,
als Dank für ihre Botschaft.

Das mag wohl so sein, und ich halte es für einen löblichen
Brauch, allein das kann nur in vergangenen Zeiten so gewesen
sein. Jetzt muß es nur Sitte sein ein Stück Brot und Käse zu
verehren, denn solches war es, was mir das Fräulein Dulcinea
über die Hofmauer hinüber reichte, als ich mich von ihr verabschiedete; ja, zum genaueren Wahrzeichen war es geringer
Schafkäse.

Sie ist freigebig über die Maßen, entgegnete Don Quijote,
und wenn sie dir kein Kleinod von Gold gab, war der Grund
ohne Zweifel, daß sie im Augenblick keines zur Hand hatte.
Doch ein warmer Rock ist auch nach Ostern noch zu brauchen:
ich werde sie sehen, und es soll alles gut gemacht werden. Weißt
du, was mich wundert, Sancho? Daß es mich bedünkt, du seiest
durch die Lüfte hingeeilt und zurückgekommen; denn du bist von
hier bis Toboso hin und zurück kaum mehr als drei Tage geblieben, während es von hier bis dort über dreißig Meilen ist.
Deshalb meine ich, jener gelahrte Schwarzkünstler, der sich
meiner Angelegenheiten annimmt und mein Freund ist, — denn
notwendig ist ein solcher vorhanden und muß vorhanden sein,

sonst wäre ich kein echter, rechter fahrender Ritter, — ich sage
also, selbiger hat dir sicherlich zu reisen geholfen, ohne daß du
es gemerkt hast. Denn es gibt Zauberer derart, die einen fah=
renden Ritter entführen, derweil er in seinem Bette schläft, und
ohne zu wissen, wie und wieso, erwacht er des andern Morgens
mehr als tausend Meilen von dem Ort entfernt, wo er sich am
Abend zuvor befunden. Und wenn es nicht in dieser Weise
stattfände, so könnten die fahrenden Ritter nicht in ihren Fähr=
lichkeiten einander zu Hilfe kommen, wie sie dies bei jeder Ge=
legenheit tun. So trifft es sich einmal, daß einer in den ar=
menischen Gebirgen mit einem Drachen im Kampfe steht oder
mit sonst einem grimmigen Ungetüm oder mit irgend einem
Ritter und im Gefechte den kürzeren zieht und schon auf dem
Punkte steht, das Leben zu verlieren — und ehe ich mich's versehe,
läßt sich hoch oben auf einer Wolke oder einem feurigen Wagen
ein andrer Ritter sehen, sein Freund, der sich kurz vorher in
England befand. Der bringt ihm Hilfe und errettet ihn vom
Tode, und am Abend sitzt er in seinem Wohngelaß und hält
sein Nachtmahl nach Herzenslust. Und doch sind es gewöhnlich
von einem Ort zum andern zwei=, dreitausend Meilen, und
alles das geschieht durch Kunst und Wissen jener gelahrten
Zauberer, so diese mannhaften Ritter in ihre Obhut nehmen.
Sonach, Freund Sancho, fällt es mir nicht schwer zu glauben,
daß du in so kurzer Zeit von diesem Ort nach el Toboso hin
und zurückgekommen bist, da, wie gesagt, irgend ein befreun=
deter Zauberkünstler dich sicherlich im Flug durch die Lüfte
entführt hat, ohne daß du es merktest.

So wird's gewesen sein, sprach Sancho, denn meiner Treu,
Rosinante lief, als wäre er ein Zigeuneresel mit Quecksilber in
den Ohren.

Freilich, versetzte Don Quijote, muß er Quecksilber in den
Ohren gehabt haben oder gar eine Legion Teufel, denn die

sind Wesen, die ohne Ermüdung und soweit es sie nur immer gelüstet, reisen und andern zu reisen helfen. Aber lassen wir das
beiseite, und sage mir: Was meinst du, soll ich jetzt tun in An-
sehung des Gebotes meiner Herrin, daß ich sofort vor ihr Angesicht treten soll? Denn wiewohl ich weiß, daß ich verpflichtet
bin, ihrem Gebote zu gehorsamen, so sehe ich mich doch durch
die Vergünstigung, die ich dieser Prinzessin, die sich bei uns
befindet, zugesagt habe, in die Unmöglichkeit versetzt, es zu tun,
und es nötigt mich das Gesetz des Rittertums, meinem Wort
eher als meiner Neigung zu genügen. Einerseits peinigt und
drängt mich das Verlangen meine Herrin zu sehen, anderseits
treibt und ruft mich meine feste Zusage, wie auch der Ruhm,
den ich bei diesem Unternehmen erlangen werde. Indessen,
was ich zu tun gedenke, soll dieses sein: Ich will mich eiligst
auf den Weg zu dem Riesen machen und, gleich wie ich hinkomme, ihm den Kopf abhauen und die Prinzessin friedlich in
ihr Reich einsetzen, und dann will ich auf der Stelle zurückkehren, um das Licht zu schauen, das all meine Sinne erleuchtet,
und ich will ihr dann so bedeutsame Entschuldigungsgründe
vorbringen, daß sie schließlich mein Zögern gutheißt, sintemal
sie einsehen wird, daß alles zur Erhöhung ihrer Glorie und
ihres Ruhmes gereicht. Denn alles, was ich durch die Waffen
in diesem Leben mir gewonnen habe, gewinne und gewinnen
werde, alles das wird mir nur dadurch zu teil, daß sie mir
großgünstigen Beistand verleiht, und daß ich der ihrige bin.

Oh, oh, sprach Sancho, wie arg geschädigt seid Ihr doch an
Eurem Hirn! Sagt mir einmal, Señor, ist Euer Gnaden ge-
sonnen, diese Kriegsfahrt vergeblich zu fahren und eine so reiche
Heirat vorüber und verloren gehen zu lassen wie diese, wo man
Euch ein Königreich zur Mitgift reicht, welches, so hab' ich's
alles Ernstes sagen hören, mehr als zwanzigtausend Meilen
im Umkreis hält und Überfluß an allem hat, was der Mensch

zum Lebensunterhalt braucht und größer ist als Portugal und Kastilien zusammengenommen? Schweigt mir um Gotteswillen und schämt Euch dessen, was Ihr gesagt, und nehmt meinen Rat an und nehmt mir's nicht übel und heiratet gleich im ersten besten Dorf, wo sich ein Pfarrer findet, und wo nicht, so ist ja unser Lizentiat hier, der wird es aufs beste verrichten. Und merkt Euch, daß ich zum Ratgeben alt genug bin, und daß der Rat, den ich Euch jetzt gebe, für Euch durchaus paßt: denn besser ein Spatz in der Hand als zehn Tauben auf dem Dach, denn

> Wer Gutes kann haben und Böses will,
> Wird ihm Gutes erteilt, so schweige still.

Erwäge, Sancho, entgegnete Don Quijote. Wenn du den Rat, mich zu verheiraten, deshalb gibst, damit ich nach Tötung des Riesen gleich König werde und die Macht habe, dir Gnaden zu erweisen und dir das Versprochene zu gewähren, so tu' ich dir zu wissen, daß ich, auch ohne mich zu vermählen, deinen Wunsch sehr leicht erfüllen kann. Denn bevor ich in den Kampf ziehe, werde ich mir als Zugabe zu meiner Belohnung ausmachen, daß, wenn ich ihn siegreich bestehe, auch falls ich nicht heirate, mir ein Teil des Königreichs übereignet werden muß, auf daß ich ihn jedem nach meiner Wahl schenken kann. Und sobald man ihn mir übergibt, wem soll ich ihn schenken als dir?

Das ist klar, erwiderte Sancho. Jedoch beachte Euer Gnaden, daß Ihr mir ihn an der Seeküste aussucht, damit ich, wenn mir der Aufenthalt nicht behagt, meine schwarzen Untertanen einschiffen und mit ihnen anfangen kann, was ich schon gesagt habe. Auch dürft Ihr für jetzt nicht daran denken, Euch unserm Fräulein Dulcinea vorzustellen, sondern zieht hin und schlagt den Riesen tot, und da wollen wir die Sache zum Schluß bringen; denn bei Gott, ich bin überzeugt, es wird viel Ehre und viel Vorteil dabei herauskommen.

Ich sage dir, Sancho, sprach Don Quijote, du hast ganz recht, ich werde deinen Rat annehmen, insofern er darauf hinausgeht, daß ich erst mit der Prinzessin hinziehe, bevor ich Dulcinea aufsuche. Und ich mache dir bemerklich, daß du keinem, auch nicht denen, die jetzt unsre Begleiter sind, etwas von alledem erzählst, was wir hier gesprochen und verhandelt haben. Denn sintemal Dulcinea so zurückhaltend ist und nicht will, daß man ihre Gesinnungen kenne, so wäre es nicht wohlgetan, wenn ich, oder ein andrer durch mich, sie offenbaren würde.

Aber wenn dem so ist, sprach Sancho, wie kann Euer Gnaden denn diejenigen, die Ihr durch Eures Armes Kraft besiegt, verpflichten wollen, daß sie hingehen und sich unserm Fräulein Dulcinea stellen, da dies gerade so viel heißt, als mit Eurem Namen zu unterschreiben, daß Ihr sie von Herzen gerne habt und ihr Liebhaber seid? Und da es unerläßlich ist, daß alle, die hinkommen, sich vor ihrem Angesicht auf die Knie werfen und sagen müssen, daß sie von Euer Gnaden wegen kommen, um ihr Huldigung zu leisten, wie können da euer beider Gefühle im Verborgenen bleiben?

O wie dumm, wie einfältig bist du! versetzte Don Quijote. Siehst du nicht, Sancho, daß all dieses zu ihrer größeren Verherrlichung gereicht? Denn du mußt wissen, Sancho, nach diesem unserm Ritterbrauch ist es eine große Ehre, wenn eine Dame viele fahrende Ritter hat, die ihr dienen, ohne daß deren Gedanken auf ein weiteres Ziel gehen als ihr zu dienen und ihr einzig und allein deshalb zu dienen, weil sie die hohe Dame ist, die sie ist, und ohne einen andern Lohn für ihr vielfaches und tugendsames Streben zu erhoffen, als daß die Dame darein willige, sie zu ihren Rittern anzunehmen.

Mit dieser Art Liebe, sprach Sancho, habe ich predigen hören, soll Gott lediglich um seiner selbst willen geliebt werden, ohne daß uns Hoffnung auf Himmelslohn oder Furcht vor Höllenstrafe treibt. Ich zwar möchte eher von dessenwegen, was er vermag, ihm meine Liebe und Dienste weihen.

Ei daß dich der Teufel, was für ein Bauernkerl! sprach Don Quijote. Was für gescheite Sachen gibst du auf einmal her? Es sieht gerade so aus, als hättest du studiert.

Nein, aufs Wort, ich kann nicht einmal lesen, entgegnete Sancho.

Indem rief ihnen Meister Nikolas zu ein wenig zu warten, sie wollten Halt machen, um an einem Brünnlein zu trinken, das sich dort fand. Don Quijote hielt an, zu Sanchos nicht geringem Vergnügen, der schon müde war so viel lügen zu müssen und besorgte, sein Herr möchte ihn mit seinen eigenen Worten fangen, denn obgleich er wußte, daß Dulcinea eine Bäuerin aus el Toboso war, so hatte er sie doch in seinem ganzen Leben nicht gesehen.

Inzwischen hatte sich Cardenio die Kleider angezogen, die Dorotea trug, als sie sie fanden, und wiewohl nicht besonders gut, waren sie doch weit besser als die, welche er ablegte. Sie stiegen an der Quelle ab, und mit dem, was der Pfarrer sich in der Schenke hatte geben lassen, befriedigten sie, wenn auch nur ungenügend, den großen Hunger, den sie alle verspürten.

Wie sie damit beschäftigt waren, kam ein des Weges wandernder Bursche zufällig vorüber. Er betrachtete die an der Quelle sitzenden Leute mit großer Aufmerksamkeit, stürzte auf Don Quijote zu, schlang die Arme um dessen Beine, hub bitterlich zu weinen an und sprach: O lieber Herr! Kennt mich Euer Gnaden nicht mehr? So seht mich genau an, ich bin jener Bursche Andrés, den Euer Gnaden von dem Eichbaum, an den ich gebunden war, losgemacht hat.

Don Quijote erkannte ihn, ergriff ihn bei der Hand und
wendete sich zu den Anwesenden, indem er sprach: Auf daß die
Herrschaften sehen, wie wichtig es ist, daß es fahrende Ritter
auf der Erden gebe, welche den Ungebührlichkeiten und Unbilden
steuern, die verübt werden von den frechen und schlechten Menschen, so auf selbiger leben, so sollt ihr erfahren: Hiebevor in
Tagen, die vorübergezogen, kam ich vorübergezogen an einem
Walde und hörte Geschrei und Schmerzenslaute von einem
schwer leidenden, hilfsbedürftigen Menschen. Sofort eilte ich,
von meiner Berufspflicht angetrieben, nach der Gegend, woher
meines Bedünkens die kläglichen Töne erschollen und fand, an
eine Eiche gebunden, diesen Jüngling, welcher vor euch stehet,
worüber ich mich in tiefstem Herzen freue, denn er wird mir
ein Zeuge sein, der mir in keinem Punkte zu lügen verstatten
wird. Ich sage also, er war an die Eiche gebunden, entkleidet
von der Mitte des Körpers bis hinauf, und da stand und zer-
fleischte ihm die Haut mit den Zügeln seiner Stute ein Bauer,
der, wie ich alsbald in Erfahrung brachte, sein Dienstherr war.
Und sowie ich ihn erblickte, befragte ich ihn um die Ursache so
gräßlicher Geißelung. Es antwortete der Grobian, er prügle
ihn, weil selbiger sein Diener sei, und weil gewisse Nachlässig-
keiten, die er verschulde, mehr in Spitzbüberei als in Dummheit
ihren Grund hätten. Worauf dieser Knabe sprach: Señor, er
peitscht mich nur deshalb, weil ich meinen Dienstlohn von ihm
verlange. Der Herr antwortete mit ich weiß nicht was für
schönen Worten und Ausreden, die ich zwar anhörte, aber nicht
gelten ließ. Kurz, auf mein Gebot ward er losgebunden, und
ich nahm dem Bauer einen Eid ab, ihn mit nach Hause zu
nehmen und ihn zu bezahlen, Real für Real, und sogar in
Münzen vom schönsten Schlag. Ist dies nicht alles wahr, mein
Sohn Andrés? Hast du nicht bemerkt, mit welcher gebietenden
Würde ich es ihm befahl, und mit welcher Demut er alles zu

tun verhieß, was ich ihm auferlegte, ihm zu wissen tat, ihm anbefahl? Antworte, sei nicht verlegen, sprich ohn' alles Bedenken.
Sag diesen Herrschaften, was vorgegangen, auf daß man sehe
und wohl beachte, wie es in Wirklichkeit den großen Nutzen hat,
den ich dargelegt, daß es auf den Wegen weitum fahrende
Ritter gibt.

Alles, was Euer Gnaden gesagt hat, ist sehr wahr; aber der
Ausgang der Sache war ganz das Gegenteil dessen, was Euer
Gnaden sich vorstellt.

Wieso das Gegenteil? fragte Don Quijote. Also hat dich
der gemeine Bauer nicht bezahlt?

Nicht nur nicht bezahlt, antwortete der Junge, sondern sobald Euer Gnaden aus dem Busch hinaus und wir zwei allein
waren, band er mich wieder an denselben Eichbaum und versetzte
mir aufs neue soviel Hiebe, daß ich geschunden war wie ein
heiliger Bartholomäus. Und bei jedem Hieb, den er mir auf-
maß, gab er einen Witz und Spott zum besten, um sich über
Euer Gnaden lustig zu machen, und hätte ich nicht so arge
Schmerzen gelitten, so hätte ich über seine Späße lachen müssen.
Kurz, er hat mich so zugerichtet, daß ich bis jetzt in einem Spital
war, um mich von dem Leid und Weh heilen zu lassen, das ich
dem heillosen Bauer zu danken hatte. An alledem trägt Euer
Gnaden die Schuld. Denn wäret Ihr Eures Weges fürbaß
gezogen und wäret nicht hingekommen, wohin Euch niemand
gerufen, und hättet Euch nicht in fremde Händel gemischt, so
hätte sich mein Herr daran genügen lassen, mir ein oder zwei
Dutzend Hiebe aufzuzählen, und dann hätte er mich alsbald losgebunden und mir bezahlt, was er mir schuldig war. Aber da
Euer Gnaden ihn so ohne Not an der Ehre angegriffen und
ihm soviel Niederträchtigkeiten angehängt, da entbrannte ihm der
Zorn, und da er ihn nicht an Euch auslassen konnte, so ließ er,
wie er sich allein sah, das Unwetter über mich so gewaltig los-

brechen, daß ich meine, ich werde all meine Lebtage kein rechter
Mann mehr werden.

Das Schlimme war, sagte Don Quijote, daß ich mich von
dort entfernte. Ich hätte mich nicht entfernen sollen, bis ich dich
bezahlt gesehen hätte. Wohl hätte ich durch lange Erfahrung
belehrt sein müssen, daß kein Bauernlümmel sein gegebenes
Wort hält, wenn er sieht, daß es ihm nicht dienlich ist es zu
halten. Aber du erinnerst dich auch, Andrés, daß ich geschworen
habe, wenn er dich nicht bezahle, würde ich auf die Suche nach
ihm ziehen und ihn auffinden, wenn er sich auch im Walfisch-
bauche verbergen sollte.

So ist es in Wahrheit, versetzte Andrés; aber es hat nic t
geholfen.

Sogleich sollst du sehen, ob es helfen wird, entgegnete Don
Quijote. Und mit diesen Worten stand er schleunigst auf und
befahl Sancho, den Rosinante zu zäumen, der umher weidete,
während sie speisten. Dorotea fragte ihn, was er vorhabe. Er
antwortete, er wolle den Bauern aufsuchen und für ein so
schändliches Benehmen züchtigen und ihn zwingen, den Andrés
bis auf den letzten Maravedi zu bezahlen, allen Bauern in der
ganzen Welt zu Trotz und Ärger. Worauf sie antwortete, er
möge bedenken, daß er sich in kein andres Unternehmen einlassen
dürfe, bis er das ihrige zu Ende geführt; und da er dies besser
als irgend jemand wisse, so möchte er sein Gemüt beruhigen bis
nach der Rückkehr aus ihrem Königreich.

So ist es in der Tat, entgegnete Don Quijote, und es ist
unvermeidlich, daß Andrés bis zur Rückkehr, wie Ihr, Señora,
bemerkt, sich in Geduld fasse. Aber ich schwör' ihm abermals
und verheiße aufs neue, nicht zu ruhen, bis ich ihm Rache und
Bezahlung verschafft habe.

Ich hab' keinen Glauben an diese Schwüre, sprach Andrés.
Lieber hätt' ich jetzt etwas, um nach Sevilla zu kommen, als

alle Rache auf der ganzen Welt. Wenn Ihr hier etwas für mich zu essen und auf den Weg zu nehmen habt, so gebt mir's, und Gott befohlen Euer Gnaden und alle fahrenden Ritter zusammen, und möchten sie alle zu ihrer Strafe so wohl fahren, wie ich mit ihnen gefahren bin!

Sancho nahm aus seinem Vorrat ein Stück Brot und ein Stück Käse, gab es dem Burschen und sagte: Nehmt, Freund Andrés, denn auf jeden von uns trifft ein Teil von Eurem Unfall.

So? Welch ein Teil trifft auf Euch? fragte Andrés.

Dieser Teil von meinem Käse und Brot, den ich Euch gebe, antwortete Sancho. Denn Gott mag wissen, ob er mir demnächst einmal fehlen wird oder nicht. Ihr müßt nämlich wissen, guter Freund, wir Schildknappen der fahrenden Ritter sind gar vielem Hunger und widrigem Geschick ausgesetzt und auch noch andrem, was sich besser fühlen als sagen läßt.

Andrés griff nach seinem Brot und Käse, und da er sah, daß keiner ihm sonst was gab, ließ er den Kopf hängen und nahm den Weg zwischen die Beine, wie man zu sagen pflegt. Jedoch sagte er noch im Scheiden zu Don Quijote: Ich bitt' Euch um Gotteswillen, fahrender Herr Ritter, wenn Ihr mich wieder einmal irgendwo antrefft, und solltet Ihr auch sehen, daß man mich in Stücke haut, so kommt mir nicht zu Hilfe und steht mir nicht bei, sondern laßt mich in meinem Unglück. Denn dieses kann doch nie so groß sein, daß das Pech nicht noch größer wäre, das mir von Eurem Beistand kommen würde, Herr Ritter, welchen Gott verdammen wolle samt allen fahrenden Rittern, soviel ihrer je zur Welt gekommen!

Don Quijote wollte sich erheben, um ihn zu züchtigen. Jedoch der Bursche machte sich so eilig davon, daß keiner sich getraute ihm folgen zu können. Don Quijote aber stand aufs tiefste beschämt ob der Erzählung des Andrés, und die andern

7*

mußten sich große Mühe geben, das Lachen zu verbeißen, um
seine Beschämung nicht aufs äußerste zu treiben.

Zweiunddreißigstes Kapitel,

welches berichtet, wie es der gesamten Gefolgschaft Don Quijotes in der Schenke erging.

Das vortreffliche Mahl war beendet, sie sattelten ihre Tiere,
und ohne daß ihnen etwas Erzählenswertes aufstieß, gelangten
sie des folgenden Tages zu der Schenke, dem Schrecken und Entsetzen Sancho Panzas, und wiewohl er sie am liebsten nicht betreten hätte, so konnte er es doch nicht vermeiden. Die Wirtin,
der Wirt und Maritornes, die Don Quijote und Sancho
kommen sahen, gingen ihnen entgegen und begrüßten sie mit
großen Freudenbezeigungen. Er empfing sie mit würdiger
Haltung und Billigung ihres Gebarens und sagte ihnen, sie
möchten ihm ein besseres Nachtlager als das letztemal bereiten;
worauf ihm die Wirtin antwortete, falls er sie besser als neulich
bezahle, würden sie ihm ein fürstliches Bett geben. Don Quijote erwiderte, das wolle er allerdings tun, und so bereiteten sie
ihm ein erträgliches Bett auf demselben Dachboden wie damals.
Er legte sich sogleich nieder, denn er war wie zerschlagen und
seiner Sinne nicht mächtig.

Kaum hatte er sich eingeschlossen, so fiel die Wirtin über
den Barbier her, packte ihn am Barte und sprach: Bei meiner
Seelen Seligkeit, Ihr sollt mir nicht länger meinen Farrenschwanz zu Eurem Bart gebrauchen. Ihr müßt mir meinen
Schweif wiedergeben, denn meinem Manne fährt seine Sache
hier auf dem Boden herum, daß es eine Schande ist — ich meine
sein Kamm, den ich sonst immer an meinen schönen Schwanz
anzustecken gewohnt war.

Der Barbier wollte ihn nicht lassen, so stark sie auch zog, bis der Lizentiat ihm zuredete, er solle ihr ihn doch hergeben, es sei nicht länger nötig, sich dieses Kunstgriffs zu bedienen. Vielmehr solle er sich offen in seiner eigenen Gestalt zeigen und Don Quijote sagen, nachdem ihn die spitzbübischen Galeeren= züchtlinge ausgeraubt, habe er sich in diese Schenke geflüchtet. Und wenn etwa der Ritter nach dem Knappen der Prinzessin fragen sollte, so würden sie ihm sagen, sie habe ihn vorangesen= det, um den Leuten in ihrem Königreich Nachricht zu geben, daß sie komme und den Befreier aller mitbringe.

Hiermit gab der Barbier der Wirtin den Farrenschwanz gern zurück, und man erstattete ihr auch alle übrigen Gegen= stände wieder, die sie zur Befreiung Don Quijotes hergeliehen hatte.

Höchlich verwunderten sich alle in der Schenke über Doro= teas Schönheit und nicht minder über das stattliche Aussehen des als Hirtenjunge gekleideten Cardenio. Der Pfarrer ordnete an, man solle ihnen zum Essen bereiten, was in der Schenke vorrätig sei, und der Wirt, in Hoffnung besserer Bezahlung, bereitete ihnen ein leibliches Mittagsmahl. Währenddessen schlief Don Quijote noch immer, und sie waren der Meinung, man solle ihn nicht wecken, weil es ihm für jetzt zuträglicher sei zu schlafen als zu essen.

Während der Mahlzeit sprachen sie in Gegenwart des Wirts, seiner Frau, seiner Tochter, der Maritornes und aller Reisenden, über die seltsame Narretei Don Quijotes und über den Zustand, in dem sie ihn gefunden hatten. Die Wirtin er= zählte, was ihnen mit dem Ritter und dem Maultiertreiber begegnet war; dann sah sie sich um, ob Sancho etwa zugegen wäre, und als sie ihn nicht erblickte, erzählte sie die ganze Ge= schichte, wie er gewippt worden, was ihnen nicht wenig Spaß machte.

Als aber der Pfarrer sagte, die Ritterbücher, welche Don Quijote gelesen, hätten ihn verrückt gemacht, sprach der Wirt: Ich weiß nicht, wie das sein kann, denn in Wahrheit, wie ich die Sache verstehe, gibt es nic t Besseres auf der Welt zu lesen. Ich habe hier ihrer zwei oder drei, nebst andern Papieren, die haben mir wahrhaftig frische Lebenslust geschenkt, und nicht nur mir, sondern vielen andern. Denn zur Erntezeit kommen an den Festtagen viele Schnitter, hier zu herbergen, und immer ist einer dabei, der lesen kann. Der nimmt eins von den Büchern zur Hand, wir sind zu mehr als dreißigen um ihn herum, und wir sitzen und stehen da und hören ihm mit so viel Vergnügen zu, daß er uns ordentlich verjüngt. Wenigstens was mich betrifft, muß ich sagen, wenn ich die wütigen, erschrecklichen Hiebe beschreiben höre, welche die Ritter austeilen, packt mich die Lust es ebenso zu machen, und ich möchte Tag und Nacht davon hören.

Ich ganz ebenso, sprach die Wirtin, denn ich habe nie einen so ruhigen Augenblick in meinem Hause als die Zeit, wo Ihr vorlesen hört; da seid Ihr so in die Narretei versunken, daß Ihr nicht ans Zanken denkt.

Ja, so ist's, sagte Maritornes. Und wahrlich, auch ich höre all die Sachen gern, sie sind gar hübsch, und besonders wenn da erzählt wird, wie die andre Dame unter Orangenbäumen sitzt und sie und ihr Ritter sich in den Armen halten, und wie ihre Hofmeisterin derweilen Wache steht, halbtot vor Neid und in großer Bangigkeit. Das alles ist süß wie Honig.

Und was dünkt Euch davon, junges Mägdlein? sagte der Pfarrer zur Haustochter.

Ich weiß es meiner Seelen nicht, antwortete sie. Ich höre dem ebenfalls zu, und wahr ist's, wenn ich es auch nicht verstehe, so hab' ich doch mein Vergnügen am Zuhören. Indessen die Hiebe, an denen mein Vater Gefallen findet, die habe ich nicht gern, wohl aber das Wehklagen, das bie Ritter verführen, wenn sie von ihren Geliebten fern sind; und wahrlich, sie bringen mich manchmal zum Weinen vor lauter Mitleid, das ich mit ihnen habe.

Also würdet Ihr Euch wohl ihrem Wehe hilfreich erweisen, junges Mägdlein, sprach Dorotea, wenn ihre Tränen um Euch flössen?

Ich weiß nicht, was ich da tun würde, antwortete das Mäd- chen. Ich weiß nur, es sind etliche solcher Damen so grausam, daß ihre Ritter sie Tigerinnen heißen und Löwinnen und tau- send andre Scheußlichkeiten. O Jesus! ich weiß nicht, was das für herzlose, gewissenlose Frauenzimmer sind, die, um nur einem Ehrenmann keinen Blick zu schenken, ihn sterben oder verrückt werden lassen. Ich weiß nicht, was all diese Ziererei soll. Wenn sie so handeln, weil sie auf ihre Ehre halten, so brauchen sie ja nur ihre Ritter zu heiraten; die wünschen gar nic t andres.

Schweig, Kind, sprach die Wirtin. Es scheint, du weißt zu viel von diesen Dingen. Es schickt sich nicht für Mädchen, so viel zu wissen und zu reden.

Da der Herr hier mich gefragt hat, entgegnete sie, so konnte ich nicht umhin ihm zu antworten.

Nun gut, sprach der Pfarrer; bringt mir, Herr Wirt, jene Bücher her, ich will sie ansehen.

Sehr gern, antwortete dieser, ging in sein Zimmer und brachte aus demselben einen alten, mit einem Kettchen ver- schlossenen Mantelsack. Der Pfarrer öffnete ihn und holte daraus drei große Bücher hervor, nebst einigen Papieren in sehr guter Handschrift. Das erste Buch, das er aufschlug, war Don Cirongilio von Thrazien, das zweite Felixmarte von Hyrkanien, das dritte die Geschichte des großen Feldhauptmann Don Gonzalo Hernández be Córboba nebst dem Leben des Diego García de Paredes.

Sowie der Pfarrer die beiden ersten Titel las, wendete er sich zu dem Barbier um und sagte: Hier fehlen uns jetzt die Haushälterin meines Freundes und seine Nichte.

Sie fehlen uns keineswegs, erwiderte der Barbier, denn auch ich bin imstande, sie in den Hof oder in den Kamin zu werfen, und wahrhaftig, in dem ist ein tüchtiges Feuer.

Also will Euer Gnaden meine Bücher verbrennen? sprach der Wirt.

Nur diese zwei, antwortete der Pfarrer, das Buch von Don Cirongilio und das von Felixmarte.

Sind denn etwa, sprach der Wirt, meine Bücher Ketzer oder Phlegmatiker, daß Ihr sie verbrennen wollt?

Schismatiker wollt Ihr sagen, Freund, bemerkte der Barbier, nicht Phlegmatiker.

Allerdings, erwiderte der Wirt. Wenn ihr aber durchaus eins verbrennen wollt, so nehmt das Buch vom großen Feld= hauptmann und von jenem Diego García, denn eher laß ich meinen Sohn verbrennen als eins von diesen andern.

Lieber Freund, versetzte der Pfarrer, diese beiden Bücher enthalten nur Erdichtungen und sind voll von Narreteien und Unsinn. Das vom großen Feldhauptmann ist eine wahrhafte, wirkliche Geschichte und enthält die Erlebnisse des Gonzalo Her= nández be Córdoba, der durch seine zahlreichen Großtaten sich würdig machte, von der ganzen Welt der große Feldhauptmann genannt zu werden, ein ruhmvoller, strahlender Name, dessen kein andrer außer ihm sich würdig gemacht. Und dieser Diego García de Paredes war ein hochangesehener Ritter, gebürtig aus der Stadt Trujillo in Estremadura, einer der tapfersten Krieger und von solcher Körperkraft, daß er ein Mühlrad mitten im vollen Umschwung mit einem Finger aufhielt. Am Aufgang einer Brücke stellte er sich hin mit seinem zweihändigen Schwert und hielt ein ganzes unzählbares Heer vom Übergange ab. Er

vollbrachte noch viel andre Taten, und wenn (anstatt daß er sie
von sich selbst mit der Bescheidenheit eines Ritters und eines
Mannes, der sein eigener Chronist ist, erzählt und beschreibt)
ein andrer frei von Rücksicht und leidenschaftslos sie beschrieben
hätte, so würden sie die Taten des Hektor, Achilles und Roland
in Vergessenheit gebracht haben.

Das ist mir was Rechtes! sprach der Wirt dagegen. Seh'
mir einer an, worüber Ihr Euch so arg verwundert! Ein Mühlrad anzuhalten! Beim Himmel droben, jetzt sollte Euer Gnaden
lesen, was ich von Felixmarte von Hyrkanien gehört habe. Der
hat mit einem einzigen Hieb fünf Riesen am Gürtel auseinander
gehauen, als ob sie Männchen aus Bohnen wären, wie die
Kinder sie ausschneiden. Ein andermal griff er ein ungeheures,
gewaltiges Heer an, darin mehr als eine Million sechsmal hunderttausend Soldaten waren, alle von Kopf bis zu Fuß gerüstet,
und er schlug sie all in die Flucht, als wären's Schafherden gewesen. Und was wollt Ihr mir erst von dem fürtrefflichen Don
Cirongilio von Thrazien sagen! Der war so mannhaft und
mutvoll, wie man es in dem Buch lesen kann, das berichtet, wie
er auf einem Fluß hinschiffte, da erhub sich gegen ihn aus dem
Wasser hervor eine feurige Schlange, und sowie er sie sah, sprang
er auf sie los und setzte sich rittlings auf ihren schuppigen Rücken
und drückte ihr mit beiden Händen die Kehle mit solcher Gewalt
zusammen, daß die Schlange, da sie merkte, er sei im Begriff sie
zu erdrosseln, sich nicht anders zu helfen wußte als in die Tiefe
des Flusses zu versinken, wobei sie den Ritter nach sich zog, da
er sie durchaus nicht loslassen wollte. Und wie sie nun dort
hinabkamen, sah er sich in einem Palast und in Gärten, alles
so schön, daß es ein Wunder war. Und alsbald verwandelte
sich die Schlange in einen greisen Alten, und der sagte ihm so
vielerlei, daß nic t Herrlicheres zu erhören ist. Sagt nur
nic t mehr, werter Herr, denn wenn Ihr das anhörtet, so

würdet Ihr vor Entzücken von Sinnen kommen. Da pfeife
ich auf den großen Feldhauptmann und jenen Diego Garcia,
wovon Ihr sprecht!

Als Dorotea dies hörte, sprach sie leise zu Cardenio: Wenig
fehlt unserm Wirte daran, den zweiten Teil zum Don Quijote
zu liefern.

So kommt es mir auch vor, antwortete Cardenio. Denn
wie er vermuten läßt, hält er es für sicher, daß alles, was seine
Bücher erzählen, gerade so vorgegangen ist, wie sie es schreiben,
nicht um einen Punkt mehr noch minder, und kein Barfüßer=
mönch würde ihn zu einem andern Glauben bringen.

Bedenket, guter Freund, hub der Pfarrer wieder an, daß es
auf der Welt weder einen Felixmarte von Hyrkanien gegeben
hat, noch einen Don Cirongilio von Thrazien, noch andre Ritter
der Art, von denen die Ritterbücher erzählen. Denn all dieses
ist Dichtung und Erfindung müßiger Geister, welche derlei Ge=
schichten zu dem von Euch selbst erwähnten Zwecke schrieben, die
Zeit zu verkürzen, gerade wie Eure Schnitter sie zum Zeitver=
treib anhören. Ich schwör' Euch in allem Ernste, nie gab es
auf der Welt dergleichen Ritter, nie sind auf der Welt derglei=
chen Heldentaten und Ungereimtheiten vorgekommen.

Das mache einem andern weis! sprach der Wirt dagegen.
Als ob ich nicht bis fünf zählen könnte! Als ob ich nicht wüßte,
wo mich der Schuh drückt! Ich bitt' Euer Gnaden, mich nicht
für ein Wickelkind zu halten, denn bei Gott, ich bin nicht so
dumm wie ich aussehe. Nicht übel! Da will mir Euer Gnaden
weismachen, alles, was diese herrlichen Bücher enthalten, sei
Unsinn und Lüge, da doch alles mit Erlaubnis der Herren vom
Königlichen Rate gedruckt ist. Als ob das die Leute dazu wären,
soviel Lug und Trug allzusammen drucken zu lassen und soviel
Schlachten und soviel Verzauberungen, daß es einem schier den
Verstand benimmt.

Ich habe Euch schon gesagt, guter Freund, erwiderte der Pfarrer, daß dieses geschieht, um unsere müßigen Gedanken zu ergötzen. Und so wie man in einem wohlgeordneten Gemeinwesen verstattet, Schach, Ball und Billard zu spielen, um Leute zu ergötzen, die nicht arbeiten wollen oder dürfen oder können, so erlaubt man, daß solche Bücher gedruckt werden und existieren, weil man glaubt, wie es auch wirklich der Fall ist, daß niemand so unwissend sein wird, um irgend eine der Geschichten in diesen Büchern für Wahrheit zu halten. Und wenn es mir jetzo vergönnt wäre und die Zuhörer es begehren sollten, so würde ich über das, was die Ritterbücher enthalten müßten, um gute Bücher zu sein, manches sagen, was vielleicht einem und dem andern zum Nutzen, ja, auch zum Vergnügen gereichen möchte. Allein ich hoffe, es wird die Zeit kommen, wo ich es jemandem mitteilen kann, der die Macht hat dem Übel zu steuern. Inzwischen aber glaubt nur, Herr Wirt, was ich Euch gesagt habe. Nehmt Eure Bücher und seht, wie Ihr Euch mit ihren Wahrheiten oder Lügen abfindet. Mögen sie Euch wohl bekommen, und Gott gebe, daß Ihr nicht einstens an demselben Karren zu ziehen habt wie Euer Gast Don Quijote.

Das nicht, erwiderte der Wirt. Ich werde kein solcher Narr sein, ein fahrender Ritter zu werden. Denn das seh' ich wohl, jetzt ist nicht mehr bräuchlich, was es in jener Zeit war, als noch, wie erzählt wird, jene ruhmvollen Ritter durch die Welt zogen.

Bei der zweiten Hälfte dieser Unterhaltung war Sancho zugegen, und er wurde bestürzt und sehr bedenklich, als er sagen hörte, die fahrenden Ritter seien jetzt nicht mehr bräuchlich und alle Ritterbücher seien Ungereimtheiten und Lügen. Er nahm sich in seinem Geiste vor abzuwarten, wie diese Fahrt seines Herrn ablaufen würde, und beschloß, wenn sie nicht mit dem glücklichen Erfolg ausginge, den er sich dachte, ihn zu verlassen

und zu Frau und Kindern und zu seiner gewohnten Arbeit zurückzukehren.

Der Wirt war im Begriff, den Mantelsack und die Bücher
fortzunehmen; da sagte ihm jedoch der Pfarrer: Wartet noch,
ich will sehen, was das für Papiere sind, die eine so gute Handschrift zeigen.

Der Wirt holte sie hervor und gab sie dem Pfarrer zu lesen.
Dieser sah, daß es ungefähr acht Bogen in Handschrift waren,
welche obenan in großen Buchstaben einen Titel trugen, der da
lautete: Novelle vom törichten Vorwitz. Der Pfarrer las
drei oder vier Zeilen still für sich und sprach: Gewiß, der Titel
dieser Novelle gefällt mir nicht übel, und ich habe Lust sie ganz
zu lesen. Darauf antwortete der Wirt: Gewiß darf Euer Ehrwürden sie lesen; denn ich sage Euch, sie hat etliche Gäste, die
sie hier gelesen haben, sehr befriedigt, und sie haben sie mir sehr
dringend abverlangt. Aber ich wollte sie ihnen nicht geben, da
ich sie dem Herrn wieder zu erstatten gedenke, der den Mantelsack mit diesen Büchern und Papieren hier aus Vergeßlichkeit
zurückgelassen hat. Es kann ja sein, daß er wieder einmal hierher kommt. Und obschon ich weiß, daß die Bücher mir sehr
fehlen werden, so will ich, auf mein Wort, sie ihm doch
wiedergeben. Denn wiewohl ein Wirt, bin ich doch ein guter
Christ.

Ihr habt sehr recht, guter Freund, versetzte der Pfarrer.
Aber trotzdem, wenn die Novelle mir gefällt, müßt Ihr mich sie
abschreiben lassen.

Sehr gern, erwiderte der Wirt.

Während die beiden so miteinander redeten, hatte Cardenio
die Novelle genommen und darin zu lesen angefangen; und da
er ebenso über sie urteilte wie der Pfarrer, bat er diesen, sie laut
vorzulesen, damit alle sie hören könnten.

Gewiß würde ich sie vorlesen, sagte der Pfarrer, wenn es nicht besser wäre, die Zeit jetzt aufs Schlafen als aufs Lesen zu verwenden.

Für mich, sprach Dorotea, wird es schon genugsame Erholung sein, die Zeit mit dem Anhören einer Erzählung zu verkürzen. Denn noch ist mein Geist nicht soweit beruhigt, daß er mir zu schlafen gestattete, wann es vernünftig wäre es zu tun.

Demnach also, sprach der Pfarrer, will ich sie vorlesen, sei es auch nur, um was Neues zu hören. Vielleicht wird sie bei dem Neuen auch einiges Ergötzliche bieten.

Meister Nikolas seinerseits bat ihn ebenfalls darum, und nicht minder Sancho. Wie der Pfarrer dies sah, und da er voraussetzen durfte, ihnen allen ein Vergnügen zu bereiten und es selbst mitzugenießen, so sagte er: Da dem so ist, so hört mir alle aufmerksam zu. Die Novelle beginnt folgendermaßen.

Dreiunddreißigstes Kapitel,
worin die Novelle vom törichten Vorwitz erzählt wird.

In Florenz, einer reichen und berühmten Stadt Italiens, in der Provinz, welche man Toskana benennt, lebten Anselmo und Lotario, zwei reiche, vornehme Edelleute, die so miteinander befreundet waren, daß sie von allen, die sie kannten, statt mit ihren Eigennamen, vorzugsweise „die beiden Freunde" genannt wurden. Sie waren unverheiratet, jung, von gleichem Alter und gleichen Lebensgewohnheiten, und dies alles war hinreichender Grund, sie in gegenseitiger Freundschaft zu verbinden. Freilich war Anselmo mehr als Lotario geneigt, sich mit Liebschaften die Zeit zu vertreiben, während den letzteren die Freuden der Jagd anzogen. Doch wenn die Gelegenheit sich bot, ließ Anselmo seine Neigungen beiseite, um denen Lotarios zu folgen, und ließ Lotario die seinigen ruhen, um denjenigen Anselmos nachzugehen. Und in dieser Weise stimmte beider Wille stets so überein, daß es keine wohlgeregelte Uhr geben konnte, die so ganz regelmäßig ging.

Anselmo war sterblich verliebt in ein vornehmes, schönes Fräulein aus derselben Stadt. Sie war die Tochter tugend= samer Eltern und selbst so tugendsam, daß er mit Gutheißung seines Freundes Lotario (ohne den er nie etwas tat) sich ent= schloß, bei ihren Eltern um ihre Hand anzuhalten. Er machte sein Vorhaben zur Tat, und der die Werbung ausrichtete, war Lotario. Und der vollführte den Auftrag so zur Zufriedenheit seines Freundes, daß dieser sich in kurzer Zeit im Besitze der Geliebten sah, während auch Camila sich so glücklich fühlte, An= selmo zum Gemahl gewonnen zu haben, daß sie nicht müde ward, dem Himmel und Lotario zu danken, durch dessen Ver= mittlung ihr ein so hohes Gut geworden.

Die ersten Tage nach der Hochzeit (die ja immer freudevoll sind) fuhr Lotario fort, das Haus seines Freundes Anselmo zu besuchen, wobei er alles Mögliche aufbot, ihn mit Ehren, Fest= lichkeiten und heitern Genüssen zu erfreuen. Als aber die hoch= zeitlichen Tage vorüber waren und der Andrang der Besuche und der Glückwünsche abnahm, begann Lotario von seinen Gängen ins Haus Anselmos absichtlich abzusehen. Denn er dachte sich, wie dies jeder Einsichtsvolle denken muß, daß man in dem Hause eines verheirateten Freundes nicht in der näm= lichen Weise aus= und eingehen und ständig verkehren dürfe, wie zur Zeit, da sie Junggesellen waren. Wenn auch allerdings die echte und wahre Freundschaft in keiner Beziehung verdächtig sein kann und darf, so ist trotzdem die Ehre des Ehemanns so empfindlich, daß man fast behaupten muß, sie könne an den eig= nen Brüdern Anstoß nehmen, wieviel mehr an Freunden.

Anselmo bemerkte, daß Lotario in seinen Besuchen nachließ, und beklagte sich sehr über ihn. Wenn er gewußt hätte, sagte er zu Lotario, daß seine Heirat dem Freunde Anlaß geben würde nicht mehr, wie gewohnt, mit ihm umzugehen, so würde er diesen Schritt nie getan haben. Und wenn sie durch das innige Verhältnis, das zwischen ihnen bestand, solange er unverehelicht war, einen so lieben Namen erworben hätten wie den der „beiden Freunde", so möchte er nicht zugeben, daß ohne eine andre Veranlassung als weil Lotario den Vorsichtigen spielen wolle, ein so rühmlicher und erfreulicher Name verloren gehe. Und sonach bitte er ihn flehentlich, wenn anders es sich zieme, einen solchen Ausdruck unter ihnen beiden zu gebrauchen, der Freund möge doch wieder in seinem Hause der Herr sein und darin wie vormals aus- und eingehen. Dabei versicherte er ihm, seine Gemahlin Camila habe kein andres Begehren noch andern Willen, als den er bei ihr wünsche, und da sie in Erfahrung gebracht, wie ernst und wahr sie beide einander liebten, so sei es ihr unerklärlich, daß Lotario ihr Haus so vermeide.

Auf all dieses und auf viel andres, das Anselmo beifügte, um seinen Freund zu überreden, daß er wieder, wie gewohnt, sein Haus besuche, antwortete Lotario so einsichtig, verständig und überlegt, daß Anselmo mit der guten Absicht seines Freundes einverstanden war, und sie kamen überein, daß Lotario zweimal in der Woche und an den Festtagen kommen und mit ihnen speisen solle. Aber obschon dies nun zwischen ihnen ausgemacht war, nahm sich Lotario dennoch vor, hierin nicht mehr zu tun, als nach seinem Urteil für die Ehre seines Freundes sich am besten ziemen würde, da er dessen guten Ruf höher schätzte als seinen eignen. Er sagte und sagte mit Recht, der Ehemann, dem der Himmel ein schönes Weib gewährt habe, müsse ebenso sorgsam darauf achten, welche Freunde er in sein Haus führe, als darauf, mit welchen Freundinnen seine Frau umgehe. Denn was nicht auf den Plätzen der Stadt, noch in den Kirchen, noch bei öffentlichen Feierlichkeiten, noch Betfahrten besprochen und verabredet wird (und die Teilnahme an all diesem kann doch der Mann seiner Frau nicht immer versagen), das wird im Hause der Freundin oder Verwandten verabredet und gefördert, der man gerade am meisten traut. Lotario fügte bei, es sei eine Notwendigkeit für jeden Ehemann, einen Freund zu haben, der ihn auf jede etwaige Unvorsichtigkeit in ihrem Benehmen aufmerksam mache. Denn es komme häufig vor, daß bei der großen Liebe, die der Mann zu seinem Weibe hat, er sie nicht warnen will oder ihr, nur um sie nicht zu kränken, nicht sagt, daß sie dies und jenes tun oder unterlassen solle, weil solches Tun oder Unterlassen ihm zur Ehre oder zum Vorwurf gereichen müsse. Würde er aber vom Freunde darauf aufmerksam gemacht, so könnte er allem leicht abhelfen.

Aber wo findet sich ein so verständiger, ein so treuer, ein so wahrer Freund, wie ihn Lotario hier verlangt? Ich weiß es wahrlich nicht. Nur Lotario war ein solcher. Mit äußerster Aufmerksamkeit und Umsicht hatte er die Ehre seines Freundes stets im Auge und mühte sich, die Zahl der übereinkunftsmäßigen Tage, wo er Anselmos Haus besuchen sollte, zu vermindern, zu kürzen, davon abzumarkten, damit nicht der müßige Pöbel und die boshaften Augen umherlungernder Gaffer Mißfallen daran finden könnten, daß ein reicher Jüngling, ein Edelmann von guter Familie und von so trefflichen Eigenschaften, wie er bei sich selbst voraussetzte, im Hause einer so schönen Frau wie Camila verkehre. Denn wenn auch ihre Trefflichkeit und Tugend jeder verleumderischen Zunge einen Zügel anzulegen vermochte, so wollte er doch nicht, daß man in ihren und in seines Freundes guten Namen auch nur den geringsten Zweifel setze, und deshalb beschäftigte und verbrachte er die verabredeten Tage meistenteils mit andren Dingen, die er, wie er sagte, nicht um-

gehen oder unterlassen könne. So vergingen mit Beschuldigungen
auf der einen Seite, mit Entschuldigungen auf der andern, gar
manche Augenblicke und Stunden des Tages.

Es geschah nun, daß eines Tages, wo die beiden sich auf
einem Felde außerhalb der Stadt ergingen, Anselmo etwa folgendes zu Lotario sagte: Du glaubtest wohl, Freund Lotario,
daß ich die Gnaden, die mir Gott erwiesen, indem er mich den
Sohn solcher Eltern werden ließ, wie es die meinigen waren,
und mir mit nicht karger Hand die Güter der Natur und des
Glückes verlieh, nicht mit einer Dankbarkeit zu erkennen vermag,
die dem Werte der empfangenen Wohltaten gleichkommt? —
vorab der Wohltat, daß er dich mir zum Freunde und Camila
zum angetrauten Weibe gab, zwei Pfänder des Glücks, die ich,
wenn nicht in so hohem Grade wie ich muß, so doch in so hohem
Grade wie ich kann, wertschätze. Nun denn, mit diesen vielen
Vorzügen, welche doch alles in sich begreifen, womit die Menschen vergnügt zu leben pflegen und leben können, lebe ich als
der mißmutigste und grämlichste Mensch auf der ganzen weiten
Welt. Denn seit ich weiß nicht wieviel Tagen quält und drückt
mich ein Wunsch, der so seltsam ist, so ganz außerhalb der Gewohnheit andrer Leute liegt, daß ich mich über mich selbst
wundre und mich anklage und schelte, wenn ich allein mit mir
bin, und mich bemühe, ihn vor meinen eigenen Gedanken zu verschweigen und verbergen. Und es schien mir so unmöglich, dieses
Geheimnis bei mir zu behalten, als ob mir obläge, es mit Vorbedacht der ganzen Welt zu offenbaren. Aber da es endlich doch
einmal heraus muß, so will ich es in das Archiv deiner Verschwiegenheit legen, und unter deren Schutz und mit der Hilfe,
die du als mein wahrer Freund in treuem Eifer mir leisten
wirst, hoffe ich, daß ich mich bald von der Bedrängnis frei
sehe, in die mein Geheimnis mich gebracht hat, und daß durch
dein Bemühen meine Heiterkeit bald den Grad erreichen wird,

welchen meine Mißstimmung jetzt durch meine Torheit er=
reicht hat.

In gespannte Erwartung versetzten Lotario die Worte An=
selmos, und er wußte nicht, worauf eine so weitläufige Vor=
bereitung oder Einleitung hinausgehen sollte. Und wiewohl er
im Geiste die Frage hin und her erwog, welch ein Wunsch es
sein könne, der seinen Freund so sehr quäle, traf er immer sehr
weit vom rechten Ziel. Um sich nun rasch der Pein zu ent=
ledigen, in welche seine gespannte Erwartung ihn versetzte,
sprach er zu ihm: Du begehst gegen meine vielerprobte Freund=
schaft eine offenbare Beleidigung, wenn du Umschweife suchst,
um mir deine verborgensten Gedanken zu sagen. Denn du
weißt ganz sicher, daß du dir von mir entweder guten Rat für
unser Verhalten gegeneinander oder die Mittel, um deine Ge=
danken zur Ausführung zu bringen, versprechen kannst.

So ist's in der Tat, erwiderte Anselmo. Und in diesem
Vertrauen tu' ich dir zu wissen, Freund Lotario: der Wunsch,
der mich quält, besteht darin, zu erfahren, ob meine Gattin Ca=
mila so tugendhaft und so vollkommen ist, wie ich glaube. Ich
kann mich von dieser Tatsache nicht überzeugt halten, wenn ich
sie nicht dergestalt erprobe, daß die Probe den Feingehalt ihrer
Tugend so offenbare wie das Feuer den des Goldes. Denn ich
bin der Meinung, o mein Freund, daß das Weib nur in sol=
chem Verhältnis mehr oder weniger Tugend besitzt, als sie mehr
oder weniger von Liebeswerbungen versucht wird, und daß nur
diejenige stark ist, die sich nicht beugt vor den Versprechungen,
Geschenken, Tränen und unaufhörlichen Aufdringlichkeiten der
nachstellenden Liebhaber. Denn wofür hat man zu danken, daß
ein Weib tugendhaft sei, wenn niemand sie auffordert schlecht
zu sein? Was Wunder, daß die zurückhaltend und schüchtern
ist, der man keine Gelegenheit gewährt, sich einem freien Lebens=
wandel hinzugeben? Oder diejenige, der es wohlbewußt ist,

sie besitze einen Mann, der bei der ersten leichtfertigen Handlung, bei der er sie überrascht, ihr sicher das Leben nehmen
wird? Die also, welche aus Furcht oder aus Mangel an Gelegenheit tugendhaft ist, die werde ich nie so hoch halten wie die,
welche aus Umwerbungen und Nachstellungen mit der Krone
des Sieges hervorgeht. Wohlan denn, aus diesen Gründen und
aus vielen andren, die ich dir darlegen könnte, um meine Meinung zu bekräftigen und als die richtige zu erweisen, wünsche
ich, daß meine Gemahlin Camila durch diese Fährlichkeiten hin-
durchgehe und im Feuer der Liebeswerbungen und Nachstellungen auf ihren echten Gehalt untersucht und geprobt
werde, und zwar von einem Manne, der Wert genug in sich
hat, um seine Wünsche auf sie richten zu dürfen. Und wenn sie
aus diesem Kampfe mit der Siegespalme hervorgeht — und ich
glaube, sie wird es — dann erst werde ich mein Glück für ohne-
gleichen erachten; dann kann ich sagen, daß die Lücke meiner
Wünsche gänzlich ausgefüllt ist; dann kann ich sagen, daß ich
das starke Weib besitze, von welchem der Weise spricht: Wer
kann sie finden? Und wenn der Erfolg gegen meine Erwartung
ausfällt, so wird die Genugtuung, daß ich mit meiner Meinung
das Richtige getroffen, mir helfen, ohne Kümmernis den Kummer
zu ertragen, den mir eine so teuer erkaufte Erfahrung von
Rechts wegen verursachen sollte. Und da es feststeht, daß nic t
von allem, was du mir gegen mein Vorhaben sagen magst, die
allergeringste Wirkung haben könnte, um mich von dessen Ausführung abzuhalten, so wünsche ich, mein Freund Lotario, daß
du selbst dich zum Werkzeuge herleihest, um dies Werk meiner
Laune auszuführen. Ich werde dir Gelegenheit verschaffen es
zu tun, ohne daß es dir an irgend etwas gebrechen soll, was ich
für notwendig erkenne, um ein sittsames, ehrenhaftes, zurückgezogen lebendes, von Eigennutz freies Weib mit Liebeswerbungen zu versuchen. Und gerade dir ein so bedenkliches

Unternehmen anzuvertrauen, dazu veranlaßt mich unter anderm
die Erwägung, daß, wenn von dir Camila besiegt wird, der
Sieg nicht bis zum Äußersten und Schlimmsten gehen wird,
sondern daß nur das als geschehen gilt, was ehrenhafterweise
geschehen mag. Sonach würde ich nur durch Wunsch und Ab=
sicht beleidigt werden, und meine Kränkung bleibt verborgen
in deiner tugendsamen Verschwiegenheit, welche, wie ich wohl
weiß, in allem, was mich betrifft, ewig sein wird wie das
Schweigen des Todes. Willst du also, daß mir ein solches
Leben werde, das ich Leben nennen kann, so mußt du auf
der Stelle in diesen Liebeskampf eintreten und nicht auf lässige
und träge Weise, sondern mit all dem Eifer und ernsten Be=
mühen, wie es mein Wunsch erheischt, und mit der Zuversicht
und dem Vertrauen, das unsre Freundschaft mir einflößt und
verbürgt.

Dies war es, was Anselmo zu Lotario sprach, und dieser
hing so aufmerksam an des Freundes Rede, daß er, mit Aus=
nahme der paar Worte, die schon vorher erwähnt sind, die
Lippen nicht öffnete, bis Anselmo geendet hatte. Wie er nun
jenen erwartend stehen sah, schaute er ihn erst lange an, als be=
trachte er etwas noch nie Gesehenes, das ihn in Verwunderung
und Bestürzung setze, und sprach dann zu ihm: Ich kann mir
nicht einbilden, o mein Freund Anselmo, daß was du mir alles
gesagt, etwas andres als Scherz war. Denn hätte ich geglaubt,
daß du im Ernste sprächest, so hätte ich nicht zuzugeben, daß
du so weit gegangen wärst. Ich hätte dir nicht zugehört und
hätte damit deine lange Rede von vornherein abgeschnitten.
Ich bin der zweifellosen Meinung, daß entweder du mich nicht
kennst, oder ich dich nicht kenne; — doch nein, ich weiß, du bist
Anselmo, und du weißt, ich bin Lotario. Das Schlimme ist,
daß ich denke, du bist nicht der Anselmo, der du sonst immer
warst, und du mußt dir gedacht haben, auch ich sei nicht der

Lotario, der ich sein sollte. Denn die Worte, die du mir gesagt
haft, sind unmöglich von jenem Anselmo, meinem Freunde, und
die Dinge, die du von mir verlangst, können nicht von jenem
Lotario verlangt werden, den du kennst. Denn wahre Freunde
sollen usque ad aras, wie ein Dichter sagte, ihre Freunde er=
proben und in Anspruch nehmen; das heißt, sie sollen ihre
Freundschaft nicht in solchen Dingen in Anspruch nehmen, die
gegen Gott sind. Wenn nun ein Heide so von der Freundschaft
dachte, wie viel geziemender ist's, daß ein Christ so denke, der
da weiß, daß man um keiner menschlichen Liebe willen die
göttliche verlieren darf? Und wenn der Freund so weit übers
Ziel schießen sollte, daß er die Rücksicht auf den Himmel bei=
seite setzte, um nur Rücksicht auf seinen Freund zu nehmen,
so darf es wenigstens nicht um geringer und bedeutungsloser
Dinge willen sein, sondern höchstens ob solcher, bei denen es
Ehre und Leben seines Freundes gilt. Aber sage du mir nun,
Anselmo: welches von diesen beiden steht jetzt bei dir in Ge=
fahr, damit ich das Wagnis auf mich nehme, dir zu willfahren
und etwas so Abscheuliches zu tun, wie du von mir verlangst?
Keines von beiden, ohne Zweifel. Vielmehr verlangst du von
mir, wie ich es verstehe, daß ich es mir zur Aufgabe machen
und danach trachten soll, dir Ehre und Leben zu rauben und
gleichzeitig auch mir beides zu rauben. Denn wenn ich trachten
soll, dir die Ehre zu rauben, so ist's klar, daß ich dir das Leben
raube, da der Mann ohne Ehre schlimmer daran ist als ein
des Lebens beraubter. Und werde ich, wie du es verlangst,
das Werkzeug so großen Unheils für dich, kommt es mit mir
alsdann nicht dahin, daß ich keine Ehre mehr habe und folg=
lich auch kein Leben? Höre, Freund Anselmo, und habe so viel
Geduld, mir nicht eher zu antworten, bis ich dir vollständig dar=
gelegt habe, was dein Wunsch von dir selbst verlangt. Es wird
Zeit genug bleiben, daß du mir antwortest und ich dir zuhöre.

Mir recht, sprach Anselmo; sage, was dir beliebt.

Und Lotario fuhr mit diesen Worten fort: Es kommt mir vor, Anselmo, du zeigest jetzt dieselbe Denkweise wie stets die Mauren, denen man den Irrweg ihrer Sekte weder mit Anführungen aus der heiligen Schrift begreiflich machen kann noch mit Gründen, die auf Vernunftschlüssen beruhen oder sich auf Glaubensartikel stützen. Vielmehr muß man ihnen handgreifliche, verständliche, bündige, unzweifelhafte Beispiele beibringen nebst mathematischen Beweisen, die nicht zu leugnen sind, wie wenn man den Satz aufstellt: „Wenn wir von zwei gleichen Größen gleiche Größen hinwegnehmen, so sind die übrig bleibenden ebenfalls gleich." Und wenn sie dies in Worten nicht verstehen (wie sie es denn wirklich nicht verstehen), muß man sie es mit den Händen greifen lassen und es ihnen vor Augen stellen. Und mit all diesem kann dennoch keiner sie von den Wahrheiten unsres heiligen Glaubens überzeugen. Dieselbe Art und Weise werde ich bei dir anwenden müssen; denn das Verlangen, das in dir entstanden, geht so in der Irre und liegt so abseits von allem, was nur eine Spur vom Vernünftigen an sich hat, daß es mich bedünkt, die Zeit wäre verschwendet, die ich darauf verwenden würde, dir deine Einfalt (denn ich will ihr für jetzt keinen andern Namen geben) begreiflich zu machen. Ich hätte beinah Lust, dich in deinem Wahnsinn zu lassen, zur Strafe deines schlechten Vorhabens. Aber so hart zu verfahren, das läßt die Freundschaft nicht zu, die ich zu dir trage. Sie gestattet nicht, daß ich dich in so offenbarer Gefahr schweben lasse, dich zu Grunde zu richten. Und damit du dies deutlich erkennst, sage mir, Anselmo: Hast du mir nicht gesagt, ich soll eine in Zurückgezogenheit lebende Frau umwerben? eine sittsame übereden? einer uneigennützigen Anerbietungen machen? einer verständigen meine Liebesdienste widmen? Ja, du hast es mir gesagt. Wenn du also weißt, daß

du ein zurückgezogen lebendes, sittsames, uneigennütziges, ver=
ständiges Weib hast, was suchst du mehr? Und wenn du
glaubst, daß sie aus all meinen Bestürmungen als Siegerin
hervorgehen wird, wie sie dies ohne Zweifel tun wird, welche
bessere Benennungen willst du ihr nachher beilegen, als die sie
jetzt schon trägt? Oder was wird sie nachher mehr sein, als sie
jetzt ist? Entweder hältst du sie nicht für was du sagst, oder
du weißt nicht, was du begehrst. Wenn du sie nicht für das
hältst, was du sagst, warum willst du sie auf die Probe stellen,
wenn nicht deshalb, um alsdann mit ihr als einem schlechten
Weibe so zu verfahren, wie es dir etwa in den Sinn kommen
wird? Wenn sie aber so tugendhaft ist als du glaubst, so ist
es ungereimt, mit der Wahrheit selbst eine Probe anstellen zu
wollen. Denn nachdem sie angestellt ist, wird sie doch nur in
der gleichen Wertschätzung verbleiben wie vorher. So ist denn
hieraus notwendige Folgerung, daß Dinge zu unternehmen,
aus denen eher Schaden als Nutzen entstehen kann, die Weise
unverständiger und tollkühner Geister ist, zumal wenn sie an
solche Dinge gehen, zu denen sie nicht gezwungen oder von
außen her genötigt sind und die schon von weitem deutlich
erkennen lassen, daß es offenbare Verrücktheit ist sie sich vor=
zunehmen. An schwierige Dinge wagt man sich Gott zu Ehren
oder der Welt wegen oder beider zusammen. Die, welche man
Gott zu Ehren unternimmt, sind jene, welche die Heiligen unter=
nahmen, indem sie strebten, ein Leben der Engel in menschlichen
Leibern zu führen. Die, welche um der Welt willen unter=
nommen werden, sind die Handlungen jener Männer, welche
durch die Unendlichkeit der Meere hinziehen, durch so große
Mannigfaltigkeit der Himmelsstriche, so viel Fremdartigkeit
der Völker, um zu erwerben was man Güter des Glücks be=
nennt. Und die, welche man zugleich um Gottes und der Welt
willen unternimmt, sind die Taten der tapfern Kriegsleute,

bie, wenn sie kaum in der ihnen entgegenragenden Festungs=
mauer eine Lücke von so viel Umfang erblicken als die Run=
dung einer Geschützkugel brechen kann, sofort alle Furcht bei=
seite setzend, ohne zu überlegen noch die offenbare Gefahr zu
beachten, die ihrer harrt, im Fluge getragen auf den Schwingen
des Verlangens, für ihren Glauben, für ihr Vaterland und für
ihren König zu kämpfen, sich unverzagt mitten in den tausend=
fach entgegendräuenden Tod stürzen. Das sind die Dinge, die
man zu unternehmen pflegt, und Ehre, Ruhm und Vorteil ist
es, sie zu unternehmen, wiewohl sie voller Widerwärtigkeiten
und Gefahren sind. Aber was du, wie du sagst, unternehmen
und ins Werk setzen willst, wird dir weder Gottes Glorie noch
Güter des Glücks noch Ruhm bei den Menschen erwerben.
Denn wenn es dir auch ganz nach deinem Wunsche gelingen
sollte, so wirst du dich weder vergnügter noch reicher noch höher
geehrt finden als du jetzt schon bist. Und wenn es dir nicht ge=
lingt, wirst du dich in dem größten Elend sehen, das sich er=
denken läßt, da dir alsdann der Gedanke nichts helfen wird,
daß niemand von dem Unglücke weiß, das dir zugekommen,
indem es, um dich zu quälen und zu grunde zu richten, ge=
nügt, daß du selbst es wissest. Und zur Bekräftigung dieser
meiner Darlegung will ich dir eine Stanze anführen, die der
berühmte Dichter Ludwig Tansillo am Ende des ersten Teils
seiner „Tränen des heiligen Petrus" geschrieben. Sie
lautet so:

> Es wächst der Schmerz, es wächst das Schambewußtsein
> In Petrus, da der Hahn den Tag verkündigt;
> Und stürmisch zieht die Scham in seine Brust ein,
> Trotzdem er niemand sah, als er gesündigt.
> Ein edles Herz muß sich der Schmach bewußt sein,
> Weiß auch kein andrer, daß es sich versündigt;
> Es schämt sich vor sich selbst ob dem Vergehen,
> Wenn auch nur Himmel es und Erde sehen.

Mithin wirst du nicht durch Geheimhalten deinem Schmerz entgehen; vielmehr wirst du unaufhörlich zu weinen haben, wenn
nicht Tränen aus den Augen, so doch blutige Tränen aus dem
Herzen, wie sie jener einfältige Doktor weinte, von dem unser
Dichter uns erzählt, der jene Probe mit dem Becher anstellte,
welche mit besserer Überlegung der verständige Rinaldo ablehnte
vorzunehmen. Denn wenn dies auch nur poetische Erdichtung
ist, so sind darin doch Geheimnisse von tiefem Sinn verschlossen,
die wohl wert sind, beachtet und verstanden und zur Richt-
schnur genommen zu werden. Und dies um so mehr, als dasjenige, was ich dir nunmehr zu sagen habe, dich völlig überführen
wird, welch großen Mißgriff du zu tun vorhast. Sage mir,
Anselmo: Wenn der Himmel oder ein glücklicher Zufall dich
zum Herrn und rechtmäßigen Besitzer eines Diamanten vom
reinsten Wasser gemacht hätte, von dessen Güte und Reinheit
alle Juwelenhändler, die ihn sähen, entzückt wären, und alle
würden einstimmig und einmütig erklären, daß er an Gewicht,
Güte und reinstem Wasser alles erreiche, was die Natur eines
solchen Steines vermag, und du selbst glaubtest auch so, ohne
etwas zu wissen, das dagegen spräche; wäre es alsdann recht,
daß dich die Lust ankäme, diesen Diamanten zu nehmen und ihn
zwischen Amboß und Hammer zu legen und lediglich mit der
Kraft des Armes und Daraufschlagens zu erproben, ob er so
hart und so rein ist wie die Leute sagen? Und gar erst wenn
du es endlich ausführtest! Denn gesetzt den Fall, der Stein be-
stände eine so törichte Probe, so würde er darum nicht höheren
Wert noch höheren Ruf gewinnen. Und wenn er bräche, was
doch immerhin möglich ist, wäre dann nicht alles verloren?
Ja gewiß, und zudem würde der Besitzer in der öffentlichen
Schätzung so tief sinken, daß alle ihn für einen einfältigen Toren
hielten. Nun denke dir, Freund Anselmo, daß Camila nach
deiner wie nach fremder Schätzung ein Diamant von größter

Reinheit ist, und daß es verstandeswidrig ist, das Juwel der Möglichkeit des Zerbrechens auszusetzen. Denn wenn es auch in seiner Unversehrtheit bleibt, kann es zu keinem höheren Werte aufsteigen, als den es gegenwärtig hat; und wenn es zu schwach wäre und nicht Widerstand leistete, so erwäge jetzt schon, in welchem Zustand du ohne sie verbliebest, und wie du mit vollstem Grunde dich nur über dich selbst beschweren müßtest, weil du allein verschuldet hättest, daß sie zugrunde ginge und du mit. Bedenke nun, daß es kein Juwel auf Erden gibt, das so viel Wert hätte als ein keusches, ehrenhaftes Weib, und daß die ganze Ehre der Frauen in dem Ruf ihrer Tugend besteht, dessen sie bei der Welt genießen. Und da der Ruf deiner Gattin ein derartiger ist, daß er das Höchste an Trefflichkeit erreicht, wie du weißt, wozu willst du diese feststehende Tatsache in Zweifel ziehen? Bedenke, Freund, daß das Weib ein unvollkommenes Geschöpf ist, und daß man ihr keine Steine in den Weg legen soll, über denen sie straucheln und fallen kann, vielmehr sie ihr wegräumen und ihr den Anstoß aus dem Weg schaffen soll, damit sie ohne Beschwer und leichten Fußes hinschreiten könne, um die ihr noch fehlende Vollkommenheit zu erreichen, welche darin besteht, tugendhaft zu sein. Es berichten die Naturforscher, das Hermelin sei ein Tierchen mit schneeweißem Fell, und wenn die Jäger es jagen wollen, brauchen sie diesen Kunstgriff: da sie die Stellen kennen, wo es vorüberzukommen und wohin es zu laufen pflegt, so sperren sie diese mit Kot ab und schrecken es dann auf und treiben es zu der Stelle hin; und sowie das Hermelin an den kotigen Ort kommt, steht es still und läßt sich greifen und gefangen nehmen, damit es nur nicht durch den Schmutz laufen und seine Weiße verderben und besudeln muß, welche es höher schätzt als Freiheit und Leben. Das sittsame und keusche Weib ist ein Hermelin, und weißer und reiner als Schnee ist die Tugend der Sittsamkeit, und wer nicht will, daß diese ihr verloren gehe, vielmehr ihr bewahrt und erhalten bleibe, der muß ein andres Verfahren einhalten als man bei dem Hermelin anwendet. Denn man darf nicht den Kot der Geschenke und Liebesdienste zudringlicher Bewerber vor sie hinlegen, weil vielleicht, ja sogar darf es nicht einmal vielleicht heißen, sie von Natur nicht so viel Tugend und Stärke besitzt, um mit eigener Kraft das ihr in den Weg Gelegte zu beseitigen und darüber hinwegzuschreiten. Daher muß man ihr jeden Anstoß aus dem Wege räumen und ihr die Reinheit der Tugend und die Schönheit, welche im guten Rufe liegt, vor Augen stellen. So ist auch das brave Weib wie ein Spiegel von glänzendem Kristall, der aber der Gefahr ausgesetzt ist, den Glanz zu verlieren und durch jeden Hauch, der ihn berührt, getrübt und verdunkelt zu werden. Das sittsame Weib muß man behandeln wie eine Reliquie, die man verehrt, aber nicht berührt. Man muß ein tugendhaftes Weib so hüten und schätzen, wie man einen schönen Garten hütet und schätzt, der voller Blüten und Rosen steht und dessen Besitzer nicht gestattet, daß man darin lustwandle noch die Blumen betaste. Es genügt, daß man von weitem und zwischen den Eisenstäben hindurch ihren Duft und ihre Schönheit genieße. Schließlich will ich dir Verse sagen, die mir eben ins Gedächtnis gekommen — ich habe sie in einer neuen Komödie gehört — und die mir gerade auf den Gegenstand, der uns beschäftigt, zu passen scheinen. In der Komödie rät ein verständiger Alter einem andern, der eine Tochter hat, er solle sie zurückgezogen halten, sie überwachen und einschließen, und unter andern Gründen führt er ihm die folgenden an:

> Merkt, es ist das Weib von Glas,
> Drum versucht beileibe nicht,
> Ob es ganz bleibt oder bricht;
> Möglich ist ja dies wie das.

Leichter b r i ch t es doch; drum wißt:
Klug ist's nicht, es drauf zu wagen,
Daß in Splitter geh' zerschlagen,
Was nicht mehr zu löten ist.

Drum will ich's ans Herz Euch legen,
Und bald könnt' es klar Euch werden:
Gibt es Danaën auf Erden,
Fehlt's auch nicht am goldnen Regen.

Alles, was ich dir bis hierher gesagt habe, Anselmo, sprach
ich nur in betreff dessen, was dich selbst berührt. Jetzt gebührt
es sich, auch einiges von dem zu hören, was für mich einen Wert
hat, und sollte ich weitläufig sein, so vergib mir. Denn dies
Labyrinth, in das du geraten, und aus dem ich, so willst du es,
dich befreien soll, erheischt alles, was ich vorbringe. Du hältst
mich für deinen Freund und willst mir die Ehre rauben, was
gegen alle Freundschaft ist; und sogar begehrst du nicht nur
dies, sondern du gehst darauf aus, daß ich auch dir sie raube.
Daß du mir sie rauben willst, ist klar. Denn sobald Camila
sieht, daß ich mich um sie bewerbe, wie du von mir verlangst,
so hält sie mich zweifellos für einen Mann ohne Ehre und von
schlechten Absichten, da ich etwas will und unternehme, was
allem so ganz fremd ist, wozu mich das Bewußtsein meines
eigenen Wertes und deine Freundschaft verpflichtet. Daß du
willst, daß ich dir sie raube, daran ist auch kein Zweifel. Denn
wenn Camila sieht, daß ich mich um sie bewerbe, muß sie glauben,
ich habe bei ihr irgend einen leichtsinnigen Charakterzug ge=
funden, der mir die Dreistigkeit einflößte, ihr meine frevelhaften
Wünsche zu offenbaren, und da sie sich hierdurch entehrt er=
achten muß, so trifft dich, weil du ein Teil von ihr selbst bist,
ihre Unehre mit. Und hiervon kommt auch was allgemein ge=
sagt wird, nämlich daß der Mann eines ehebrecherischen Weibes,
— wenn er selbst auch nicht weiß und keinen Anlaß dazu ge=

geben hat, daß sein Weib anders ist als sie sein sollte, und wenn
es nicht in seiner Macht stand noch an seiner Unachtsamkeit
noch an mangelnder Vorsicht lag, sein Mißgeschick abzuwenden,
— daß der Mann trotz alledem mit einem schmählichen und ge=
meinen Namen belegt wird. Und gewissermaßen betrachten ihn
die, welche um die Schlechtigkeit seines Weibes wissen, mit Blicken
der Geringschätzung, anstatt mit denen des Bedauerns, wie sie
sollten, da ihnen doch bekannt ist, daß er nicht durch seine Schuld,
sondern durch die Gelüste seiner sündigen Lebensgefährtin in
dies Unglück geraten ist. Aber ich will dir den Grund sagen,
weshalb der Mann eines verbrecherischen Weibes mit Recht
entehrt ist, selbst im Fall er nicht weiß, daß sie schlecht ist, und
daran weder Schuld trägt noch dazu geholfen noch Anlaß dazu
gegeben hat. Und laß dir's nicht zu viel werden mich anzuhören,
denn alles soll ja zu deinem Besten dienen. Als Gott unsern
ersten Vater im irdischen Paradies erschuf, da ließ er, wie die
Heilige Schrift sagt, einen tiefen Schlaf auf ihn fallen, und er
entschlief. Und Gott nahm seiner Rippen eine aus der linken
Seite und bauete aus der Rippe unsere Mutter Eva. Und als
Adam erwachte und sie sah, sprach er: das ist Fleisch von
meinem Fleisch und Bein von meinem Bein. Und Gott sprach:
um ihretwillen wird der Mann Vater und Mutter verlassen,
und sie werden ein Fleisch sein. Und damals wurde das gött=
liche Sakrament der Ehe eingesetzt, mit solchen Banden, daß
nur der Tod sie lösen kann. Und es hat dies wunderbare
Sakrament so große Kraft und Wirksamkeit, daß es zwei ver=
schiedene Personen zu einem und demselben Fleische macht. Und
es bewirkt selbst noch mehr bei tugendhaften Eheleuten, denn
wiewohl sie zwei Seelen haben, so haben sie doch nur einen
Willen. Und daher kommt es, weil das Fleisch der Gattin eines
ist mit dem des Gatten, daß die Flecken, die auf die Frau fallen,
oder die Fehler, die sie sich zuschulden kommen läßt, das Fleisch

des Mannes mit treffen, obgleich er, wie gesagt, keinen Anlaß
zu diesem Unglück gegeben hat. Denn so wie einen Schmerz am
Fuße oder an irgend welchem Glied des menschlichen Leibes
der ganze Leib empfindet, weil er in seiner Gesamtheit aus
einem Fleische besteht, und wie der Kopf eine Verletzung an den
Fußknöcheln empfindet, ohne daß er sie veranlaßt hätte, so
nimmt der Mann teil an der Unehre des Weibes, weil er eins
und dasselbe mit ihr ist. Und da alle Ehre und Unehre auf
Erden mit Fleisch und Blut zusammenhängt und daraus ent=
steht und die eines schlechten Weibes von dieser Art ist, so muß
notwendig den Ehemann ein Teil derselben treffen und er für
entehrt erachtet werden, wenn er auch nichts davon weiß. Er=
wäge also, Anselmo, die Gefahr, in die du dich begibst, indem
du die Gemütsruhe stören willst, in der deine tugendsame Gattin
lebt. Erwäge, um welches eitlen törichten Vorwitzes willen du
die Gefühle in Aufregung bringen willst, die bis jetzt im Busen
deiner keuschen Gattin friedlich ruhen. Merke wohl, daß was
du bei solchem Glücksspiel gewinnen kannst, wenig ist, und was
du verlieren würdest, so viel, daß ich es auf sich beruhen lassen
will, weil mir Worte fehlen, um es in seinem vollen Umfang zu
schildern. Aber wenn alles, was ich gesagt, nicht genügend ist,
um dich von deinem schlimmen Vorhaben abzubringen, so magst
du ein andres Werkzeug deiner Unehre und Vernichtung suchen.
Denn ich gedenke nicht als solches zu dienen, wenn ich auch
darob deine Freundschaft verlieren sollte, der größte Verlust,
den ich mir vorstellen kann.

Mit diesen Worten schwieg der tugendhafte und einsichts=
volle Lotario, und Anselmo stand so verstört und in Gedanken
verloren, daß er ihm längere Zeit kein Wort zu erwidern ver=
mochte. Endlich aber sprach er zu Lotario: Mit einer Auf=
merksamkeit, die dir nicht entgangen ist, habe ich alles angehört,
Freund Lotario, was du mir sagen wolltest, und an deinen

Worten, Beispielen und Gleichnissen erkannte ich, welch große Einsicht du besitzest und auf welch äußerstem Punkte wahrer Freundschaft du stehst. Und ebenso sehe ich auch ein und bekenne, daß, wenn ich deiner Warnung nicht folge und auch bei der meinigen beharre, ich vor dem Guten fliehe und dem Bösen nacheile. Dies zugegeben, mußt du erwägen, daß ich jetzt an jener Krankheit leide, von der manche Frauen öfter befallen sind, die da Gelüste haben, Erde, Gips, Kohlen zu essen, ja andre, noch ärgere Dinge, die zu ekelhaft sind, um sie nur anzusehen, geschweige sie zu essen. So ist's denn notwendig, irgend einen Kunstgriff anzuwenden, damit ich genese, und dies könnte mit Leichtigkeit so geschehen, daß du wenigstens anfingest, wenn auch nur lau und zum Schein, dich um Camilas Liebe zu bewerben. Sie wird ja doch nicht so schwach sein, daß ihre Tugend gleich bei den ersten Angriffen zu Boden stürzt. Und mit diesem bloßen Anfang werde ich mich befriedigt fühlen, und du wirst erfüllt haben, was du unserer Freundschaft schuldig bist, indem du mir dadurch nicht allein das Leben, sondern auch die Sicherheit gibst, daß meine Ehre ungeschmälert bleibt. Und dies zu tun, bist du schon allein aus einem Grund verpflichtet: da ich nämlich entschlossen bin, — und in der Tat ich bin es, — diese Probe vorzunehmen, so darfst du nicht zugeben, daß ich meine Torheit einem Dritten offenbare, wobei ich ja die Ehre aufs Spiel setzen würde, während dein Bestreben darauf geht, daß ich sie nicht verlieren soll. Und wenn auch deine Ehre in Camilas Meinung, während der Zeit, wo du um ihre Gunst wirbst, nicht so hoch steht als sich gebührt, so liegt wenig oder nic t daran, da du ja in kurzem, nachdem du bei ihr die standhafte Lauterkeit erkannt hast, die wir erhoffen, ihr die reine Wahrheit über unsern Anschlag sagen kannst. Und damit wird dein guter Ruf bei ihr wieder gänzlich hergestellt sein. Und da du so wenig dabei wagst und durch ein solches Wagen mir so

große Befriedigung verſchaffen kannſt, ſo lehne es nicht ab,
ſelbſt wenn ſich noch weit mehr Unzuträglichkeiten dir vor Augen
ſtellten. Denn, wie ich bereits geſagt, ſchon damit, daß du der
Sache nur einen Anfang gibſt, werde ich ſie für endgültig er=
ledigt erachten.

Da Lotario den entſchiedenen Willen Anſelmos ſah und
nicht wußte, welche Beiſpiele er noch ſonſt ihm vorführen noch
welche neuen Gründe er ihm angeben könnte, um ihn davon ab=
zubringen, und da er deſſen Drohung hörte, einem andern ſein
frevles Begehren zu offenbaren, ſo entſchloß er ſich, um ein
größeres Übel zu verhüten, ihn zufriedenzuſtellen und zu tun,
was er verlangte; jedoch mit dem Vorſatz und in der Abſicht,
den Handel auf einen ſolchen Weg zu leiten, daß ohne Camilas
Gedanken zu beunruhigen, Anſelmo zufriedengeſtellt würde.
Er antwortete ihm daher, er ſolle ſein Vorhaben keinem andern
mitteilen; er, Lotario, nehme die ganze Geſchichte auf ſich und
würde ſie beginnen, ſobald es Anſelmo beliebe.

Dieſer umarmte ſeinen Freund mit liebevoller Zärtlichkeit
und dankte ihm für ſeine Bereitwilligkeit, als hätte er ihm die
größte Wohltat erwieſen. Sie kamen miteinander überein, es
ſolle gleich am folgenden Tage das Werk begonnen werden.
Anſelmo ſolle ihm Gelegenheit und Muße verſchaffen, mit Camila
unter vier Augen zu ſprechen, und ihm Geld und Kleinode
geben, um ſie ihr anzubieten und zu ſchenken. Anſelmo riet
Lotario, ihr Ständchen zu bringen und Verſe zu ihrem Preiſe
zu ſchreiben, die er ſelbſt dichten würde, wenn Lotario ſich nicht
die Mühe geben wolle, ſie zu ſchreiben. Zu all dieſem erklärte
ſich Lotario bereit, wiewohl in einer ganz andern Abſicht als
Anſelmo dachte.

Mit dieſer Verabredung kehrten ſie nach Anſelmos Hauſe
zurück, wo ſie Camila ihren Mann erwartend fanden, voll Angſt
und Beſorgnis, weil er dieſen Tag länger als gewöhnlich aus=

blieb. Lotario begab sich hierauf in sein Haus, und Anselmo
blieb in dem seinigen, ebenso vergnügt als Lotario nachdenklich
war, da er nicht wußte, welchen Anschlag er erdenken solle, um
sich glücklich aus dem argen Handel zu ziehen. Aber noch an
demselben Abend kam er darauf, welch ein Benehmen er ein=
halten könne, um Anselmo zu täuschen, ohne Camila zu nahe
zu treten.

Des andern Tages kam er zu seinem Freunde zum Essen
und ward von Camila wohl aufgenommen. Sie empfing und
behandelte ihn stets mit der größten Freundschaft, weil sie sich
der innigen Liebe ihres Mannes zu Lotario wohlbewußt war.
Nachdem sie gespeist hatten und abgedeckt war, bat Anselmo
seinen Freund, er möchte bei Camila bleiben, während er selbst
sich zu einem unumgänglichen Geschäfte fortbegeben müsse; in
anderthalb Stunden werde er zurückkehren. Camila bat ihn,
sich doch nicht zu entfernen, und Lotario erbot sich, ihn zu be=
gleiten, aber nic t konnte bei Anselmo verfangen. Vielmehr
drang er angelegentlichst in Lotario, zu bleiben und ihn hier zu
erwarten, da er mit ihm eine Sache von großer Wichtigkeit zu
verhandeln habe. Er bat auch Camila, seinen Freund nicht
allein zu lassen, bis er wiederkomme. Kurz, er wußte die
Wichtigkeit (oder Nichtigkeit) seines Ausgangs so erfinderisch zu
schildern, daß niemand die Verstellung hätte merken können.

Anselmo ging, und Camila und Lotario blieben allein am
Tische sitzen, denn die übrigen Leute vom Hause waren alle
zum Essen gegangen. Jetzt sah sich Lotario auf dem Turnier=
platze, den sein Freund ihm ausgesucht hatte, vor sich den Feind,
der schon allein mit seiner Schönheit ein ganzes Geschwader
von wohlgerüsteten Rittern hätte besiegen können. Nun be=
denkt, ob Lotario Ursache hatte, solchen Feind zu fürchten! Er
tat indessen weiter nic t , als daß er den Ellenbogen auf den
Arm des Sessels stützte, die flache Hand an die Wange legte

und Camila um Verzeihung ob der Unhöflichkeit bat, weil er
ein wenig ausruhen möchte, bis Anselmo heimkehre. Camila
antwortete ihm, er werde besser auf dem Sofa im Besuchzimmer
ausruhen, als auf dem Sessel, und bat ihn hineinzugehen, um
da zu schlafen; doch Lotario wollte nicht. Er blieb dort schlum-
mernd, bis Anselmo zurückkam.

Als dieser Camila in ihrem Gemach und Lotario schlafend
fand, glaubte er, weil er so lang ausgeblieben, hätten die beiden
bereits hinreichende Zeit gehabt sich zu besprechen, ja sogar zu
schlafen, und konnte die Stunde nicht erwarten, wo Lotario erwachte, um mit ihm wieder auszugehen und ihn über seinen Erfolg zu befragen. Alles geschah nach seinem Wunsch: Lotario
erwachte, und sogleich verließen beide das Haus, und nun fragte
ihn Anselmo nach dem Gewünschten. Lotario antwortete ihm,
es habe ihm nicht gut geschienen, sich gleich das erste Mal ihr
vollständig zu entdecken, und so habe er nic t weiter getan, als
Camila ob ihrer Schönheit zu preisen und ihr zu sagen, daß in
der ganzen Stadt von nichts anderem die Rede sei als von ihren
Reizen und ihrem verständigen Wesen. Dies sei ihm als der
beste Anfang erschienen, um allmählich ihr Wohlwollen zu gewinnen und sie geneigt zu machen, ihn auch ein andermal gern
anzuhören. Solchergestalt habe er sich des Kunstgriffs bedient,
den der Böse anwendet, wenn er jemand verführen will, der auf
der Wache steht, um sich zu behüten. Der Teufel verwandelt
sich alsdann in einen Engel des Lichts, da er doch der Engel
der Finsternis ist, und während er dem Armen einen guten
Anschein vorspiegelt, offenbart er zuletzt, wer er ist, und führt
sein Vorhaben aus, falls seine Tücke nicht gleich von vornherein
entdeckt wird.

Anselmo war mit all diesem höchst zufrieden und sagte, er
würde ihm jeden Tag dieselbe Gelegenheit verschaffen, selbst
ohne aus dem Hause zu gehen, denn er würde sich daheim mit

solchen Dingen beschäftigen, daß Camila nicht hinter seine
Schliche kommen könne.

Es geschah nun, daß viele Tage vergingen, während Lotario,
ohne mit Camila ein Wort zu reden, stets auf seines Freundes
Fragen antwortete, er spreche mit ihr, könne ihr aber nie das
geringste Anzeichen entlocken, daß sie sich zu irgend etwas Un=
rechtem herbeilassen würde, noch auch nur die entfernteste An=
deutung eines Schattens von Hoffnung gebe. Im Gegenteil,
sagte er, drohe sie ihm, es ihrem Gatten mitzuteilen, wenn er
nicht von seinen bösen Gedanken abstehe.

Sehr gut, sprach Anselmo. Bis jetzt hat Camila den Wor=
ten widerstanden; wie sie den Werken widersteht, das müssen
wir jetzt notwendig erforschen. Morgen gebe ich dir zweitausend
Goldtaler, um sie ihr anzubieten, ja sie ihr zu schenken, und
eine gleiche Summe zum Ankauf von Juwelen, um sie damit
zu ködern. Denn die Frauen, ob sie auch noch so keusch sind,
haben ihre große Liebhaberei daran, besonders wenn sie schön
sind, schön gekleidet und in stattlichem Putz einherzugehen.
Wenn sie aber dieser Versuchung widersteht, so will ich mich zu=
frieden geben und dich nicht weiter bemühen.

Lotario erwiderte, da er nun einmal den Anfang gemacht
habe, so wolle er das Unternehmen zu Ende führen, obgleich er
einsehe, daß er aus demselben erschöpft und besiegt hervor=
gehen werde.

Am nächsten Tag erhielt er die viertausend Goldtaler und
mit ihnen viertausend Verlegenheiten, denn er wußte nicht, was
für neue Lügen er vorbringen solle. Aber endlich entschloß er
sich, ihm zu sagen, Camila sei gegen Geschenke und Verheißungen
ebenso probefest als gegen Worte, und es sei zwecklos, sich noch
weiter abzumühen, weil die ganze Zeit vergeblich aufgewendet sei.

Allein das Schicksal, das die Dinge anders lenken wollte,
fügte es so, daß Anselmo, nachdem er eines Tages Lotario und

Camila allein gelassen, wie er bisher zu tun pflegte, sich in ein
Seitengemach einschloß und durchs Schlüsselloch sehen und
hören wollte, was die beiden vornehmen würden. Und er ent=
deckte, daß Lotario während einer halben Stunde kein Wort mit
Camila sprach und sicher auch keines mit ihr gesprochen hätte,
wenn Anselmo ein Jahrhundert lang dort gehorcht hätte. Nun
ward ihm klar, daß was sein Freund ihm von Camilas Ant=
worten gesagt, alles Dichtung und Lüge war. Und um sich zu
überzeugen, ob dem wirklich so sei, verließ er das Gemach, rief
Lotario beiseite und fragte, was Neues vorgekommen und in
welcher Stimmung Camila sei. Lotario entgegnete ihm, er ge=
denke in der Sache nic t weiter bei ihr zu tun; denn sie ant=
worte so schroff und ärgerlich, daß er nicht das Herz habe, ihr
nochmals etwas zu sagen.

Ha, Lotario, Lotario, sprach Anselmo, wie wenig entspricht
dein Benehmen deiner Pflicht gegen mich und meinem großen
Vertrauen zu dir! Jetzt habe ich dagestanden und durch die
Öffnung dieses Schlüsselloches dich belauscht, habe bemerkt, daß
du zu Camila nicht ein Wort gesagt hast, und bin dadurch zu
der Erkenntnis gelangt, daß du ihr noch das erste Wort zu
sagen hast. Und wenn es so ist, — und ohne Zweifel ist es
so, — zu welchem Zwecke hintergehst du mich, oder warum willst
du mir mit deiner List die Mittel entziehen, die ich finden könnte,
um meine Absicht zu erreichen?

Mehr sprach Anselmo nicht. Aber was er gesagt, genügte,
um Lotario in Beschämung und Bestürzung zu versetzen. Jetzt,
als ob er seine Ehre für verpfändet hielte, weil er über einer
Lüge betroffen worden, jetzt schwur er Anselmo zu, von diesem
Augenblick an nehme er es auf sich, ihn zufriedenzustellen und
ihm nic t vorzulügen, und der Freund würde dies ersehen,
wenn er sein Tun sorgfältig ausspähen wolle. Doch sei es hierzu
nicht einmal nötig, sich irgend Mühe zu geben, denn die Mühe,

die er aufwenden wolle, um seinen Wünschen nachzukommen, werde ihm jeden Argwohn benehmen.

Anselmo schenkte ihm Glauben; und um es ihm bequemer zu machen, so daß er mehr Sicherheit und weniger Störung hätte, beschloß er, sich auf acht Tage aus seinem Hause zu entfernen und das eines Freundes in einem Dorfe nicht weit von der Stadt zu besuchen. Er verabredete mit diesem Freunde, er solle ihn ernstlich und dringend zu sich berufen, um bei Camila einen Vorwand zu seiner Abreise zu haben.

Du unglücklicher, übelberatener Anselmo! Was tust du? Was planst du? Auf was gehst du aus? Erwäge, daß du gegen dich selbst handelst, indem du deine Entehrung planst und auf dein Verderben ausgehest. Tugendhaft ist deine Gemahlin Camila; in Ruhe und Frieden besitzest du sie; niemand stört deine Freuden; ihre Gedanken schweifen nicht über die Wände deines Hauses hinaus; du bist ihr Himmel auf Erden, der Zielpunkt ihrer Wünsche, der Gipfel ihrer Freuden, das Maß, an dem sie ihren Willen mißt, indem sie ihn in allem nach dem deinigen und dem des Himmels richtet. Wenn nun die Erzgrube ihrer Ehre, ihrer Schönheit, Sittsamkeit und Schüchternheit dir ohne irgend welche Mühsal allen Reichtum hingibt, den sie enthält und du nur erwünschen kannst, warum willst du die Erde noch tiefer aufgraben und neue Adern neuen und nie erschauten Reichtums aufsuchen und dich hierbei in die Gefahr bringen, daß sie ganz zusammenstürze? Denn am Ende hält sie sich doch nur auf den gebrechlichen Stützen ihrer schwachen Natur aufrecht. Bedenke: wer das Unmögliche sucht, dem geschieht nur recht, wenn das Mögliche ihm versagt wird, wie es besser ein Dichter ausdrückt, der da sagt:

Leben such' ich in dem Tod,
Heilung in des Siechtums Grause,
Ausgang in verschloff'ner Klause,

Freiheit in des Kerkers Not,
Treue, wo Verrat zu Hause.

Doch mein Glück, stets karg an Gaben,
Läßt selbst Hoffnung nie mich laben;
Und des Himmels Satzung lehrt:
Wer Unmögliches begehrt,
Soll das Mögliche nicht haben.

Am andern Tage begab sich Anselmo auf das Dorf, nachdem er Camila gesagt, während der Zeit seiner Abwesenheit werde Lotario kommen, um nach dem Hause zu sehen und mit ihr zu speisen; sie möge wohl darauf bedacht sein, den Freund wie ihn selbst zu behandeln. Camila war als eine verständige, sittsame Frau über den Befehl bekümmert, den ihr Gemahl ihr zurückließ, und entgegnete ihm, er möge bedenken, daß es nicht schicklich sei, wenn in seiner Abwesenheit ein anderer den Sitz an seinem Tisch einnehme; und wenn er es etwa deshalb tue, weil er ihr nicht zutraue, sein Haus regieren zu können, so möchte er doch diesmal die Probe machen und die Erfahrung ihn dann belehren, daß sie auch größeren Aufgaben gewachsen sei. Anselmo erwiderte ihr, es sei einmal sein Wunsch so und sie habe weiter nic t zu tun als mit gesenktem Kopfe ihm zu gehorchen. Camila erklärte, sie werde es tun, wenn auch gegen ihren Willen.

Anselmo reiste ab, und des andern Tags kam Lotario ins Haus und fand bei Camila eine liebevolle und sittsame Aufnahme. Doch betrat sie nie einen Ort, wo Lotario sie unter vier Augen hätte antreffen können. Sie zeigte sich immer von ihren Dienern und Dienerinnen umgeben, namentlich einer Zofe, die Leonela hieß und die sie sehr liebte, weil sie beide von Kind auf im Hause von Camilas Eltern zusammen erzogen waren, und als sie sich mit Anselmo verheiratete, nahm sie die Zofe mit.

Im Laufe der ersten drei Tage sprach Lotario gar nichts mit ihr, obschon er es gekonnt hätte, während man den Tisch abdeckte, und die Leute weggingen, um höchst eilig zu essen, wie es Camila angeordnet hatte. Sogar hatte Leonela den Befehl, früher als Camila zu essen und sich nie von ihrer Seite zu entfernen. Allein das Mädchen, das ihre Gedanken auf andre Gegenstände ihrer Wünsche gerichtet hatte und dieser Stunden und Gelegenheiten bedurfte, um sie auf die Befriedigung ihrer eignen Neigungen zu verwenden, befolgte nicht immer das Gebot ihrer Herrin, ließ vielmehr die beiden häufig allein, gerade als wäre dieses ihr befohlen worden. Indessen das sittsame Aussehen Camilas, der Ernst ihrer Züge, der würdige Anstand ihrer ganzen Persönlichkeit, das alles war mächtig genug, um Lotarios Zunge einen Zügel anzulegen. Jedoch das Gute, das die vielen trefflichen Eigenschaften Camilas bewirkten, indem sie Lotario zu schweigen nötigten, schlug beiden zu desto größerem Schaden aus. Denn wenn die Zunge auch still blieb, so redeten die Gedanken und hatten Muße, das Übermaß der Schönheit und Trefflichkeit, welche Camila zu eigen war, Zug um Zug mit Verehrung zu betrachten, mehr als genügend, um eine Bildsäule von Marmor in Liebe zu entflammen, geschweige ein Herz von Fleisch und Blut. So oft Lotario Zeit und Gelegenheit fand, sie zu sprechen, schaute er sie unverwandt an und erwog bei sich, wie liebenswert sie sei. Diese Erwägungen begannen allmählich einen Sturmlauf gegen die freundschaftliche Rücksicht, die er Anselmo schuldete, und tausendmal wollte er die Stadt verlassen und hingehen, wo Anselmo niemals ihn und er niemals Camila mehr zu Gesicht bekäme. Allein schon konnte er es nicht mehr. Der Genuß, den er an ihrem Anblick fand, verwehrte es ihm und hielt ihn zurück. Er tat sich Gewalt an und kämpfte mit sich, um die Wonne nicht zu empfinden und aus seinem Herzen zu reißen, die ihn antrieb, Camila stets anzuschauen.

Wenn er mit sich allein war, klagte er sich an ob seines Wahn=
sinns, er nannte sich einen schlechten Freund, ja einen schlechten
Christen. Er stellte Betrachtungen an und Vergleichungen
zwischen sich und Anselmo, und alle liefen darauf hinaus, daß
er sich sagte, seine Untreue sei noch lange nicht so groß als
Anselmos Verkehrtheit und blinde Zuversicht, und wenn er für
das, was er zu tun gedenke, ebenso vor Gott Entschuldigung
fände wie vor den Menschen, so würde er keine Strafe für seine
Verschuldung fürchten.

Zuletzt kam es dahin, daß Camilas Schönheit und vor=
treffliche Eigenschaften, verbunden mit der Gelegenheit, die der
törichte Ehemann ihm in die Hand gegeben, Lotarios Redlich=
keit gänzlich darniederwarfen. Er beachtete nichts anderes
mehr, als wozu seine Neigung ihn trieb, und nach drei Tagen
der Abwesenheit Anselmos, während deren er in beständigem
Kampfe war, um seinen eigenen Wünschen zu widerstehen, be=
gann er, wie verstört und außer sich, um Camila mit solchen
Liebesworten zu werben, daß sie ganz in Bestürzung geriet
und nic t weiter tat, als daß sie sich von ihrem Sitz erhub
und in ihr Gemach ging, ohne ihm ein Wort zu erwidern.
Aber durch diese Kälte ward in Lotario die Hoffnung nicht
entmutigt, die immer zugleich mit der Liebe entsteht; vielmehr
ward ihm Camila um so werter.

Diese aber, nachdem sie in Lotario gefunden, was sie nie
erwartet hätte, wußte nicht, was sie anfangen sollte. Und da
es ihr weder sicher noch wohlgetan schien, ihm Gelegenheit
und Raum zu einer zweiten Besprechung zu geben, so beschloß
sie, noch an demselben Abend, — wie sie es denn auch aus=
führte, — einen ihrer Diener mit einem Briefe an Anselmo zu
senden, worin sie ihm folgendes schrieb.

Vierunddreißigstes Kapitel,

worin die Novelle vom törichten Vorwitz fortgesetzt wird.

„Wie man so zu sagen pflegt, daß ein Heer ohne seinen Feldherrn und eine Burg ohne ihren Burgvogt einen schlechten Eindruck machen, so sage ich: ohne ihren Gatten macht eine jugendliche Ehefrau noch einen viel schlimmern Eindruck, wenn nicht die triftigsten Gründe dies verhindern. Ich finde mich in so übler Lage ohne Euch und so außer aller Möglichkeit, diese Abwesenheit zu ertragen, daß, wenn Ihr nicht schleunig kommt, ich gehen muß, um im Hause meiner Eltern zu leben, ob ich auch das Eure ohne Hüter lasse. Denn der Hüter, den Ihr mir zurückgelassen, falls er nämlich in dieser Eigenschaft bei bei uns geblieben, der, glaube ich, hat mehr sein eigenes Ge=lüsten im Auge als was Euch angeht. Und da ihr ein ver=ständiger Mann seid, habe ich Euch nicht mehr zu sagen, und es wäre auch nicht einmal gut, wenn ich Euch mehr sagte.“

Diesen Brief empfing Anselmo, und er ersah daraus, daß Lotario bereits das Unternehmen begonnen und daß Camila geantwortet haben mußte, wie er es wünschte, und über die Maßen vergnügt ob solcher Nachrichten, sandte er an Camila mündliche Antwort, sie möchte bezüglich ihrer Wohnung durch=aus keine Änderung treffen, denn er werde in aller Kürze zurückkehren. Camila war erstaunt über Anselmos Antwort, die sie in größere Verlegenheit als zuvor setzte. Sie getraute sich nicht in ihrem Hause zu bleiben und noch weniger in das ihrer Eltern zu ziehen; denn beim Dableiben lief ihre Ehre Ge=fahr, und beim Wegziehen handelte sie gegen das Gebot ihres Gatten. Endlich entschloß sie sich zu dem, was gerade zum Schlimmsten für sie ausschlug, nämlich zu bleiben, mit dem Vorsatze, Lotarios Gegenwart nicht zu vermeiden, weil sie ihren

Dienern keinen Anlaß zum Gerede geben wollte. Und schon
tat es ihr leid, ihrem Gatten den erwähnten Brief geschrieben
zu haben, da sie befürchtete, er möchte etwa denken, Lotario
habe irgend eine Leichtfertigkeit in ihrem Benehmen bemerkt, die
ihn veranlaßt hätte, ihr gegenüber nicht die Achtung zu bewahren, die er ihr schuldete. Aber ihrer Tugend sich bewußt,
verließ sie sich auf Gott und ihren redlichen Sinn und erachtete sich damit stark genug, um allem, was Lotario ihr sagen
möchte, schweigend zu widerstehen, ohne ihrem Gatten weitere
Mitteilung zu machen, um ihn nicht in Händel und Widerwärtigkeiten zu verwickeln. Ja, bereits sann sie auf ein Mittel,
wie sie Lotario bei Anselmo entschuldigen könne, wenn dieser
sie nach dem Anlaß fragen würde, der sie bewogen habe, ihm
jenen Brief zu schreiben.

In diesen Gedanken, die freilich mehr ehrenhaft als verständig und zu ihrem Besten waren, saß sie des folgenden
Tages da und hörte Lotario an, welcher diesmal so bringend
wurde, daß Camilas Festigkeit zu wanken begann, und ihre
Sittsamkeit hatte genug zu tun, um die Augen zu hüten, daß
sie das zärtliche Mitleid nicht verrieten, welches Lotarios
Worte und Tränen in ihrem Busen geweckt hatten. All dies
bemerkte Lotario wohl, und alles versetzte ihn in heißere Glut.
Nun aber bedünkte es ihn unerläßlich, solange noch Anselmos Abwesenheit ihm Zeit und Gelegenheit vergönne, die Belagerung dieser Feste mit größerem Nachdruck zu betreiben, und
so eröffnete er mit Lobreden auf ihre Schönheit seinen Angriff
auf ihre Eigenliebe. Denn es gibt nichts, was die umschanzten
Türme weiblicher Eitelkeit rascher überwältigt und beseitigt,
als diese Eitelkeit selbst, wenn sie sich auf die Sprache der
Schmeichelei stützt. Kurz, Lotario untergrub mit aller Kunst
und Unermüdlichkeit den Fels ihrer keuschen Tugend, mittels
solcher Minierarbeiten, daß Camila, wäre sie auch ganz von

Erz gewesen, hätte fallen müssen. Er weinte, flehte, verhieß, schmeichelte, drängte beharrlich und log mit so heißem Gefühl, mit so viel Zeichen der Aufrichtigkeit, daß er Camilas Sittsamkeit zum Scheitern brachte und endlich einen Triumph errang, den er am wenigsten erhoffte und am meisten ersehnte. Es ergab sich Camila, Camila ergab sich: Aber was Wunder, da ja auch Lotarios Freundschaft nicht standhielt? Ein deutliches Beispiel, das uns zeigt, daß man die Leidenschaft der Liebe nur besiegen kann, wenn man vor ihr die Flucht ergreift, und daß niemand gegen einen so machtvollen Feind den Kampf wagen kann, dessen wenn auch nur menschliche Kräfte zu besiegen man göttlicher Kräfte bedarf.

Leonela allein erfuhr von der Schwäche ihrer Herrin, denn sie ihr zu verbergen war den Verrätern an der Freundschaft, dem neuen Liebespaar, nicht möglich. Lotario mochte Camila den Plan Anselmos nicht anvertrauen. Und daß jener selbst ihm die Gelegenheit verschafft habe so weit zu gelangen, mochte er ihr ebensowenig sagen, damit sie seine Liebe nicht geringer schätze und damit sie glaube, daß er nur aus zufälligem Anlaß und ohne überlegte Absicht, nicht aber mit Vorbedacht, sich um ihre Gunst beworben habe.

Nach wenigen Tagen kehrte Anselmo nach Hause zurück und ward nicht inne, was jetzt in demselben fehle, nämlich worauf er am wenigsten gehalten und was er doch am meisten geschätzt hatte. Er suchte sogleich Lotario auf und fand ihn in dessen Wohnung. Sie umarmten einander, und Anselmo verlangte von ihm Kunde, ob ihm Leben oder Tod beschieden sei.

Die Kunde, die ich dir geben kann, mein Freund Anselmo, sprach Lotario, ist die, daß du ein Weib hast, wert, als Beispiel und Krone aller tugendhaften Frauen hingestellt zu werden. Die Worte, die ich an sie gerichtet, waren in den Wind gesprochen; die Verheißungen wurden für nic t geachtet; die Ge-

schenke wurden nicht angenommen; ein paar erheuchelte Tränen,
die ich vergoß, wurden ganz gehörig verspottet. Kurz, so wie
Camila der Inbegriff aller Schönheit ist, so ist sie auch der
Juwelenschrein, worin die Sittsamkeit verwahrt ist, worin die
Liebenswürdigkeit und Keuschheit ruht, wie auch alle anderen
Tugenden, die ein ehrenhaftes Weib preisenswert und glücklich
machen können. Nimm dein Geld wieder, Freund, denn hier
hab' ich es; ich hatte nicht nötig es anzurühren. Denn Camilas
unnahbare Tugend läßt sich nicht von niedrigen Dingen wie
Geschenken und Versprechungen besiegen. Sei zufrieden, An=
selmo, und begehre nicht noch mehr Proben als die bisherigen
anzustellen. Und da du trockenen Fußes durch das Meer der
schweren Quälereien und argwöhnischen Zweifel gegangen, die
man um der Frauen willen so oft erleidet, so wolle nicht aber=
mals dich in die tiefe See neuer Widerwärtigkeiten wagen oder
mit einem anderen Lotsen die Güte und Festigkeit des Schiffes
erproben, das dir der Himmel zugeteilt hat, um an dessen Bord
das Meer dieses Leben zu befahren. Sei du vielmehr überzeugt,
daß du schon in sicherem Hafen bist, lege dich fest vor dem
Anker besonnener Erwägung und bleibe ungestört da liegen,
bis dir dereinst der Zoll abgefordert wird, von dessen Zahlung
kein irdisches Adelsvorrecht sich jemals freimachen kann.

Anselmo war höchst vergnügt über Lotarios Worte und
glaubte sie ihm so fest, als hätte ein Orakel sie ausgesprochen.
Allein trotzdem bat er ihn, das Unternehmen nicht fallen zu lassen,
wäre es auch nur aus Neugier und um der Unterhaltung willen;
wiewohl er inskünftig nicht mehr so nachdrückliche Bemühungen
aufzuwenden brauche. Er wünsche nur noch, daß er ihr unter
dem Namen Chloris einige Verse zu ihrem Lobe schreibe. Er
selbst werde ihr mitteilen, Lotario sei in eine Dame verliebt,
der er den Namen Chloris beigelegt habe, um mit der achtungs=
vollen Rücksicht, die man ihrer Tugend schuldig sei, sie besingen

zu können. Und wenn Lotario sich nicht die Mühe geben wolle, die Verse zu schreiben, so würde er selbst sie dichten.

Das wird nicht erforderlich sein, sprach Lotario; denn so feindlich sind mir die Musen nicht, daß sie mich nicht etliche Stunden des Jahres besuchen sollten. Sag' du nur Camila, was du in betreff der Erdichtung einer Liebschaft von mir soeben erwähnt hast. Die Verse werde ich schon schreiben, und wenn nicht so vortrefflich, wie es der Gegenstand verdient, doch wenigstens so gut es mir irgend möglich ist.

Bei dieser Verabredung blieb es zwischen dem vorwitzigen und dem verräterischen Freunde. Und als Anselmo nach Hause zurückgekommen, fragte er Camila nach einem Umstand, in dessen Betreff sie schon sehr erstaunt war, daß er noch nicht darnach gefragt hatte: sie möchte ihm nämlich sagen, aus welcher Veranlassung sie ihm jenen Brief geschrieben habe.

Camila antwortete, es habe sie bedünkt, daß Lotario sie etwas freier ansähe als während Anselmos Anwesenheit im Hause. Aber sie sei schon ihres Irrtums gewahr worden und glaube, es sei lediglich eine Einbildung von ihr gewesen, weil Lotario es bereits vermeide, sie zu besuchen und mit ihr allein zu sein.

Anselmo entgegnete ihr, sie könne ganz sicher sein, daß ihr Verdacht unbegründet sei, denn er wisse, daß Lotario in ein vornehmes Fräulein der Stadt verliebt sei, welche er unter dem Namen Chloris feiere. Wenn er es aber auch nicht wäre, so sei bei der Redlichkeit Lotarios und der innigen Freundschaft zwischen ihnen beiden nichts zu befürchten.

Indessen wenn Camila nicht von Lotario in Kenntnis gesetzt worden, daß jenes Liebesverhältnis zu Chloris bloß erfunden sei, und daß er es seinem Freund Anselmo nur erzählt habe, um ein paar Augenblicke dem Lobe Camilas selbst widmen zu können, so wäre diese ohne Zweifel in das verzweiflungsvolle

Netz der Eiferſucht gefallen. Sie war jedoch ſchon vorbereitet, und ſo kam ſie ohne Kummer über den Schreck hinaus.

Am folgenden Tage, als alle drei bei Tiſche ſaßen, erſuchte Anſelmo ſeinen Freund, ihnen einiges von dem vorzutragen, was er für ſeine geliebte Chloris gedichtet habe, zu deren Lob er, da Camila ſie nicht kenne, gewiß alles vorbringen dürfe, was ihm beliebe.

Wenn Camila ſie auch kennte, erwiderte Lotario, würde ich nichts verſchweigen. Denn wenn ein Verliebter ſeine Dame als ſchön preiſt und ſie als grauſam tadelt, ſo tut er damit ihrem guten Rufe keinen Eintrag. Indeſſen, es ſei dem wie ihm wolle; was ich ſagen darf, iſt, daß ich geſtern auf Chloris' Undankbarkeit ein Sonett geſchrieben habe, welches ſo lautet:

Sonett.

In ſtiller Ruh' der Nacht, wann mit Behagen
Am holden Schlaf die Sterblichen ſich weiden,
Die arme Summe meiner reichen Leiden
Will ich dem Himmel dann und Chloris ſagen.

Und wenn die Sonn', das Weltall zu durchjagen,
Eilt, aus des Oſtens Roſentor zu ſcheiden,
Mit Qualen dann, die ſich in Seufzer kleiden,
Erneu' ich meiner Sehnſucht alte Klagen.

Wenn dann die Sonne ſenkrecht ihre Strahlen
Zur Erde ſchickt von ihrem Sternenthrone,
So kommen Tränen ſchmerzlicher gefloſſen.

Und kehrt die Nacht, ſo kehren meine Qualen,
Und immer find' ich, meiner Treu' zum Lohne,
Den Himmel taub und Chloris' Ohr verſchloſſen.

Das Sonett gefiel Camila, aber noch mehr gefiel es Anſelmo; denn er lobte es und behauptete, die Dame ſei allzu grauſam, die für ſo wahre Empfindungen kein Mitgefühl zeige.

Darauf bemerkte Camila: Sonach soll alles, was verliebte Dichter sagen, wahr sein?

Insofern sie Dichter sind, reden sie nicht wahr, entgegnete Lotario; aber insofern sie Verliebte sind, bleiben sie doch noch immer hinter der Wahrheit zurück.

Daran ist nicht zu zweifeln, versetzte Anselmo, — alles nur, um die Wünsche Lotarios bei Camila zu unterstützen und ihnen mehr Geltung zu verschaffen. Camila aber hatte um so weniger acht auf Anselmos Kunstgriff, je mehr ihre Liebe bereits Lotario gehörte. Und sonach, da sie an allem ihre Freude hatte, was von Lotario herrührte, und zumal da sie sich überzeugt hielt, daß seine Wünsche und Verse nur sie zum Ziele hatten und daß sie die wahre Chloris sei, bat sie ihn, wenn er noch ein Sonett oder andere Verse auswendig wisse, möchte er sie vortragen.

Allerdings weiß ich noch ein Sonett, entgegnete Lotario; aber ich glaube nicht, daß es so gut, oder richtiger gesagt, weniger schlecht als das erste ist. Und ihr werdet das sofort beurteilen können, denn es lautet so:

Sonett.

Ich sterb' — und glaubst du nicht, daß es geschehe,
Wird um so sichrer Todes Band mich binden;
Und dir zu Füßen soll mein Leben schwinden,
Eh ich bereu' der Liebe göttlich Wehe.

Wenn ich in des Vergessens Reich mich sehe,
Um sterbend noch im Elend mich zu winden,
Reißt mir die Brust auf! Leicht wird es sich finden,
Ob drin dein Antlitz als Altarbild stehe.

Dies Heiltum, ich verwahr' es für die Stunde
Der letzten Not, mit der dein streng Gebaren
Und dein Verschmähen meine Treue strafen.

Weh dem, der unter düsterm Himmelsrunde,
Durch fremde Meere, durch des Wegs Gefahren,
Hinschifft, wo kein Polarstern winkt, kein Hafen!

Auch dies zweite Sonett lobte Anselmo, wie schon vorher das erste, und dergestalt fügte er Glied auf Glied zu der Kette, die seine Ehre umstrickte und in Bande schlug. Denn während Lotario ihm die Ehre am tiefsten verwundete, schmeichelte er ihm, daß sie am höchsten glänze, und so kam es, daß so viele Stufen Camila bis zum Mittelpunkt ihrer Unwürdigkeit hinab= stieg, sie eben so viele in der Meinung ihres Gemahls hinauf= stieg bis zum Gipfel der Tugend und des guten Rufs.

Unterdessen geschah es, daß Camila, als sie sich einmal, wie dies öfter vorkam, mit ihrer Zofe allein befand, zu ihr sprach: Ich bin beschämt, liebe Leonela, wenn ich bedenke, wie wenig ich es verstanden habe, mich in Achtung zu setzen, da ich mich nicht einmal so zu benehmen wußte, daß Lotario erst durch Aufwen= dung langer Zeit meinen vollen Besitz erkauft hätte, den ich ihm so übereilt aus eigenem Willen dahingab. Ich fürchte, er wird meine Übereilung oder vielmehr meinen Leichtsinn mißachten, ohne daß er einsieht, mit welcher Gewalt er mich bedrängte, um mir den Widerstand unmöglich zu machen.

Das darf meiner Gebieterin keinen Kummer machen, ent= gegnete Leonela. Denn es hat keine Bedeutung und ist kein Grund, die Hochachtung zu mindern, wenn man rasch gibt, was man geben will, falls die Gabe nur wirklich eine vortreffliche und an sich wert ist hochgeschätzt zu werden. Auch pflegt man zu sagen: wer gleich gibt, gibt doppelt.

Aber, versetzte Camila, man sagt auch: was wenig kostet, wird um so weniger geschätzt.

Dies Wort kann dir nicht gelten, erwiderte Leonela. Denn, wie ich sagen hörte, fliegt die Liebe das eine Mal, das andere Mal geht sie zu Fuß; bei dem einen läuft sie, bei dem anderen schleicht sie langsam; den einen macht sie kühl, den anderen setzt sie in Glut; dem einen schlägt sie Wunden, den anderen trifft sie zu Tode. In einem Augenblick beginnt sie die Laufbahn ihrer Wünsche, und im nämlichen Augenblick hat sie sie schon durcheilt und beendet. Am Morgen eröffnet sie die Belagerung einer Feste, am Abend hat sie sie überwältigt, denn es gibt keine Gewalt, die der Liebe widersteht. Und da einmal dem so ist, worüber beunruhigst du dich, was befürchtest du, da es doch ganz ebenso deinem Lotario ergangen sein muß, als die Liebe die Abwesenheit unsers Herrn zum Werkzeug deiner Besiegung erkor? Und es war unumgänglich, daß während dieser Abwesenheit zu Ende geführt wurde, was die Liebe beschlossen hatte, und daß ihr nicht so lange die Zeit verlort, bis Anselmo sie gewann, damit er zurückkehren könnte und alsdann infolge seiner Anwesenheit das Werk unvollendet geblieben wäre. Denn die Liebe hat keinen bessern Helfer, um ihre Anschläge auszuführen, als die Gelegenheit. Der Gelegenheit bedient sie sich bei all ihrem Tun, besonders zu Anfang. All dieses weiß ich gründlich, mehr aus eigner Erfahrung als von Hörensagen, und das werde ich dir schon einmal erzählen, Señora; denn auch ich bin von jugendlichem Fleisch und Blut. Überdies, Señora Camila, hast du dich ihm nicht so unverzüglich ergeben und übereignet, daß du nicht vorher in Lotarios Augen, Seufzern, Worten und Verheißungen und Geschenken seine ganze Seele erkannt und in ihr und in seinen Tugenden ersehen hättest, wie würdig Lotario war, geliebt zu werden. Und wenn dies sich nun so verhält, so dürfen solche ängstliche, zimperliche Gedanken nicht auf deinen Geist einstürmen; sondern sei versichert, daß Lotario dich hochschätzt, wie du ihn hochschätzest, und lebe froh und zufrieden damit, daß, wenn du auch ins Liebesgarn gefallen bist, der Mann, der dich festhält, von hohem Wert und achtungswürdig ist, und daß er nicht nur die vier S hat, welche, wie es heißt, jeder richtige Liebhaber zu eigen haben muß, sondern auch das ganze Abc. Weißt du das nicht, so höre mir zu: du sollst sehen, wie ich dies auswendig hersage. Lotario ist

II   10

also, soviel ich ersehe und wie ich glaube: aufrichtig, bieder, Cavalier, dienstwillig, edel von Geburt, freigebig, großmütig, hochherzig, inbrünstig, jung, klug, liebevoll, mutig, nachsichtig, offenherzig, pflichtgetreu; das Q fehlt, weil es quer ist; reich; dann was die vier SS besagen, nämlich scharfsinnig, standhaft, sorgfältig, schweigsam, und das X paßt nicht auf ihn, es ist ein harter, altmodischer Buchstabe; das Y haben wir nicht, und das Z heißt: zornmütig, wenn es deine Ehre gilt.

Camila lachte über das Abc ihrer Zofe und erachtete sie für noch erfahrener in Liebessachen als sie sagte; und das gestand sie selber ein, indem sie Camila entdeckte, sie habe eine Liebschaft mit einem jungen Mann von gutem Hause aus derselben Stadt. Camila geriet darob in Bestürzung. Sie fürchtete, dies werde der Weg sein, auf dem ihre Ehre Gefahr laufen könne. Sie drang in sie mit Fragen, ob ihre Besprechungen weiter gingen als bloße Worte. Leonela antwortete ihr, ohne sich sonderlich zu schämen, vielmehr mit um so größerer Dreistigkeit, allerdings gingen sie weiter. Denn es ist feststehende Tatsache, daß die Verirrungen der Gebieterin den Dienerinnen das Schamgefühl benehmen, und daß diese, sowie sie die Frau strauchpeln sehen, sich nic t daraus machen, wenn sie selber hinken und die Frau es weiß.

Camila konnte nic t andres tun als das Mädchen bitten, von ihrem Liebesverhältnis dem Manne nic t zu sagen, den es als seinen Geliebten angab, und seine eignen Angelegenheiten geheim zu betreiben, damit sie nicht zu Anselmos noch Lotarios Kenntnis kämen.

Leonela gab ihr das Versprechen demgemäß zu handeln. Allein sie hielt es auf solche Weise, daß sie Camilas Besorgnis, ihren guten Ruf durch die Zofe einzubüßen, zur Gewißheit machte. Sobald nämlich die sittenlose und dreiste Leonela sah, daß das Betragen ihrer Herrin ein andres war als bisher gewohnt, erfrechte sie sich, ihren Geliebten ins Haus zu bringen und darin zu hegen, indem sie sich darauf verließ, daß Camila, wenn sie ihn auch zu Gesicht bekäme, nicht wagen würde, ihn zu verraten. Denn diesen argen Nachteil unter andern ziehen die Sünden der Gebieterin nach sich, daß sie sich zur Sklavin ihrer eignen Dienerinnen macht und gezwungen ist, deren zuchtloses Betragen und Schändlichkeiten ihnen verbergen zu helfen. So geschah es mit Camila, welche, wiewohl sie einmal und vielmal sah, daß Leonela sich mit ihrem Geliebten in einem Zimmer ihres Hauses aufhielt, nicht nur nicht wagte sie zu schelten, sondern ihr Gelegenheit verschaffte, ihn zu verstecken und ihr alle Störungen aus dem Weg räumte, damit er nicht von ihrem Manne erblickt würde. Aber sie konnte solche Störungen nicht so völlig beseitigen, daß Lotario ihn nicht einmal bei Tagesanbruch herauskommen gesehen hätte.

Lotario erkannte den Mann nicht. Er glaubte zuerst, es müsse ein Gespenst sein. Aber als er sah, wie der Mann einherging, den Mantel um sich zog und sich sorgfältig und vorsichtig verhüllte, ließ er den kindischen Gedanken und verfiel auf einen andern, der ihnen allen zum Verderben gereicht hätte, wenn Camila nicht Abhilfe dafür geschafft hätte. Lotario fiel es nicht ein, daß dieser Mann, den er zu so ungewöhnlicher Stunde aus Anselmos Haus kommen gesehen, um Leonelas willen dasselbe betreten haben könnte. Ja, es kam ihm nicht in den Sinn, daß Leonela auf der Welt war. Er glaubte lediglich, daß Camila, gerade so wie sie ihm gegenüber nachgiebig und leichtsinnig gewesen, es auch für einen andern sei. Denn derartige Folgen zieht die Sünde des sündhaften Weibes nach sich, daß sie das Vertrauen auf ihr Ehrgefühl bei dem nämlichen Manne nicht mehr findet, dem sie sich, von Bitten gedrängt und überredet, hingegeben hat, und daß er nicht zweifelt, sie gebe sich noch bereitwilliger andern hin, und daß er jedem Verdachte,

der ihn darob befällt, unfehlbar Glauben schenkt. Und es mußte
Lotario wirklich in diesem Augenblick allen gesunden Menschenverstand eingebüßt haben; es mußte aus seinem Geiste jeder
vernünftige Gedanke gewichen sein, denn, ohne daß er einen
solchen zu fassen vermochte, der zweckmäßig oder auch nur vernünftig gewesen — wäre ohne sich zu besinnen, ja, ehe noch Anselmo
aufgestanden war, unfähig, sich zu zügeln und blind vor eifersüchtiger Wut, die ihm das Herz zernagte, sterbend vor Begierde,
sich an Camila zu rächen, die ihn doch mit nic t beleidigt hatte,
eilte er zu seinem Freunde und sprach zu ihm: Wisse, Anselmo,
daß ich seit vielen Tagen schon mit mir gekämpft und mir Gewalt angetan habe, um dir nicht mitzuteilen, was ich nicht vermag noch recht finde, dir länger zu verbergen. Wisse, daß
Camilas Standhaftigkeit bereits besiegt ist und sich allem hingibt, was ich mit ihr anfangen will. Und wenn ich gezögert
habe, dir diese Tatsache zu offenbaren, so geschah es, um zu erforschen, ob es wirklich eine leichtfertige Begierde bei ihr war,
oder ob sie es tat, um mich auf die Probe zu stellen und zu erfahren, ob der Liebeshandel mit ernstlicher Absicht unternommen
sei, den ich auf deine Erlaubnis hin mit ihr begonnen. So
glaubte ich auch, wenn sie die tugendhafte Frau wäre, die sie
sein sollte und für welche wir beide sie hielten, sie würde dir
bereits Kunde von meiner Liebeswerbung gegeben haben. Allein,
da ich gesehen, daß sie zögert, erkenne ich, daß die Zusagen, die
sie mir gegeben, ernstgemeint sind, nämlich sie wolle, wenn du
wieder einmal von Hause entfernt bist, mich in der Kammer
sprechen, wo deine Sachen aufbewahrt sind (und es verhielt sich
wirklich so, daß Camila ihn dort zu sprechen pflegte). Ich will
aber nicht, daß du übereilt auf Rache ausgehst, denn die Sünde
ist noch nicht begangen, außer in Gedanken, und es könnte ja
sein, daß von diesem Augenblick bis zu dem, wo der Gedanke
zur Tat würde, er sich bei Camila änderte und an seiner Stelle

die Reue wach würde. Und sonach, da du bisher stets in allem
oder doch in vielem meinen Rat befolgt haft, so befolge und be=
achte denjenigen, den ich dir jetzt eröffnen will, damit du ohne
Täuschung und mit peinlicher Überlegung mit dir einig wirst,
was das Zuträglichste in der Sache ist. Gib vor, du entferntest
dich auf zwei oder drei Tage, wie du sonst manchmal zu tun
pflegst, und richte es so ein, daß du in deiner Gerätkammer ver=
steckt bleibst. Die Teppiche, die dort hängen, und noch andre
Sachen, hinter denen du dich verbergen kannst, bieten dir alle
Bequemlichkeit dazu. Dann wirst du mit deinen eignen Augen
und ich mit den meinigen sehen, was Camila will. Und wenn
es das Schlechte ist, was man eher fürchten als erwarten muß,
dann kannst du in der Stille, mit Umsicht und Klugheit, der
Strafrichter deiner Schmach sein.

Betäubt, voll Staunen und Verwunderung, stand Anselmo
da bei Lotarios Worten, denn sie überraschten ihn zu einer Zeit,
wo er sie am wenigsten erwartete, weil er Camila bereits für
die Siegerin über Lotarios verstellte Angriffe hielt und bereits
die Glorie des Sieges zu genießen begann. Er blieb geraume
Zeit in Schweigen versunken, starrte auf den Boden, ohne
die Wimpern zu bewegen, und endlich sagte er: Du hast ge=
handelt, Lotario, wie ich es von deiner Freundschaft erwartete.
Tue, was du willst, und beobachte hierbei eine solche Ver=
schwiegenheit, wie sie, du siehst es wohl ein, in einem so unver=
muteten Falle sich gebührt.

Lotario versprach es ihm, und als er Anselmo verließ, reute
ihn bereits alles, was er ihm gesagt hatte; er sah ein, wie albern
er gehandelt, da er sich ja an Camila hätte rächen können, ohne
einen so grausamen und schimpflichen Weg zu wählen. Er ver=
wünschte seinen üblen Vorsatz, schmähte seinen leichtsinnigen
Entschluß und wußte nicht, welches Mittel er ergreifen sollte,
um das Geschehene ungeschehen zu machen, oder um der Sache

einen erträglichen Ausgang zu verschaffen. Endlich ward er
mit sich eins, Camila alles mitzuteilen, und da die Gelegenheit
hierzu nicht fehlte, so traf er Camila noch desselben Tages
allein. Sobald sie sah, daß sie ungestört mit ihm sprechen
konnte, sagte sie ihm: Wisset, Freund Lotario, daß ich einen
Kummer im Herzen habe, der mir es so schwer drückt, daß mich
bedünkt, es wolle in der Brust zerspringen, und es muß ein
Wunder sein, wenn es das nicht tut, da Leonelas Unverschämt=
heit so weit gekommen ist, daß sie jede Nacht einen Liebhaber
in unser Haus einläßt und bis zum Tage mit ihm zusammen=
bleibt. Und dies geschieht auf Kosten meines guten Rufes, da
jeder, der den Mann etwa zu ganz ungewöhnlicher Stunde aus
meinem Hause kommen sieht, freies Feld hat, darüber beliebig
zu urteilen. Und was mich besonders quält, ist, daß ich sie
weder bestrafen noch zanken kann. Denn der Umstand, daß sie
die Vertraute unsres Verhältnisses ist, hat meinem Munde
einen Zaum angelegt, daß ich das ihrige verschweigen muß, und
ich fürchte, daß daraus ein Unheil für uns entstehen kann.

Bei den ersten Worten, die Camila sprach, glaubte Lotario, es
sei dies eine List, um ihm mittels dieser Ableugnung einzureden,
daß der Mann, den er weggehen sah, nicht ihr, sondern Leonela
angehöre. Aber als er sah, wie sie weinte und tief bekümmert
war und ihn um Hilfe bat, mußte er endlich der Wahrheit
Glauben schenken, und mit dieser Überzeugung erreichte seine
Beschämung und Reue über das Geschehene den äußersten Grad.
Nichtsdestoweniger erwiderte er Camila, sie solle unbekümmert
sein, er werde Vorkehrung treffen, der Frechheit Leonelas Ein=
halt zu tun. Dann erzählte er ihr, was er, hingerissen von der
wahnsinnigen Wut der Eifersucht, Anselmo gesagt habe, und
wie es ausgemacht worden, daß dieser sich in der Gerätkammer
verbergen solle, um dorten klar zu ersehen, wie wenig Treue sie
ihm bewahre. Er flehte Camila um Verzeihung an ob dieses

verrückten Streichs und erbat sich ihren Rat, um ihn wieder gut zu machen und aus einem so verwickelten Labyrinth, in welches sein Unbedacht ihn verlockt hatte, einen guten Ausgang zu gewinnen.

Camila war höchlich erschrocken, als sie Lotarios Erzählung vernahm, und mit großer Entrüstung und vielen und verständigen Worten schalt sie ihn und tadelte seinen argen Verdacht und den törichten frevelhaften Entschluß, den er gefaßt habe. Wie jedoch das Weib von Natur weit mehr als der Mann die Anlage hat, für das Gute wie das Böse schleunigst den Weg zu finden, während dieser Vorzug ihr gebricht, wenn sie mit bewußter Absicht überlegen will, so fand Camila gleich im Augenblick den Weg, um für eine scheinbar so rettungslose Lage Rettung zu schaffen. Sie sagte zu Lotario, er möge nur Anselmo veranlassen, sich am nächsten Tage an dem erwähnten Ort zu verstecken; denn gerade aus diesem Umstand, daß er sich verstecke, gedenke sie für sie beide das bequemste Mittel zu gewinnen, um künftighin sonder Angst und Schrecken sich miteinander vergnügen zu können. Und ohne ihm ihren Plan gänzlich zu offenbaren, bemerkte sie ihm nur, er solle wohl acht haben, wenn Anselmo versteckt sei, zu kommen, sobald Leonela ihn rufe, und auf alles, was sie ihm sagen würde, genau so antworten, wie wenn er nicht wüßte, daß Anselmo, ihn hörte.

Lotario drang in sie, ihm ihr Vorhaben vollständig mitzuteilen, damit er mit um so größerer Sicherheit und Vorsicht alles beobachte, was er für notwendig erkennen würde. Ich sage Euch, entgegnete Camila, es ist weiter nichts nötig als dies eine, mir zu antworten, wie ich Euch fragen werde.

Camila wollte ihm nämlich nicht vorher auseinandersetzen, was sie im Sinn hatte zu tun, weil sie besorgte, er möchte dem Entschlusse, der ihr so zweckmäßig erschien, nicht folgen wollen

und lieber einen andern erwählen oder aufsuchen, der unmög=
lich so gut sein könnte.

Hiermit entfernte sich Lotario. Anselmo verreiste am näch=
sten Tage unter dem Vorwand, seinen Freund in dem bewußten
Dorfe zu besuchen, und kehrte zurück, um sich zu verstecken,
was er mit größter Bequemlichkeit tun konnte, da sie ihm ab=
sichtlich von Camila und Leonela verschafft wurde. In seinem
Versteck also, mit jener entsetzlichen Angst, die etwa derjenige
empfinden mag, der da erwartet, mit seinen eigenen Augen zu=
zuschauen, wie man das Innerste seiner Ehre zerschneiden und
zerlegen wird, sah er sich jetzt auf dem Punkte, das höchste Gut
zu verlieren, das er in seiner geliebten Camila zu besitzen
glaubte.

Sobald Camila und Leonela sicher und gewiß waren, daß
Anselmo versteckt sei, traten sie in die Gerätkammer, und kaum
hatte Camila den Fuß über die Schwelle gesetzt, als sie tief
aufseufzte und sprach: Ach Leonela, meine Liebe, wäre es nicht
besser, ehe ich in Ausführung bringe, was ich vor dir geheim
halte, damit du es nicht zu hindern versuchst, wäre es nicht
besser, du nähmest Anselmos Dolch, den ich von dir verlangt
habe, und durchbohrtest mit ihm dieses entehrte Herz? Aber
nein, du sollst es nicht, denn es wäre eine Ungerechtigkeit, daß
ich die Strafe für fremde Schuld zahlen soll. Erst will ich
wissen, was Lotarios freche und schamlose Augen an mir ge=
sehen haben, das ihm Anlaß zu der Dreistigkeit geben konnte,
mir einen so lasterhaften Wunsch offen darzulegen, wie er
ihn zur Verunehrung seines Freundes und zu meiner Ent=
würdigung mir offenbart hat. Stelle dich ans Fenster dort,
Leonela, und rufe ihn, denn ohne Zweifel muß er schon auf
der Straße verweilen, um seine böse Absicht in Ausführung zu
bringen. Aber vorher soll meine eigene Absicht zur Aus=
führung kommen, die so grausam als ehrenhaft ist.

Weh mir, teure Herrin, entgegnete die schlaue, schon ein-
geschulte Leonela; was willst du mit diesem Dolche? Willst du
dir vielleicht das Leben nehmen oder es Lotario rauben? Was
von beidem du tun wolltest, es würde deinem Ruf und Namen
zum Verderben gereichen. Besser ist es, du verhehlst deine
Kränkung und gewährst dem schlechten Menschen keinen Anlaß,
jetzt ins Haus zu kommen und uns allein zu finden. Bedenke,
Señora, wir sind schwache Weiber, und er ist ein Mann und
entschlossenen Sinnes, und da er mit seinem bösen, blinden,
leidenschaftlichen Vorsatz kommt, so wird vielleicht, eh du den
deinigen ausführst, er etwas vollbringen, das schlimmer für
dich wäre als das Leben einzubüßen. Schmach auf unsern
gnädigen Herrn Anselmo, daß es ihm beliebte, diesem frechen
Gesicht so viel Gewalt in seinem Hause einzuräumen! Und
wenn du, Señora, ihn wirklich umbringst, wie ich glaube, daß
du tun willst, was sollen wir mit ihm anfangen, wenn er umgebracht ist?

Was, meine Liebe? antwortete Camila. Wir lassen ihn
liegen, damit Anselmo ihn begraben möge. Denn es ist nur gerecht, daß er zur Erholung die Mühe hat, seine eigene Schande
unter die Erde zu bringen. Ruf ihn, so tu' es denn endlich,
denn solange ich zögere, für die Kränkung meiner Ehre die gebührende Rache an ihm zu nehmen, bedünkt es mich, ich verletze die Treue, die ich meinem Gatten schulde.

All dieses hörte Anselmo an, und bei jedem Worte, das
Camila sprach, nahmen seine Gedanken eine neue Richtung.
Als er aber hörte, sie sei entschlossen, Lotario zu töten, wollte
er hervorstürzen und sich ihr zeigen, damit nic t   derart geschehe. Allein es hielt ihn der Wunsch zurück, zu sehen,
was das Endziel solch tapferen Benehmens und ehrenhaften
Entschlusses sein würde, wobei er den Vorsatz festhielt, zur
rechten Zeit hervorzutreten, um ihre Absichten zu hindern.

Mittlerweile wurde Camila von einer heftigen Ohnmacht befallen und warf sich auf ein Bett, das in der Kammer stand. Leonela begann bitterlich zu weinen und sprach: Weh mir Elenden, wenn ich so glückverlassen wäre, daß sie mir hier stürbe in meinen Armen, sie, die Blume aller Sittsamkeit auf Erden, die Krone der tugendsamen Frauen, das Vorbild aller Keuschheit! Und noch andres von ähnlichem Inhalt, so daß niemand sie gehört hätte, der sie nicht für die betrübteste, treueste Dienerin auf Erden und ihre Herrin für eine neue und arg bedrängte Penelope gehalten hätte. Es dauerte nicht lange, bis Camila aus ihrer Ohnmacht erwachte, und wie sie wieder zu sich kam, sprach sie: Warum gehst du nicht, Leonela, und rufst den treuen Freund seines Freundes, den treusten, den jemals die Sonne gesehen oder die Nacht verborgen hat? Mach' ein Ende, lauf, spute dich, geh hin, auf daß bei deinem Zögern die Glut meines Ingrimms sich nicht Luft mache und die gerechte Rache, die ich erhoffe, in Drohungen und Verwünschungen vorübergehe.

Ich gehe schon und rufe ihn, teure Herrin, versetzte Leonela. Aber du mußt mir zuerst diesen Dolch geben, damit du nicht, während ich fort bin, etwas tust, das alle, die dich von Herzen lieben, ihr Leben lang beweinen müßten.

Geh unbesorgt, Leonela, meine Gute, ich werde nic t derart tun. Denn mag ich auch nach deiner Meinung verwegen und einfältig sein, wenn ich meine Ehre schütze, so werde ich es doch nie in solchem Maße sein wie jene Lukrezia, von der man erzählt, sie habe sich das Leben genommen, ohne ein Unrecht begangen zu haben und ohne vorher den umzubringen, der die Schuld an ihrem Mißgeschick trug. Ich will sterben, wenn ich sterben soll; aber es soll nicht geschehen, ohne mir Rache und Genugtuung an dem verschafft zu haben, der mich veranlaßt hat, hierher zu kommen und über sein

Erdreisten zu weinen, das sich so ganz ohne meine Schuld hervorgewagt hat.

Leonela ließ sich lange bitten, ehe sie wegging, um Lotario zu rufen. Aber endlich ging sie, und in der Zwischenzeit bis zu ihrer Rückkehr ging Camila auf und ab und sagte, als ob sie mit sich selber spräche: So helfe mir Gott, wäre es nicht vernünftiger gewesen, ich hätte Lotario abgewiesen, wie ich es schon oft getan habe, als ihm den Anlaß zu geben, wie ich ihn ihm jetzt wirklich gebe, mich für schlecht und sittenlos zu halten, wenn auch nur so lange Zeit, als ich brauche, ihn seines Irrtums zu überführen? Ja, es wäre besser gewesen, ohne Zweifel. Allein ich würde keine Rache und die Ehre meines Mannes keine Genugtuung erhalten, wenn er so unverdient straflos und so ungehemmten Schrittes von dem Orte zurückkehrte, wohin sein böses Vorhaben ihn geführt. Zahlen soll der Verräter mit seinem Leben, was er mit so unzüchtiger Begier geplant hat. Erfahren soll die Welt, wenn es je zu ihrer Kunde bringt, daß Camila nicht nur ihrem Gatten Treue gehalten, sondern ihn an dem Manne gerächt hat, der sich erkühnte, ihn zu kränken. Aber bei alledem glaube ich, es wäre besser gewesen, Anselmo hiervon in Kenntnis zu setzen. Indessen habe ich es ihm bereits in dem Briefe angedeutet, den ich ihm nach dem Dorfe schrieb, und ich vermute, wenn er nic t tut, um das Schlimme abzuwenden, auf das ich ihn damals aufmerksam machte, so konnte dies nur daher kommen, daß er aus lauter Redlichkeit und Zutrauen nicht glauben wollte noch konnte, daß in der Brust eines so erprobten Freundes irgend ein Gedanke Raum haben könnte, der gegen seine Ehre gerichtet wäre. Ja, auch ich habe es nachher lange Zeit nicht geglaubt und würde es nimmer geglaubt haben, wenn seine Frechheit nicht so weit gegangen wäre, daß endlich all die Geschenke, die er ohne Umschweife darbot, und seine weitgehenden Versprechungen und

seine unaufhörlichen Tränen mir es klar erwiesen. Aber wozu
stelle ich jetzt diese Betrachtungen an? Bedarf es vielleicht zu
einem beherzten Entschlusse, daß man erst darüber zu Rate gehe?
Wahrlich nein. Fort denn mit den Verrätern! Zu mir her die
Rache! Hereintreten soll der falsche Mann, er komme, er nahe
sich, er sterbe, er sei vernichtet, und geschehe dann, was geschehen
mag. Rein und keusch kam ich in dessen Gewalt, den der
Himmel mir zu meinem andern Ich gab, und rein will ich von
ihm scheiden, und im äußersten Fall scheide ich gebadet in
meinem keuschen Blute und im unreinen Blute des falschesten
Freundes, den je die Freundschaft auf der Welt gesehen.

Während sie dies sprach, lief sie im Zimmer auf und ab,
mit gezücktem Dolch, mit unsichern großen Schritten, und ge=
habte sich so wütig, daß es aussah, als hätte sie den Verstand
verloren, und als wäre sie kein zartes Weib, sondern ein rasen=
der Bandit.

Anselmo, von den Teppichen verhüllt, hinter denen er sich
versteckt hatte, sah alles das an und war über alles das hoch=
erstaunt. Und schon bedünkte es ihm, was er gesehen und ge=
hört, sei selbst einem noch größeren Verdacht gegenüber ge=
nügende Rechtfertigung, und schon wünschte er, es möchte die
Probe, die hier bei Lotarios Erscheinen angestellt werden sollte,
ganz ausfallen, da er fürchtete, es könne unversehens ein Un=
glück geschehen. Und schon war er im Begriffe, sich zu zeigen
und hervorzutreten, um seine Gattin zu umarmen und aus
allem Irrtum zu reißen. Da hielt er sich noch zurück, denn er
sah, daß Leonela mit Lotario an der Hand zurückkam.

Sowie Camila ihn erblickte, zog sie mit dem Dolche einen
langen Strich vor sich auf dem Fußboden, und sprach zu ihm:
Lotario, habe acht auf meine Worte. Wenn du dich erkühnen
solltest, diesen Strich, den du hier siehst, zu überschreiten oder
nur ihm nahe zu kommen, werde ich im Augenblick, wo ich sehe,

daß du dies wagst, im nämlichen Augenblick mir die Brust mit
diesem Dolch durchbohren, den ich in Händen trage. Aber ehe
du mir hierauf mit einem Wort entgegnest, sollst du erst noch
andre Worte von mir vernehmen; nachher magst du antworten,
was dir gutdünkt. Zuerst verlange ich von dir, Lotario, mir zu
sagen, ob du Anselmo, meinen Gatten kennst, und was du von
ihm hältst; und zweitens verlange ich auch zu wissen, ob du
mich kennst. Antworte mir darauf und sei nicht etwa verlegen
und denke nicht lange nach, was du mir antworten sollst; denn
es sind keine schwierigen Dinge, die ich frage.

Lotario war nicht so kurzsichtig, daß er nicht von dem ersten
Augenblicke an, wo Camila ihm den Auftrag gab, er solle
Anselmo veranlassen, sich zu verstecken, begriffen hätte, was sie
zu tun gedenke. Und so ging er auf ihre Absichten so geschickt
und so im rechten Augenblick ein, daß beide es fertig brachten,
ihre Lügen für mehr als zweifellose Wahrheit gelten zu lassen.
Daher antwortete er ihr folgendermaßen: Ich glaubte nicht,
schöne Camila, daß du mich hierher beriefst, um mich nach
Dingen zu fragen, die so ganz außerhalb der Absichten liegen,
mit denen ich hierher komme. Wenn du es tust, um meine
Hoffnung auf die verheißene Gunst weiter hinauszuschieben, so
hättest du sie hinhalten können, als ich dir noch ferner stand;
denn das ersehnte Glück wird uns um so mehr zur Pein, als
die Hoffnung es zu besitzen uns näher gewesen. Doch damit du
nicht sagst, daß ich auf deine Fragen nicht antworte, erkläre ich,
daß ich deinen Gemahl Anselmo kenne, daß wir uns beide seit
unsren frühsten Jahren kennen. Und was du ja ohnehin von
unsrer Freundschaft weißt, das will ich dir nicht sagen, damit
ich mich nicht selber zum Zeugen der Kränkung mache, die mich
die Liebe ihm anzutun heißt, die Liebe, diese allgewaltige Entschuldigung für noch weit größere Verirrungen. Dich kenne ich
und hege für dich dieselbe Achtung wie er. Denn wäre dem

nicht so, ich würde wahrlich für geringere Schätze der Seele und des Leibes, als du besitzest, nicht dem zuwiderhandeln, was ich meinem eignen Werte schuldig bin, nicht den heiligen Gesetzen wahrer Freundschaft zuwiderhandeln, die ich jetzt um eines so mächtigen Feindes willen, wie die Liebe ist, breche und gewaltsam verletze.

Wenn du das eingestehst, entgegnete Camila, du Todfeind alles dessen, was mit Recht geliebt zu werden verdient, mit welchem Gesichte wagst du vor der Frau zu erscheinen, welche, du weißt es, der Spiegel ist, aus dem das Bild des Mannes herausblickt, an dem du dich spiegeln solltest, damit du sähest, wie wenig er dir Veranlassung gibt, ihn zu kränken! Aber weh mir Unglücklichen! Schon seh' ich ein, warum du so wenig einsiehst, was du dir selber schuldest. Es muß wohl ein allzufreies Benehmen meinerseits gewesen sein, denn Mangel an Sittsamkeit mag ich es nicht nennen, da es nicht aus Überlegung und Vorsatz hervorgegangen, sondern aus irgend welcher Unbedachtsamkeit, wie sie die Frauen ahnungslos begehen, wenn sie meinen, sie hätten keine schüchterne Zurückhaltung nötig. Oder ist dem anders, so sage mir: Wann, du falscher Mensch, habe ich auf all dein Flehen je mit einem Wort oder Zeichen geantwortet, das in dir auch nur einen Schatten der Hoffnung erwecken konnte, daß ich deine ruchlosen Wünsche erfüllen würde? Wann wurden deine liebeglühenden Worte nicht von den meinigen mit Ernst und Strenge in ihr Nichts zurückgewiesen und verurteilt? Wann fanden deine großen Verheißungen, wann deine noch größeren Geschenke bei mir Glauben und Annahme? Aber da es mich bedünkt, es könne niemand lange Zeit in seinen Liebesbestrebungen verharren, wenn sie nicht durch eine Hoffnung aufrecht gehalten werden, will ich mir selbst die Schuld an deiner Zudringlichkeit beimessen, da ohne Zweifel irgend welche Unbedachtsamkeit meinerseits deine Bewerbungen so lange Zeit ge-

nährt hat, und so will ich es denn mich büßen lassen und mir
die Strafe auferlegen, die deine Schuld verdient hat. Und damit
du siehst, daß, wenn ich gegen mich so grausam bin, ich unmöglich anders gegen dich sein kann, habe ich dich kommen lassen,
zum Zeugen des Opfers, das ich der gekränkten Ehre meines
so ehrenwerten Gemahls zu bringen gedenke, den du mit vollstem
Bedacht und jedem dir möglichen Bemühen schwer beleidigt
hast, und den auch ich durch meinen Mangel an Zurückhaltung
beleidigt habe, da ich die Gelegenheit nicht vermied (wenn ich
sie vielleicht manchmal dir wirklich gegeben), wo deine bösen
Absichten begünstigt und gebilligt scheinen konnten. Nochmals
sage ich dir: meine Befürchtung, es habe eine Unbedachtsamkeit
von mir so wahnwitzige Gedanken in dir hervorgerufen, ist es,
was mich am meisten quält und was es mich am meisten drängt,
mit meinen eigenen Händen zu bestrafen. Denn würde mich
ein anderer Blutrichter strafen, so würde vielleicht meine Schuld
mehr als jetzt ruchbar werden. Doch bevor ich dies vollbringe,
will ich im Sterben töten und den mit mir hinüber nehmen,
der mir den Wunsch nach der Rache, die ich erhoffe, bis aufs
letzte befriedigen soll. Und im Jenseits, sei es, wo es sei, werde
ich dann die Strafe erschauen, welche die unparteiische und nie
sich beugende Gerechtigkeit dem Manne zuteilt, der mich in eine
so verzweiflungsvolle Lage gebracht hat.

Indem sie dieses sprach, stürzte sie mit unglaublicher Gewalt
und Raschheit auf Lotario zu , mit entblößtem Dolch, mit so
glaubhaftem Anscheine der Absicht, ihm die Klinge in die Brust
zu stoßen, daß er selbst beinahe im Zweifel war, ob diese Kund-
gebungen verstellt oder ernstgemeint seien. Denn er sah sich
wirklich genötigt, Geschick und Stärke anzuwenden, um Camila
an einem Dolchstoß gegen ihn zu hindern. So lebenstreu wußte
sie diese schmachvolle Erfindung darzustellen, diesen seltsamen
Betrug zu spielen, daß sie, um ihm die Farbe der Wahrheit zu

geben, ihn mit ihrem eigenen Blute röten wollte. Denn da sie
sah, sie könnte mit ihrem Dolche Lotario nicht treffen, oder sich
anstellte, als könnte sie es nicht, rief sie aus: Da mir das
Schicksal mein so gerechtes Vorhaben nicht völlig zu Ende zu
führen gestattet, so soll es dennoch nicht die Macht haben mir
zu wehren, daß ich es wenigstens teilweise zur Ausführung
bringe. Und hiermit rang sie aus aller Macht, ihre mit dem
Dolch bewehrte Hand, die Lotario festhielt, frei zu machen. Sie
entwand ihm die Waffe, richtete die Spitze auf eine Stelle, wo
es leicht war, sie nicht tief eindringen zu lassen, stieß sich den
Dolch oberhalb der Rippen in die linke Seite nahe an der
Schulter, ließ ihn in der Wunde stecken und brach dann wie
ohnmächtig zusammen.

Leonela und Lotario standen bestürzt und außer sich ob
solchen Vorgangs und zweifelten auch dann noch an der Wirklichkeit des Geschehenen, als sie Camila auf den Boden hingestreckt und in ihrem Blute gebadet sahen.

Lotario eilte in größter Hast, voller Angst und atemlos
herzu, um den Dolch herauszuziehen. Wie er aber die unbe-
deutende Wunde sah, erholte er sich von der Furcht, die er bis
dahin gefühlt hatte, und geriet aufs neue in Verwunderung
über die Klugheit und Verschlagenheit und das außerordentliche
Geschick der schönen Camila. Um nun auch seinerseits zur Sache
das beizutragen, was ihm vorzugsweise oblag, begann er eine
lange schmerzliche Wehklage über dem daliegenden Körper Camilas, als ob sie wirklich hingeschieden wäre, und stieß zahlreiche
Verwünschungen aus, nicht nur gegen sich selbst, sondern auch
gegen denjenigen, der Anlaß dazu gegeben, ihn in diese Lage zu
bringen. Und da er wußte, daß sein Freund Anselmo ihn hörte,
sagte er Dinge derart, daß jeder Zuhörer weit mehr Mitleid
mit ihm als mit Camila fühlen mußte, selbst wenn er sie für
tot gehalten hätte.

Leonela nahm sie in ihre Arme und legte sie aufs Bett, wobei sie ihn bat, jemand herbeizuholen, der sie insgeheim verbinden sollte. Sie bat ihn zugleich um seinen Rat und seine Meinung darüber, was man Anselmo über diese Wunde ihrer Herrin sagen solle, falls er etwa zurückkäme, ehe sie geheilt sei. Er antwortete, man möchte sagen, was man für gut finde, er sei nicht in der Möglichkeit, einen Rat zu geben, der da helfen könne. Nur das eine empfahl er ihr, sie möchte suchen, die Blutung zu stillen. Er aber wolle hingehen, wo kein Mensch ihn mehr zu Gesicht bekomme. Und mit Äußerungen tiefen Leides und Schmerzgefühls entfernte er sich aus dem Hause.

Sowie er sich aber allein und an einem Orte fand, wo niemand ihn sehen konnte, hörte er nicht auf, sich zu kreuzigen und zu segnen vor Verwunderung über Camilas Verschlagenheit und Leonelas so gänzlich sachgemäße Streiche. Er erwog, wie überzeugt Anselmo nun sein müsse, daß er eine zweite Porzia zur Gemahlin habe, und sehnte sich danach, mit ihm zusammenzutreffen, um die Lüge und ärgste Verstellung, die man sich je erdenken konnte, im gemeinsamen Gespräch hochzupreisen.

Leonela stillte derweilen, wie ihr gesagt worden, ihrer Herrin das Blut, dessen aber nicht mehr floß als hinreichend war, um den listigen Trug glaubwürdig zu machen. Sie wusch die Wunde mit etwas Wein aus, legte ihr einen Verband an, so gut es ging, und während des Verbindens tat sie Äußerungen, die, wenn auch nicht bereits andere vorhergegangen wären, genügt hätten, in Anselmo den Glauben zu befestigen, daß er in Camila ein hohes Vorbild aller Frauentugend besitze. Zu den Worten Leonelas kamen jetzt auch die Äußerungen Camilas, welche sich der Feigheit bezichtigte und des Mangels an Mut, der ihr gerade in dem Augenblicke gefehlt habe, wo sie seiner am meisten bedurfte, um sich das Leben zu nehmen, das ihr so sehr verhaßt sei. Sie bat das Mädchen um Rat, ob sie diesen ganzen

Vorfall ihrem geliebten Manne sagen solle oder nicht. Die Zofe meinte, sie solle es verschweigen; denn sonst würde sie ihn in die Notwendigkeit versehen, sich an Lotario zu rächen, was er doch nicht ohne eigene große Gefahr tun könne, und eine brave Frau sei verpflichtet, ihrem Mann keine Veranlassung zu Streithändeln zu geben, vielmehr ihm jede solche aus dem Wege zu räumen, soweit ihr nur möglich.

Camila erwiderte, sie sei mit ihrer Meinung ganz einverstanden und würde sie befolgen. Aber auf jeden Fall sei es zweckmäßig zu überlegen, was man Anselmo über die Ursache der Wunde sagen solle, da es doch nicht fehlen könne, daß er sie sähe.

Leonela antwortete, sie verstünde sich nicht darauf, sei es auch im Scherze, zu lügen.

Und ich, meine Liebe, entgegnete Camila, wie soll ich mich darauf verstehen, die ich mich nicht getraue, eine Unwahrheit zu erfinden oder auch nur zu bezeugen, wenn selbst mein Leben davon abhinge? Wenn wir also nicht wissen, wie wir aus der Sache herauskommen, so wird es am besten sein, ihm die nackte Wahrheit zu gestehen, damit er uns nicht bei einer lügenhaften Darstellung ertappen kann.

Sei ohne Sorge, Señora, versetzte Leonela. Von heute bis morgen werde ich darüber nachdenken, was wir ihm sagen sollen, und vielleicht, da die Wunde sich gerade an dieser Stelle befindet, kannst du sie verbergen, daß er sie nicht zu sehen bekommt, und es kann der Himmel so gnädig sein, unsere Absichten zu begünstigen, die so gerecht und so tugendsam sind. Beruhige dich, teure Frau, und bemühe dich, deine Aufregung zu beschwichtigen, damit unser Herr dich nicht in so heftiger Gemütsbewegung findet. Und alles andere stelle du meiner und Gottes Fürsorge anheim, der immer gutem Vorhaben zu Hilfe kommt.

Mit höchster Aufmerksamkeit hatte Anselmo dagestanden und das Trauerspiel vom Untergang seiner Ehre angehört und

aufführen sehen; ein Trauerspiel, dessen Personen es mit so un-
gewöhnlichem und wirkungsvollem Gefühlsausdruck darzustellen
wußten, daß es schien, sie hätten sich in die volle Wirklichkeit
der Rollen verwandelt, die sie doch nur spielten. Er sehnte den
Abend herbei und die Möglichkeit, sein Haus zu verlassen und
seinen treuen Freund Lotario zu sprechen, um sich mit ihm
Glück zu wünschen ob der köstlichen Perle, die er in der neu-
gewonnenen Überzeugung von der Tugend seiner Gattin gefunden
hatte. Frau und Zofe sorgten dafür, daß ihm bequeme Gelegenheit wurde, aus dem Hause zu kommen. Er ließ sie nicht
unbenutzt und ging auf der Stelle, seinen Freund Lotario aufzusuchen; und als er ihn gefunden, da läßt sich wahrlich nicht
beschreiben, wie vielmal er ihn umarmte, was alles er ihm über
sein Glück sagte und wieviel Lob und Preis er auf Camila
häufte.

Alles das hörte Lotario an, ohne daß es ihm möglich war,
das geringste Anzeichen von sich zu geben, daß er sich darüber
freue. Denn in seiner Erinnerung stellte sich ihm sogleich vor,
wie betrogen Anselmo sei, und wie unverantwortlich dessen
eigener Freund ihn gekränkt habe. Und wiewohl Anselmo bemerkte, daß Lotario keine Freude bezeugte, glaubte er, der Grund
sei nur, weil der Freund Camila verwundet zurückgelassen habe
und die Schuld daran trage. Und daher sagte er ihm unter
anderem, er möge sich über den Vorfall mit Camila keine Sorge
machen; denn die Wunde müsse ohne Zweifel unbedeutend sein,
da sich die Frauenzimmer verabredet hätten, sie vor ihm geheim
zu halten, und demnach nichts zu fürchten sei. Sonach möchte
Lotario von nun an lediglich in freudigem Genuß und heiterem
Sinne mit ihm leben, da er durch Lotarios Bemühen und Beistand sich zum höchsten Glück erhoben sehe, das er sich jemals
wünschen konnte; und er verlange, sie sollten sich inskünftige
mit nichts anderem unterhalten, als zum Lobe Camilas Verse

11*

zu dichten, die seine Gattin im Angedenken der kommenden
Jahrhunderte verewigen sollten.

Lotario pries seinen schönen Vorsatz und versprach, zur
Aufführung eines so herrlichen Baues das Seinige beizutragen.
Hiermit blieb denn Anselmo der am besten betrogene Ehemann,
der auf Erden zu finden war. An seiner eignen Hand brachte
er nun den Ruin seines guten Namens in sein Haus zurück, im
Glauben, er bringe das Werkzeug seiner Verherrlichung. Camila
empfing ihn dem Anscheine nach mit finsterem Gesicht, aber mit
lachender Seele.

Diese Betrügerei hielt eine Zeitlang vor, bis nach Verfluß
weniger Monate das Glück sein Rad drehte, das bis dahin mit
so vieler Kunst verhehlte Verbrechen an den Tag kam und
Anselmos törichter Vorwitz ihn das Leben kostete.

Fünfunddreißigstes Kapitel,

**welches von dem erschrecklichen und ungeheuerlichen Kampf handelt,
den Don Quijote gegen Schläuche roten Weines bestand und wo
ferner die Novelle vom törichten Vorwitz beendet wird.**

Es blieb wenig mehr von der Novelle zu lesen übrig, als
aus der Kammer, wo Don Quijote ruhte, Sancho Panza in
vollster Bestürzung herauskam und laut schrie: Kommt, ihr
Herren, eilig herbei und helft meinem Herrn, der in den hitzigsten
und hartnäckigsten Kampf verstrickt ist, den meine Augen je gesehen. So wahr Gott lebt, er hat dem Riesen, dem Feinde der
Prinzessin Mikomikona, einen Schwerthieb versetzt, der ihm den
Kopf dicht am Rumpf abgehauen hat, als wär's eine Rübe!

Was sagst du, guter Freund? sprach der Pfarrer, hörte auf
und ließ den Rest von der Novelle ungelesen. Bist du bei
Sinnen, Sancho? Wie zum Teufel ist möglich, was du sagst,
da der Riese zweitausend Meilen von hier entfernt ist?

Indem hörten sie einen gewaltigen Lärm in der Kammer und hörten Don Quijote schreien: Halt, Räuber, Wegelagerer, Schurke, hier halt' ich dich fest, und dein krummer Pallasch soll dir nicht helfen!

Dabei war es, als führte er mächtige Schwerthiebe gegen die Wände, und Sancho sprach: Ihr habt nicht nötig stillzuhalten und zu horchen, sondern ihr müßt zu ihm und das Handgemenge auseinander treiben oder meinem Herrn beistehen, obzwar dies nicht mehr vonnöten sein wird. Denn ohne Zweifel ist der Riese schon tot und gibt jetzt Gott Rechenschaft für sein bisheriges Lasterleben. Ich sah ja das Blut auf den Boden fließen und den Kopf abgesäbelt seitwärts liegen, der ist so lang und breit wie ein großer Weinschlauch.

Ich will des Todes sein, sprach jetzo der Schenkwirt, wenn der Herr Quijote oder der Herr Gottseibeiuns nicht mit seinem Schwert auf einen der Schläuche roten Weines eingehauen hat, die am Kopfende seines Lagers gefüllt stehen, und der ausgelaufene Wein war es gewiß, der dem guten Kerl da wie Blut vorkam.

Mit diesen Worten ging er in die Kammer, und alle ihm nach, und sie fanden Don Quijote im seltsamsten Aufzug von der Welt. Er stand im Hembe da, und dieses war nicht so völlig, daß es ihm von vorn die Schenkel gänzlich bedeckt hätte, während es hinten noch sechs Finger breit kürzer war. Die Beine waren sehr lang und hager und mit Haaren bedeckt und keineswegs sauber. Auf dem Kopfe hatte er ein rotes, schmieriges Käppchen, das dem Wirt gehörte. Um den linken Arm hatte er jene Bettdecke gewickelt, gegen welche Sancho besonderen Groll trug (und er wußte bei sich ganz genau, warum), und in der Rechten hielt er das entblößte Schwert, hieb damit nach allen Seiten hin und verführte solche Reden, als wäre er wirklich im Kampf mit einem Riesen begriffen. Und das Beste dabei war, daß seine Augen nicht offen waren, denn er war noch im Schlafe

und träumte nur, er sei im Gefecht mit dem Riesen. Seine
Einbildung von dem Abenteuer, das er im Begriff war zu
glücklichem Ziele zu führen, war so mächtig angespannt, daß sie
ihn träumen ließ, er sei im Königreich Mikomikón angekommen
und stehe bereits im Kampf mit seinem Feinde. Er hatte so viel
Schwerthiebe auf die Schläuche geführt, im Glauben, er führe
sie auf den Riesen, daß das ganze Gemach voll Weines stand.
Als der Wirt das erschaute, faßte er solchen Ingrimm, daß er
sich auf Don Quijote stürzte und ihm mit geballter Faust zahl=
lose Püffe versetzte, die, wenn Cardenio und der Pfarrer den
Ritter nicht von ihm weggerissen, alsbald dem Krieg mit dem
Riesen ein Ende gemacht hätten. Und trotz alledem wurde der
arme Ritter nicht wach, bis der Barbier einen großen Kessel
mit kaltem Wasser aus dem Brunnen herbeibrachte und ihn
dem Ritter mit einem Guß über den ganzen Körper schüttete.
Davon endlich erwachte Don Quijote, doch nicht zu so vollem
Bewußtsein, daß er inne geworden wäre, in welchem Aufzuge
er dastand.

Dorotea, die sah, wie kurz und leicht bekleidet er war, wollte
nicht eintreten, um dem Gefecht ihres Kämpen mit ihrem Wider=
sacher zuzuschauen. Sancho suchte auf dem ganzen Boden
herum nach dem Kopfe des Riesen, und da er ihn nicht fand,
sagte er: Ich sehe schon, was nur immer an dies Haus anrührt,
sind lauter Zaubergeschichten. Neulich, an der nämlichen Stelle,
wo ich jetzo stehe, haben sie mir eine Menge Maulschellen und
Faustschläge versetzt, ohne daß ich wußte, wer, und ich konnte
meine Lebtage keinen Täter erblicken. Und jetzt ist der Kopf
hier nirgends zu finden, den ich doch mit meinen allereigensten
Augen abhauen gesehen, und das Blut lief aus dem Körper
heraus wie aus einem Springbrunnen.

Von was für Blut, was für Springbrunnen redest du, du
Widersacher Gottes und seiner Heiligen? rief der Wirt. Siehst

du nicht, Spitzbube, daß das Blut und der Brunnen nichts andres ist als diese Schläuche, die da durchlöchert liegen, und der rote Wein, der hier in der Kammer schwimmt? Wofür ich dessen Seele in der Hölle schwimmen sehen möchte, der sie zerlöchert hat!

Ich weiß von nichts, entgegnete Sancho, ich weiß nur, daß ich am Ende so ins Pech gerate, daß mir, weil ich den Kopf nicht finde, meine Grafschaft wie Salz im Wasser vergehen wird.

So war es mit Sancho im Wachen ärger als mit seinem Herrn im Schlafe. In solcher Geistesverwirrung hielten ihn die Versprechungen seines Herrn befangen.

Der Wirt war ganz in Verzweiflung ob der Gelassenheit des Dieners und der Übeltaten des Herrn und tat einen Eidschwur, diesmal solle es nicht gehen wie das letztemal, wo sie ihm ohne Zahlung davongelaufen, und jetzo sollten dem Don Quijote die Vorrechte seiner Ritterschaft nicht darüber hinweg helfen, die alte und die neue Rechnung zu bezahlen, ja, alles bis auf die etwaigen Kosten für die Zapfen, die man in die zerlöcherten Schläuche einsetzen müsse. Der Pfarrer hielt Don Quijote mit beiden Händen fest, und dieser beugte, in der Überzeugung, er habe das Abenteuer bereits zu Ende geführt und befinde sich vor der Prinzessin Mikomikona, die Knie vor dem Pfarrer und sprach: Wohl mag Eure Hoheit, erhabene und weitberufene Herrin, von heute an in Sicherheit davor leben, daß dies bösartige Geschöpf Hochdenenselben Böses zufüge; und auch ich bin hinfüro des Wortes quitt, so ich Euch gegeben, sintemal ich selbiges mit Gottes Hilfe und durch die Gunst jener Herrin, durch die ich lebe und atme, so völlig erfüllt habe.

Hab' ich's nicht gesagt? sprach Sancho, als er das hörte; ja freilich, denn ich war nicht betrunken. Seht mir nun, ob mein Herr den Riesen nicht schon eingesalzen hat! Ich hab' nun mein Schäfchen im Trocknen, mit meiner Grafschaft ist's in der Ordnung!

Wer hätte nicht lachen müssen über die Narretei von Herrn und Diener! Und sie lachten alle, nur nicht der Wirt, der des Teufels werden wollte. Indessen gaben sich der Barbier, Cardenio und der Pfarrer soviel Mühe, daß sie zuletzt, freilich mit nicht geringer Anstrengung, Don Quijote ins Bett brachten, und dieser schlief sogleich wieder ein, unter Zeichen übergroßer Erschöpfung.

Sie ließen ihn denn schlafen und gingen hinaus ans Tor der Schenke, um Sancho Panza zu trösten, daß er den Kopf des Riesen nicht gefunden. Jedoch hatten sie noch weit mehr zu tun, um den Wirt zu besänftigen, der über das plötzliche Hinscheiden seiner Schläuche in Verzweiflung war. Die Wirtin aber schrie und jammerte: Ja, zur Unglückszeit und zur unseligsten Stunde ist dieser fahrende Ritter in mein Haus gekommen! Hätte ich ihn doch nie mit Augen gesehen, ihn, der mich so teuer zu stehen kommt! Das letztemal machte er sich auf und davon mit den Kosten für einen Tag Essen, Bett, Stroh und Futter für ihn und für seinen Schildknappen und einen Gaul und einen Esel und sagte, er sei ein abenteuernder Ritter (und möge Gott ihn in lauter abenteuerlichem Pech sieden lassen, ihn und alle Abenteurer, die es auf Erden gibt!), und deshalb sei er nicht verbunden was zu zahlen, denn so stehe es geschrieben im Zolltarif der fahrenden Ritter. Und seinetwegen ist jüngsthin der andre Herr gekommen und hat mir meinen Schwanz mit fortgenommen und hat ihn mir mit mehr als zwei Pfennigen Minderwert zurückgebracht, die Haare ganz ausgerauft, daß er nicht mehr dazu zu gebrauchen ist, wozu ihn mein Mann haben will. Und zum Schluß und Ende von allem werden mir meine Schläuche zerrissen und mein Wein mir ausgegossen. O, wenn ich doch sein Blut vergossen sähe! Aber man soll nicht glauben, bei den Gebeinen meines Vaters und meiner Mutter Seligkeit, daß es mir nicht Pfennig für Pfennig bezahlt werden soll, oder ich müßte nicht heißen, wie ich heiße, und wäre nicht meines Vaters Tochter!

Diese Äußerungen und andere solcher Art tat die Wirtin in großer Wut, und ihre wackere Magd Maritornes half ihr dabei. Die Tochter schwieg und lächelte zuweilen. Der Pfarrer wußte alles zu beschwichtigen, indem er versprach, ihren Verlust ihr so gut als ihm nur möglich zu ersetzen, sowohl den sie an den Schläuchen als am Wein und insbesondere durch die Beschädigung des Schwanzes erlitten hatten, von dem sie soviel Aufhebens machten.

Dorotea tröstete Sancho Panza mit der Erklärung, wann und sowie es sich offenkundig zeige, daß in Wahrheit sein Herr den Riesen geköpft habe, so verheiße sie ihm, sobald sie sich im friedlichen Besitz ihres Königreichs sehe, ihm die beste Grafschaft zu geben, die in selbigem zu finden sei. Damit tröstete sich Sancho und versicherte der Prinzessin, sie dürfte es für gewiß halten, daß er den Kopf des Riesen gesehen, und zum weiteren Merkzeichen hätte selbiger einen Bart, der ihm bis zum Gürtel ging. Und wenn er nicht zum Vorschein komme, so sei es darum, weil alles, was sich in diesem Haus ereigne, mit Zauberei zugehe, wie er selbst es neulich erfahren habe, als er hier übernachtete.

Dorotea erwiderte, sie glaube allerdings, daß dem so sei, und er solle nur unbesorgt sein. Alles werde gut gehen, alles werde nach Wunsch geschehen.

Nachdem sie alle sich beruhigt, wollte der Pfarrer die Novelle zu Ende lesen, da er sah, daß nur noch wenig übrig geblieben. Cardenio, Dorotea und alle andern baten ihn, sie zu beenden. Und er fuhr, sowohl deshalb, weil er allen gern Angenehmes erwies, als auch um des Vergnügens willen, das es ihm selber machte sie zu lesen, mit der Erzählung fort, welche also lautete:

Zunächst ging es so, daß Anselmo in seiner frohen Über=
zeugung von Camilas Tugend ein zufriedenes und sorgenfreies
Leben führte und Camila mit berechneter Absicht Lotario ein
finsteres Gesicht zeigte, damit Anselmo an das Gegenteil der
Gesinnung glauben solle, die sie für den Freund empfand.
Damit ihr Benehmen noch glaubwürdiger erschiene, bat Lo=
tario ihn um Erlaubnis, sein Haus nicht mehr zu besuchen, da
sich doch deutlich zeige, daß Camila von seinem Anblick peinlich
berührt werde. Aber der betrogene Anselmo sagte ihm, er dürfe
nie und durchaus nicht so etwas tun.　Und auf solche Weise
wurde in tausendfacher Weise Anselmo der Werkmeister seiner
Schande, im Glauben, er sei der Schmied seines Glückes.

Mittlerweile war auch Leonelas Behagen, eine Berechtigung
zu ihrem Liebeshandel zu besitzen, soweit gediehen, daß sie ohne
alle Rücksicht ihrem Vergnügen zügellos nachjagte, darauf bauend,
daß ihre Herrin sie schirmte, ja sogar ihr Rat gab, wie sie ohne
Besorgnis ihre Gelüste befriedigen könnte. Endlich aber hörte
Anselmo eines Nachts Schritte in Leonelas Gemach, und als
er hinein wollte, um zu sehen, von wem sie herrührten, ward er
gewahr, daß die Tür vor ihm zugehalten wurde, was ihn um
so begieriger machte, sie zu öffnen. Er wandte soviel Kraft an,
daß er sie aufstieß, und kam gerade zur rechten Zeit hinein, um
zu sehen, daß ein Mann durchs Fenster auf die Straße sprang.
Er eilte rasch davon, um ihn noch zu erreichen oder ihn zu er=
kennen, aber er vermochte weder das eine noch das andre aus=
zuführen; denn Leonela umfaßte ihn mit den Armen und sprach
zu ihm: Beruhige dich, mein Gebieter, rege dich nicht auf; eile
dem Manne nicht nach, der von hier hinausgesprungen, die
Sache geht mich allein an, ja, so sehr, daß es mein eigner Bräu=
tigam ist.

Anselmo wollte es ihr nicht glauben, sondern zog den Dolch
zu und drohte Leonela erstechen, indem er sie ermahnte, ihm die

Wahrheit zu sagen; wo nicht, so würde er sie umbringen. Sie, in ihrer Angst, ohne zu wissen, was sie sagte, sprach zu ihm: Töte mich nicht, Señor, ich werde dir Dinge von größerer Wichtigkeit sagen, als du dir vorstellen kannst.

Sag' sie auf der Stelle, entgegnete Anselmo; wenn nicht, bist du des Todes.

Im Augenblick ist es unmöglich, antwortete Leonela, so verstört bin ich. Laß mich bis morgen, dann erfährst du von mir, was dich in Erstaunen setzen wird. Und sei dessen gewiß, jener, der aus dem Fenster hier gesprungen, ist ein Jüngling aus dieser Stadt, der mir die Hand darauf gegeben, mein Gemahl zu werden.

Damit beruhigte sich Anselmo, und er war willig, die Frist abzuwarten, um die sie ihn gebeten, denn er dachte nicht daran, daß er etwas hören würde, das Camila zum Nachteil gereichte, weil er sich von ihrer Tugend überzeugt und deren sicher hielt. So verließ er denn das Gemach und ließ Leonela darin eingeschlossen zurück, wobei er ihr sagte, sie werde nicht herauskommen, bis sie ihm bekenne, was sie ihm zu sagen habe.

Sogleich suchte er Camila auf, um ihr zu sagen — wie er es auch tat — was ihm alles mit ihrer Zofe begegnet sei, und daß sie ihm das Wort darauf gegeben, ihm große und wichtige Dinge zu sagen. Ob Camila in Bestürzung geriet oder nicht, das braucht wohl nicht gesagt zu werden. Die Angst, die sie empfand, war so überwältigend (denn sie glaubte wirklich, und es war wohl zu glauben, das Mädchen werde Anselmo alles sagen, was es von ihrer Untreue wußte), daß sie nicht den Mut hatte abzuwarten, ob sich ihr Verdacht als unbegründet zeigen werde oder nicht. Und noch in der nämlichen Nacht, als sie glaubte, Anselmo liege jetzt im Schlafe, suchte sie die besten Kleinodien, die sie hatte, und einiges Geld zusammen, und ohne von jemand bemerkt zu werden, verließ sie ihr Haus und eilte zu dem

Lotarios, erzählte ihm alles, was vorging, und bat ihn, sie in Sicherheit zu bringen oder sich mit ihr zusammen an einen Ort zu begeben, wo sie vor Anselmo geschützt wären.

Die Bestürzung, in welche Camila ihren Lotario versetzte, war derart, daß er ihr kein Wort zu erwidern vermochte und noch weniger wußte er einen Entschluß zu fassen, was er tun sollte. Zuletzt fiel ihm ein, Camila in ein Kloster zu bringen, in welchem eine seiner Schwestern Priorin war. Camila willigte darein, und mit solcher Eile, wie sie der Fall erheischte, brachte Lotario sie ins Kloster und ließ sie dort, während auch er sich augenblicklich aus der Stadt entfernte, ohne jemand davon in Kenntnis zu setzen. Als es tagte, stand Anselmo auf, ohne zu bemerken, daß Camila von seiner Seite verschwunden war, und begierig zu erfahren, was Leonela ihm mitteilen wollte, ging er nach dem Zimmer, wo er sie eingeschlossen hatte. Er öffnete es und trat ein, fand aber Leonela nicht darin. Er fand nur Bettlaken ans Fenster geknüpft, ein Zeichen und Beweis, daß sie sich hier herabgelassen und geflüchtet hatte. In großer Betrübnis kehrte er sogleich zurück, um es Camila zu sagen, und da er sie weder im Bette noch im ganzen Hause fand, war er starr vor Entsetzen. Er fragte die Diener des Hauses nach ihr, aber niemand konnte ihm die verlangte Auskunft geben. Wie er nach Camila suchend umherging, fügte es sich zufällig, daß er ihre Kasten offen stehen sah und entdeckte, daß ihre meisten Kleinode daraus fehlten. Und hiermit wurde ihm sein Unglück erst vollends klar, und er sah ein, daß Leonela nicht die Schuld an seinem Mißgeschick trug. Und so wie er ging und stand, ohne sich erst vollständig anzukleiden, in Trübsinn und tiefem Nachdenken, eilte er, seinem Freunde Lotario Bericht von seinem Unglück zu geben. Aber als er ihn nicht fand und dessen Diener ihm sagten, er sei diese Nacht aus dem Hause verschwunden und habe all sein vorrätiges Geld mitgenommen, da meinte er den Verstand zu verlieren. Und damit das Maß voll wurde, traf er bei der Rückkehr nach seiner Wohnung niemand von all seinen Dienern und Dienerinnen an, sondern fand das Haus öde und verlassen. Er wußte nicht, was er denken, sagen oder tun sollte, und nach und nach wurde es ihm ganz wirr im Kopfe. Er betrachtete sich und erblickte sich in einem Augenblick ohne Weib, ohne Freund, ohne Diener. Er erachtete sich verlassen vom Himmel über ihm und, ärger als alles, der Ehre beraubt, da er deren Verlust in Camilas Flucht erkennen mußte.

Nach einer geraumen Weile beschloß er endlich, sich auf das Dorf hinaus zu seinem Freunde zu begeben, wo er sich damals aufgehalten hatte, als er selbst den Anlaß dazu gab, daß dies ganze Unheil geplant und verwirklicht wurde. Er verschloß die Türen seines Hauses, stieg zu Pferd und begab sich beklommenen Mutes auf den Weg. Kaum aber hatte er die Hälfte davon zurückgelegt, als er, von seinen eigenen Gedanken übermannt, sich genötigt sah, abzusteigen und sein Pferd mit den Zügeln an einen Baum zu binden, an dessen Stamm er unter wehmütigen, schmerzvollen Seufzern niedersank. Hier verweilte er, bis beinahe die Nacht hereinbrach. Um diese Stunde sah er einen Mann zu Pferd aus der Stadt kommen. Er grüßte ihn und fragte ihn, welche Neuigkeiten es in Florenz gebe. Der Städter antwortete ihm: Die seltsamste, die man seit langer Zeit dort vernommen. Denn man erzählt öffentlich, daß Lotario, jener vertraute Freund Anselmos des Reichen, der in San Giovanni wohnte, diese Nacht Camila entführt hat, die Frau Anselmos, der ebenfalls nirgends zu finden ist. All dieses hat eine Dienerin Camilas ausgesagt, welche der Stadtvorsteher heute nacht angetroffen hat, wie sie sich an einem Bettlaken aus den Fenstern von Anselmos Hause herabließ. Ich weiß in der Tat nicht genau, wie sich der Handel zutrug; ich weiß nur, daß die ganze Stadt sich ob dieses Vorgangs wundert, weil man eine derartige

Handlungsweise bei der innigen und vertrauten Freundschaft zwischen den beiden nicht erwarten konnte, die so groß gewesen sein soll, daß man sie nur die beiden Freunde nannte.

Weiß man vielleicht, fragte Anselmo, welchen Weg Lotario und Camila eingeschlagen haben?

Nicht im geringsten, antwortete der Städter, wiewohl der Stadtvorsteher alle Sorgfalt aufgewendet hat, um ihnen nachzuspüren.

Geht mit Gott, sprach Anselmo.

Er geleite Euch, erwiderte der Städter und ritt davon.

Bei so schmerzlichen Nachrichten fehlte wenig, daß Anselmo auf den Punkt gekommen wäre, wo es nicht nur mit seinem Verstand, sondern auch mit seinem Leben zu Ende gehen mußte. Er erhob sich, so gut er es vermochte, und gelangte zum Hause seines Freundes, der von seinem Unglück noch nichts wußte. Aber wie er ihn bleich, abgehärmt und mit eingefallenen Wangen ankommen sah, merkte er wohl, daß Anselmo von schwerem Leide niedergedrückt sei. Anselmo bat, man möchte ihn zu Bett bringen und ihm Schreibzeug geben. Es geschah also. Man ließ ihn im Bette und allein, denn so verlangte er es, und er bat auch, man möchte die Türe schließen. Wie er sich nun allein sah, begann die Vorstellung seines Unglücks ihn so zu bestürmen und zu übermannen, daß er klar erkannte, es gehe mit seinem Leben zu Ende. Und so traf er Anstalt, eine Nachricht von der Ursache seines so eigentümlichen Todes zu hinterlassen. Er fing zu schreiben an. Aber bevor er mit der Aufzeichnung alles dessen, was er im Sinne hatte, zu Ende gekommen, ging ihm der Atem aus, und er ließ sein Leben unter der Wucht des Schmerzes, den ihm sein törichter Vorwitz bereitet hatte.

Als der Herr des Hauses bemerkte, daß es schon spät war und Anselmo nicht rief, entschloß er sich einzutreten, um zu sehen, ob sein Unwohlsein schlimmer geworden, und er fand ihn

ausgestreckt liegen, mit dem Gesicht nach unten gekehrt, die
Hälfte des Körpers im Bette und die andre Hälfte auf dem
Schreibtische, auf welchem er mit dem beschriebenen und offnen
Papiere lag; er hielt die Feder noch in der Hand. Der Hauswirt näherte sich ihm, nachdem er ihm erst zugerufen, und da er
ihn an der Hand faßte, keine Antwort erhielt und ihn erstarrt
fand, ward er inne, daß Anselmo tot war. Er staunte und betrübte sich ungemein, rief die Leute vom Haus herbei, damit sie
das Mißgeschick sähen, das Anselmo zugestoßen, und las dann
das Papier, dessen Schrift er als von Anselmos eigner Hand
herrührend erkannte und welches folgende Worte enthielt:

„Ein törichtes und vorwitziges Begehren hat mir das Leben
geraubt. Wenn die Nachricht von meinem Tode zu Camilas
Ohren gelangen sollte, so möge sie erfahren, daß ich ihr verzeihe; denn sie war nicht verpflichtet, Wunder zu tun, und ich
hatte nicht nötig zu verlangen, daß sie solche tue. Und da ich
selbst der Werkmeister meiner Schande war, so ist kein Grund ...“

Bis hierher hatte Anselmo geschrieben; woraus sich erkennen
ließ, daß an dieser Stelle sein Leben endete, ehe er den Satz
enden konnte. Den nächsten Tag gab sein Freund den Verwandten Anselmos Kunde von seinem Tode. Sie wußten schon
sein Mißgeschick und kannten auch das Kloster, wo Camila bereits nahe daran war, ihren Gemahl auf jener Reise, die keinem
erlassen wird, zu begleiten, nicht aus Schmerz über die Nachricht vom Tode ihres Gatten, sondern über diejenige, die ihr in
betreff ihres abwesenden Freundes zukam. Man erzählt, daß
sie, obschon sie nun Witwe war, das Kloster nicht verlassen,
aber noch weniger das Gelübde als Nonne ablegen wollte, bis
ihr, nicht viele Tage nachher, die Nachricht wurde, daß Lotario
in einer Schlacht gefallen, welche Monsieur de Lautrec dem
„Großen Feldhauptmann“ Gonzalo Fernández de Córdoba im
Königreich Neapel geliefert. Dorthin hatte sich der zu spät be-

reuende Freund gewendet. Als Camila dies erfuhr, legte sie das Gelübbe ab und hauchte kurz darauf unter der strengen Hand des Kummers und Trübsinnes ihr Leben aus. Dies war das Ende, das allen wurde, ein Ende, wie es aus einem so wahnwitzen Anfang kommen mußte.

Die Novelle gefällt mir wohl, sprach der Pfarrer; aber ich kann nicht glauben, daß es eine wahre Geschichte ist. Und wenn sie erdichtet ist, so hat der Verfasser schlecht erdichtet, denn man kann sich nicht vorstellen, daß ein Ehemann so töricht sein kann, eine so kostspielige Probe wie Anselmo anstellen zu wollen. Wenn der Fall zwischen einem Liebhaber und seiner Geliebten vorgekommen wäre, so könnte man ihn zugeben; aber zwischen Mann und Frau hat er etwas Unmögliches in sich. Was aber die Art und Weise betrifft, wie er erzählt wird, so bin ich damit gar nicht unzufrieden.

Sechsunddreißigstes Kapitel,

welches von andern merkwürdigen Begebnissen handelt, so sich in der Schenke begaben.

Während man hierbei war, rief der Wirt, der an der Türe der Schenke stand: Da kommen Leute, es ist ein prächtiger Trupp Gäste; wenn die hier einkehren, dann bekommen wir ein Gaudium!

Was für Leute sind es? fragte Cardenio.

Vier Herren, antwortete der Wirt. Sie sitzen zu Pferde mit kurzgeschnalltem Bügel, mit Speeren und Tartschen, und alle mit schwarzen Schleiern vor dem Gesicht, und mit ihnen kommt eine weißgekleidete Dame daher auf einem Saumsattel, ihr Gesicht ebenfalls verdeckt, und noch zwei Diener zu Fuß.

Sind sie sehr nahe? fragte der Pfarrer.

So nahe, daß sie schon ankommen, antwortete der Wirt.

Als Dorotea das hörte, verschleierte sie ihr Gesicht, und Cardenio begab sich in Don Quijotes Gemach. Und beinahe hätten sie dazu keine Zeit mehr gehabt, als die vom Wirt genannten Personen schon allesamt in die Schenke einzogen. Die vier Reiter, vornehm an Aussehen und Benehmen, stiegen ab und hoben die Dame vom Saumsattel. Einer von ihnen nahm sie in die Arme und setzte sie auf einen Stuhl, der am Eingang des Zimmers stand, wo sich Cardenio verborgen hatte. Während dieser ganzen Zeit hatten weder die Dame noch die Herren die Gesichtshüllen abgelegt noch ein Wort gesprochen. Nur stieß die Dame beim Niederlassen auf den Stuhl einen tiefen Seufzer aus und ließ wie krank und erschöpft die Arme sinken. Die Diener, die zu Fuß gekommen waren, führten die Pferde in den Stall.

Der Pfarrer, der dies all bemerkte, war begierig zu erfahren, wer die Leute in solchem Aufzug seien, die sich so schweigend verhielten, ging den Dienern nach und befragte einen von ihnen um die Auskunft, die ihm am Herzen lag. Der aber antwortete ihm: So wahr mir Gott helfe, Señor, ich bin nicht imstande Euch zu sagen, was für Leute es sind; ich weiß nur, daß sie wie sehr vornehme Leute auftreten, insonderheit jener, der zu der Dame, die Ihr gesehen habt, hinging und sie in die Arme nahm. Und das kommt mir deshalb so vor, weil die übrigen alle ihm mit Ehrerbietung begegnen, und weil nichts andres geschieht als was er anordnet und befiehlt.

Und wer ist die Dame? fragte der Pfarrer.

Das kann ich ebensowenig sagen, antwortete der Diener, denn auf dem ganzen Wege habe ich ihr Gesicht nicht erblickt; ächzen allerdings habe ich sie öfters gehört und so tiefe Seufzer ausstoßen, als ob sie mit jedem die Seele aushauchen wollte. Es ist aber nicht zu verwundern, daß wir nicht mehr als das

Gesagte wissen, denn es ist erst zwei Tage her, seit mein Kame=
rad und ich sie begleiten. Wir trafen sie nämlich unterwegs,
und da ersuchten und beredeten sie uns, mit ihnen bis nach
Andalusien zu gehen, und erboten sich, uns sehr gut zu bezahlen.

Und habt Ihr einen von ihnen mit Namen nennen hören?
fragte der Pfarrer.

Gewiß nicht, antwortete der Diener. Sie gehen alle so
schweigsam ihres Weges, daß es ein Wunder ist; man hört bei
ihnen nichts als das Seufzen und Schluchzen der armen Dame,
daß es uns zum Mitleid bewegt; und wir halten es für zweifel=
los, daß sie, wohin sie reisen mag, nur gezwungen mitreist,
und soviel man aus ihrer Kleidung schließen kann, ist sie
eine Nonne oder im Begriff, es zu werden, was das Wahr=
scheinlichere ist. Und vielleicht weil sie das Klosterleben nicht
aus eigener Neigung führt, ist sie so traurig wie der Augen=
schein zeigt.

Das kann alles sein, sagte der Pfarrer, ließ sie stehen und
kehrte zu Dorotea zurück. Diese hatte die Verhüllte seufzen
hören, und von angeborenem Mitgefühl bewegt, näherte sie sich
ihr und sprach: Was für ein Leiden fühlt Ihr, mein Fräulein?
Bedenkt, ob es eins von denen ist, in deren Heilung wir Frauen
Übung und Erfahrung besitzen; denn ich meinerseits erbiete
Euch aufrichtige Bereitwilligkeit, Euch dienlich zu sein.

Auf all dieses blieb die betrübte Dame stumm, und wiewohl
Dorotea ihr Erbieten bringender wiederholte, verharrte sie fort=
während in ihrem Stillschweigen, bis der verlarvte Herr, von
welchem der Diener gesagt, daß die andern ihm gehorchten, her=
zutrat und zu Dorotea sprach: Quält Euch nicht damit, Señora,
diesem Weibe irgend etwas anzubieten, denn sie hat die Ge=
wohnheit, nichts, was man für sie tut, dankbar aufzunehmen.
Bemühet Euch auch nicht, eine Antwort von ihr zu erlangen,
wenn Ihr nicht eine Lüge aus ihrem Munde hören wollet.

Niemals habe ich eine solche gesagt, sprach jetzt die Dame, die bis dahin im Schweigen verharrt hatte; im Gegenteil, weil ich so wahrheitsliebend und allen lügenhaften Anschlägen fremd bin, sehe ich mich jetzt in so großem Unglück. Und zu dessen Zeugen will ich Euch selbst nehmen, da gerade meine reine Wahrheitsliebe Euch zum falschen Lügner gemacht hat.

Diese Worte vernahm Cardenio deutlich und genau, da er sich so nahe bei der Dame befand, daß nur die Türe von Don Quijotes Kammer zwischen beiden war. Und so wie er sie hörte, schrie er laut und rief: So helfe mir Gott! Was hör' ich? Welche Stimme bringt mir ins Ohr?

Bei diesem Ausruf wandte die Dame den Kopf in jähem Schrecken, und da sie nicht sah, wer da gerufen, stand sie auf und wollte in die Kammer hinein. Doch wie der fremde Herr dies sah, hielt er sie zurück und ließ sie keinen Schritt von der Stelle tun. In der Verwirrung und Aufregung fiel der Schleier von Tast, mit dem sie das Gesicht verdeckt hatte, und es zeigte sich eine unvergleichliche Schönheit, ein Antlitz von wunderbarem Reiz, obschon bleich und angstvoll, da sie die Augen überall, wohin ihr Blick reichte, mit solcher Hast umherrollen ließ, daß sie wie von Sinnen schien. Diese schmerzlichen Gebärden, deren Veranlassung niemand wußte, erregten tiefes Mitleid in Dorotea, wie in allen, die den Blick auf sie gerichtet hatten. Der fremde Herr hatte sie fest an den Schultern gefaßt, und da er hinreichend damit zu tun hatte, sie zu halten, so konnte er nicht dazu kommen, seine herabgleitende Larve wieder hinaufzuschieben; sie fiel ihm ganz und gar vom Gesicht. Als nun Dorotea, welche die Dame mit den Armen umschlungen hatte, die Augen erhob, sah sie, daß der Mann, der die Dame gleichfalls umschlossen hielt, ihr Gemahl Don Fernando war. Und kaum hatte sie ihn erkannt, als sie aus dem innersten Herzen ein langes, schmerzliches „Ach!" ausstieß und in Ohn=

12*

macht rückwärts niedersank. Und hätte nicht der Barbier nahe
dabei gestanden und sie in seinen Armen aufgefangen, so wäre
sie zu Boden gestürzt. Der Pfarrer eilte sogleich herbei und
nahm ihr den Schleier ab, um ihr Wasser ins Gesicht zu spritzen;
und sowie er sie entschleierte, wurde sie von Don Fernando erkannt, denn er war es, der die andre Dame umfaßt hielt. Er
blieb wie leblos bei dem Anblick, doch ohne deshalb Luscinda
loszulassen; ja, Luscinda war es, die sich mühte, sich seinen
Armen zu entwinden. Sie hatte Cardenio an seinem Aufschrei
erkannt, und er nicht minder sie. So hatte auch Cardenio
Doroteas „Ach!" gehört, das sie ausstieß, als sie ohnmächtig
hinfiel. Er glaubte, es sei seine Luscinda, stürzte angstvoll aus
der Kammer, und das erste, was er sah, war Don Fernando,
der Luscinda in den Armen hielt. Don Fernando erkannte ebenfalls Cardenio auf der Stelle, und alle drei, Luscinda, Cardenio
und Dorotea, blieben stumm und starr, fast ohne zu wissen, was
ihnen begegnet war.

Alle schwiegen und alle blickten staunend aufeinander,
Dorotea auf Don Fernando, Don Fernando auf Cardenio,
Cardenio auf Luscinda, und Luscinda auf Cardenio. Aber wer
zuerst das Stillschweigen brach, war Luscinda, die zu Don
Fernando folgendermaßen sprach: Lasset mich, Señor Don
Fernando, um der Rücksicht willen, die Ihr Eurem eignen
Selbstgefühl schuldig seid, wenn Ihr es um keiner andern Rück-
sicht willen tun wollt; laßt mich an die Mauer mich lehnen,
deren Efeu ich bin, laßt mich hin zu der Stütze, von der mich
Eure Zudringlichkeiten, Eure Drohungen, Eure Versprechungen,
Eure Geschenke nicht wegzureißen vermochten! Seht und merkt
Euch, wie der Himmel auf ungewöhnlichen und unserm Blicke
verborgenen Pfaden mir meinen wahren Gemahl vor die Augen
geführt hat. Auch wißt Ihr aus tausendfachen kostspieligen
Erfahrungen, daß der Tod allein imstande wäre, ihn aus meinem

Gedächtnis auszumerzen. So mögen denn diese Enttäuschungen, die Euch geworden, bewirken, daß Ihr, wenn Ihr Euch zu nichts anderm aufraffen könnt, die Neigung in Groll und die Liebe in Zornwut verwandelt, und in diesem Groll nehmt mir das Leben, und wenn ich es vor den Augen meines lieben Gatten ende, so erachte ich es für gut und pflichtgemäß verwendet. Vielleicht wird ihn mein Tod von der Treue überzeugen, die ich ihm bis zum letzten Augenblick meines Daseins bewahrt habe.

Inzwischen war Dorotea wieder zu sich gekommen, hatte Luscindas Äußerungen alle angehört und aus denselben ersehen, wer die Dame war. Wie sie nun bemerkte, daß Don Fernando noch immer Luscinda nicht aus seinen Armen ließ und auf deren Worte nichts erwiderte, nahm sie alle Kraft zusammen, erhob sich, eilte zu ihm hin, warf sich auf die Knie vor ihm nieder und begann, einen Strom reizender und schmerzvoller Tränen vergießend, so zu ihm: Wenn nicht etwa, o mein Gebieter, die Strahlen dieser Sonne, die du jetzt verfinstert in deinen Armen hältst, die Strahlen deiner Augen verdunkeln und löschen, wirst du bereits bemerkt haben, daß das Weib, das zu deinen Füßen knieend liegt, die unselige Dorotea ist, sie, die vom Glück verlassen ist, bis du es anders willst. Ich bin jenes demütige Landmädchen, das du aus Güte oder Neigung zu der Höhe erheben wolltest, daß sie sich die deinige nennen durfte. Ich bin jene, die, von den Schranken der Sittsamkeit umhegt, ein zufriedenes Leben lebte, bis sie auf die Stimme deiner ungestümen Bewerbung und deiner dem Anscheine nach redlichen und liebevollen Gesinnung hin die Pforten ihrer mädchenhaften Scheu auftat und dir die Schlüssel ihrer Freiheit übergab: eine Gabe, für die du so schlechten Dank erwiesen, wie es sich klar daraus ergibt, daß ich gezwungen bin, mich an dem Ort zu befinden, wo du mich findest, und dich unter solchen Umständen wiederzusehen, wie ich dich hier sehe. Aber bei alledem möchte ich nicht, daß

dir in ben Sinn käme, ich sei etwa in ehrlosem Lebenswandel
hierher geraten, ba mich boch nichts hergeführt hat als ein
Lebenswandel voll Qualen, voll Schmerz barüber, baß ich mich
von bir vergessen sah. Du, du hast gewollt, baß ich die Deine
wurde, unb bu hast es mit solchem Ernste gewollt, baß bu, wenn
du auch nunmehr wolltest, ich wäre es nicht, unmöglich aufhören
kannst der Meinige zu sein. Bebenke, mein Gebieter, für ben
hohen Reiz unb Abel, um bessen willen bu mich verlassen hast,
kann bir die Liebe sonbergleichen, die ich bir wibme, einen Er=
saß bieten. Du kannst der schönen Luscinda nicht angehören,
weil bu mir angehörst, unb sie kann nicht die Deine sein, weil
sie Carbenios Gattin ist. Unb es wird bir leichter fallen, wenn
du es wohl erwägst, baß bu beinem Willen gebietest, die zu
lieben, die bich anbetet, als baß bu jene, die bich verabscheut,
vermögen kannst, dich wahrhaft zu lieben. Du, bu hast meine
Unerfahrenheit umgarnt, bu hast mein reines Gemüt mit Bitten
bebrängt; mein Stanb war bir nicht unbekannt; bu weißt wohl,
unter welchen Bebingungen ich mich beinem Willen ergab; es
bleibt bir weber Grunb noch Ausflucht, um bich für hinter=
gangen zu erklären. Unb wenn dem so ist, — unb es ist so! —
und wenn bu ein ebenso guter Christ als Ebelmann bist, warum
gehst bu so krumme Wege unb zögerst, mich auch am Enbe
glücklich zu machen, wie bu mich am Anfang glücklich gemacht
hast? Unb liebst bu mich nicht als bas, was ich bin, als beine
wirkliche unb rechtmäßige Gemahlin, dann barfst bu mich
wenigstens als beine Sklavin lieben unb bei bir aufnehmen.
Wenn ich in beiner Gewalt bin, will ich mich selig unb beglückt
erachten. Gib nicht zu, wenn bu mich verstoßest unb schutzlos
lässest, baß alsbann die Leute auf der Straße zusammenstehen
und meine Ehre mit böser Nachrebe verfolgen. Bereite nicht
meinen greisen Eltern ein so trauriges Alter, denn die reblichen
Dienste, die sie den beinigen als treue Untertanen geleistet, ver=

dienen nicht solchen Lohn. Und wenn es dich bedünkt, du
würdeſt dein Blut durch Vermiſchung mit dem meinigen ver-
unehren, ſo erwäge, daß es ſelten oder nie einen Adel gibt, dem
nicht das nämliche geſchehen wäre, und daß ein Adel, der ſich
von den Frauen herleiten ließe, bei erlauchten Geſchlechtern
nicht in Betracht gezogen wird; zumal der wahre Adel nur in
der Tugend beſteht. Und wenn dieſe dir fehlt, weil du mir ver-
weigerſt, was du mir nach allem Rechte ſchuldeſt, dann habe ich
die Vorzüge des Adels in weit höherem Maße als du. Endlich,
Señor, und das iſt das letzte, was ich dir ſage: Ob du nun
willſt oder nicht willſt, ich bin deine Gemahlin. Deſſen Zeugen
ſind deine Worte, die nicht lügen werden und nicht lügen dürfen,
wenn du wirklich das an dir hochachteſt, um deſſen willen du
mich mißachteſt. Zeuge wird deines Namens Unterſchrift ſein,
die du mir gegeben, und Zeuge der Himmel, den du ſelbſt zum
Zeugen deiner Verſprechungen aufgerufen. Und wenn all dieſe
Zeugniſſe fehlen ſollten, ſo wird doch dein Gewiſſen nicht verfehlen, inmitten deiner Freuden ſchweigend zu reden. Es wird
für dieſe Wahrheiten, die ich dir geſagt, in die Schranken treten
und deine beſten Genüſſe und Wonnen dir zerſtören.

Dieſe und ähnliche Worte mehr ſprach die betrübte Dorotea
mit ſo viel Schmerzgefühl und mit ſo viel Tränen, daß alle
Anweſenden, ſelbſt die Begleiter Don Fernandos, mit ihr weinen
mußten. Don Fernando hörte ſie an, ohne ihr ein Wort zu erwidern, bis ſie zu reden aufhörte und ſo zu ſeufzen und zu
ſchluchzen begann, daß das Herz wohl von Erz ſein mußte, das
nicht von den Äußerungen ſo tiefen Schmerzes gerührt worden
wäre. Luſcinda ſtand da und ſchaute ſie an, ob ihres Kummers
ſo voll Mitleid wie voll Verwunderung ob ihres Verſtandes
und ihrer Schönheit. Und wiewohl ſie gern auf ſie zugegangen
wäre, um ihr einige tröſtende Worte zu ſagen, ſo ließen Don
Fernandos Arme ſie nicht los, die ſie noch immer feſthielten.

Aber endlich öffnete er, in Verwirrung und Aufregung, nach=
dem er geraume Zeit und mit gespannter Aufmerksamkeit Do=
roteen ins Gesicht gesehen, die Arme, ließ Luscinda frei und
sprach: Du hast gesiegt, schöne Dorotea, du hast gesiegt; niemand
kann das Herz haben, so viele zusammenwirkende Wahrheiten
abzuleugnen.

Luscinda, noch schwach von der Ohnmacht, die sie befallen
hatte, war im Begriff zu Boden zu sinken, sowie Don Fernando
sie frei ließ. Allein Cardenio, der in der Nähe geblieben und
sich hinter Don Fernando gestellt hatte, damit dieser ihn nicht
erkenne, setzte nun alle Besorgnis beiseite, wagte es auf alle Ge=
fahr hin, ihr zu Hilfe zu kommen, um sie aufrecht zu erhalten,
faßte sie in seine Arme und sprach: Wenn der barmherzige
Himmel es will und für genehm hält, daß du endlich Erholung
und Ruhe findest, du, meine getreue, beständige, schöne Gebiete=
rin, so wirst du sie nirgends, glaube ich, gesicherter finden als
in diesen Armen, die dich jetzt empfangen und dich schon in
früheren Tagen umfangen haben, als das Schicksal mir es noch
gewährte, dich die Meine nennen zu dürfen.

Bei diesen Worten richtete Luscinda ihre Augen auf Car=
denio. Zuerst hatte sie ihn an der Stimme zu erkennen ge=
glaubt, jetzt überzeugte sie sich durch den Anblick, daß er es sei,
und fast ganz von Sinnen und ohne irgendwelche Rücksicht des
Anstands zu beachten, schlang sie ihm die Arme um den Hals,
lehnte ihr Gesicht an das seine und sprach zu ihm: Ja, Ihr,
Señor, Ihr seid der wahre Herr dieses Herzens, das in Euren
Banden liegt, ob auch das feindliche Schicksal es noch sehr ver=
wehren will, und ob man auch noch sehr dies Leben bedrohe,
das nur aus Eurem seine Kraft erhält.

Ein überraschendes Schauspiel war dies für Don Fernando
und für alle Umstehenden, die ob eines so unerhörten Ereignisses
voller Verwunderung dastanden. Dorotea kam es vor, als sei

alle Farbe aus Don Fernandos Antlitz gewichen und als mache
er Miene, an Cardenio Rache zu nehmen, denn sie sah, wie er
die Hand bewegte, um sie ans Schwert zu legen. Doch kaum
war ihr dieser Gedanke gekommen, so schlang sie mit unglaublicher Schnelligkeit die Arme um seine Knie, küßte sie und
drückte ihn so fest an sich, daß sie ihm keine Bewegung gestattete,
und ohne einen Augenblick ihren Tränen Einhalt zu tun, sprach
sie zu ihm: Was gedenkst du nun zu tun, du meine einzige Zuflucht, im Drange dieses so unerwarteten Zusammentreffens?
Du hast zu deinen Füßen deine Gattin; die aber, die du zur
Gattin begehrst, sie ist in den Armen ihres Gemahls. Erwäge,
ob es dir wohl ansteht, oder ob es dir nur möglich sein wird
ungeschehen zu machen, was durch des Himmels Fügung geschehen ist, oder ob es dir nicht geziemt, diejenige zu gleicher
Höhe mit dir zu erheben, die, alle Hindernisse beiseite setzend,
bewährt in ihrer Treue und Beständigkeit, vor deinen Augen
die ihrigen in liebevollen Tränen badet und damit Gesicht und
Brust ihres Gemahls benetzt. So wahr Gott unser Gott ist,
bitte ich dich, und so wahr du ein Edelmann bist, flehe ich dich
an, es möge diese offenkundige Enttäuschung nicht nur deinen
Groll nicht stärker entfachen, sondern ihn so völlig beschwichtigen,
daß du in Ruhe und Frieden diesem Liebespaar gestattest, ohne
Störung deinerseits Ruhe und Frieden zu genießen, solange es
der Himmel ihnen vergönnen will. Dadurch wirst du zeigen,
wie großsinnig dein erlauchtes, edles Gemüt ist; dadurch wird
die Welt ersehen, daß die Vernunft über dich mehr Gewalt hat
als die Begier.

Während Dorotea so sprach, hielt Cardenio noch immer
Luscinda in den Armen, ohne jedoch Don Fernando aus den
Augen zu lassen, fest entschlossen, wenn er ihn irgend welche
gefährliche Bewegung machen sähe, mit Verteidigung und Angriff so nachdrücklich als möglich gegen jeden vorzugehen, der

sich ihm feindlich erweise, und sollte es ihn selbst auch das
Leben kosten. Aber in diesem Augenblick schlugen sich Don
Fernandos Freunde ins Mittel, ebenso der Pfarrer und der
Barbier, die bei allem zugegen gewesen, und selbst der gute
Kerl von Sancho fehlte nicht dabei, und alle umringten Don
Fernando und baten ihn, er möchte sich doch endlich herbei=
lassen, auf Doroteas Tränen Rücksicht zu nehmen. Und da
doch, wie sie für sicher hielten, alles wahr sei, was sie vor=
gebracht habe, so möchte er nicht zugeben, daß sie sich um ihre
so ganz gerechten Hoffnungen betrogen sähe. Er möchte er=
wägen, daß sie sich nicht zufällig, wie es den Anschein habe,
sondern durch besondere Fügung des Himmels alle an einem
Ort zusammengefunden, wo es gewiß keiner erwartet hätte.
Auch möchte er wohl bedenken, sagte der Pfarrer, daß der Tod
allein Luscinda von Cardenio scheiden könne, und daß sie,
wenn selbst die Schneide eines Schwertes sie trennen sollte,
ihren Tod für höchstes Glück erachten würden. In Fällen, wo
nichts zu ändern stehe, sei es die höchste Weisheit, mit Be=
zähmung des eignen Willens und Selbstüberwindung ein edles
Herz zu zeigen. Er möchte sonach zugeben, daß mit seiner eig=
nen Zustimmung die beiden das Glück genössen, das ihnen der
Himmel vergönnt habe. Auch möchte er die Blicke auf Doroteas
Schönheit richten, und da würde er sehen, daß es wenige oder
keine Reize gäbe, die den ihrigen gleichzukommen, viel weniger
sie zu übertreffen vermöchten; zudem verbinde sie mit ihrer
Schönheit demütigen Sinn und unbegrenzte Liebe zu ihm.
Vor allem aber möchte er wohl beachten, daß, wenn er sich
rühme ein Edelmann und ein Christ zu sein, er nicht anders
könne, als ihr das gegebene Wort zu erfüllen, und wenn er es
erfülle, so werde er seine Pflicht gegen Gott erfüllen und den
Beifall aller Verständigen erlangen, die da wohl wissen und
erkennen, daß die Schönheit, auch wenn sie sich bei einem

Mädchen von geringem Stande findet, das Vorrecht besitzt,
falls sie nur mit Sittsamkeit gepaart ist, sich zu jeder Höhe
erheben und mit jeder gleichstellen zu können, ohne daß die
Ehre dessen darunter litte, der sie emporhebt und auf gleiche
Stufe mit sich selbst stellt. Und wenn den allmächtigen Geboten
der Neigung gehorcht wird, so kann, wofern nur nichts Sünd-
liches hinzukommt, der keinen Tadel verdienen, der ihnen Folge
leistet.

Nun fügten sie alle zu diesen Gründen noch andere und so
überzeugende hinzu, daß Don Fernandos starkes Herz, da es
in der Tat von edlem Blute erfüllt war, weich wurde und sich
von der Wahrheit überwinden ließ, die er nicht leugnen konnte,
selbst wenn er es gewollt hätte. Und zum Beweis, daß er dem
erteilten guten Rate sich gefügt und völlig ergeben habe, beugte
er sich nieder, umarmte Dorotea und sprach zu ihr: Erhebet
Euch, meine Gebieterin, denn es gebührt sich nicht, daß die zu
meinen Füßen kniee, die ich im Herzen trage. Und wenn ich
bis jetzt keine Beweise für das gegeben habe, was ich sage, so
geschah es vielleicht nach dem Gebote des Himmels, damit ich
recht ersehen soll, mit welcher Treue Ihr mich liebt, und darum
Euch so hoch schätzen lerne als Ihr es verdient. Was ich von
Euch erbitte, ist, daß Ihr mein hartes Benehmen und meine
Vernachlässigung mir nicht zum Vorwurfe macht. Denn die
nämliche Ursache, die nämliche Gewalt, die mich jetzo vermochte,
Euch als die Meinige anzuerkennen, die nämliche hatte mich
vorher dahin gebracht, daß ich der Eurige nicht mehr sein
wollte. Und um zu erkennen, wie wahr dies ist, wendet Euch
dorthin und schaut der jetzt glücklichen Luscinda in die Augen,
und in ihnen werdet Ihr die Entschuldigung finden für all
meine Verirrungen. Und da Luscinda gefunden und erlangt
hat, was sie ersehnte, und ich in Euch gefunden habe, was mich
beglückt, so möge sie gesichert und zufrieden lange beseligte

Jahre mit ihrem Cardenio leben, unb ich will ben Himmel bitten, baß er sie mich mit meiner Dorotea verleben lasse.

Unb mit biesen Worten umarmte er sie aufs neue unb preßte sein Antlitz an bas ihrige, so bewegt von inniger Herzensempfinbung, baß er sich große Gewalt antun mußte, um nicht mit hervorbrechenben Tränen zweifellose Beweise seiner Liebe unb Reue zu geben. Doch Luscinbas unb Cardenios Tränen wollten sich nicht in solcher Weise zurückhalten lassen, unb ebenso bie fast aller anbern Anwesenben, bie nun begannen, ihrer so viele zu vergießen, bie einen über ihr eignes, bie anbern über frembes Glück, baß es nicht anbers aussah, als hätte sie alle ein schweres unb trauriges Ereignis betroffen. Sancho weinte, wiewohl er nachher sagte, er weine nur, weil er gesehen, baß Dorotea nicht, wie er geglaubt, bie Königin Mikomikona sei, von ber er so viele Gnaben erhoffte.

Zu ber Rührung gesellte sich bei allen bas Staunen unb hielt eine Zeitlang an. Dann warfen sich Cardenio unb Luscinba vor Don Fernanbo auf bie Knie unb bankten ihm für bie Güte, bie er ihnen erwiesen, mit so wohlbemessenen Worten, baß Don Fernanbo nicht wußte, was er ihnen antworten sollte. Unb so hub er sie vom Boben auf unb umarmte sie mit Zeichen größter Freunbschaft unb höchstem Anstanb. Dann bat er Dorotea, ihm zu sagen, wie sie an biesen Ort gekommen, ber so fern von bem ihrigen sei. Mit kurzen unb verstänbigen Worten berichtete sie alles, was sie vorher Cardenio erzählt hatte, unb Don Fernanbo unb seine Begleiter fanben so viel Gefallen baran, baß sie ber Erzählung eine weit längere Dauer gewünscht hätten, mit so großer Anmut wußte Dorotea ihre Unglücksfälle zu schilbern.

Sobalb sie geenbet hatte, erzählte Don Fernanbo, was ihm in ber Stabt seit ber Zeit begegnet war, als er in Luscinbas Busen ben Brief fanb, wo sie erklärte, Cardenios Gattin zu

sein und die seinige nicht werden zu können. Er sagte, er habe
sie töten wollen und hätte es auch sicher getan, wenn ihn ihre
Eltern nicht zurückgehalten hätten. So sei er denn aus ihrem
Hause in Groll und Erbitterung fortgeeilt, entschlossen, bei
besserer Gelegenheit Rache zu nehmen. Am folgenden Tage
habe er erfahren, daß Luscinda aus dem Haus ihrer Eltern verschwunden sei, ohne daß jemand wußte, wohin sie gekommen;
zuletzt jedoch habe er nach Verfluß einiger Monate erfahren, sie
befinde sich in einem Kloster und sei willens, ihr ganzes Leben,
wenn sie es nicht an Cardenios Seite verbringen könne, darin
zu bleiben. Sobald er dies vernommen, habe er diese drei Edelleute zu seiner Begleitung erlesen und sich an Luscindas Aufent-
haltsort begeben; jedoch habe er nicht versucht sie zu sprechen, weil
er besorgte, sobald man wisse, daß er sich dort befinde, werde man
im Kloster strengere Wachsamkeit üben. So habe er abgewartet,
bis eines Tages die Klosterpforte offen stand, habe zwei von
seinen Begleitern zur Bewachung der Türe gelassen und sei mit
dem dritten ins Kloster gedrungen, um Luscinda zu suchen. Sie
hätten sie im Kreuzgang im Gespräch mit einer Nonne gefunden
und sie im Nu fortgeschleppt, ohne ihr einen Augenblick Besinnung zu lassen, und seien mit ihr zu einer Ortschaft gelangt,
wo sie sich mit allem versorgten, was erforderlich war, um sie
weiter mitzunehmen. Dies alles hätten sie mit vollster Sicherheit ausführen können, weil das Kloster im freien Felde, eine
gute Strecke von der Stadt entfernt lag. Er erzählte dann, sobald
Luscinda sich in seiner Gewalt gesehen, habe sie alle Besinnung
verloren, und als sie wieder zu sich gekommen, habe sie nichts
als geweint und geseufzt und kein Wort gesprochen. So seien
sie im Geleite des Stillschweigens und Weinens zu dieser
Schenke gekommen, die für ihn gerade so war, als sei er in den
Himmel gekommen, wo alles Mißgeschick der Erde schwindet und
zu Ende geht.

Siebenunddreißigstes Kapitel,

worin die Geschichte der weitberufenen Prinzessin Mikomikona fortgesetzt wird, nebst andern ergötzlichen Abenteuern.

Alledem hörte Sancho zu, mit nicht geringem Schmerz seiner Seele, da er sah, daß ihm die Hoffnungen auf seine herrschaftliche Würde verschwanden und in Rauch aufgingen, und daß die holde Prinzessin Mikomikona sich vor seinen Augen in Dorotea und der Riese in Don Fernando verwandelt hatte, während sein Herr in tiefem Schlafe lag, unbekümmert um alles, was vorgegangen.

Dorotea hielt sich immer noch nicht für sicher, ob das Glück, das ihr geworden, nur ein erträumtes sei. Cardenio war in ähnliche Gedanken verloren, und diejenigen Luscindas bewegten sich in derselben Richtung. Don Fernando dankte dem Himmel, daß er ihm solche Gnade verliehen und ihn aus dem wirren Irrsal gerissen, wo er so nahe daran war, Ehre und Seligkeit einzubüßen. Kurz, alle in der Schenke Anwesenden waren ob des guten Ausgangs vergnügt und erfreut, den so verwickelte und verzweifelte Angelegenheiten genommen hatten. Der Pfarrer wußte als ein verständiger Mann alles ins rechte Geleise zu bringen und erfreute jeden einzelnen mit seinem Glückwunsch zu dem nun erlangten Glücke. Wer aber am meisten frohlockte und das größte Vergnügen empfand, das war die Wirtin, ob des Versprechens, das Cardenio und der Pfarrer ihr gegeben, ihr allen Schaden mit Zinsen zu vergüten, den sie aus Veranlassung Don Quijotes erlitten.

Sancho allein, wie schon gesagt, war der Niedergeschlagene, der Unglückliche, der Betrübte, und so trat er mit schwermütiger Miene zu seinem Herrn hinein, der soeben erwacht war, und sprach zu ihm: Wohl kann Euer Gnaden, Herr Trauergestalt, so lange schlafen, als Ihr wollt, ohne daß Ihr Euch darum zu kümmern braucht, irgend welchen Riesen totzuschlagen oder der Prinzessin ihr Reich wiederzugeben, denn alles ist schon fertig und abgetan.

Das glaub' ich wohl, erwiderte Don Quijote; denn ich habe mit dem Riesen den ungeheuerlichsten und gewaltigsten Kampf bestanden, den ich all meine Lebtage je mehr zu bestehen gedenke; und mit einem Hieb in der Terz, paff! schlug ich ihm den Kopf herab zu Boden, und des Blutes, das ihm entströmte, war so viel, daß es auf der Erde umherfloß, als wären es Bäche Wassers.

Als wären es Bäche Rotweins, könntet Ihr viel richtiger sagen, entgegnete Sancho. Ich will Euer Gnaden nämlich zu wissen tun, im Fall Ihr es noch nicht wißt, der erschlagene Riese ist ein durchlöcherter Schlauch, und das Blut hundert Maß Rotweins, die er in seinem Bauch enthielt; und mit dem abgehauenen Kopf ist es so wahr als mit meiner Mutter, der Hure, und der Gottseibeiuns soll die ganze Geschichte holen!

Was sagst du Narr? versetzte Don Quijote. Bist du bei Sinnen?

Euer Gnaden braucht nur aufzustehen, sprach Sancho, und da werdet Ihr sehen, was für einen schönen Handel Ihr angerichtet habt, und was wir zu zahlen bekommen, und wie die Königin sich in ein ganz bürgerliches Frauenzimmer verwandelt hat und Dorotea heißt, nebst andern Begebnissen, die Euch, wenn sie Euch klar werden, gewiß in Verwunderung setzen werden.

Über nichts von alledem würde ich mich wundern, entgegnete Don Quijote. Denn wenn du dich recht entsinnst, habe ich, als wir das vorige Mal hier waren, dir schon gesagt, daß alles, was hier vorging, lauter Spiegelfechterei von Zauberern war, und es wäre nichts Besonderes, wenn jetzt ganz das nämliche sich zugetragen hätte.

Das würde ich alles glauben, erwiderte Sancho, wenn auch
das Wippen, das ich auszustehen hatte, nur eine Spiegelfechterei
solcher Art gewesen wäre. Aber das war's nicht, sondern ich
wurde wirklich und wahrhaft gewippt, und ich sah, wie der Wirt,
der noch heute hier vorhanden ist, die Bettdecke an einem Ende
hielt und mich gen Himmel schleuderte und dabei ungeheure
Heiterkeit und Ausgelassenheit und ebensoviel Kraft im Lachen
als im Wippen zeigte. Und wo es vorkommt, daß die Personen
einander wieder erkennen, da meine ich, obschon ich nur ein
einfältiger Kerl und armer Sünder bin, daß da keine Zauberei
dabei ist, hingegen viel Prügel und viel Pech.

Nun wohl, Gott wird es schon bessern, sagte Don Quijote.
Gib mir meine Kleider und laß mich dort hinaus, denn ich will mir
die Begebnisse und Verwandlungen ansehen, von denen du sagst.

Sancho reichte ihm die Kleider; und während er sich an=
zog, erzählte der Pfarrer Don Fernando und den übrigen
Don Quijotes Torheiten, und welche List sie angewendet, um
ihn von dem Armutsfelsen fortzubringen, auf welchem er des=
halb sich zu weilen einbildete, weil ihn seine Herrin verschmäht
habe. Auch erzählte er ihnen die Abenteuer fast alle, die ihm
Sancho berichtet hatte, worüber sie nicht wenig staunten und
lachten; denn sie meinten, wie auch alle andern Leute meinten,
es sei dies die seltsamste Art von Verrücktheit, die in einem zer=
rütteten Gehirn Platz finden könne. Der Pfarrer sagte dann
weiter: da jetzt die glückliche Wendung in Frau Doroteas Schick=
salen seinen früheren Plan weiter zu führen hindere, sei es
nötig, einen andern auszudenken und zu erfinden, um den
Ritter nach seiner Heimat zu bringen.

Cardenio erbot sich, das Begonnene fortzusetzen, Luscinda
könne die Rolle Doroteas übernehmen und darstellen.

Nein, sprach Don Fernando, so soll es nicht sein, ich
wünsche, daß Dorotea ihre Erfindung durchführt; falls das

Dorf dieses trefflichen Ritters nicht zu weit von hier ist, so soll es mich freuen, wenn für seine Heilung gesorgt wird.

Es ist nicht weiter als zwei Tagereisen von hier.

Wohl, wenn es deren auch noch mehr wären, so würde ich den Weg gerne daran wagen, ein so gutes Werk zu vollbringen.

In diesem Augenblicke trat Don Quijote heraus, mit all seinen Rüstungsstücken bewehrt, auf dem Haupte den Helm des Mambrin (wiewohl er voller Beulen war), seinen Rundschild am Arme, gestützt auf seinen Schaft oder Spieß. Don Fernando und die andern verwunderten sich höchlich über das seltsame Aussehen Don Quijotes, wie sie sein Angesicht eine halbe Meile lang, dürr und blaßgelb, das Ungehörige seiner zusammengewürfelten Waffen und seine gemessene Haltung erschauten, und sie standen schweigend da, in Erwartung dessen, was er reden würde. Und er sprach mit großer Würde und Gelassenheit, seine Augen auf Dorotea geheftet:

Mir ist, huldselige Dame, von diesem meinem Schildknappen berichtet worden, daß Eure Hoheit zu nichte geworden und Euer erhabenes Wesen zerronnen ist, sintemal Ihr aus einer Königin und hohen Herrin, die Ihr sonst zu sein pflegtet, Euch umgewandelt habt in ein bürgerlich Mägdlein. Ist solches etwa geschehen aus Gebot Eures Herrn Vaters, des Königs und Schwarzkünstlers, so er sich dessen besorgt haben mag, ich würde Euch den erforderlichen und schuldigen Beistand nicht leisten, darauf vermelde ich Euch, daß er seine Messe nicht zur Hälfte zu lesen verstand noch versteht, auch in den Rittergeschichten nicht recht zu Hause war. Denn so er selbige ebenso achtsam und anhaltend gelesen und durchgegangen hätte, wie ich sie durchgegangen und gelesen habe, so hätte er auf jedem Blatt gefunden, wie andre Ritter, von geringerem Ruhm als der meinige, weit schwierigere Aufgaben gelöset, nachdem es nicht gar schwierig ist, solch ein Riesenkerlchen totzuschlagen, so

II   13

vermessen es sich gebärden mag. Wahrlich, es ist nicht viele
Stunden her, daß ich mich ihm gegenübersah, und . . . . Ich
will schweigen, auf daß man mir nicht sage, daß ich gelogen;
jedoch die Zeit, die Offenbarerin aller Dinge auf Erden, wird
es statt meiner sagen, wann wir uns dessen am allerwenigsten
versehen mögen.

Ihr habt Euch zwei Schläuchen gegenüber gesehen, und nicht
einem Riesen! schrie hier der Wirt. Don Fernando befahl ihm
zu schweigen und Don Quijotes Rede unter keiner Bedingung
zu unterbrechen; und dieser fuhr folgendermaßen fort: Mit
einem Wort, ich sage, erhabene und nunmehr Eures Erbes ent-
äußerte Fürstin, wenn aus dem Grunde, den ich bezeichnet habe,
Euer Vater diese Wandlung an Eurer Person vorgenommen
hat, so sollt Ihr ihm keinerlei Glauben schenken; denn es gibt
keine Fährlichkeit auf Erden, durch welche sich einen Weg zu
bahnen dies mein Schwert nicht vermöchte, mit welchem ich das
Haupt Eures Feindes in den Staub dieses Landes zu legen gedenke, auf daß ich die Krone Eures Landes in wenigen Tagen
um Euer Haupt lege.

Don Quijote sprach nicht weiter und erwartete die Antwort
der Prinzessin. Da diese bereits die Absicht Don Fernandos
kannte, daß mit der Täuschung des Ritters fortzufahren sei, bis
man ihn in seine Heimat zurückbringe, so antwortete sie ihm
mit auserlesener Anmut und Würde: Wer immer Euch gesagt,
mannhafter Ritter von der traurigen Gestalt, daß ich mich
meiner früheren Wesenheit entäußert und selbige verwandelt
habe, der hat Euch nicht das Richtige gesagt; denn diese, die ich
gestern war, bin ich noch heute. Wahr ist, daß etwelche Änderungen bei mir durch gewisse Glücksfälle veranlaßt wurden, die
mir das höchste Heil zuwege brachten, das ich nur wünschen
konnte; aber ich habe deshalb nicht aufgehört, die zu sein, die
ich vorher war, und dieselbe Absicht zu hegen, die ich immer ge-

hegt, kraft der unbesiegbaren Kraft Eures kraftvollen Armes
mein Recht zu erlangen. So möge denn, Herre mein, Euer
Edelsinn dem Vater, der mich erzeugt hat, die entzogene Ehre
zurückerstatten und ihn für einen verständigen und einsichtigen
Mann erachten, sintemal er vermittelst seines Wissens einen so
leichten und richtigen Weg gefunden, meinem Mißgeschick abzuhelfen. Denn ich glaube, wenn es nicht auf Eure Veranlassung geschehen wäre, so hätte ich nie das Glück erlangt, das ich
nun besitze. Und hierin sage ich die volle Wahrheit, wie dessen
die meisten der hier anwesenden Herren beweiskräftige Zeugen
sind. Was nun erübrigt, ist, daß wir uns morgen auf den
Weg machen, da heute doch nur eine kurze Ausfahrt möglich
wäre, und was den noch übrigen Teil des guten Erfolges betrifft, den ich erhoffe, so werde ich das Gott und der Tapferkeit
Eures Herzens anheimstellen.

So sprach die kluge Dorotea, und als Don Quijote solches
vernahm, wendete er sich zu Sancho und sprach zu ihm mit
Gebärden mächtigen Ingrimms: Jetzt sage ich dir aber, du
Hund von einem Sancho, daß du der größte Schurke in ganz
Spanien bist. Sag' mir, du Spitzbube, du Gaudieb, hast du
mir nicht eben erst gesagt, diese Prinzessin habe sich in ein
Mägdlein Namens Dorotea verwandelt, und mit dem Kopfe,
den ich mir bewußt bin, einem Riesen abgeschlagen zu haben,
sei es gerade so wahr wie mit deiner Mutter, der Hure, nebst
anderm Unsinn, der mich in die größte Bestürzung versetzt hat,
in der ich all meine Lebtage gewesen? Ich schwör's bei . . . .
(und hierbei schaute er gen Himmel und preßte die Zähne zusammen), ich habe Lust, dich so zusammenzudreschen, daß alle
lügenhaften Schildknappen, die es inskünftige auf Erden geben
mag, für immer gewitzigt sein sollen!

Sänftigt Euer Gemüte, Herre mein, erwiderte Sancho. Es
könnte ja sein, daß ich, soviel die Verwandlung der gnädigen

Prinzessin Mikomikona angeht, mich geirrt hätte. Aber soviel
den Kopf des Riesen oder mindestens die Durchlöcherung der
Schläuche angeht und daß das Blut Rotwein gewesen, darin irre
ich mich nicht, so wahr ein Gott lebt! Denn die Schläuche liegen
dort zerstochen am Kopfende Eures Bettes, und der Rotwein
hat die Kammer zu einem See gemacht. Und glaubt Ihr's
nicht, so werdet Ihr es schon sehen, wann es ans Eiersieden
geht, ich meine, wann Seine Wohlgeboren der Herr Wirt hier
für allen angerichteten Schaden seinen Ersatz verlangen wird.
Über das andre all, daß die Frau Königin wieder so ist wie sie
war, da freue ich mich aus Herzensgrund, denn an der Wald-
streu hab' ich meinen Anteil wie jeder Bürgersohn.

Jetzt sag' ich dir, Sancho, sprach Don Quijote, du bist ein
Einfaltspinsel. Vergib mir, und damit gut.

Damit gut, sagte Don Fernando, es soll nicht mehr davon
die Rede sein. Und da die gnädige Prinzessin befiehlt morgen
zu reisen, weil es heute schon spät ist, so soll es also geschehen.
Diese Nacht können wir in freundschaftlicher Unterhaltung zubringen, bis zum anbrechenden Tage, wo wir alle den Herrn Don
Quijote begleiten werden, weil wir Zeugen der mannhaften, unerhörten Großtaten sein wollen, die er verrichten wird im Verlauf dieses großen Unternehmens, zu dem er sich verpflichtet hat.

Ich bin's, dem es obliegt, Euch zu Diensten zu sein und
Euch zu begleiten, entgegnete Don Quijote, und ich erkenne mit
lebhaftem Dank die Gunst, die man mir erweist, und die gute
Meinung, die man von mir hat; und ich werde trachten, daß
diese sich als wahr erweise, oder es soll mich das Leben kosten,
ja noch mehr, wenn es mich mehr kosten kann.

Mancherlei Höflichkeiten, manche freundliche Anerbietungen
wurden zwischen Don Quijote und Don Fernando ausgetauscht;
aber ein Fremder, der in die Schenke trat, brachte plötzlich alles
zum Schweigen. Man sah an seiner Tracht, daß er ein Christ

war, der eben erst aus maurischen Landen freigekommen; denn er ging in einer Jacke von blauem Tuch mit kurzen Schößen, halben Ärmeln und ohne Kragen; die Beinkleider waren ebenfalls blau, doch aus Linnen, und die Mütze von derselben Farbe; er trug dattelfarbige Halbstiefel und einen maurischen Krummsäbel an einem Wehrgehänge, das ihm quer über die Brust ging. Gleich hinter ihm kam auf einem Reitesel ein nach maurischer Art gekleidetes Weib, das Gesicht verdeckt, ein Tuch hing ihr am Kopf herab. Sie trug ein Häubchen von Goldstoff und war in einen Mantel gekleidet, der sie von den Schultern bis zu den Füßen umhüllte. Der Mann war von kräftiger und gefälliger Gestalt, im Alter von etwas über die Vierzig, ziemlich gebräunten Gesichts mit langem Knebelbart, den Kinnbart sorgfältig zugestutzt; kurz, er zeigte eine solche Haltung, daß man ihn, wäre er besser gekleidet gewesen, für einen Mann von Stand und gutem Hause erachtet hätte. Beim Eintreten verlangte er ein Zimmer und zeigte sich verdrießlich, als man ihm sagte, es gebe keines in der Schenke. Er näherte sich der Dame, die nach der Tracht eine Maurin schien, und hob sie in seinen Armen herunter.

Von der ungewöhnlichen und ihren Augen gänzlich fremden Tracht angezogen, umringten Luscinda, Dorotea, die Wirtin, ihre Tochter und Maritornes die Maurin, und da Dorotea, stets gefällig, höflich und besonnen, bemerkte, daß sie wie ihr Führer über das Fehlen eines Zimmers mißgestimmt war, sprach sie zu ihr: Nehmt Euch, Señora, diesen Mangel an der erforderlichen Bequemlichkeit nicht allzusehr zu Herzen; denn daß sich keine vorfindet, ist in Schenken herkömmlich. Aber dessenungeachtet, wenn Ihr Lust habt, mit uns beiden zusammen zu bleiben, — wobei sie auf Luscinda wies, — so mögt Ihr vielleicht im Verlauf Eurer Reise schon manchmal eine nicht so freundliche Aufnahme gefunden haben.

Die Verschleierte gab darauf keine Antwort, sondern stand nur von ihrem Sitze auf, legte beide Hände kreuzweise über die Bruft, neigte das Haupt und verbeugte sich, zum Zeichen, daß sie es mit Dank annehme. Aus ihrem Stillschweigen schlossen sie, die Fremde müsse eine Maurin sein und wisse sich nicht in der Christensprache auszudrücken.

Indem trat der befreite Maurensklave herzu, der sich bis dahin mit anderm beschäftigt hatte, und als er sah, daß alle die in seiner Begleitung gekommene Dame umringten, und daß diese zu allem, was sie ihr sagten, stillschwieg, sprach er: Meine Damen, dies Fräulein versteht meine Sprache kaum, sie kennt auch keine andre als die in ihrem Land bräuchliche, und darum wird sie auf alle Fragen nicht geantwortet haben und wird auch nicht antworten.

Sie ist nic t andres gefragt worden, erwiderte Luscinda, als daß wir ihr für diese Nacht unsre Gesellschaft und einen Teil des Raumes angeboten haben, wo wir uns einrichten werden; und da wollen wir ihr so viel Bequemlichkeit, als des Orts Gelegenheit verstattet, zuteil werden lassen, und es geschieht dies aus gutem Herzen, das es zur Pflicht macht, Fremden hilfreich zu sein, die dessen bedürfen, insbesondere, wenn es gilt, einer Frau Dienste zu leisten.

Für sie und für mich, versetzte der befreite Sklave, küsse ich Euch die Hände, Señora, und ich weiß, die anerbotene Gunst ganz besonders und in so hohem Grade als sich gebührt, zu würdigen; denn bei solcher Gelegenheit und von solchen Personen erwiesen, wie Euer Aussehen verrät, erkennt man gar wohl, daß sie hoch anzuschlagen ist.

Sagt mir, Señor, versetzte Dorotea, ist diese Dame eine Christin oder Maurin? Denn ihre Tracht und ihr Stillschweigen lassen uns vermuten, sie sei, was wir nicht wünschen möchten.

Sie ist eine Maurin von Tracht und Person, aber im Her=
zen höchst eifrige Christin, denn sie hat den innigsten Wunsch
es zu werden.

Also ist sie nicht getauft? versetzte Luscinda.

Es hat sich keine Gelegenheit dazu ergeben, antwortete der
Maurensklave, seit sie Algier, ihre Vaterstadt und Heimat ver=
ließ; und bis jetzt hat sie sich noch nicht in einer nahen Todes=
gefahr befunden, die genötigt hätte, sie eilig zu taufen, ohne daß
sie erst alle Bräuche kennen gelernt hätte, die unsre Mutter, die
heilige Kirche, vorschreibt. Aber Gott wird es gewähren, daß
sie bald getauft wird, und zwar mit den standesgemäßen For=
men, wie es ihr Rang erheischt, der ein viel höherer ist, als ihre
Kleidung und die meinige vermuten läßt.

Diese Worte erweckten in allen Hörern den Wunsch zu er=
fahren, wer die Maurin sei, und wer der befreite Sklave. Aber
keiner wollte sie jetzt darnach fragen, da man einsah, daß der
Augenblick geeigneter sei, ihnen Erholung zu bieten, als sie nach
ihren Erlebnissen auszuforschen. Dorotea nahm die Fremde bei
der Hand, führte sie zu einem Sitze neben sich und bat sie, das
verhüllende Tuch abzunehmen. Sie blickte den Maurensklaven
an, als wenn sie ihn fragte, was man mit ihr spreche und was
sie tun solle. Er sagte ihr in arabischer Sprache, man ersuche
sie, ihre Verhüllung zu beseitigen, und sie solle es tun. Sie nahm
das Tuch ab und enthüllte ein so reizendes Gesicht, daß Dorotea
sie für schöner als Luscinda, und Luscinda sie für schöner als
Dorotea hielt, und alle Umstehenden urteilten, wenn irgend ein
Antlitz sich mit dem der beiden vergleichen lasse, so sei es das
der Maurin; ja, mehr als einer erkannte ihr den Vorzug in
mancher Hinsicht zu. Und wie denn die Schönheit des Vorrechts
und Zaubers genießt, die Gemüter freundlich zu stimmen und
die Neigungen anzuziehen, so waren alle sogleich von dem

Wunsche ergriffen, der schönen Maurin Dienste und Gefällig-
keiten zu erweisen.

Don Fernando fragte den Sklaven, wie die Maurin heiße;
er antwortete: Lela Zoraida. Und wie sie dies hörte, begriff sie
sofort, was man ihn gefragt habe, und rief in großer Hast, ärgerlich und dabei voller Anmut: Nicht, nicht Zoraida; Maria,
Maria; womit sie zu verstehen geben wollte, daß sie Maria und
nicht Zoraida heiße. Diese Worte und das tiefe Gefühl, mit
denen die Maurin sie sprach, entlockten einigen unter den Zuhörern mehr als eine Träne, besonders unter den Frauen, die
von Natur weich und voll Mitgefühls sind. Luscinda umarmte
sie mit herzlicher Liebe und sagte ihr: Ja, ja, Maria, Maria;
worauf die Maurin erwiderte: Ja, ja, Maria; Zoraida ma-
cange, was nicht bedeutet.

Unterdessen kam die Nacht heran, und auf Anordnung von
Don Fernandos Begleitern hatte der Wirt allen Fleiß und
Eifer aufgeboten, um ihnen ein Nachtessen, so gut er es vermochte, zu bereiten. Als nun die Stunde gekommen, setzten sich
alle an eine lange Tafel, wie sie im Speisezimmer fürs Gesinde
zu stehen pflegt, denn in der Schenke gab es weder einen runden
Tisch noch einen mit vier gleichen Seiten. Den Ehrenplatz
obenan erhielt, obwohl er es zuerst ablehnte, Don Quijote, welcher sodann verlangte, es solle die Prinzessin Mikomikona ihm
zur Seite sitzen, da er ihr Schützer sei; nebenan setzten sich Luscinda und Zoraida, ihnen gegenüber Don Fernando und Cardenio, hierauf der Sklave und die andern Edelleute und den
Damen zur Seite der Pfarrer und der Barbier. Und so speisten
sie in fröhlicher Stimmung, die noch erhöht wurde, als sie bemerkten, daß Don Quijote sein Essen unterbrach und, aufs neue
von jenem Geiste angeregt, der ihn damals, da er mit den Ziegenhirten speiste, zu so großer Redseligkeit antrieb, folgendermaßen zu sprechen anhub:

In Wahrheit, wenn man es recht erwägt, meine Herren und Damen, große und unerhörte Dinge erschauen die, so sich zum Orden der fahrenden Ritterschaft bekennen. Und sollte hieran ein Zweifel sein, so sage man: wen von allen Lebenden gäb' es auf Erden, der, wenn er jetzt zur Pforte dieser Burg einträte und uns so zu Tisch hier sitzen sähe, uns für das halten und erkennen würde, was wir sind? Wer vermöchte zu sagen, daß dieses Fräulein, das mir zur Seite sitzt, die große Königin ist, wie wir alle wissen, und daß ich jener Ritter von der traurigen Gestalt bin, der dort außen weitum im Munde des Ruhms lebt? Jetzt kann kein Zweifel mehr sein, daß diese Waffenkunst und dieser Beruf jede Kunst und jeden Beruf übertrifft, die von den Menschen erfunden worden, und er muß in der Achtung der Welt um so höher stehen, je größeren Fährlichkeiten er ausgesetzt ist. Fort aus meinen Augen mit denen, so da behaupten möchten, daß die Wissenschaften den Vorrang vor den Waffen haben! Denen werde ich sagen, und mögen sie sein, wer sie wollen, daß sie nicht wissen, was sie reden. Denn der Grund, den solche angeben, und überhaupt, worauf sie am meisten Gewicht legen, ist, daß die Arbeiten des Geistes höher stehen als die des Körpers, und daß das Waffenwerk nur mit dem Körper betrieben wird, als ob dessen Ausübung ein Geschäft von Taglöhnern wäre, für welches nichts weiter nötig ist als tüchtige Kraft; oder als ob in dem, was wir, die wir uns diesem Berufe widmen, das Waffenwerk nennen, nicht die Taten des Heldenmutes inbegriffen wären, welche zu ihrer Vollbringung nicht wenig geistiges Verständnis erheischen, oder als ob die Aufgabe des Kriegers, dessen Amt es ist, ein Heer zu führen oder eine belagerte Stadt zu verteidigen, nicht erheischte, ebensowohl mit dem Geist zu arbeiten als mit dem Körper. Oder denkt einer anders, so sehe er zu, ob es mit den körperlichen Kräften zu erreichen ist, daß man die Absichten des Feindes, die Pläne, die

Kriegslisten, die Schwierigkeiten erfahre oder auch nur errate,
und jede Gefahr, die zu befürchten ist, im voraus abwende; nein,
alles dies sind Handlungen des Verstandes, an denen der Kör=
per keinerlei Teil hat. Da es also feststeht, daß das Waffenwerk
Geist erfordert wie die Wissenschaft, so wollen wir nun unter=
suchen, wessen Geist, der des Gelehrten oder der des Kriegers,
mehr zu arbeiten hat, und dies wird sich aus dem Zweck und
Ziel erkennen lassen, worauf jeder der beiden ausgeht; denn es
ist diejenige Absicht höher zu schätzen, die sich das eblere Ziel
gesteckt hat. Es ist Zweck und Ziel der Wissenschaften — und ich
rede hier nicht von der Religionswissenschaft, die zum Zielpunkte
hat, die Seelen den Weg des Himmels zu führen, denn mit
einem Endzweck, der so unendlich ist wie dieser, kann sich kein an=
derer vergleichen — ich rede von den menschlichen Wissenschaften,
deren Zweck es ist, die austeilende Gerechtigkeit überall obenan
zu stellen, jedem das Seinige zu geben, dafür bemüht zu sein
und zu bewirken, daß die guten Gesetze beobachtet werden: gewiß
ein Zweck, der edel und erhaben und hohen Lobes wert ist, aber
nicht eines so hohen, wie es der Zweck verdient, den die Waffen
verfolgen, die zu ihrem Gegenstand und letzten Ziel den Frie=
den haben, das größte Gut, so die Menschen in diesem Leben
sich wünschen können. Und die erste gute Botschaft, welche die
Welt empfing und die Menschen empfingen, war daher jene, so
die Engel in der Nacht verkündigten, die unser Tag wurde, da
sie sangen: Ehre sei Gott in der Höhe, und Friede auf Erden,
und den Menschen ein Wohlgefallen. Und der Gruß, den der
beste Meister im Himmel und auf Erden die von ihm Berufenen
und Begnadeten lehrte, war, daß er ihnen anbefahl, wenn sie in
ein Haus einträten, zu sagen: Friede sei mit diesem Hause. Und
zu andern Malen sprach er öfters zu ihnen: Meinen Frieden
gebe ich euch, meinen Frieden lasse ich euch, Friede sei mit euch.
Und fürwahr als Kleinob und Kostbarkeit von solcher Hand ist

ist dies uns gegeben und hinterlassen, ein Kleinod, ohne welches weder im Himmel noch auf Erden ein wahres Glück vorhanden sein kann. Dieser Friede ist der wahre Endzweck des Krieges, denn es ist dasselbe, ob man Krieg oder Waffenwerk sagt. Nachdem wir nun dies festgestellt, daß das Endziel des Krieges der Friede ist, und daß er damit dem Zwecke der Wissenschaften den Vorrang abgewinnt, so kommen wir jetzt zu den körperlichen Anstrengungen des Gelehrten und dessen, der sich dem Waffenwerk ergibt, und untersuchen, welche größer sind.

In so vernünftiger Art und mit so angemessenen Ausdrücken verfolgte Don Quijote den Gegenstand seiner Rede, daß notwendig keiner von all seinen Zuhörern ihn jetzt für einen Narren halten durfte; vielmehr, da die meisten von ihnen Edelleute waren, die dem Waffenhandwerk verwandt sind, hörten sie ihm gerne zu, und er fuhr mit folgenden Worten fort: Ich sage nunmehr, daß die Beschwerden des Studierenden diese sind: vor allem Armut. Nicht als ob sie alle arm wären, sondern weil ich hier gleich den allerschlimmsten Fall setzen will, der denkbar ist. Und wenn ich gesagt habe, daß er Armut erleidet, so dünkt es mich, ich brauche von seinem Mißgeschick nicht ein Mehreres zu sagen, denn wer arm ist, besitzt eben gar nic t Gutes. Diese Armut fühlt er nach all ihren Seiten, bald in Hunger, bald in Kälte, bald in Blöße der Glieder, bald in all diesem zugleich; aber trotz alledem ist sie nicht so arg, daß er gar nichts zu essen bekäme, wenn es auch etwas später geschieht als zur gewöhnlichen Stunde, wenn es auch nur von dem Abhub der Reichen geschieht. Es ist eben das größte Elend der Studierenden, was sie unter sich „zur Suppe gehen" heißen. Auch fehlt es ihnen nicht an einem, wenn auch ihnen nicht zugehörigen Kohlenbecken oder Kamin, das, falls es ihre kalten Glieder nicht wärmt, doch wenigstens ihnen das Frieren erträglicher macht. Und endlich schlafen sie nac t ganz vortreff=

lich unter einer Decke. Ich will mich nicht auf noch andre
Kleinigkeiten einlassen, als zum Beispiel, daß sie Mangel an
Hemden, hingegen keinen Überfluß an Schuhen haben, und einen
Rock dünn bis zur Durchsichtigkeit, an dem die Wolle schier
abgeschabt ist, und daß sie sich mit besonderer Gier den Magen
vollpfropfen, wenn ihnen ein günstiges Geschick einmal einen
Schmaus beschert. Auf diesem rauhen und holperigen Wege,
den ich geschildert, hier strauchelnd, dort fallend, da sich auf=
raffend, hier aufs neue hinfallend, erreichen sie die Stufe, die
sie ersehnen, und ist sie erreicht, so haben wir dann viele gesehen,
die, nachdem sie durch diese Syrten und durch diese Scyllen und
Charybden hindurchgeschifft, wie im Fluge eines günstigen Ge=
schickes dahingetragen — ich sage, wir haben sie gesehen von einem
hohen Sitze herab die Welt befehligen und regieren, ihren Hunger
in Sättigung umgewandelt, ihren Frost in behagliche Kühlung,
ihre Blöße in Prachtgewänder, ihren Schlaf auf der Binsen=
matte in süßes Ruhen auf Batist und Damast — der wohl=
verdiente Lohn ihrer Tugend. Aber wenn wir ihre Mühsale
denen des Kriegers im Felde gegenüberstellen und vergleichen,
so bleiben sie in jedem Punkte weit hinter diesen zurück, wie ich
jetzt darlegen werde.

Achtunddreißigstes Kapitel,

welches von der merkwürdigen Rede handelt, die Don Quijote über die Waffen und die Wissenschaften hält.

Don Quijote fuhr folgendermaßen fort: Da wir bei dem
Studenten mit der Armut und der Art und Weise, wie sie sich
fühlbar macht, angefangen haben, so wollen wir jetzt untersuchen,
ob der Soldat reicher ist, und wir werden ersehen, daß es im

Reiche der Armut selbst keinen Ärmeren gibt. Denn er muß sich
lediglich an seinen elenden Sold halten, der spät oder niemals
eintrifft, oder an das, was er unter beträchtlicher Gefährdung
seines Lebens und seines Gewissens mit eignen Händen erbeutet.
Und zuweilen ist seine Entblößung so groß, daß ein zerhauener
Lederkoller ihm als Paraderock und als Hemd dienen muß, und
mitten im Winter, auf freiem Felde, kann er sich meistens vom
Ungemach der Witterung nur durch den Hauch seines Mundes
erholen, der aber, da er aus leerem Inneren kommt, gegen alle
Gesetze der Natur, ich halte das für erwiesen, kalt aus dem
Gaumen kommen muß. Nun wartet einmal ab, wie er die Nacht
abwartet, um sich von all diesen Unbequemlichkeiten in dem
Bette zu erholen, das seiner wartet, und welches, wenn nicht
etwa durch seine eigne Schuld, niemals an dem Fehler leiden
wird zu eng zu sein. Denn er kann sich ungehindert auf dem Erdboden soviel Fuß abmessen als er will, und sich darauf nach
Herzenslust herumwälzen, ohne zu fürchten, daß ihm die Bettlaken in Wirrwarr geraten. Nun komme nach alledem der Tag
und die Stunde, die Ehren seines Standes zu gewinnen, es
komme der Tag der Schlacht; und da setzt man ihm alsbald
einen Doktorhut aus Scharpie auf, um eine Schußwunde zu
verbinden, die ihm etwa durch die Schläfen gegangen, oder ihm
Arm oder Bein verstümmelt hat. Und im Falle dies nicht eintrifft, sondern des Himmels Erbarmen ihn bei Gesundheit und
Leben erhält, so kann es doch immer geschehen, daß er in der
nämlichen Armut verbleibt, in der er sich vorher stets befunden,
und daß notwendig noch ein und das andre Treffen, eine und
die andre Schlacht erfolgen und er aus allen als Sieger hervorgehen muß, um einigermaßen in seinen Verhältnissen vor-
anzukommen; allein solche Wunder sieht man gar selten. Indessen sagt mir, meine Herren, wenn ihr darüber nachgedacht
habt: wieviel geringer ist die Zahl derer, die durch den Krieg

Belohnung und Beförderung erhalten haben, als berer, die im
Krieg umgekommen sind? Sicherlich werdet ihr mir antworten,
daß zwischen ihnen ein Vergleich unstatthaft ist, und daß man
die Zahl der Toten nicht zum voraus berechnen kann, während
die der Belohnten, die am Leben bleiben, leicht mit drei Ziffern
zu schreiben ist.

Der Fall ist umgekehrt bei den Gelehrten, denn mit ihrem
Gehalt, ich möchte nicht beifügen mit ihren geheimen Sporteln,
haben sie alle genug zum Leben. Wenngleich also die Mühsal
des Soldaten größer ist, so ist der Lohn weit geringer. Allerdings kann man hierauf entgegnen, daß es leichter ist, zweitausend Gelehrte als dreißigtausend Soldaten zu belohnen;
denn jene belohnt man durch Verleihung von Ämtern, die notwendig Leuten ihres Berufs zuteil werden müssen, und diese
können ihren Lohn nur aus dem Vermögen ihres Dienstherrn
empfangen. Aber gerade diese Unmöglichkeit verstärkt meine
Gründe um so mehr.

Lassen wir jedoch dieses beiseite, denn es ist ein Labyrinth,
aus dem der Ausgang sehr schwer zu finden ist; kommen wir
vielmehr zu dem Vorrang der Waffen vor den Wissenschaften
zurück; ein Gegenstand, der bis jetzt noch zu untersuchen bleibt,
derart sind die Gründe, die von jeder der beiden Seiten angeführt werden. Und außer benjenigen, die ich schon vorgebracht,
sagen die Wissenschaften, ohne sie könne das Waffenwerk nicht
bestehen, denn auch der Krieg hat seine Gesetze und ist denselben
unterworfen, die Gesetze aber fallen unter die Herrschaft der
Wissenschaften und der Gelehrten. Darauf antworten die Waffen,
ohne sie können die Gesetze nicht bestehen, weil mit den Waffen
die Republiken sich verteidigen und die Königreiche sich erhalten,
die Städte geschützt, die Straßen gesichert und die Meere von
Seeräubern gesäubert werden. Und kurz, wenn die Waffen es
nicht verhinderten, so wären die Republiken, die Königreiche, die

Monarchien, die Städte, die Straßen zur See und zu Lande, der Grausamkeit und Zerrüttung preisgegeben, die der Krieg mit sich bringt, solange er dauert und volle Freiheit hat, seine Vorrechte und seine Gewalt zu gebrauchen.

Ferner ist es eine anerkannte Wahrheit, daß was mehr kostet, auch höher geschätzt wird und werden muß. Daß jemand es dahin bringt, in den Wissenschaften eine hervorragende Stellung einzunehmen, kostet ihn Zeit, Nachtwachen, Hunger, Blöße, Schwindel im Kopf, Verdauungsbeschwerden im Magen und noch andres, was damit zusammenhängt, und was ich zum Teil schon erwähnt habe; aber daß jemand es durch seine Führung dahinbringt, ein guter Soldat zu werden, das kostet ihn ganz dasselbe wie den Studierenden, aber in einem so viel höheren Grade, daß gar keine Vergleichung statthaft ist, denn er steht jeden Augenblick in Gefahr, sein Leben einzubüßen. Und welche Besorgnis vor Not und Armut kann den Studierenden befallen und bedrängen, die der des Soldaten gleichkäme, wenn er in einer Festung eingeschlossen und, in einem Ravelin oder Cavalier auf Posten oder Wache stehend, merkt, daß die Feinde nach der Stelle hin, wo er sich befindet, einen Minengang anlegen, während er sich unter keinerlei Umständen von dort entfernen oder vor der Gefahr fliehen darf, die ihn so nahe bedroht! Das einzige, was er tun kann, ist, seinem Hauptmann von dem Vorgang Nachricht zu geben, damit er durch eine Gegenmine das Unheil abwende, und selber in Furcht und Hoffnung still zu halten, bis er unversehens zu den Wolken ohne Flügel emporfliegt und dann willenlos in die Tiefe hinunterstürzt. Und falls dieses eine geringe Gefahr scheint, so wollen wir sehen, ob jene ihr gleichkommt oder sie überbietet, wenn zwei Galeeren inmitten der weiten See mit dem Vorderbug aufeinanderstoßen. Wenn da die Schiffe aneinanderhängen und ineinander verstrickt sind, bleibt dem Soldaten nicht mehr Raum,

als ihm eine zwei Fuß breite Planke am Schiffsschnabel gewährt. Und troß alledem, obschon er sieht, daß er so viele
dräuende Werkzeuge des Todes vor sich hat, als Geschützrohre
von feindlicher Seite her auf ihn gerichtet sind, die von seinem
Leibe nicht um eines Speeres Länge abstehen; und obschon er
sieht, daß beim ersten Fehltritt seiner Füße er hingehen würde,
den tiefen Schoß Neptuns heimzusuchen: troß alledem stellt er
sich, mit unverzagtem Herzen, angetrieben von dem Ehrgefühl,
das ihn beseelt, zum Zielpunkt dieses gewaltigen Geschützfeuers
hin und seßt alle Mühe daran, auf so enger Steige auf das
feindliche Schiff hinüberzusteigen. Und was am meisten in
Staunen seßen muß: kaum ist einer dort gefallen, wo er bis
zum Ende aller Tage nicht mehr aufzustehen vermag, so nimmt
ein andrer genau seinen Plaß ein, und stürzt auch dieser ins
Meer, das auf ihn als seinen Feind lauert, so folgt ihm ein
andrer und noch ein andrer, ohne nur dem Sterbenden zum
Sterben Zeit zu lassen: der größte Heldenmut fürwahr, die
größte Verwegenheit, die nur denkbar ist in den entscheidenden
Augenblicken des Kriegsgeschicks.

Heil jenem gesegneten Zeitalter, das die gräßliche Wut jener
satanischen Werkzeuge der Geschützkunst noch nicht kannte!
Ihrem Erfinder, dessen bin ich überzeugt, wird jeßt in der Hölle
der Lohn seiner teuflischen Erfindung, mittels deren er es zuwege brachte, daß ein ehrloser, feiger Arm einem mannhaften
Ritter das Leben rauben kann, und daß, ohne zu wissen, wie und
woher, inmitten der Tapferkeit und Tatenlust, die den Busen
der Helden entzündet und beseelt, eine verirrte Kugel daher-
kommt, die da — abgeschossen von einem, der vielleicht, als er
die verfluchte Maschine abfeuerte, vor dem Aufblißen sich selber
entseßte und entfloh, — in einem Augenblick das Denken und
Leben eines Mannes abschneidet und vernichtet, der dessen noch
lange Jahrzehnte hindurch zu genießen verdient hätte.

Und wenn ich also dieses bedenke, so möchte ich beinahe sagen, es tut mir in der Seele weh, diesen Beruf eines fahrenden Ritters ergriffen zu haben, in einem so greulichen Zeitalter wie dieses, in dem wir jetzo leben.. Denn obschon bei mir keine Gefahr Furcht erweckt, so erweckt es mir immerhin ein Grausen zu denken, daß vielleicht Pulver und Blei mir die Gelegenheit rauben sollen, durch die Tapferkeit meines Armes und meines Schwertes Schärfe mich in sämtlichen bis jetzt entdeckten Teilen des Erdenrunds berühmt und allbekannt zu machen. Aber möge es der Himmel fügen, wie es ihm gefällt; jedenfalls werde ich mir, wenn ich mein Vorhaben siegreich zu Ende führe, um so mehr Achtung erringen, je mehr ich mich größeren Gefahren aussetze als die fahrenden Ritter vergangner Zeiten sich ausgesetzt haben.

Diese lange und breite Rede hielt Don Quijote, während die andern speisten, und vergaß dabei das Mahl so völlig, daß er sich keinen Bissen zu beißen gönnte; wiewohl ihn Sancho Panza ein paarmal zum Essen ermahnt hatte, da sich nachher schon Zeit finden werde, um alles Beliebige vorzubringen. In seinen Zuhörern regte sich aufs neue lebhaftes Bedauern, daß ein Mann, der dem Anschein nach so viel Geistesschärfe in allen Dingen, über die er sprach, und so viel Verstand zeigte, ihn so gänzlich eingebüßt haben sollte, so oft man mit ihm von seinem unseligen, verwünschten Rittertum sprach.

Der Pfarrer sagte ihm, er habe sehr recht in allem, was er zu gunsten der Waffen gesagt, und er selbst sei, obschon ein studierter Mann, der den Grad eines Lizentiaten besitze, gänzlich seiner Meinung.

Die Mahlzeit war vorüber, es wurde abgedeckt; und während die Wirtin, ihre Tochter und Maritornes die Kammer zurecht machten, worin Don Quijote von der Mancha geschlafen, und wo man den Damen allein eine Ruhestätte für diese Nacht zu bereiten beschlossen hatte, bat Don Fernando den Maurensklaven, ihnen seinen Lebenslauf zu erzählen, da derselbe unmöglich anders als merkwürdig und unterhaltend sein könne, wie sich dies schon von vornherein aus dem Umstand schließen lasse, daß er in Zoraidas Gesellschaft reise. Darauf antwortete der Sklave, er werde sehr gern diesem Verlangen entsprechen; er fürchte nur, daß die Erzählung nicht derart sein werde, ihnen so viel Unterhaltung zu gewähren als er wünsche. Dessenungeachtet wolle er sie vortragen, um nicht dem ausgesprochenen Wunsche die Erfüllung zu verweigern.

Der Pfarrer und alle andern sprachen ihm dafür ihren Dank aus und ersuchten ihn aufs neue darum. Wie er sich nun von so vielen bitten sah, sagte er, es bedürfe der Bitten nicht, wo man ihm zu befehlen habe.

So mögen denn Euer Gnaden mir Aufmerksamkeit schenken, und Ihr werdet einen wahrhaften Bericht vernehmen, mit welchem vielleicht jene lügenhaften sich nicht messen können, die man mit sorgfältiger und wohlüberdachter Kunst zusammenzustellen pflegt.

Diese Äußerung bewog sofort alle, sich niederzusetzen und ihm in tiefer Stille ihr Ohr zu leihen. Und da er sah, daß sie bereits schweigend dasaßen und seiner Mitteilungen gewärtig waren, begann er mit gelassener und angenehmer Stimme folgendermaßen.

Neununddreißigstes Kapitel,
worin der Sklave aus Algier sein Leben und seine Schicksale erzählt.

An einem Ort in den Gebirgen von León hat mein Geschlecht seinen Ursprung. Die Natur hatte sich ihm wohlwollender und freigebiger erwiesen als das Glück; aber in den dürstigen

Verhältnissen, die in jenen Ortschaften herrschen, hatte mein
Vater trotzdem den Namen eines reichen Mannes behauptet,
und er wäre es auch wirklich gewesen, wenn er sich ebensosehr
Mühe gegeben hätte, sein Vermögen zu erhalten, als er es sich
angelegen sein ließ, es zu verbrauchen. Sein Hang, sich stets
freigebig zu zeigen und sein Geld unter die Leute zu bringen,
rührte davon her, daß er in seinen Jugendjahren Soldat gewesen war; denn das Soldatenleben ist die Schule, wo der
Knauser freigebig und der Freigebige zum Verschwender wird,
und ist ausnahmsweise ein und der andre Soldat ein Geizhals,
so ist er wie ein naturwidriges Wundertier, das man selten zu
sehen bekommt. Mein Vater überschritt beständig die Grenzen
der Freigebigkeit und streifte in die der Verschwendung hinüber,
was einem verheirateten Manne nie zum Frommen gereicht,
zumal wenn er Kinder hat, die ihm im Namen und Stande
nachfolgen sollen. Die Söhne, die mein Vater hatte, waren
drei an der Zahl, alle schon im Alter, einen Lebensberuf wählen
zu können. Da nun mein Vater sah, daß er, wie er selber sagte,
nicht gegen seinen angebornen Hang aufkommen konnte, so faßte
er den Plan, sich des Werkzeugs seiner Verschwendung zu entschlagen und die Ursache zu beseitigen, die ihn gebsüchtig machte,
das heißt, er wollte sich seines Geldes entschlagen, — des Geldes,
ohne welches selbst ein Alexander sich engherzig zeigen müßte.
So rief er denn eines Tages uns alle drei ganz allein in sein
Gemach und sprach ungefähr so, wie ich es euch jetzt wieder-
holen will:

Meine Kinder, um euch zu sagen, daß ich euch liebe, genügt
es zu wissen und zu sagen, daß ihr meine Kinder seid; und um
einzusehen, daß ich euch nicht so liebe wie sich gebührt, genügt
es zu wissen, daß ich da, wo ich dafür sorgen sollte, euch euer
Vermögen zu erhalten, mich dennoch nie im Zaume halte. Damit ihr indessen fürderhin einsehen sollt, daß ich euch als Vater

14*

liebe und nicht als ein Stiefvater euch zugrunde richten will, so
will ich etwas mit euch vornehmen, was ich schon seit vielen
Tagen überlegt und mit reiflichem Nachdenken vorbereitet habe.
Ihr seid bereits im Alter, einen Lebensberuf zu ergreifen oder
wenigstens euch eine Beschäftigung derart zu suchen, daß sie,
wenn ihr älter werdet, euch Ehre und Vorteil gewähren könne.
Was ich mir nun ausgedacht habe, ist, mein Vermögen in vier
Teile zu zerlegen; drei will ich euch geben, jedem, was auf den
seinigen kommt, ohne daß ein Teil den andern irgendwie über=
schreitet. Der vierte soll mir verbleiben, um davon zu zehren
und mich die Zeit über zu erhalten, die mir der Himmel noch
zu leben vergönnt. Indessen wünschte ich, daß jeder von euch,
wenn er den Anteil in Händen hat, der ihm am Vermögen ge=
hört, einen von den Lebenswegen einschlage, die ich ihm be=
zeichnen will. Es gibt ein Sprichwort in unserm Spanien, das
nach meiner Meinung eine tiefe Wahrheit enthält, wie eben alle,
weil sie kurze, der langen Erfahrung verständiger Leute ent=
nommene Denksprüche sind; und dasjenige, das ich meine, lautet:
Kirche oder See oder Königsdienst. Das ist so viel, als wollte
es, deutlicher ausgedrückt, den Rat geben: wer Ansehen oder
Reichtum gewinnen will, der ergreife entweder die geistliche
Laufbahn oder begebe sich zu Schiff, um Handel zu treiben,
oder gehe an den Hof in des Königs Dienst; denn es heißt ja:
besser Brosamen vom König als reiche Gunst vom Edelmann.
Ich sage dies, weil es mir lieb wäre, wenn einer von euch sich
dem Studium, der andere dem Handel widmen, der dritte aber
dem König im Kriege dienen wollte. Es ist nämlich schwierig,
gleich von vorn herein zum Hofdienst zugelassen zu werden; der
Krieg aber, wenn er auch nicht großen Reichtum gewährt, pflegt
großes Ansehen und großen Ruf zu verschaffen. Innerhalb der
nächsten acht Tage werde ich euch euern ganzen Anteil in barem
Gelde geben, ohne euch nur einen Pfennig zu verkürzen, wie ihr

es durch die Tat erkennen werdet. Jetzt sagt mir, ob ihr in betreff meiner Vorschläge meinem Wunsch und Rate folgen wollt.

Da er hierauf mich, weil ich der Älteste war, zu antworten aufforderte, so sagte ich ihm, er möchte doch seines Besitztums sich nicht selbst entäußern, sondern alles, was ihm beliebe, ausgeben; wir seien jung genug, um noch zu lernen, wie man Vermögen erwerbe. Ich schloß damit, daß ich seinen Wunsch erfüllen würde, und der meinige sei es, dem Berufe des Waffenhandwerks zu folgen und in demselben Gott und meinem Könige zu dienen.

Der zweite Bruder machte dem Vater dasselbe Anerbieten wie ich und erklärte, was er für sich erwähle, sei nach Indien zu gehen, und er wolle das Vermögen, das ihm zukomme, mitnehmen und im Geschäft anlegen. Der Jüngste und, wie ich glaube, gescheiteste von uns, sagte, er wolle die geistliche Laufbahn verfolgen oder nach Salamanka gehen, um seine begonnenen Studien fortzusetzen.

Als wir nun mit uns eins geworden und unsere Berufsarten erwählt hatten, umarmte mein Vater uns alle, und in der kurzen Frist, die er uns bestimmt hatte, führte er alles aus, was er uns versprochen. Und nachdem er jedem seinen Teil behändigt, welcher, soviel ich mich entsinne, dreitausend Goldtaler in barem Gelde betrug, — nämlich ein Oheim von uns hatte das ganze Grundeigentum gekauft und bar bezahlt, damit es nicht aus der Familie komme, — so nahmen wir alle drei an einem und demselben Tage Abschied von unserem guten Vater. Und am nämlichen Tage, da es mir unbarmherzig schien, meinen Vater in seinem Alter mit so geringem Vermögen zu verlassen, bewog ich ihn, von meinen dreitausend Goldtalern zweitausend zu nehmen, da mir der Rest genügte, um mich mit allem zu versorgen, was ein Soldat nötig hatte. Meine beiden Brüder ließen sich durch mein Beispiel bestimmen, ihm tausend Gold-

taler ein jeder zu geben; so daß meinem Vater viertausend
Goldtaler in Barem blieben, und außerdem noch dreitausend,
der Betrag, welchen das Eigentum wert schien, das auf seinen
Anteil kam, und das er nicht verkaufen, sondern als Grund-
besitz behalten wollte.

Endlich schieden wir von ihm und von jenem unserem
Oheim, den ich erwähnt habe, nicht ohne tiefes Leid, nicht ohne
Tränen in aller Augen. Wir verpflichteten uns, sie beide, so
oft sich Gelegenheit dazu biete, unsere glücklichen oder unglücklichen Erlebnisse wissen zu lassen. Wir versprachen es ihnen,
sie umarmten uns und gaben uns ihren Segen, und der eine
von uns nahm den Weg nach Salamanka, der andere nach
Sevilla, und ich nach Alicante, wo ich erfuhr, daß ein genuesi-
sches Schiff vor Anker liege und eine Ladung Wolle nach Genua
einnehme. Dies Jahr werden es zweiundzwanzig Jahre sein,
seit ich aus meines Vaters Hause zog, und alle diese Jahre hindurch habe ich, obwohl ich mehrere Briefe schrieb, weder von
ihm noch von meinen Brüdern irgend eine Nachricht erhalten.
Was ich aber im Verlaufe dieser Zeit erlebt habe, das will ich
in Kürze berichten.

Ich schiffte mich in Alicante ein, gelangte auf glücklicher
Fahrt nach Genua, reiste von da nach Mailand, wo ich mir
Waffen anschaffte, so auch etlichen Staat, wie ein Soldat ihn
brauchen kann. Von dort wollte ich nach dem Piemont, um mich
anwerben zu lassen, und als ich schon auf dem Wege nach
Alexandria de la Palla war, kam mir die Nachricht, der große
Herzog von Alba sei eben unterwegs nach Flandern. Ich
änderte meinen Vorsatz, wandte mich zu ihm und diente unter
ihm in den Schlachten, die er schlug. Ich war zugegen bei der
Hinrichtung der Grafen Egmont und Horn und brachte es
zum Fähnrich bei einem berühmten Hauptmann aus Guadalajara, Namens Diego de Urbina. Einige Zeit nachdem ich

meinen Aufenthalt in Flandern genommen, erhielt man Nach=
richt von dem Bündnis, welches Seine Heiligkeit der Papst Pius
der Fünfte, seligen Gedächtnisses, mit Venedig und Spanien
gegen den gemeinschaftlichen Feind, nämlich den Türken, ge=
schlossen hatte, welcher zur nämlichen Zeit mit seiner Kriegs=
flotte die berühmte Insel Cypern, die unter der Botmäßigkeit
der Venezianer stand, erobert hatte: ein beklagenswerter und
schmerzlicher Verlust! Man erfuhr mit Gewißheit, daß dieser
Bund den erlauchten Don Juan de Austria, den natürlichen
Bruder unseres trefflichen Königs Don Felipe, zum Oberfeld=
herrn hatte, und allgemein verbreitete sich die Kunde von den
gewaltigen Zurüstungen zum Kriege. All dieses erregte und
entzündete in mir die Tatenlust und den Wunsch, der Schlacht
beizuwohnen, die man erwartete; und obschon ich Aussichten,
ja beinahe feste Zusagen hatte, bei der ersten Gelegenheit, die
sich darböte, zum Hauptmann befördert zu werden, drängte es
mich, alles im Stiche zu lassen und nach Italien zu gehen, was
ich auch wirklich tat. Mein Glück wollte, daß der Señor Don
Juan de Austria eben in Genua angekommen war, auf der
Reise nach Neapel begriffen, um seine Kriegsflotte mit der
venezianischen zu vereinigen, wie er dies denn auch späterhin
zu Messina tat. Kurz, ich nahm teil an jener höchst glücklichen
Schlacht, nachdem ich schon Hauptmann beim Fußvolk geworden,
zu welchem Ehrenposten mehr mein Glück als mein Verdienst
mich erhob. Und an jenem Tage, der für die Christenheit ein
so glücklicher war, weil an ihm die Welt und alle Nationen
aus dem irrigen Glauben gerissen wurden, die Türken seien
zur See unbesiegbar — an jenem Tage sag' ich, wo der otto=
manische Stolz und Hochmut gebrochen wurde, da war unter all
den Glücklichen dort (denn glücklich waren auch die Christen,
die dort fielen, ja, noch glücklicher als die den Sieg und das
Leben davontrugen), ich allein der Unglückliche. Denn an=

statt daß ich, wenn ich zur Zeit der Römer gelebt hätte, eine
Schiffskrone erhoffen konnte, sah ich mich in der Nacht, die auf
einen so ruhmreichen Tag folgte, mit Ketten an den Füßen
und mit Handschellen gefesselt. Und dies trug sich folgendermaßen zu. Uludsch=Ali, König von Algier, ein verwegener
und glücklicher Seeräuber, hatte die Admiralsgaleere von Malta
angegriffen und überwältigt, und es waren in derselben nur
drei Ritter am Leben geblieben, alle drei schwer verwundet. Da
kam ihr Juan Andreas Admiralsschiff zu Hilfe, auf welchem
ich mich mit meinem Fähnlein befand. Ich tat, was in solchem
Falle meine Pflicht war, und sprang an Bord der feindlichen
Galeere; aber diese kam von dem angreifenden Schiffe los und
hinderte dergestalt meine Soldaten, mir zu folgen. So fand
ich mich allein unter meinen Feinden, gegen die ich nic t vermochte, da ihrer zu viele waren. Sie überwältigten mich, mit
Wunden bedeckt, und da, wie ihr wohl gehört habt, der Uludsch=
Ali mit seinem ganzen Geschwader entkam, so mußte ich als
Gefangener in seiner Gewalt bleiben. So war ich der einzige
Traurige unter so viel Fröhlichen und der einzige Gefangene
unter so viel Befreiten; denn es waren fünfzehntausend Christen,
die an diesem Tage die ersehnte Freiheit erlangten und alle auf
den Ruderbänken der türkischen Flotte Sklaven gewesen waren.

Ich wurde nach Konstantinopel gebracht, wo der Großtürke
Selim meinen Herrn zum Admiral ernannte, weil er seine
Schuldigkeit in der Schlacht getan und als Denkzeichen seiner
Tapferkeit die Standarte des Malteserordens mitgebracht hatte.
Im folgenden Jahre, fünfzehnhundertzweiundsiebzig, befand ich
mich vor Navarin, wo ich an Bord der „Drei Laternen“, des
Admiralsschiffes, rudern mußte. Ich sah und merkte mir, wie
man damals die Gelegenheit versäumte, die ganze türkische
Kriegsflotte im Hafen wegzunehmen, da alle Levantis und
Janitscharen, die an Bord waren, es für gewiß hielten, daß

man sie im Hafen selbst angreifen werde, und ihr Gepäck und ihre Pasamaques, das heißt ihre Schuhe, schon in Bereitschaft hielten, um sofort zu Lande zu entfliehen, ohne sich in einen Kampf einzulassen: so groß war die Furcht, die sie vor unserer Flotte hegten. Allein der Himmel fügte es anders, nicht aus Verschulden oder Lässigkeit des Feldherrn, der die Unseren befehligte, sondern um der Sünden der Christenheit willen, und weil Gott will und zuläßt, daß wir stets Peiniger haben, uns zu züchtigen. So kam es, daß Uludsch=Ali sich nach Modón zurückziehen konnte, einer Seestadt nahe bei Navarin, er setzte seine Leute ans Land, befestigte den Eingang zum Hafen und hielt sich ruhig, bis der Señor Don Juan wieder absegelte. Bei dieser Fahrt ward eine Galeere erobert, welche den Namen „Die Prise" bekam, und deren Schiffshauptmann ein Enkel jenes berühmten Korsaren Barbarossa war. Die „Wölfin" nahm sie weg, das neapolitanische Admiralschiff, welches jener Donner= strahl des Krieges befehligte, jener Vater der Soldaten, der glückliche und nie besiegte Feldherr Don Álvaro de Bazán, Marqués de Santa Cruz. Und ich will hier nicht zu erzählen unterlassen, was dabei vorging, als „Die Prise" zur Prise ge= macht wurde. Der Enkel Barbarossas war so grausam und miß= handelte seine Gefangenen so arg, daß, sowie die Ruderknechte sahen, daß die Galeere „Wölfin" auf das Schiff lossteuerte und es schon erreichte, sie alle zu gleicher Zeit die Ruder fallen ließen, ihren Schiffshauptmann ergriffen, der auf der Brücke über Deck stand und ihnen zurief, sie sollten schneller rudern. Sie warfen ihn von Bank zu Bank, vom Hinterteil des Schiffs bis ans Vorderteil und versetzten ihm solche Bisse, daß, als er kaum am Hauptmast vorüber war, seine Seele schon hinüber in die Hölle geflogen war. So groß war, wie ich schon gesagt, die Grausamkeit, mit der er sie behandelte, und der Haß, den sie gegen ihn hegten.

Wir segelten nach Konstantinopel zurück, und dort erfuhr man im folgenden Jahre, daß der Señor Don Juan Tunis erobert, das Königreich den Türken entrissen und in dessen Besitz den Mulei Hamet eingesetzt hatte, wodurch er dem Mulei Hamida, dem grausamsten und tapfersten Mauren, den die Welt je gesehen, die Hoffnung abschnitt, wieder auf den Thron dieses Landes zurückzukehren. Dieser Verlust ging dem Großtürken sehr nahe, und mit jener Schlauheit, die allen Gliedern seiner Familie angeboren ist, schloß er jetzt Frieden mit den Venezianern, welche ihn noch weit mehr wünschten als er selbst, und griff im folgenden Jahre vierundsiebenzig Goleta an und die große Feste, die der Señor Don Juan bei Tunis mitten im Bau unvollendet gelassen hatte. All diese Fährlichkeiten machte ich auf der Ruderbank mit, ohne Hoffnung auf eine mögliche Befreiung. Wenigstens konnte ich nicht hoffen, diese durch Loskauf zu erlangen, da ich entschlossen war, meinem Vater nichts von meinem Mißgeschick zu schreiben.

Endlich ging Goleta verloren, die neue Feste ging verloren, gegen welche Plätze fünfundsiebenzigtausend Mann türkischer Soldtruppen im Feld standen nebst mehr als viermalhunderttausend Mauren und Arabern aus ganz Afrika, welche große Anzahl Volks mit so viel Kriegsvorrat und Geschütz versehen war und so viel Schanzgräber zählte, daß sie schon mit den Händen allein genug Erdklumpen hätten werfen können, um Goleta und die neue Feste völlig zu überschütten.

Zuerst fiel Goleta, das bis dahin für unbezwinglich gegolten, und es fiel nicht durch Schuld seiner Verteidiger, die alles zur Verteidigung taten, was ihre Schuldigkeit und in ihrer Macht war, sondern weil die Erfahrung zeigte, wie leicht Laufgräben in diesem wüsten Sandboden anzulegen waren; denn während die Unsern glaubten, man stoße schon zwei Fuß tief auf Wasser, so fanden die Türken noch keins in einer Tiefe von zwei Ellen,

und so errichteten sie mit Sandsäcken längs der Laufgräben so
hohe Schanzwerke, daß sie die Festungsmauern überragten, und
da sie diese von oben herab wie von einem Cavalier beschossen,
so konnte niemand standhalten noch in der Verteidigung be=
harren. Es war die allgemeine Ansicht, die Unsern hätten sich
nicht in Goleta einschließen, sondern im offenen Felde die Lan=
dung abwarten sollen. Allein die dieses sagen, urteilen aus der
Ferne und mit geringer Erfahrung in solchen Dingen. Denn da
in Goleta und in der großen Feste kaum siebentausend Soldaten
waren, wie konnte eine so kleine Anzahl, wäre sie auch noch so
heldenmütig gewesen, sich gegen die so große des Feindes ins
offene Feld wagen und zugleich die beiden festen Plätze besetzt
halten? Und wie kann es anders sein, als daß eine Festung
verloren geht, wenn sie keinen Entsatz erhält, und vorab, wenn
die Feinde sie zahlreich und beharrlich umlagern, zumal in
ihrem eigenen Lande? Indessen waren viele der Meinung, und
so auch ich, daß der Himmel den Spaniern eigentlich eine be=
sondere Gunst und Gnade dadurch erzeigte, daß er die Zer=
störung dieser Werkstätte und Herberge der Übeltaten zuließ, die
der nagende Wurm, der einsaugende Schwamm, die zerfressende
Motte war, durch welche eine unendliche Menge Geldes nutzlos
aufgezehrt wurde, ohne andern Zweck, als das Angedenken daran
zu bewahren, daß der unbesiegbare Karl der Fünfte, glorreichen
Angedenkens, den Platz erobert hatte; gerade als wenn, um
diesem Angedenken ewige Dauer zu verleihen, — die es ohne=
dies hat und haben wird, — die Notwendigkeit vorhanden wäre,
daß jene Steinhaufen es aufrecht erhielten.

Auch die neue Feste fiel. Aber die Türken konnten sie nur
Schritt für Schritt erobern, denn die Soldaten, die sie ver=
teidigten, kämpften so tapfer und heldenmütig, daß sie in zwei=
undzwanzig Hauptstürmen, die man gegen sie unternahm, mehr
als fünfundzwanzigtausend Feinde erschlugen. Von den drei=

hundert der Unsrigen, die am Leben blieben, fiel keiner un-
verwundet in ihre Hände, ein untrüglicher und augenscheinlicher
Beweis, wie mutig und mannhaft sie sich gehalten, und wie gut
sie die ihnen anvertrauten Plätze verteidigt und geschirmt hatten.
Dann ergab sich auf Kapitulation ein kleines Festungswerk, ein
Turm, der mitten im See lag und unter dem Befehl des Don
Juan Zanoguera stand, eines valenzianischen Edelmanns und
berühmten Kriegshelden.   Die Türken nahmen Don Juan
Puertocarrero gefangen, den Befehlshaber von Goleta, der alles
Mögliche getan hatte, um seine Festung zu verteidigen, und dem
ihr Verlust so zu Herzen ging, daß er aus Kummer auf dem
Wege nach Konstantinopel starb, wohin man ihn gefangen führte.
Auch der Befehlshaber der neuen Feste fiel in ihre Hand,
namens Gabrio Cervellón, ein Mailänder Edelmann, ein aus-
gezeichneter Ingenieur und überaus tapferer Kriegsmann. In
den beiden Festungen verloren viele Männer von Bedeutung
das Leben, unter ihnen Pagán Doria, Ritter des Johanniter-
ordens, von hochherziger Gesinnung, wie es die großartige
Freigebigkeit bewies, die er gegen seinen Bruder übte, den berühmten Juan Andrea Doria. Was seinen Tod besonders be-
klagenswert machte, war, daß er durch ein paar Araber umgebracht wurde, denen er sein Vertrauen geschenkt hatte, als er
die Feste schon verloren sah. Sie hatten sich erboten, ihn in
maurischer Tracht nach Tabarka zu bringen, was ein kleiner
Hafen oder eine Niederlassung ist, die die Genuesen zur Be-
treibung der Korallenfischerei an jenen Gestaden besitzen. Die
Araber schnitten ihm den Kopf ab und brachten ihn zu dem
Befehlshaber der türkischen Flotte. Dieser aber machte an ihnen
unser kastilisches Sprichwort wahr, daß man den Verrat
liebt und den Verräter haßt, und demgemäß, so wird erzählt,
ließ der Befehlshaber die Leute aufknüpfen, die ihm das Geschenk
brachten, weil sie ihm den Mann nicht lebend gebracht hätten.

Unter den Christen, die in der Feste in Gefangenschaft ge=
rieten, war einer namens Don Pedro de Aguilar; gebürtig aus
ich weiß nicht welchem Ort in Andalusien, welcher Unterbefehls=
haber in der Feste gewesen, ein Kriegsmann von großer Bedeu=
tung und seltenem Geiste; namentlich leistete er Vorzügliches in
der Schreibart, die die poetische genannt wird. Ich hebe dies
hervor, weil sein Schicksal ihn auf meine Galeere und auf meine
Ruderbank führte und in den Sklavendienst unter demselben
Herrn wie ich. Noch ehe wir aus jenem Hafen absegelten, dich=
tete dieser Edelmann zwei Sonette in der Art eines Nachrufs,
das eine auf Goleta und das andre auf die neue Feste; und in
der Tat, ich muß sie euch vortragen, denn ich weiß sie auswen=
dig und glaube, sie werden eher Vergnügen als Langeweile ver=
ursachen.

Im Augenblick, wo der Maurensklave Don Pedro de Aguil=
lars Namen aussprach, blickte Don Fernando seine Begleiter
an, und alle drei lächelten; und als er an die Erwähnung der
Sonette kam, sagte der eine: Bevor Ihr weiter geht, bitte ich
Euch, mir zu sagen, was aus dem Don Pedro de Aguilar, den
Ihr genannt habt, geworden ist.

Was ich weiß, sagte der Sklave, ist nur, daß er nach Verlauf
von zwei Jahren, die er in Konstantinopel zubrachte, in der
Tracht eines Arnauten mit einem griechischen Spion entfloh.
Ich habe nicht in Erfahrung gebracht, ob er seine Freiheit er=
langt hat, wiewohl ich es allerdings glaube. Denn ein Jahr spä=
ter sah ich den Griechen in Konstantinopel, konnte ihn aber nicht
nach dem Ausgang ihres Unternehmens fragen.

Der ist so gewesen, versetzte der Edelmann: Dieser Don
Pedro ist mein Bruder, und wohnt jetzt in unserer Heimat in
Wohlbefinden und Reichtum, ist verheiratet und hat drei Kinder.

Gott sei gedankt, sprach der Sklave, für all die Gnade, die
er ihm erwiesen; denn nach meiner Meinung gibt es auf Erden

kein Glück, das dem Wiedergewinn der verlorenen Freiheit sich vergleichen ließe.

Übrigens, sprach der Edelmann, kenne ich auch die beiden Sonette, die mein Bruder verfaßt hat.

So mögt Ihr denn selbst sie mitteilen, sprach der Sklave; Ihr werdet sie jedenfalls besser als ich vortragen.

Mit Vergnügen, erwiderte der Edelmann.

Das Sonett auf Goleta lautete folgendermaßen.

Vierzigstes Kapitel,

worin die Geschichte des Sklaven fortgesetzt wird.

Sonett.

Ihr sel'gen Geister, ihr vom Staubgewande
Befreit, weil ihr gewirkt fürs Rechte, Gute,
Schwangt euch vom Erdenweh, das auf euch ruhte,
Zum besten, höchsten Heil der Himmelslande.

Ihr habt des Körpers Kraft gesetzt zum Pfande
Für wahre Ehr', ihr habt in hohem Mute
Gefärbt mit eignem und mit fremdem Blute
Das tiefe Meer, den Sand am Dünenstrande.

Denn eher als der Mut schwand euch das Leben,
Ihr müden Kämpfer, und die Welt verleiht euch,
Ob ihr besiegt auch seid, des Sieges Krone.

Und dieser Tod, dem ihr euch preisgegeben
Hier zwischen Wall und Feindesschwert, er weiht euch
Dem Ruhm hienieden, dort dem ew'gen Lohne.

Gerade so weiß ich es auswendig, sagte der Sklave.

Und das Sonett auf die neue Feste, wenn ich mich recht entsinne, sprach der Edelmann, lautet so:

Sonett.

Von diesem Strand, den Feinde ganz zertraten,
Aus diesen Türmen, die zertrümmert liegen,
Da sind zum ew'gen Leben aufgestiegen
Die frommen Seelen spanischer Soldaten.

Dreitausend waren's, die zu Heldentaten
Den Arm geübt, die nimmer laß in Kriegen,
Bis daß die kleine Schar, erschöpft vom Siegen,
Erlag, von eigner Schwäche jetzt verraten.

Dies ist der Boden, dem es ward zum Lose,
Zu bergen tausend Schmerzerinnerungen,
So in der Vorzeit wie in neusten Jahren.

Doch haben nie aus seinem harten Schoße
Sich frömmre Seelen himmelwärts geschwungen,
Nie trug er Leiber, die so tapfer waren.

Die Sonette mißfielen nicht. Der Sklave freute sich über die guten Nachrichten, die man ihm von seinem Leidensgefährten mitteilte, und fuhr folgendermaßen in seiner Erzählung fort:

Nachdem also Goleta und die Feste eingenommen waren, trafen die Türken Anstalt, Goleta zu schleifen; denn die Feste war so zugerichtet, daß nic t mehr niederzureißen übrig war. Und um es mit mehr Beschleunigung und weniger Bemühen zu bewerkstelligen, unterminierten sie den Platz von drei Seiten. Allein mit keinem ihrer Minengänge vermochten sie das in die Luft zu sprengen, was als der am mindesten starke Teil gegolten hatte, nämlich die alten Mauern; und alles, was von den neuen Festungswerken übrig war, die das „Klosterpfäfflein" erbaut hatte, stürzte mit größter Leichtigkeit zu Boden.

Endlich kehrte die Flotte triumphierend und siegreich nach Konstantinopel zurück, und wenige Monate darauf starb Uludsch-Ali, mein Herr, den man Uludsch-Ali Fartach nannte, was

in türkischer Sprache den grindigen Renegaten bedeutet, denn
das war er, und, so ist es Sitte unter den Türken: sie bekommen
Beinamen nach irgend einem Körperfehler, den sie an sich tra-
gen, oder nach einer guten Eigenschaft, die sich an ihnen findet.
Und das geschieht darum, weil es unter ihnen nur vier Familien-
namen gibt, welche Geschlechtern eigen sind, die von dem Hause
Osman abstammen. Die übrigen erhalten ihren Namen und
Beinamen bald von den Gebrechen des Körpers, bald von den
Vorzügen des Geistes. Dieser Grindkopf diente auf der Ruderbank vierzehn Jahre lang als Sklave des Großherrn, und im
Alter von mehr als vierunddreißig Jahren nahm er den Islam
an, aus Ärger darüber, daß ein Türke ihm, während er am
Ruder saß, einen Backenstreich versetzte, und, um sich rächen zu
können, fiel er von seinem Glauben ab. Er war ein so tapferer
Held, daß er, ohne sich der schimpflichen Mittel und Wege zu
bedienen, durch welche die meisten Günstlinge des Großtürken
emporsteigen, König von Algier wurde und dann Oberbefehls-
haber zur See, was die dritthöchste Würde in jenem Reich ist.
Er war ein Kalabrese von Geburt, und vom moralischen Stand-
punkte aus war er ein braver Mann und behandelte seine Sklaven, deren er zuletzt breitausend hatte, sehr menschlich. Diese
wurden, wie er es in seinem Testamente hinterließ, nach seinem
Tode zwischen seinen Renegaten und dem Großherrn verteilt,
welcher bei allen Sterbefällen als Sohn und Erbe angesehen
wird und mit den übrigen Söhnen des Verstorbenen in gleiche
Teile geht.

Ich fiel einem venezianischen Renegaten zu, der, als er noch
Schiffsjunge war, in die Gefangenschaft Uludsch-Alis geriet,
und dieser hatte ihn so gern, daß er ihm unter seinen jungen
Leuten am meisten Gunst erwies. Aber es wurde aus ihm der
grausamste Renegat, den man jemals gesehen. Er hieß Hassán
Agá, gelangte zu großem Reichtum und wurde König von

Algier. Dorthin fuhr ich mit ihm von Konstantinopel, und da
ich mich nun so nahe bei Spanien befand, war ich ganz vergnügt. Nicht als ob ich daran gedacht hätte, jemandem über
mein Unglück zu schreiben, sondern weil ich erproben wollte,
ob mir das Schicksal in Algier günstiger wäre als in Konstantinopel, wo ich mich schon mit Fluchtversuchen der verschiedensten Art abgegeben hatte, ohne daß sich einer zweckmäßig
oder erfolgreich bewährte. In Algier dachte ich andre Mittel zu
finden, um das so sehr ersehnte Ziel zu erreichen, denn nie
verließ mich die Hoffnung, meine Freiheit zu erlangen. Und
wenn bei den Plänen, die ich ausdachte, anlegte und ins Werk
setzte, der Erfolg den Absichten nicht entsprach, so verzagte ich
darum nicht, sondern ersann und suchte mir eine andre Hoffnung, um mich aufrecht zu halten, wenn sie auch nur schwach
und unfruchtbar war. Hiermit brachte ich meine Tage hin, eingesperrt in ein Gefängnis oder Haus, welches die Türken
Baño nennen, wo sie die christlichen Sklaven einsperren, sowohl
die des Königs und einiger Privatpersonen, als auch die des
„Lagerhauses", was soviel bedeutet als die Sklaven des Ge-
meinderats, welche von der Stadt zur Ausführung der öffentlichen Arbeiten und zu andern Verrichtungen gebraucht werden.
Diesen letzteren Sklaven wird es sehr schwer, ihre Freiheit zu
erlangen. Denn da sie der Gemeinde angehören und keinen
eigenen Herrn haben, so ist niemand vorhanden, mit dem man
über ihren Loskauf unterhandeln könnte, selbst wenn sie das
Geld dazu hätten. In diese Baños, wie schon bemerkt, pflegen
einige Privatleute aus der Stadt ihre Sklaven zu bringen, besonders solche, die freigekauft werden sollen; denn an diesem Ort
sind sie bequem und sicher aufgehoben, bis das Lösegeld eintrifft.
Auch die Sklaven des Königs, die freigekauft werden sollen,
gehen nicht mit der übrigen Mannschaft zur öffentlichen Arbeit, außer wenn ihr Lösegeld zu lange ausbleibt; denn alsdann

II   15

läßt man sie, um sie zu nötigen, desto bringender nach dem
Gelde zu schreiben, arbeiten und mit den andern nach Holz
gehen, was eine nicht geringe Mühsal ist.

Ich war nun einer von denen, deren Loskauf für sicher
galt. Da man nämlich wußte, daß ich Hauptmann war, so half
es mir nichts, daß ich mein Unvermögen und meine Armut
schilderte, und hinderte nicht, daß ich unter die Zahl derer gesetzt wurde, deren Loskauf in Aussicht stand. Man legte mir
eine Kette an, mehr zum Zeichen, daß ich zum Loskauf bestimmt
sei, als um mich damit sicherer festzuhalten; und so lebte ich in
diesem Baño mit vielen anderen Edelleuten und vornehmen
Herren, die zur Auslösung bestimmt waren oder für vermögend
dazu gehalten wurden. Und obschon wir von Hunger und
Blöße häufig, ja fast beständig zu leiden hatten, so litten
wir doch am meisten darunter, daß wir jeden Augenlick die nie
erhörten und nie gesehenen Grausamkeiten hören und sehen
mußten, die mein Herr gegen die Christen verübte. Er ließ
jeden Tag seinen Mann aufknüpfen, ließ den einen pfählen,
dem andern die Ohren abschneiden, und dies aus so gering-
fügigem Grunde oder so gänzlich ohne Grund, daß sogar die
Türken einsahen, er tue es nur, um es zu tun, und weil er von
Natur dazu angelegt war, der Schlächter des ganzen Menschen-
geschlechtes zu sein.

Nur ein einziger Soldat kam gut mit ihm aus, ein gewisser von Saavedra. Obschon dieser vieles gewagt hatte, was
lange Jahre im Angedenken der Leute dort leben wird, und
alles nur, um seine Freiheit zu erringen, so gab der Herr ihm
nie einen Schlag und ließ ihm nie einen geben, noch sagte er
ihm je ein böses Wort. Und schon für den geringsten all der
Streiche, die er verübte, fürchteten wir, er werde gepfählt werden, und er selbst fürchtete es mehr als einmal. Wenn ich es
nicht unterlassen müßte, weil die Zeit es nicht vergönnt, würde

ich sofort einiges davon erzählen, was jener Soldat getan, und
es wäre dies imstande, euch besser zu unterhalten und in größere
Verwunderung zu setzen als die Darstellung meiner Geschichte.

Ich berichte also weiter: Auf unsern Gefängnishof gingen
von oben her die Fenster des Hauses eines reichen und vornehmen Mauren, welche, wie bei diesem Volke bräuchlich, eher
Gucklöcher als Fenster waren, und selbst diese waren mit engen,
dichten Gittern verdeckt. Es geschah nun, daß eines Tages ich
und drei Gefährten, auf einer mit Erde beworfenen Altane
unseres Gefängnisses, uns zum Zeitvertreib darin versuchten,
mit den Ketten zu springen; wir waren allein, denn die andern
Christen waren alle hinaus zur Arbeit. Da erhub ich zufällig
die Augen und sah, daß aus jenen vergitterten Fensterchen, die
ich erwähnte, ein Rohrstab zum Vorschein kam, an dessen Ende
ein Linnentuch geknüpft war, und der Stab schwankte und bewegte sich hin und her, als wolle er ein Zeichen geben, wir
sollten uns nähern und ihn in Empfang nehmen. Wir überlegten uns die Sache, und einer meiner Genossen ging hin und
stellte sich unter den Rohrstab, um zu sehen, ob man ihn fallen
lasse, oder was sonst damit geschehen möchte. Aber sobald er
hinzutrat, wurde der Stab aufwärts gezogen und nach beiden
Seiten hin bewegt, gerade als ob man mit dem Kopfe Nein
geschüttelt hätte. Der Christ ging zurück, und der Stab wurde
wieder gesenkt und machte dieselben Bewegungen wie vorher.
Ein anderer von meinen Gefährten ging hin, und es geschah
ihm dasselbe wie dem ersten. Endlich ging der dritte hin, und
es ging ihm wie dem ersten und zweiten. Als ich dies sah,
wollte ich nicht unterlassen, ebenfalls mein Glück zu versuchen,
und sowie ich mich näherte und mich unter den Rohrstock
stellte, ließ man ihn fallen, und er fiel zu meinen Füßen
mitten in den Baño. Ich eilte sogleich, das Tuch loszubinden,
und sah einen Knoten daran, und in demselben befanden sich

zehn Cianis. Es sind dies Münzen von geringhaltigem Golde,
die bei den Mauren im Umlauf sind, jeder im Wert von zehn
Realen unseres Geldes. Ob ich mich mit dem Fund freute,
brauche ich wohl nicht zu sagen. Jedenfalls war meine Freude
so groß wie meine Verwunderung, wenn ich nachdachte, woher
dies Glück uns kommen konnte oder vielmehr mir. Denn der
Umstand, daß man den Rohrstab keinem als mir herunter
werfen wollte, war ein Zeichen, das deutlich erwies, daß mir
allein die Wohltat zugedacht war.

Ich nahm mein schönes Geld, zerbrach den Stab in Stücke,
kehrte auf die Altane zurück, blickte nach dem Fenster und sah
daraus eine weiße Hand zum Vorschein kommen, die das Fenster öffnete und rasch wieder schloß. Hieraus folgerten wir
oder vermuteten wenigstens, es müsse ein Weib, das in diesem
Haus wohne, uns die Wohltat erwiesen haben. Und zum
Zeichen unsrer Dankbarkeit dafür machten wir Salemas nach
maurischem Brauch, indem wir das Haupt neigten, den Körper
vorwärts bogen und die Arme über der Brust kreuzten. Kurz
darauf hielt man ein kleines aus Stäbchen verfertigtes Kreuz
zum Fenster hinaus und zog es gleich wieder zurück. Dieses
Zeichen bestärkte uns in der Meinung, es müsse sich eine
Christin in diesem Hause als Sklavin befinden, und sie sei es,
die uns die Wohltat erwiesen habe. Aber das schneeige Weiß
ihrer Hand und die Spangen, die wir an dieser sahen, ließen
alsbald diese Vermutung als nichtig erscheinen, wiewohl wir
uns nunmehr dem Gedanken hingaben, es müsse eine von ihrem
Glauben abgefallene Christin sein. Solche nehmen ihre eigenen
Herren häufig zu rechtmäßigen Ehefrauen und erachten dies
sogar für ein Glück, weil geborene Christinnen bei ihnen in
höherer Achtung stehen als die Weiber aus ihrer eigenen Nation.
Indessen bei all unseren Mutmaßungen trafen wir weitab von
der Wirklichkeit.

Von da an bestand unsre ganze Unterhaltung darin, nach dem Fenster zu blicken und es als unsern Glückspol zu betrachten, dies Fenster, wo uns der Stern des Rohrstabes erschienen war. Allein es vergingen volle vierzehn Tage, daß wir ihn nicht zu Gesicht bekamen und ebensowenig die Hand noch sonst ein Zeichen. Und obwohl wir während dieser Zeit uns mit allem Eifer bemühten zu erfahren, wer in jenem Haus wohne, und ob etwa in demselben eine zum Islam übergetretene Christin weile, fanden wir niemand, der uns etwas andres sagte, als daß in dem Hause ein reicher und vornehmer Maure lebte, Namens Hadschi Murad, welcher Befehlshaber der Festung Pata gewesen war, was bei ihnen ein hochangesehenes Amt ist. Aber wie wir uns dessen am wenigsten versahen, daß es dort wieder Cianis regnen würde, sahen wir unvermutet den Rohrstab zum Vorschein kommen und ein andres Linnentuch daran mit einem dickeren Knoten; und es geschah dies zur Zeit, wo das Baño, gerade wie das letztemal, einsam und menschenleer war. Wir wiederholten den früheren Versuch, indem von uns, den nämlichen vieren, die zugegen waren, jeder früher als ich herzutrat. Aber keinem als mir ward der Stab zuteil, denn erst als ich mich näherte, ließ man ihn fallen. Ich löste den Knoten und fand darin vierzig spanische Goldtaler, einen Brief in arabischer Sprache geschrieben und unter der Schrift ein großes Kreuz gezeichnet. Ich küßte das Kreuz, nahm die Taler und kehrte auf die Altane zurück. Wir machten alle unsre Salemas, die Hand zeigte sich abermals, ich deutete durch Zeichen an, daß ich den Brief lesen würde; das Fenster schloß sich.

Wir standen alle da in Staunen und Freude ob des Vorfalls, und da keiner von uns Arabisch verstand, so war zwar unser Verlangen groß, den Inhalt des Briefes zu erfahren, aber noch größer die Schwierigkeit, jemand zu finden, um ihn uns vorzulesen. Endlich kam ich zu dem Entschluß, mich einem

Renegaten aus Murcia anzuvertrauen, der sich stets für einen treuen Freund von mir erklärt und mir im Stillen hinreichende Unterpfänder gegeben hatte, um genötigt zu sein, jedes Geheimnis treu zu wahren, das ich ihm anvertrauen würde. Manche Renegaten nämlich pflegen, wenn sie die Absicht haben, in ein christliches Land zurückzukehren, Bescheinigungen vornehmer Gefangenen bei sich zu tragen, worin die letztern in bestmöglicher Form bezeugen, daß der fragliche Renegat ein rechtschaffener Mann sei und den Christen immer Gutes erwiesen habe und den Wunsch hege, bei der ersten sich darbietenden Gelegenheit zu entweichen. Es gibt unter ihnen einige, die sich diese Bescheinigungen in redlicher Absicht verschaffen, andre aber bedienen sich derselben nur für Zufälligkeiten und aus Berechnung. Denn wenn sie gekommen sind, um ein Christenland zu plündern, und etwa Schiffbruch erleiden oder in Gefangenschaft geraten, so ziehen sie ihre Bescheinigungen hervor und sagen, man werde aus diesen Papieren ersehen, in welcher Absicht sie gekommen seien, nämlich im Christenlande zu bleiben, und deshalb seien sie mit den türkischen Kreuzern auf die Fahrt gegangen. Damit retten sie sich vor dem ersten Ungestüm der Gegner. Dann versöhnen sie sich mit der Kirche, ohne daß ihnen etwas Unangenehmes geschieht, und wenn sie nachher die Gelegenheit ersehen, kehren sie nach der Barbarei zurück und werden wieder, was sie vorher waren.

Andre gibt es, die solche Papiere in redlicher Absicht sich verschaffen und benutzen und im Christenlande bleiben. Nun war mein Freund einer dieser letzteren Renegaten. Er besaß Bescheinungen von allen unsern Gefährten, worin wir ihn aufs beste empfahlen; und hätten die Mauren diese Papiere bei ihm gefunden, so hätten sie ihn lebendig verbrannt. Ich hatte in Erfahrung gebracht, daß er sehr gut Arabisch verstand und es nicht nur sprechen, sondern auch schreiben konnte. Aber ehe ich

mich ihm ganz entdeckte, ersuchte ich ihn, mir das Papier zu
lesen, welches ich zufällig in einem Mauerloch meiner Schlaf-
stelle gefunden hätte. Er öffnete es und war eine Zeitlang damit beschäftigt, es durchzusehen und den Sinn herauszubringen,
wobei er unverständlich vor sich hin murmelte. Ich fragte ihn,
ob er es verstehe. Er antwortete mir: sehr gut, und wenn ich
wünsche, daß er es mir Wort für Wort übersetze, so möchte ich
ihm Tinte und Feder geben, damit er die Arbeit besser machen
könne. Wir gaben ihm auf der Stelle, was er verlangte, er
ging langsam und bedächtig ans Übersetzen, und als er fertig
war, sprach er: Was hier auf spanisch zu lesen ist, das steht
alles in diesem maurischen Briefe, ohne daß ein Buchstabe
daran fehlt, und es ist zu bemerken, daß überall wo steht: Lela
Marién, dies so viel heißt als Unsere Liebe Frau, die Jungfrau
Maria.

Wir lasen den Brief, und er lautete so: „Als ich noch ein
Kind war, hatte mein Vater eine Sklavin, welche mich die christliche Salá (Gebet) in meiner Muttersprache lehrte und mir vieles
von Lela Marién sagte. Die Christin ist gestorben und ist nicht
ins ewige Feuer gekommen, sondern zu Allah, denn sie ist mir
seitdem zweimal erschienen, und sie sagte mir, ich möchte in ein
Christenland gehen, um Lela Mariéns Anblick zu genießen,
welche mich sehr lieb habe. Ich weiß nicht, wie ich hinkommen
soll. Ich habe aus diesem Fenster viele Christen gesehen, aber
keiner schien mir ein Edelmann als du allein. Ich bin sehr
schön und jung und habe vieles Geld zum Mitnehmen. Sieh
zu, ob du ein Mittel findest, wie wir fort können, und dorten
sollst du mein Ehemann werden, wenn du willst. Willst du
aber nicht, so macht es mir nichts aus, denn Lela Marién wird
mir schon einen verschaffen, um mich mit ihm zu vermählen.
Ich habe dies geschrieben; erwäge sorgsam, wem du es zu lesen
gibst. Verlaß dich auf keinen Mauren, denn sie sind alle Schur-

ken. Darob habe ich große Bekümmernis, weil ich wünschte, du
möchtest dich keinem entdecken; denn wenn mein Vater es erfährt,
wird er mich gleich in einen Brunnen werfen und mich mit
Steinen verschütten. An den Rohrstab werde ich einen Faden
knüpfen, daran binde deine Antwort; und wenn du keinen hast,
der sie dir auf arabisch niederschreibt, so sage mir alles durch
Zeichen; Lela Marién wird schaffen, daß ich dich verstehe. Sie
und Allah mögen dich behüten, so auch dieses Kreuz, welches ich
vielmals küsse, denn so lehrte mich's die Sklavin."

Nun erwägt, meine Herren und Damen, ob wir Gründe
hatten, uns gründlich zu freuen und uns höchlich zu verwundern
ob der Mitteilungen dieses Briefes. Und in der Tat, beides
geschah in so lebhafter Weise, daß der Renegat klar ersah, nicht
zufällig sei der Brief gefunden, sondern in Wirklichkeit einem
von uns geschrieben worden. Er bat uns demnach, wenn seine
Vermutung gegründet sei, möchten wir uns ihm anvertrauen
und ihm alles mitteilen; denn er werde sein Leben an unsre
Befreiung setzen. Und dies sagend, zog er aus dem Busen ein
metallenes Kruzifix und schwur mit reichlichen Tränen bei dem
Gott, den dieses Bildnis vorstelle, und an den er, obschon ein
Sünder und Missetäter, aufrichtig und fest glaube, uns in
allem, was wir ihm nur immer entdecken wollten, Treue und
Verschwiegenheit zu bewahren. Denn es bedünke ihn, ja er
ahne, daß die Schreiberin dieses Briefes das Werkzeug sein
werde, ihm und uns allen die Freiheit zu verschaffen, ihn aber
insbesondere an das Ziel zu bringen, das er zumeist ersehne,
nämlich in den Schoß der heiligen Mutter Kirche zurückzukehren,
von welcher er durch seine Unerfahrenheit und Sündhaftigkeit
wie ein faules Glied abgetrennt und geschieden sei. Unter so
viel Tränen und Zeichen so tiefer Reue sagte dies der Renegat,
daß wir alle einmütigen Sinnes beschlossen, ihm die volle Wahrheit zu offenbaren, und so gaben wir ihm ausführlichen Bericht,

ohne ihm das Geringste zu verschweigen. Wir zeigten ihm das
Fensterchen, aus welchem der Rohrstab zum Vorschein kam; er
merkte sich von hier aus das Haus und nahm sich vor, mit
größter Beflissenheit Erkundigung einzuziehen, wer darin wohne.
Auch kamen wir überein, daß es angemessen sei, den Brief der
Maurin zu beantworten, und da wir in ihm den Mann hatten,
der dazu imstande war, so schrieb der Renegat auf der Stelle
nieder, was ich ihm angab. Es waren genau die Worte, die ich
euch sagen werde, denn von allem Wesentlichen, was mir im
Verlauf dieser Geschichte begegnete, ist nichts meinem Gedächtnis entschwunden und wird ihm nichts entschwinden, solange ich
des Lebens genieße. Was also der Maurin zur Antwort wurde,
war das Folgende:

„Der wahre Allah behüte dich und jene gebenedeite Lela
Marién, welche die wahre Mutter Gottes und die nämliche ist,
die es dir ins Herz gelegt, nach christlichen Landen zu ziehen,
weil sie dich innig liebt. Bitte du sie, sie wolle dir gnädigst ein-
geben, wie du ins Werk setzen mögest, was sie dir gebeut; sie ist
so voller Güte, daß sie es gewiß tun wird. Meinerseits, wie
von seiten all der Christen, die sich mit mir hier befinden, biete
ich dir an, alles was in unsern Kräften steht, für dich zu tun,
und sollte es das Leben kosten. Unterlaß nicht, zu schreiben und
mir Nachricht zu geben, was du zu tun gedenkst. Ich werde dir
stets antworten, denn der große Allah hat uns einen Christensklaven zur Seite gegeben, der deine Sprache so gut spricht und
schreibt, wie du aus diesem Briefe ersehen wirst. So kannst du
uns denn ohne Besorgnis von allem, was du willst, Kunde
geben. Auf deine Äußerung: wenn du in Christenlande ge-
langtest, müßtest du mein Weib werden, — das verspreche ich
dir als ein guter Christ, und wisse, daß die Christen ihre Versprechungen besser halten als die Mauren. Allah und Marién,
seine Mutter, mögen dich in ihre Hut nehmen, meine Herrin."

Nachdem ich diesen Brief geschrieben und verschlossen hatte, wartete ich zwei Tage, bis das Baño menschenleer war, wie so häufig, und alsdann begab ich mich sogleich zum gewohnten Gang auf die Altane, um zu sehen, ob der Rohrstab zum Vorschein komme; und wirklich zögerte er nicht lange sich zu zeigen. Sowie ich ihn erblickte, obschon ich nicht sehen konnte, wer ihn heraushielt, zeigte ich den Brief, womit ich zu verstehen geben wollte, man sollte den Faden daran befestigen; aber er hing bereits am Stabe herab, und ich band den Brief an den Faden. Bald darauf erschien aufs neue unser Stern mit dem weißen Friedensbanner des Bündelchens. Man ließ es herunterfallen, ich hob es auf und fand in dem Tuche mehr als fünfzig Taler an silberner und goldener Münze von aller Art, welche mehr als fünfzigmal unsre Freude verdoppelten und unsre Freiheitshoffnung kräftigten.

Am nämlichen Abend kam der Renegat wieder und sagte uns, er habe erfahren, daß in diesem Haus der nämliche Maure wohne, von welchem man uns schon gesagt hatte, daß er Hadschi Murad heiße, ein außerordentlich reicher Mann. Derselbe besitze eine einzige Tochter, die Erbin seines ganzen Vermögens, und der allgemeine Ruf in der ganzen Stadt erkläre sie für das schönste Weib in der Berberei. Viele von den hierherkommenden Unterkönigen hätten sie zur Ehefrau begehrt; sie hätte sich aber niemals verheiraten wollen. Auch habe er gehört, daß sie eine Christensklavin gehabt, diese sei jedoch schon gestorben. Dies alles stimmte mit dem Inhalt des Briefes überein.

Wir traten sogleich mit dem Renegaten in Beratung darüber, welches Verfahren einzuschlagen sei, damit wir die Maurin entführen und selber alle auf christliches Gebiet entkommen könnten, und endlich einigten wir uns für jetzt dahin, eine zweite Nachricht von Zoraida abzuwarten, so nämlich hieß sie, die sich jetzt Maria nennen will. Denn wir sahen ein, daß sie allein und

niemand sonst imstande sei, uns die Besiegung all dieser
Schwierigkeiten zu ermöglichen. Nachdem wir alle so überein-
gekommen, sagte der Renegat, wir möchten unbesorgt sein, er
wolle sein Leben daran setzen, um uns die Freiheit zu verschaffen.

Vier Tage hindurch war das Baño voller Leute, was der
Grund war, daß vier Tage lang der Rohrstab sich nicht sehen
ließ. Nach Verlauf derselben kam er während der gewohnten
Einsamkeit des Baños wieder zum Vorschein, mit einem Bündel,
das so schwangeren Leibes war, daß es uns eine höchst glückliche
Geburt verhieß. Zu mir, wie früher, neigte sich der Rohrstab
und das Bündel hernieder. Ich fand darin wieder einen Brief
und hundert Goldtaler ohne irgend eine andre Münze. Der
Renegat war in der Nähe; wir begaben uns in unser Gefängnis, da ließen wir ihn den Brief lesen, und nach Angabe des
Renegaten lautete er folgendermaßen:

„Ich weiß nicht, mein Gebieter, wie ich es anfangen soll,
daß wir nach Spanien gelangen; auch hat Lela Marién mir es
nicht gesagt, obschon ich sie darum befragt habe. Was geschehen
kann, ist, daß ich Euch aus diesem Fenster möglichst viel Gold-
stücke zuwerfe, damit könnt Ihr Euch und Eure Freunde loskaufen. Und einer soll nach einem Christenlande gehen und
dort eine Barke kaufen und zurückkehren, um die andern abzuholen. Mich wird man im Garten meines Vaters finden, der
vor dem Tore Babazón nahe an der See liegt, wo ich diesen
ganzen Sommer mit meinem Vater und meinen Dienern zubringen werde. Von dort könnt Ihr mich nachts ohne Gefahr
entführen und nach der Barke bringen. Und beachte wohl, daß
du mein Gemahl werden sollst; wo nicht, werde ich zu Marién
bitten, daß sie dich bestraft. Wenn du zu keinem das Vertrauen
hast, daß er den Ankauf der Barke besorge, so kaufe dich los
und besorge es selbst. Denn ich weiß, du wirst sicherer als jeder

andre zurückkehren, da du ein Edelmann und Christ bist. Sorge
dafür, daß du den Garten erfährst, und sobald du wieder hier
auf und ab wandelst, werde ich daraus ersehen, daß das Baßo
leer ist, und werde dir viel Geld geben. Allah behüte dich, mein
Gebieter."

Dieses stand im zweiten Briefe, dieses war sein Inhalt, und
kaum hatten alle es vernommen, als ein jeder sich dazu drängte
und erbot, zum Loskauf erlesen zu werden und hinzuziehen und
mit aller Pünktlichkeit wiederzukehren verhieß. Auch ich erbot
mich dazu. Allein der Renegat widersetzte sich allen derartigen
Vorschlägen, indem er bemerkte, unter keiner Bedingung würde
er darein willigen, daß einer frei werde, bis alle zusammen von
dannen ziehen könnten; denn die Erfahrung habe ihn belehrt,
wie schlecht die Freigewordenen ihr in der Gefangenschaft gegebenes Wort hielten. Oft hätten vornehme Personen unter
den Gefangenen dieses Mittel angewendet, indem sie einen loskauften, damit er nach Valencia oder Mallorca gehe, mit hin-
reichendem Geld versehen, um eine Barke auszurüsten und die
abzuholen, die ihn losgekauft hatten; und nie seien die so Aus-
gesendeten zurückgekehrt, denn die erlangte Freiheit und die
Furcht sie wieder zu verlieren, löschten ihnen jede dankbare
Verpflichtung aus dem Gedächtnis. Und zur Bekräftigung
seiner Behauptung erzählte er uns in aller Kürze einen Fall,
der sich gerade um diese Zeit mit christlichen Edelleuten zugetragen, den seltsamsten Fall, der je in diesen Landen vorgekommen, wo doch jeden Augenblick die staunenswertesten und
wundersamsten Dinge sich ereignen. Endlich rückte er mit dem
Rate heraus: was man tun könne und solle, bestehe darin, das
Geld, das man zum Loskauf eines Christen hatte verwenden
wollen, ihm zu geben, um dort in Algier eine Barke anzuschaffen,
unter dem Vorwand, daß er Kaufmann werden und zu Tetuan
und an der ganzen Küste Handel treiben wolle, und wenn er

einmal Herr der Barke sei, so falle es leicht, einen Plan zu ent-
werfen, wie man sie aus dem Baño entführen und alle zu
Schiff bringen könne; zumal wenn die Maurin, wie sie sage,
Geld gebe, um sie alle loszukaufen. Denn sobald sie frei seien,
würde es das leichteste Ding von der Welt sein, sich sogar mitten
am Tage einzuschiffen. Die größte Schwierigkeit indessen, die
sich zeige, bestehe darin, daß die Mauren nicht gestatten, daß
ein Renegat ein Schiff kaufe oder besitze, ausgenommen ein
großes Fahrzeug, um auf Kaperei zu kreuzen. Denn sie fürchten,
daß wer eine Barke kauft, besonders wenn es ein Spanier ist
sie nur zu dem Zweck haben will, um nach christlichem Gebiet
zu entkommen. Er aber werde diesem Übelstand dadurch abhelfen, daß er einen Tagarinischen Mauren veranlasse, sich mit
ihm am Eigentum der Barke und am Gewinn des Handels zu
beteiligen, und unter diesem Deckmantel würde er doch zuletzt
allein der Herr des Schiffes sein, womit er alles übrige schon
für ausgeführt erachte.

Obwohl es nun mir und meinen Gefährten besser schien,
jemanden nach Mallorca zu senden, um dort, wie es die Maurin
gewünscht, eine Barke zu holen, so wagten wir ihm doch nicht
zu widersprechen, da wir fürchteten, wenn wir seinen Vorschlag
ablehnten, könne er unser Geheimnis verraten und uns gar in
Gefahr bringen, das Leben zu verlieren, falls er den Verkehr
mit Zoraida offenbarte, für deren Leben wir alle das unsre gegeben hätten. So beschlossen wir denn, uns der Hand Gottes
und des Renegaten anheimzugeben, und im nämlichen Augenblick antworteten wir auch Zoraida, wir würden alles tun, was
sie anrate, denn sie habe so gute Vorschläge gemacht, als hätte
Lela Marién es ihr eingegeben, und von ihr allein hänge es
jetzt ab, die Sache zu verschieben oder sie sogleich ins Werk zu
setzen. Ich erbot mich ihr aufs neue, ihr Gemahl zu werden,
und hierauf gab sie uns am folgenden Tage, wo das Baño zu-

fällig menschenleer war, in verschiedenen Sendungen mit Hilfe
des Rohrstabs und des Tüchleins, zweitausend Goldtaler und
dabei einen Brief, worin sie sagte, am nächsten Dschumá, das
heißt Freitag, werde sie in den Garten ihres Vaters hinaus-
ziehen, und bevor sie dahin gehe, werde sie uns noch mehr Geld
geben. Wenn das nicht hinreichend sei, so möchten wir es ihr
mitteilen, und sie würde uns geben, so viel wir von ihr verlangten; ihr Vater sei so reich, daß er es nicht vermissen werde,
um so mehr da sie die Schlüssel zu allem habe.

Wir gaben dem Renegaten sogleich fünfhundert Goldtaler,
um die Barke zu kaufen; mit achthundert verschaffte ich mir selbst
meine Freiheit, indem ich das Geld einem valencianischen Kauf-
manne gab, der sich um diese Zeit in Algier befand und mich
vom Könige loskaufte. Er sagte gut für mich und setzte sein
Wort zum Pfande, daß er bei der Ankunft des nächsten Schiffes
aus Valencia mein Lösegeld bezahlen werde. Denn hätte er das
Geld auf der Stelle gegeben, so hätte dies beim Könige den Verdacht erweckt, daß mein Lösegeld sich schon seit langer Zeit in
Algier befinde und der Kaufmann es geheim gehalten habe, um
Geschäfte damit zu machen. Kurz, mein Herr war so voller
Ränke und Kniffe, daß ich unter keiner Bedingung es wagen
mochte, ihn das Geld sofort einstecken zu lassen.

Am Donnerstag vor dem Freitag, wo die schöne Zoraiba
den Garten beziehen sollte, gab sie uns wiederum tausend Goldtaler, benachrichtigte uns von ihrer Übersiedelung und bat mich,
sobald ich mich loskaufe, solle ich den Garten ihres Vaters er-
kunden und jedenfalls Gelegenheit suchen, hinzukommen und sie
zu sprechen. Ich antwortete ihr mit wenigen Worten, ich würde
es tun, und sie möchte nicht unterlassen, uns mit all jenen Gebeten, welche die Sklavin sie gelehrt, in Lela Mariéns Schutz
zu befehlen. Nachdem dies vollbracht war, wurde Anstalt getroffen, daß meine drei Gefährten sich ebenfalls loskauften, so-

wohl um ihnen den Ausgang aus dem Baño zu ermöglichen,
als auch um zu verhüten, daß, wenn sie mich frei sähen und sich
selber nicht, trotzdem Geld dazu vorhanden war, sie nicht etwa
in Aufregung geraten und der Teufel sie verleiten möchte, etwas
zu Zoraidas Nachteil zu tun. Denn obschon der Umstand, daß
sie Leute von gutem Hause waren, mich vor dieser Besorgnis
sicherzustellen schien, so wollte ich trotzdem die ganze Sache nicht
aufs Geratewohl hin wagen, und so ließ ich sie auf die nämliche
Weise loskaufen wie mich selbst, indem ich das ganze Geld dem
Kaufmann übergab, damit er mit um so größerer Sicherheit
und Beruhigung die Bürgschaft übernehmen könne. Jedoch vertrauten wir ihm nie unser Einverständnis und Geheimnis an,
um der Gefahr willen, die damit verbunden war.

Einundvierzigstes Kapitel,
worin der Sklave seine Geschichte noch fortsetzt.

Nicht vierzehn Tage waren vorübergegangen, als bereits
unser Renegat eine recht gute Barke gekauft hatte, die mehr als
dreißig Personen fassen konnte. Und um die Ausführung seines
Unternehmens zu sichern und ihm einen Schein zu geben, beschloß er eine Fahrt und führte sie auch aus, indem er nach
einem Orte namens Sargel segelte, der dreißig Stunden von
Algier in der Richtung gegen Orán liegt, wo viel Handel mit
trockenen Feigen betrieben wird. Zwei= oder dreimal machte er
diese Fahrt, in Gesellschaft mit dem erwähnten Tagarinen. Ta-
garinos nennt man in der Berberei die Mauren aus Aragón,
die aus Granada nennt man Mudéjares; und im Königreich
Fez tragen die Mudéjares den Namen Elches; sie sind die
Leute, deren sich vorzugsweise der König jenes Landes im
Kriege bedient.

Ich bemerke nun, daß jedesmal, wenn der Renegat mit seiner Barke eine Fahrt machte, er den Anker in einer kleinen Bucht auswarf, die nicht zwei Bogenschuß weit von dem Garten war, wo Zoraida meiner wartete. Und dort pflegte er absichtlich mit den maurischen Burschen, die am Ruder saßen, entweder das Salá, das Gebet nach muselmännischem Brauch, zu verrichten oder auch sich wie zum Scherze in dem zu versuchen, was er bald im Ernste tun wollte. Deshalb ging er öfters nach dem Garten Zoraidas, um Obst von ihr zu erbitten, und ihr Vater gab es ihm, ohne ihn zu kennen. Dabei hatte er die Absicht, Zoraida zu sprechen, wie er es mir nachher erzählte, und ihr zu sagen, er sei es, der sie auf mein Geheiß in Christenlande führen solle, so daß sie vergnügt und sicher sein könne. Allein es war ihm niemals möglich, weil die Maurinnen sich vor keinem Mauren oder Türken sehen lassen, wenn nicht ihr Gemahl oder ihr Vater es ihnen ausdrücklich befiehlt. Von Christensklaven lassen sie sich Verkehr und Umgang gefallen, manchmal sogar mehr, als sich ziemen sollte. Mir wäre es leid gewesen, wenn er mit ihr gesprochen hätte; denn vielleicht hätte er sie aufgeregt und beunruhigt, wenn sie gesehen hätte, daß ihre Angelegenheit im Munde von Renegaten umging. Allein Gott, der es anders fügte, gewährte der guten Absicht unsres Renegaten keine Erfüllung.

Als dieser nun sah, wie sicher er von und nach Sargel fuhr, und daß er, wann und wie und wo er wollte, die Anker auswarf, und daß sein Genosse, der Tagarine, keinen andern Willen hatte als den seinen, und ich bereits losgekauft war und nichts weiter mehr zu tun blieb als etliche Christen zu finden, die das Ruder führten, sagte er mir, ich möchte mir überlegen, welche Leute ich außer den losgekauften noch mitnehmen wollte. Ich solle mich mit ihnen auf den nächsten Freitag verabreden, auf welchen Tag er unsre Abfahrt bestimmt habe. Daraufhin

besprach ich mich mit zwölf Spaniern, alles tüchtige Ruderer,
alle aus der Zahl solcher, denen es am leichtesten fiel, unbemerkt
aus der Stadt zu kommen. Es war nicht leicht, unter den ob-
waltenden Verhältnissen so viele zu finden, denn es waren
zwanzig Schiffe zum Kreuzen ausgelaufen und hatten alle Ruderknechte mit fortgenommen. Und es hätten auch diese zwölf
sich nicht gefunden, wenn nicht zufällig ihr Herr diesen Sommer
zu Hause geblieben wäre, ohne eine Raubfahrt zu unternehmen,
weil er einen Zweimaster, den er auf der Werft hatte, erst aus-
bauen wollte. Diesen Leuten sagte ich nichts weiter, als daß sie
nächsten Freitag nachmittags, einer nach dem andern sich im
stillen aus der Stadt schleichen und die Richtung nach Hadschi
Murads Garten einschlagen und dort warten sollten, bis ich
käme. Diesen Auftrag erteilte ich jedem für sich allein, mit dem
Befehle, falls sie etwa noch andre Christen dort sähen, ihnen
nic t weiter zu sagen, als daß ich ihnen geboten hätte, dort zu
warten.

Nachdem ich diese Vorkehrung getroffen, blieb mir noch eine
andre übrig, und zwar die wichtigste, nämlich Zoraida zu benachrichtigen, auf welchem Punkte die Angelegenheiten stünden,
damit sie vorbereitet und auf der Hut sei, um nicht zu erschrecken,
wenn wir sie vor der Zeit, wo sie die Rückkehr des Christenschiffes
erwarten konnte, unversehens überfielen. Daher beschloß ich
nach dem Garten zu gehen, und zu versuchen, ob ich sie sprechen
könnte. Unter dem Vorwand, verschiedene Kräuter zu pflücken,
ging ich einen Tag vor meiner Abreise hin, und die erste Person,
die mir begegnete, war ihr Vater, der mich in der Sprache fragte,
die in der ganzen Berberei, ja, bis nach Konstantinopel zwischen
Sklaven und Mauren gesprochen wird, und die weder maurisch
noch kastilianisch noch die Sprache einer andern Nation ist, sondern eine Mischung aus allen Sprachen, in der wir uns alle
verständigen — ich sage also, in dieser Art von Sprache fragte er

mich, was ich in diesem seinem Garten suche und wessen Sklave
ich sei. Ich antwortete ihm, ich sei der des Arnauten Mami, und
zwar sagte ich es deshalb, weil ich für sicher wußte, daß dieser
ein vertrauter Freund von ihm war. Ich fügte bei, ich suche
überall nach allerhand Kräutern für Salat. Er fragte mich, ob
ich den Loskauf erwarte oder nicht, und wieviel mein Herr für
mich verlange. Mitten in all diesen Fragen und Antworten
trat die schöne Zoraida, die mich schon längst bemerkt hatte, aus
dem Gartenhause, und da die Maurinnen durchaus nicht spröde
sind, sich vor Christen sehen zu lassen, und keineswegs vor ihnen
Scheu tragen, wie ich schon gesagt, so trug sie kein Bedenken zu
der Stelle zu kommen, wo ihr Vater mit mir sprach. Ja, sowie
ihr Vater sah, daß sie, und zwar mit langsamen Schritten, her-
beikam, rief er ihr zu und gebot ihr näher zu treten.

Es würde mich zu weit führen, wollte ich hier die große
Schönheit, die Anmut, den herrlichen und reichen Schmuck,
schildern, womit meine geliebte Zoraida vor meinen Augen erschien. Ich kann nur sagen, daß an ihrem wunderschönen Hals
ihren Ohren und Haaren mehr Perlen hingen, als sie Haare
auf dem Kopf hatte. An ihren Fußknöcheln, die sie nach dortigem
Brauch unverhüllt zeigte, trug sie Carcaches — so nennt man
auf maurisch die Spangen oder Ringe an den Füßen von fein-
stem Gold — mit so viel eingelegten Diamanten, daß ihr Vater,
wie sie mir später sagte, sie auf zehntausend Dublonen schätzte,
und die Ringe, die sie am Handgelenk trug, waren ebensoviel
wert. Die Perlen waren in großer Menge und äußerst kostbar,
denn bei den Maurinnen ist der größte Prunk und Stolz, sich
mit reichen Perlen und Perlsamen zu schmücken, und daher gibt
es mehr Perlen und Perlsamen bei den Mauren als bei allen
übrigen Völkern. Und Zoraidas Vater stand im Rufe, deren
sehr viele zu besitzen, und zwar die teuersten, die es in Algier
gab, und außerdem noch mehr als zweimalhunderttausend spa-

nische Taler; und von alledem war sie die Herrin, die jetzt
meine Herrin ist. Ob sie mit all diesem Schmucke damals rei-
zend erschien, oder ob nicht — aus den Resten, die ihr unter so
vieler Mühsal geblieben sind, läßt es sich abnehmen. Wie mußte
erst in glücklicheren Verhältnissen ihre Erscheinung sein! Denn
man weiß ja, daß bei manchen Frauen die Schönheit ihre Tage
und Zeiten hat, und daß es äußerer Umstände bedarf, um sie
zu mindern oder zu mehren, und es ist natürlich, daß Gemütsbewegungen sie erhöhen oder herabdrücken, wiewohl sie sogar in
den meisten Fällen sie ganz zerstören. Doch kurz gesagt, damals
trat sie herzu, über alle Maßen geschmückt, schön über alle
Maßen, oder mindestens schien sie mir die Reichstgeschmückte
und Schönste, die ich bis dahin gesehen; und wenn ich dazu noch
empfand, wie innig sie mich ihr verpflichtet hatte, so meinte ich
eine Gottheit vom Himmel vor mir zu sehen, die zur Erde her-
abgestiegen zu meiner Wonne und zu meiner Rettung.

Als sie uns näher kam, sagte ihr ihr Vater in der Landes-
sprache, ich sei ein Sklave seines Freundes, des Arnauten Mami,
und komme hierher, um Salat zu holen. Sie nahm nun zuerst
das Wort und fragte mich in jenem Sprachengemisch, das ich
erwähnt habe, ob ich ein Edelmann sei und aus welchem Grunde
ich mich nicht loskaufe. Ich antwortete ihr, ich sei schon losgekauft, und am Kaufpreis könne sie sehen, wie hoch mein Herr mich
schätze, da man für mich fünfzehnhundert Soltanis gegeben habe.
Sie entgegnete darauf: In Wahrheit, wenn du meinem Vater ge-
hörtest, ich hätte ihn veranlaßt, dich nicht für zweimal soviel Soltanis herzugeben; denn ihr Christen lügt immer in allen euren
Angaben und stellt euch arm, um die Mauren zu hintergehen.

Das könnte wohl sein, Fräulein, antwortete ich ihr; aber
in Wahrheit, meinem Herrn gegenüber bin ich bei der Wahrheit
geblieben und bleibe stets bei ihr und werde bei ihr bleiben
gegenüber jedermann auf Erden.

16*

Und wann gehft bu? fragte Zoraiba.

Morgen, glaube ich, erwiberte ich; benn es liegt hier ein Schiff aus Frankreich, das morgen unter Segel geht, und ich benke mit biefem zu reifen.

Ift es nicht beffer, erwiberte Zoraiba, zu warten, bis Schiffe aus Spanien kommen, und lieber mit biefen zu fahren als mit ben französischen, bie nicht eure Freunbe finb?

Nein, antwortete ich; wiewohl ich, wenn man Nachricht hätte, baß ein spanisches Schiff in Bälbe kommt, es abwarten würbe. Inbeffen ift es sicherer, baß ich morgen abreife; benn meine Sehnsucht nach ber Heimat unb nach ben Perfonen, bie mir teuer finb, ift so heftig, baß fie mir nicht geftattet, eine anbere, spätere Gelegenheit abzuwarten, wenn fie auch viel be= quemer wäre.

Du mußt gewiß in beiner Heimat verheiratet fein, fagte Zoraiba, unb fehnft bich baher nach beinem Weibe zurück.

Ich bin nicht verheiratet, entgegnete ich; aber ich habe mein Wort gegeben, mich zu verheiraten, sobalb ich hinkomme.

Und ift bie Dame schön, ber bu bein Wort gegeben? fragte Zoraiba.

So schön ift fie, antwortete ich, baß fie, wenn ich fie nach Gebühr preifen unb bir bie Wahrheit fagen soll, bir sehr ähn= lich fieht.

Darüber lachte ihr Vater herzlich unb sprach: Bei Allah, Chrift, ba muß fie sehr schön fein, wenn fie meiner Tochter ähnlich fieht, welche bie Schönfte in biefem ganzen Lanbe ift. Meinft bu nicht, so fieh fie bir genau an, unb bu wirft finben, baß ich bir bie Wahrheit fage.

Bei bem größten Teil biefer Unterrebung biente uns Zorai= bas Vater als Dolmetsch, ba er in Sprachen erfahrener war; benn obwohl fie bie Zwitterfprache rebete, bie, wie gefagt, bort üblich ist, so machte sie sich doch mehr durch Zeichen als durch Worte verständlich.

Während wir nun bei diesen und sonst allerhand Gesprächen waren, kam ein Maure in vollem Lauf herbei und schrie laut, es seien über die Verzäunung oder Mauer des Gartens vier Türken herübergestiegen und pflückten das Obst ab, obschon es noch nicht reif sei. Der Alte erschrak heftig, und ebenso Zoraida. Denn die Furcht der Mauren vor den Türken ist allgemein und beinahe angeboren, besonders vor den Soldaten, die solchen Übermut hegen und über die Mauren, die ihnen untertan sind, so große Gewalt haben, daß sie sie schlechter behandeln, als wenn es ihre Sklaven wären.

Sogleich sprach nun Zoraidas Vater zu ihr: Tochter, ziehe dich ins Haus zurück und schließe dich ein, während ich hingehe, mit diesen Hunden zu reden. Und du, Christ, suche deine Kräuter und geh in Frieden, und Allah bringe dich glücklich zu deinem Lande heim.

Ich verneigte mich, und er ging hin, die Türken aufzusuchen und ließ mich mit Zoraida allein, welche sich erst anstellte, als wollte sie ins Haus, wie ihr Vater befohlen hatte. Allein kaum war er hinter den Bäumen des Gartens verschwunden, als sie sich zu mir wendete und mit tränenvollen Augen zu mir sagte: Tamechí, Christ, tamechí? was bedeutet: gehst du, Christ, gehst du?

Ich antwortete ihr: Allerdings, Fräulein, aber unter keiner Bedingung ohne dich; am nächsten Dschumá erwartest du mich, und erschrick nicht, wenn du uns erblickst, denn ganz sicher reisen wir nach dem Christenlande.

Ich sagte ihr dies auf eine solche Art, daß sie mich nach allen den Briefen, die zwischen uns gewechselt worden, sehr gut verstehen mußte; sie legte ihren Arm um meinen Hals und begann mit wankenden Schritten nach dem Hause zu gehen. Der

Zufall aber, — der ein sehr schlimmer hätte werden können,
wenn der Himmel es nicht anders beschlossen hätte, — fügte
es, als wir auf die Art und in der Stellung dahingingen, wie
ich euch berichtet, ihren Arm um meinen Hals geschlungen, daß
da ihr Vater, der bereits die Türken fortgewiesen hatte, zurückkam und uns auf solche Art und Weise zusammengehen sah;
wie wir denn auch bemerkten, daß er uns gesehen hatte. Allein
Zoraida, klug und besonnen, wollte ihren Arm nicht von meinem
Halse wegziehn, schmiegte sich vielmehr dichter an mich und legte
ihren Kopf an meine Brust, wobei sie die Kniee ein wenig ein-
sinken ließ und deutlich zu erkennen gab, daß eine Ohnmacht sie
anwandle; und so ließ auch ich merken, daß ich sie wider Willen
stütze. Ihr Vater lief eilends zu uns her, und als er seine Tochter in solchem Zustand sah, fragte er, was ihr fehle; aber da sie
ihm nicht antwortete, sprach er: Ganz gewiß ist sie vor Schrek-
ken über das Eindringen dieser Hunde ohnmächtig geworden.

Er riß sie von meiner Brust weg und drückte sie an die
seinige, und sie sprach wiederum, einen Seufzer ausstoßend, die
Augen noch nicht trocken von Tränen; amecht, Christ, amecht,
gehe, Christ, geh'.

Darauf sagte ihr Vater: Es liegt ja nichts daran, ob der
Christ geht, er hat dir nic t zuleide getan, und die Türken
sind bereits fort. Es ist kein Grund bange zu sein, es ist kein
Grund, um dich zu betrüben; denn, wie gesagt, die Türken sind
auf meine Bitte desselben Weges zurückgekehrt, den sie herein-
gekommen waren.

Die Türken, Señor, sprach ich hier zu ihm, haben sie er-
schreckt, wie du gesagt hast; aber da sie sagt, ich soll gehen, will
ich ihr nicht lästig fallen. Bleibe in Frieden, und mit deiner
Erlaubnis werde ich, wenn es nötig ist, wieder nach Kräutern
in diesen Garten gehen; denn, wie mein Herr sagt, gibt es in
keinem bessere für Salat als in diesem.

So oft du willst, kannst du wiederkehren, antwortete Hadschi Murad; denn meine Tochter hat dies nicht gesagt, weil du oder ein andrer von den Christen ihr unangenehm gewesen. Vielmehr hat sie, während sie eigentlich sagen wollte, die Türken sollten gehen, nur irrtümlich gesagt, du solltest gehen, oder auch weil es bereits Zeit für dich war, deine Kräuter zu suchen.

Hiermit verabschiedete ich mich sogleich von beiden, und sie entfernte sich mit einem Gesichtsausdruck, als ob sie sich das Herz aus dem Leibe reißen wollte, mit ihrem Vater. Ich durchstreifte indessen, unter dem Vorwand, die Kräuter zu suchen, den ganzen Garten weit und breit, so viel ich nur Lust hatte; ich beobachtete, wo die Ein- und Ausgänge waren, wie das Haus verwahrt sei, und welche Gelegenheiten sich darböten, um unser Vorhaben am besten auszuführen. Darauf ging ich von bannen und berichtete alles, was geschehen, dem Renegaten und meinen Gefährten und konnte kaum die Stunde erwarten, wo ich angstbefreit das Glück genießen würde, welches das Schicksal mir in der schönen reizenden Zoraida darbot.

Endlich ging die Zeit vorüber, es kam der Tag und die bestimmte Frist, die wir alle so heiß ersehnten, und da die Befehle und Anweisungen, die wir mit kluger Erwägung und langer Beratung zu öftern Malen erteilt hatten, von allen genau befolgt wurden, so erlangten wir auch den guten Erfolg, den wir wünschten. Denn am Freitag nach dem Tage, wo ich mit Zoraida im Garten gesprochen, ging der Renegat bei Anbruch der Nacht mit der Barke an einer Stelle vor Anker, wo fast gegenüber die reizende Zoraida weilte. Bereits waren die Christen, die die Ruderbank besetzen sollten, in Bereitschaft und an verschiedenen Stellen der Umgebung versteckt. Alle waren in Spannung und freudiger Aufregung und erwarteten mich voll Begier, sich des Schiffes alsbald zu bemächtigen, das sie vor Augen hatten; denn sie wußten nic t von der Verabredung mit dem Renegaten, sondern sie glaubten, sie sollten mit Gewalt ihre Freiheit gewinnen und zu diesem Zwecke den Mauren in der Barke das Leben rauben.

Sobald ich mich nun nebst meinen Gefährten blicken ließ, kamen all die andern versteckten Helfer auf uns zu. Das geschah zur Zeit, wo bereits die Stadttore verschlossen waren, und es war in dem ganzen Gefilde umher niemand zu sehen. Als wir uns zusammengefunden, waren wir ungewiß, ob es besser sei erst Zoraiba zu holen oder zuerst die maurischen Bagarinos, die die Ruderbänke in der Barke besetzt hielten, zu überwältigen; und während wir noch in diesem Zweifel befangen waren, traf unser Renegat bei uns ein und fragte uns, womit wir uns noch aufhielten; es sei jetzt die Stunde, alle seine Mauren säßen sorglos da, und die meisten in tiefem Schlummer. Wir sagten ihm, worüber wir Bedenken hatten; und er entgegnete, das Wichtigste sei, sich zuerst des Schiffes zu bemächtigen, was sich mit größter Leichtigkeit und ohne Gefahr tun lasse, und dann könnten wir gleich Zoraiba abholen. Uns allen schien seine Ansicht die richtige, und ohne länger zu zögern, begaben wir uns unter seiner Führung zu dem Schiffe. Er sprang zuerst hinein, zog seinen Krummsäbel und rief auf maurisch: Keiner von euch rühre sich von der Stelle, oder es kostet euch das Leben.

Bereits waren fast alle Christen an Bord gestiegen. Als die Mauren, die ohnehin nicht sehr beherzt waren, ihren Arráez so reden hörten, schraken sie zusammen, und ohne daß einer von ihnen allen zu den Waffen griff, — deren sie ohnehin wenige oder fast gar keine hatten, — ließen sie sich ohne die geringste Widerrede von den Christen die Hände binden. Diese taten das mit größter Geschwindigkeit, wobei sie den Mauren drohten, wenn sie irgend einen Laut von sich gäben, so würde man sie auf der Stelle über die Klinge springen lassen.

Als dieses vollbracht war, blieb die Hälfte der Unsern zur
Bewachung der Ruderer zurück, und wir übrigen gingen, wieder-
um unter Führung des Renegaten, nach dem Garten Hadschi
Murads, und das günstige Geschick fügte es, daß, als wir das
Tor öffnen wollten, es mit solcher Leichtigkeit aufging, als wäre
es gar nicht verschlossen gewesen; und so gelangten wir in großer
Ruhe und Stille zu dem Hause, ohne daß jemand uns bemerkte.
Schon stand die reizende Zoraida uns erwartend am Fenster,
und sowie sie Laute hörte, fragte sie mit leiser Stimme, ob wir
Nisaranis wären, das heißt so viel, als ob wir Christen wären.
Ich antwortete ihr mit Ja und bat sie herunterzukommen. Als
sie mich erkannte, zögerte sie keinen Augenblick, eilte, ohne mir
ein Wort zu erwidern, unverzüglich herunter, öffnete die Türe
und zeigte sich aller Augen so schön und in so reicher Tracht,
daß ich nicht imstande bin, es genügend zu preisen. Sowie ich
sie erblickte, ergriff ich ihre Hand und küßte sie, und dasselbe
tat auch der Renegat nebst meinen beiden Gefährten, und die
andern, welche von der Sache nic t wußten, taten, was sie uns
tun sahen, und es schien nicht anders, als wollten wir ihr unsern
ehrerbietigen Dank bezeigen und sie als unsre Herrin und
Geberin unsrer Freiheit anerkennen.

Der Renegat fragte sie auf maurisch, ob ihr Vater im
Garten sei; sie antwortete ja, er schlafe jedoch. Dann wird es
nötig sein ihn aufzuwecken, erwiderte der Renegat, und ihn mit
uns zu nehmen, sowie alles, was er in diesem schönen Garten
Wertvolles hat.

Nein, entgegnete sie, an meinen Vater dürft ihr unter keiner
Bedingung rühren; auch befindet sich in diesem Hause nic t
als was ich mitnehme, und es ist dies so viel, daß es hinreichen
wird, um euch alle reich und zufrieden zu machen. Wartet nur
einen Augenblick, und ihr werdet schon sehen.

Mit diesen Worten ging sie ins Haus zurück und sagte, sie

werde rasch wiederkehren; wir möchten nur ruhig sein und kein Geräusch machen. Ich fragte den Renegaten, was er mit ihr verhandelt habe. Er erzählte es mir, und ich erklärte ihm, es dürfe in keiner Beziehung irgend etwas andres geschehen, als was Zoraida wolle. Bereits erschien diese wieder, beladen mit einem Kästchen voller Goldtaler, so schwer, daß sie es kaum tragen konnte.

Inzwischen wollte das Mißgeschick, daß ihr Vater aufwachte und das Geräusch vernahm, das sich hin und wieder im Garten bemerken ließ. Er trat ans Fenster, erkannte sogleich, daß alle Leute im Garten Christen waren, und mit gewaltigem, unaufhörlichem Geschrei rief er auf arabisch: Christen, Christen! Räuber, Räuber!

Dies Geschrei versetzte uns alle in unbeschreibliche Angst und Bestürzung. Aber der Renegat, der sah, in welcher Gefahr wir uns befanden, und wieviel für ihn darauf ankam, mit diesem Unternehmen zu glücklichem Ende zu kommen, ehe man uns entdeckte, eilte mit größter Schnelligkeit hinauf zu Hadschi Murad, und mit ihm ein paar der Unsrigen, während ich nicht wagte, Zoraida zu verlassen, die wie ohnmächtig mir in die Arme gesunken war.

Um es kurz zu machen: die, welche hinaufgeeilt waren, besorgten ihre Angelegenheit so schleunig, daß sie in einem Augenblick mit Hadschi Murad wieder herabkamen. Sie brachten ihn mit gebundenen Händen, und im Mund einen Knebel, der ihm kein Wort zu reden erlaubte. Sie drohten ihm, wenn er zu sprechen versuche, würde es ihn das Leben kosten. Als seine Tochter ihn erblickte, verhüllte sie sich die Augen, um ihn nicht zu sehen, und ihr Vater stand voll Entsetzens, da er nicht wußte, wie sehr freiwillig sie sich in unsre Hände gegeben hätte. Da aber jetzt die Füße nötiger als alles waren, so begaben wir uns eiligst und ohne weiteres Überlegen zu der Barke, wo die Zurück-

gebliebenen uns bereits in Besorgnis erwarteten, es möchte uns
etwas Übles zugestoßen sein.

Es mochten kaum die zwei ersten Stunden der Nacht vorüber sein, als wir uns schon sämtlich in der Barke befanden,
und hier nahm man dem Vater Zoraidas die Bande von den
Händen und den Knebel aus dem Munde; allein der Renegat
erneuerte ihm nochmals die Warnung, kein Wort zu sprechen,
sonst würde man ihm das Leben rauben. Als er aber seine
Tochter im Schiffe sah, begann er schmerzlich zu seufzen, zumal
da er bemerkte, daß ich sie innig umarmt hielt, und daß sie,
ohne abzuwehren noch zu klagen oder sich zu sträuben, ruhig
dasaß; aber trotzdem schwieg er, damit nicht die vielen Drohungen
des Renegaten in Erfüllung gingen. Wie nun Zoraida sah,
daß sie sich an Bord befand, und daß wir die Ruder hoben, um
in die See zu stechen, und daß ihr Vater dortsaß nebst den
andern gefesselten Mauren, sagte sie dem Renegaten, er möchte
mich um die Gunst für sie bitten, die Mauren von den Banden
zu lösen und ihrem Vater die Freiheit zu geben; denn sie würde
sich lieber ins Meer stürzen, als daß sie vor ihren Augen und
um ihretwillen einen Vater, der sie so sehr geliebt, gefangen
fortschleppen sähe. Der Renegat sagte es mir, und ich erwiderte,
ich sei damit ganz einverstanden. Er aber entgegnete, es sei
nicht tunlich, weil sie, wenn man sie hier am Ufer zurücklasse,
sogleich das ganze Land zusammenschreien und die Stadt in
Aufruhr bringen und veranlassen würden, uns mit ein paar
leichten Fregatten zu verfolgen und uns den Weg zu Lande
und zur See zu verlegen, so daß wir nicht zu entkommen vermöchten. Was sich tun lasse, sei, an der ersten christlichen Küste,
wo man anlegen werde, sie in Freiheit zu setzen.

Dieser Meinung stimmten wir alle bei, und Zoraida, der
man dieses nebst den Gründen mitteilte, die uns bewogen, ihrem
Wunsche nicht sogleich zu entsprechen, gab sich ebenfalls zu-

frieden. Und mit freudigem Stillschweigen und heiterem Bemühen erfaßte ein jeder von unsern kräftigen Rudersleuten
seine Ruderstange, und uns von ganzem Herzen Gott befehlend,
begannen wir, die Richtung auf die Mallorcanischen Inseln zu
nehmen, welches das nächstgelegene Christenland ist. Allein da
der Wind sachte von Norden zu wehen begann und die See
ziemlich hohl ging, war es nicht möglich, den Kurs auf Mallorca
einzuhalten, und wir sahen uns genötigt, uns am Ufer hin in
der Richtung nach Orán treiben zu lassen, nicht ohne große
Besorgnis, daß wir von Sargel aus entdeckt werden möchten,
welcher Ort an dieser Küste etwa sechzig Meilen von Algier
entfernt liegt. Auch fürchteten wir, in diesem Strich einem der
Zweimaster zu begegnen, die gewöhnlich mit Handelsfracht von
Tetuán kommen; wiewohl jeder von uns für sich und wir alle
zusammen uns einbildeten, wenn uns ein Kauffahrteischiff begegnete, vorausgesetzt, daß es kein zur Kaperei ausgerüstetes
wäre, so würden wir nicht nur nicht ins Verderben geraten,
sondern sogar ein Fahrzeug erbeuten, auf welchem wir mit
größerer Sicherheit unsre Fahrt vollenden könnten.

Während wir so hinruderten, hielt Zoraida ihren Kopf in
meine Hände gedrückt, um ihren Vater nicht zu sehen, und ich
hörte, wie sie beständig Lela Marién anrief, uns zu helfen. Wir
mochten an die dreißig Meilen weit gerudert sein, als der
Morgen uns zu leuchten begann und wir uns etwa drei Büchsen-
schüsse weit von der Küste fanden, die wir ganz menschenleer
sahen, ohne jemand, der uns bemerken konnte. Aber dessenungeachtet suchten wir mit Aufgebot aller Kräfte einigermaßen
die hohe See zu gewinnen, die jetzt etwas ruhiger war, und
nachdem wir etwa zwei Meilen weit hinausgeschifft waren,
wurde Befehl erteilt abteilungsweise zu rudern, während wir
etwas frühstücken wollten, denn die Barke war mit Mundvorrat wohl versehen. Allein die Rudersleute sagten, es sei jetzt

keine Zeit irgendwie der Ruhe zu pflegen; man möge denen,
die nicht das Ruder führten, zu essen geben, sie aber würden
unter keiner Bedingung die Ruder aus den Händen lassen.

Es geschah also. Aber währenddessen erhub sich ein kräftiger
Wind, der uns zwang, die Segel beizusetzen und die Ruder
ruhen zu lassen und den Kurs nach Orán einzuhalten, weil
eine andre Fahrt nicht möglich war. Alles wurde mit größter
Schnelligkeit ausgeführt, und so fuhren wir unter Segel mehr
als acht Seemeilen in der Stunde, ohne eine andre Besorgnis,
als einem Schiff zu begegnen, das auf Kaperei ausgerüstet wäre.
Wir gaben den maurischen Bagarinos zu essen, und der Renegat sprach ihnen Trost zu und sagte ihnen, sie seien hier nicht
als Gefangene, man werde sie bei erster Gelegenheit in Freiheit setzen.

Das nämliche sagte er dem Vater Zoraidas. Der aber entgegnete: Von eurer Großmut und Freundlichkeit könnte ich eher
alles andre erwarten und glauben, ihr Christen; aber daß ihr
mich in Freiheit setzet, haltet mich nicht für so einfältig, daß ich
mir das einbilde. Denn wahrlich, ihr habt euch nie in die Gefahr begeben, mir die Freiheit zu rauben, um sie mir dann so
freigebig wieder zu schenken, namentlich da ihr wißt, wes Standes
ich bin und welcher Vorteil euch daraus entstehen kann, daß ihr
mir sie wieder gebt. Und wollt ihr diesen Vorteil näher bezeichnen, so biete ich euch auf der Stelle alles an, was ihr für
mich und für diese meine unglückliche Tochter verlangen wollt,
oder wenn das nicht, für sie allein, die ja der größte und beste
Teil meines Herzens ist.

Bei diesen Worten begann er so bitterlich zu weinen, daß
er uns alle zum Mitleid bewegte und Zoraida nötigte, ihre
Blicke auf ihn zu richten. Und als sie ihn weinen sah, ward sie
so gerührt, daß sie sich von ihrem Sitze zu meinen Füßen erhub
und hineilte, ihren Vater zu umarmen. Sie preßte ihr Gesicht

an das seinige, und beide brachen in so schmerzliches Jammern
aus, daß viele von uns mit ihnen weinen mußten.

Aber als ihr Vater sie in festlichem Schmucke und mit so
viel Kostbarkeiten prangend sah, sagte er in seiner Sprache zu
ihr: Was ist das, Tochter? Gestern abend, ehe uns das schreck=
liche Unglück traf, in dem wir uns jetzt befinden, sah ich dich in
deiner gewöhnlichen Haustracht, und jetzt, ohne daß du Zeit
hattest, dich umzukleiden, und ohne daß ich dir eine freudige
Nachricht mitgeteilt hätte, die geeignet wäre, mit Schmuck und
Kleidertracht gefeiert zu werden, sehe ich dich mit den herrlichsten
Gewändern bekleidet, die ich dir, als uns das Glück am günstig=
sten war, zu geben imstande war? Gib mir Antwort hierauf,
denn es setzt mich dies in größeres Staunen und Verwunde=
rung als all das Mißgeschick selbst, in dem ich mich befinde.

Alles, was der Maure seiner Tochter sagte, übersetzte uns
der Renegat, und sie erwiderte ihm nicht ein Wort. Aber als
er seitwärts in der Barke das Kästchen erblickte, worin sie ge=
wöhnlich ihre Kostbarkeiten hatte, und welches er sich wohl er=
innerte in Algier gelassen und nicht mit in das Gartenhaus
genommen zu haben, geriet er in noch größere Bestürzung und
fragte, wieso dies Kästchen in unsre Hände gelangt sei und was
sich darin befinde. Darauf sagte der Renegat, ohne abzuwarten,
daß ihm Zoraida eine Antwort erteilte: Gib dir, Señor, nicht
die Mühe, so viele Fragen an Zoraida zu richten, denn durch
Beantwortung einer einzigen werde ich dich über alle aufklären.
So will ich dich denn wissen lassen, daß sie eine Christin ist; sie
allein war die Feile unsrer Ketten und die Befreiung aus
unsrer Sklaverei. Sie befindet sich hier aus eignem, freiem
Willen und ist, wie ich mir vorstelle, so froh, sich in diesem Zu=
stande zu sehen, wie der aus der Finsternis in das Licht her=
austritt, aus dem Tode ins Leben, aus der Höllenpein in die
Glorie des Himmels.

Ist es Wahrheit, was der sagt, meine Tochter? sprach der Maure.

Es ist so, antwortete Zoraida.

Wie! Du bist wirklich, erwiderte der Alte, eine Christin? Du bist es, die ihren Vater in die Hände seiner Feinde überliefert hat?

Darauf antwortete Zoraida: Eine Christin, das bin ich; ich bin es aber nicht, die dich in diese Lage versetzt hat, denn nie ging mein Wunsch dahin, dich im Wehe zu verlassen oder dir ein Wehe zuzufügen, nein, mir vielmehr Glück zu erwerben.

Und welch ein Glück hast du dir erworben, meine Tochter?

Das, antwortete sie, frage du Lela Marién, sie wird es dir besser als ich sagen können.

Kaum hatte der Maure dies gehört, als er mit unglaublicher Behendigkeit sich kopfüber ins Meer stürzte, wo er ohne Zweifel ertrunken wäre, wenn sein langes, faltiges Gewand ihn nicht eine kurze Zeit über Wasser gehalten hätte. Zoraida schrie, man möchte ihn aus den Fluten retten; wir eilten ihm alle zu Hilfe, faßten ihn am Oberkleid und zogen ihn halb erstickt und besinnungslos heraus. Zoraida war so von Schmerz ergriffen, daß sie, als wenn er schon tot wäre, jammernd und schmerzvoll Klage über ihn erhub. Wir legten ihn hin, den Mund abwärts gekehrt, er spie viel Wasser aus, und nach zwei Stunden kam er wieder zu sich.

Inzwischen war der Wind umgeschlagen; wir mußten wieder landwärts drehen und alle Kraft der Ruder aufbieten, um nicht an der Küste aufzufahren. Aber unser gutes Glück fügte es, daß wir eine Bucht erreichten, die längs eines kleinen Vorgebirgs oder einer Landzunge sich erstreckt und von den Mauren die Bucht der Caba-rumia, das heißt des bösen Christenweibes, genannt wird. Es ist bei den Mauren die Überlieferung, daß an diesem Orte die Caba begraben liegt, aus deren Anlaß

Spanien zugrunde ging; denn Caba heißt in ihrer Sprache ein
böses Weib, und rumia eine Christin. Ja, sie halten es sogar
für eine üble Vorbedeutung, dort Anker zu werfen, wenn einmal
die Notwendigkeit sie dazu zwingt; denn ohne eine solche gehen
sie dort nie vor Anker. Indessen für uns war es nicht der
Ruheport eines bösen Weibes, sondern der sichere Hafen unserer
Rettung, so hoch ging die See. Wir stellten unsere Schildwachen
am Lande aus und ließen die Ruder keinen Augenblick aus den
Händen; wir aßen von den Vorräten, die der Renegat besorgt
hatte, und beteten von ganzem Herzen zu Gott und Unserer
Lieben Frau, uns hilfreich und gnädig zu sein, auf daß wir
einen so günstigen Anfang mit glücklichem Ende krönen möchten.

Auf Zoraidas Bitte wurde Anstalt getroffen, ihren Vater
und die andern Mauren, die gebunden im Schiff lagen, ans
Land zu setzen, denn sie hatte nicht das Herz, und ihr weiches
Gemüt konnte es nicht ertragen, vor ihren Augen ihren Vater
gefesselt und ihre Landsleute gefangen zu sehen. Wir versprachen ihr, es bei unsrer Abfahrt zu tun, da keine Gefahr
davon drohte, sie in dieser wüsten Gegend zurückzulassen.

Unsere Gebete waren nicht so vergeblich, daß der Himmel
sie nicht gehört hätte, welcher sogleich den Wind zu unseren
Gunsten umschlagen und die See ruhig werden hieß und uns
einlud, unsere begonnene Fahrt jetzt wieder fröhlich fortzusetzen.
Als wir das gewahrten, banden wir die Mauren los und setzten
sie einen nach dem andern ans Land, worüber sie sich höchlich
wunderten. Als wir aber im Begriff waren, Zoraidas Vater
auszuschiffen, der bereits wieder bei voller Besinnung war,
sagte er: Warum, glaubt ihr Christen, freut sich dies böse
Weib, daß ihr mir die Freiheit schenkt? Glaubt ihr, es sei
aus frommem Mitleid, das sie etwa für mich fühlt? Wahrlich
nein, sie tut es nur im Hinblick auf die Störung, die meine
Anwesenheit ihr bereiten würde, wenn sie ihre bösen Gelüste

befriedigen will; auch dürft ihr nicht denken, daß sie zur Änderung ihres Glaubens deshalb bewogen worden, weil sie meint,
dem eurigen gebühre der Vorzug vor dem unsrigen, sondern
vielmehr weil sie weiß, daß man in eurem Lande sich der
Sittenlosigkeit freier hingeben kann als in dem unseren.

Hierauf wendete er sich zu Zoraida, wobei ich und ein
anderer Christ ihn mit beiden Armen umfaßt hielten, damit er
sich nicht zu etwas Wahnwitzigem hinreißen ließe, und sprach zu
ihr: O du schändliches Mädchen, du übelberatenes Kind! Wo
willst du hin, blind und unsinnig, in der Gewalt dieser Hunde,
unserer geborenen Feinde? Verflucht sei die Stunde, in der ich
dich erzeugte, verflucht sei das Wohlleben und die Üppigkeit,
worin ich dich auferzog!

Da ich indessen gewahrte, daß er in einer Verfassung war,
um nicht so bald zu Ende zu kommen, so beeilte ich mich, ihn
ans Land zu setzen. Aber auch von da aus fuhr er mit wildem
Schreien fort in seinen Verwünschungen und Jammerklagen
und rief Mohammed an, er möge Alláh bitten, uns zu vernichten, zu verderben und auszutilgen. Und als wir, da wir
unter Segel gegangen, seine Worte nicht mehr hören konnten,
sahen wir noch sein leidenschaftliches Gebaren, wie er sich den
Bart ausriß, die Haare raufte und sich auf den Boden nieder-
warf. Einmal aber strengte er die Stimme so gewaltig an,
daß wir vernahmen, wie er rief: Kehre zurück, geliebte Tochter,
kehre ans Land zurück, ich verzeihe dir alles. Überlaß diesen
Leuten all das Geld dort, es gehört ja schon ihnen, und kehre
zurück, um deinem kummervollen Vater Trost zu spenden!
Er wird in dieser Sandwüste das Leben lassen, wenn du ihn
verlässest.

All dieses hörte Zoraida, und alles bewegte sie zu innigem
Schmerz und heißen Tränen, und sie vermochte ihm nichts
anderes zu sagen und kein anderes Wort zu erwidern als dies

II   17

eine: Es gebe Alláh, mein Vater, daß Lela Marién, welche die
Ursache ist, daß ich eine Christin geworden, dich in deiner
Traurigkeit tröste! Alláh ist es wohl bewußt, daß ich nichts
anderes tun konnte, als was ich getan, und daß diese Christen
meinem guten Willen nichts zu danken haben. Denn hätte ich
auch den Willen gehabt, nicht mit ihnen zu gehen und in
unserem Hause zu bleiben, es wäre mir unmöglich gewesen, so
eilig drängte es mich in meiner Seele, dies Werk ins Werk zu
setzen, das mich ein ebenso gutes dünkt als du, geliebter Vater,
es für ein schlechtes erachtest.

Als Zoraida dieses sprach, konnte ihr Vater sie schon nicht
mehr hören und wir ihn nicht mehr sehen. Ich sprach ihr
Trost zu, und wir alle waren nur noch auf unsere Fahrt bedacht, die jetzt der für unseren Kurs geeignete Wind begünstigte,
so daß wir es wirklich für sicher hielten, uns bei Anbruch des
nächsten Morgens an der spanischen Küste zu sehen.

Aber so wie selten oder nie das Glück uns rein und un-
getrübt zuteil wird, ohne daß ein verwirrender oder plötzlich
heranstürmender Unfall es begleitet oder ihm nachfolgt, so fügte
es unser Geschick, oder veranlaßten es vielleicht die Verwünschungen, die der Maure auf seine Tochter geschleudert, —
denn stets sind solche Flüche zu fürchten, von welchem Vater
sie auch kommen mögen — es fügte das Schicksal, sage ich, als
wir uns bereits auf hoher See befanden und etwa drei Stunden der Nacht schon vorüber waren und wir unter voll-
geschwelltem Segel hinfuhren und mit festgebundenen Ruder-
stangen, da der günstige Wind uns der Mühe überhob sie zu
gebrauchen, daß wir da plötzlich beim hellen Scheine des Mondes dicht bei uns ein Rundschiff sahen, das alle Segel aufgesetzt
hatte und das Steuer etwas nach links hielt und quer vor
uns vorüberfuhr, und zwar so nahe, daß wir die Segel ein-
reffen mußten, um einen Zusammenstoß zu vermeiden. Und die

anderen ihrerseits hielten mit aller Macht das Steuer an, um
uns Raum zum Vorbeifahren zu lassen. Jene hatten sich an
Bord des Schiffes aufgestellt, um uns zu fragen, wer wir
seien, wohin wir segelten, und woher wir kämen. Aber da sie
uns dies in französischer Sprache fragten, so sagte unser Renegat: Keiner gebe Antwort, denn es sind dies ohne Zweifel
französische Seeräuber, denen nic t zu gut zum Plündern ist.
Auf diese Warnung hin antwortete keiner ein Wort. Aber
kaum waren wir eine Strecke vor ihnen vorübergefahren und
das Schiff segelte bereits unter dem Wind, als jenes unversehens
zwei Geschütze löste, und wie es schien, waren beide mit Ketten-
kugeln geladen; denn der eine Schuß riß unsern Mast mitten
durch und warf ihn samt dem Segel ins Meer, und da sie im
nämlichen Augenblick mit dem anderen Geschütz feuerten, schlug
die Kugel mitten in unser Schiff ein, so daß sie es ganz auseinander riß, ohne jedoch anderen Schaden zu tun. Wie wir nun
unsere Barke sinken sahen, begannen wir alle um Hilfe zu
schreien und die im Schiffe zu bitten, sie möchten uns aufnehmen,
weil wir am Ertrinken wären. Jetzt refften sie die Segel, ließen
ihr Boot oder Schaluppe in die See. Es stiegen gegen zwölf
Franzosen darein, wohlbewaffnet mit ihren Musketen und
brennenden Lunten, und fuhren dicht an unser Schiff heran.
Wie sie aber sahen, daß unsere Anzahl so gering und das Schiff
im Sinken war, nahmen sie uns an Bord, wobei sie sagten, weil
wir die Unhöflichkeit begangen hätten, ihnen nicht zu antworten,
sei uns dieses zugestoßen. Unser Renegat nahm das Kästchen
mit Zoraidas Reichtümern und warf es ins Meer, ohne daß
jemand merkte, was er tat.
Nun begaben wir uns insgesamt zu den Franzosen hinüber,
und nachdem diese sich über alles erkundigt hatten, was sie von
uns zu wissen wünschten, nahmen sie uns alles weg, was wir be-
saßen, als wären wir ihre Todfeinde, und Zoraida beraubten sie

17*

sogar der Spangen, die sie an den Fußgelenken trug. Doch die
Bekümmernis, in welche sie Zoraida hiermit versetzten, war bei
mir lange nicht so groß als diejenige, die mir aus der Angst
entstand, sie möchten vielleicht vom Raub der reichen und kostbaren Kleinode weitergehen zum Raub jenes einen Kleinods, das
den höchsten Wert hatte und von ihr am höchsten geschätzt wurde.
Indessen gehen die Begierden dieser Leute auf nic t weiteres
als auf das Geld, dessen sich ihre Habsucht nie ersättigen kann,
und sie trieben es so arg, daß sie uns selbst die Sklavenkleider
weggenommen hätten, wenn diese vom geringsten Nutzen für sie
gewesen wären. Es war sogar unter ihnen die Rede davon, man
solle uns alle in ein Segel wickeln und ins Meer werfen, denn
sie hatten die Absicht, etliche spanische Häfen anzulaufen und
sich dabei für Bretagner auszugeben, und wenn sie uns lebend
mitnähmen, so würden sie der Strafe nicht entgehen, weil der
verübte Raub nicht unentdeckt bleiben würde. Allein der Hauptmann, welcher der nämliche war, der meine geliebte Zoraida
ausgeplündert hatte, sagte, er für seinen Teil begnüge sich mit
der Beute, die er schon habe, und wolle keinen spanischen Hafen
anlaufen, sondern bei Nacht, oder wie es ihm sonst möglich wäre,
durch die Meerenge von Gibraltar nach La Rochelle gehen, von
wo er ausgefahren sei.

So kamen sie denn überein, uns das Boot ihres Schiffes
zu überlassen, nebst allem für die kurze Zeit Erforderlichen, die
wir noch vor uns hatten; was sie auch am nächsten Tage aus-
führten, als wir bereits im Angesicht der spanischen Küste waren.
Bei diesem Anblick war all unser Kummer und all unsere Armut gänzlich vergessen, als wären wir es nicht, die das alles
erlebt hätten. So groß ist die Freude, die verlorene Freiheit
wiederzugewinnen.

Es mochte gegen Mittag sein, als sie uns in das Boot aus-
setzten, wobei sie uns zwei Fässer mit Wasser und etwas Zwie-

bad mitgaben; und der Schiffshauptmann gab, ich weiß nicht, in welcher Anwandlung von Barmherzigkeit, der lieblichen Zoraida beim Einschiffen etwa vierzig Goldtaler und erlaubte seinen Soldaten nicht, ihr ihre Kleider wegzunehmen, die selben, die sie noch jetzt trägt. Wir stiegen in das Boot und dankten ihnen für das Gute, was sie an uns getan. Wir wollten lieber unsere Erkenntlichkeit als unsern Groll zeigen.

Sie suchten nun die hohe See zu gewinnen, um die Richtung nach der Meerenge einzuschlagen. Wir aber ruderten, ohne nach einem andern Leitstern zu blicken als nach der Küste, die vor uns zu sehen war, so tapfer voran, daß wir bis Sonnenuntergang nahe genug waren, um nach unserer Meinung noch vor Einbruch der vollen Nacht das Gestade erreichen zu können. Aber da in jener Nacht der Mond nicht schien und der Himmel finster war, und da wir die Küste nicht kannten, wo wir hingeraten, hielten wir es nicht für sicher ans Land zu stoßen; während viele der Unseren gerade dieses vorzogen und meinten, wir sollten aufs Land zusteuern, selbst wenn wir auf Felsen und fern von bewohnten Gegenden landen sollten, denn nur so könnten wir die Furcht beschwichtigen, die man mit gutem Grunde verspüren müsse, daß dort herum Korsarenschiffe aus Tetuán streifen möchten, welche bei Anbruch der Nacht noch in der Berberei und beim Frührot schon an den spanischen Küsten sind, hier gewöhnlich Beute machen und dann heimkehren, um nachts wieder zu Hause zu schlafen. Indessen wurde von den widersprechenden Meinungen die eine vorgezogen, daß wir uns allmählich dem Lande nähern, und wenn die ruhige See es gestattete, uns ausschiffen sollten, wo es eben möglich wäre.

So geschah es denn auch, und es mochte kurz vor Mitternacht sein, als wir an den Fuß eines hohen, unförmlich gestalteten Berges gelangten, der doch nicht so dicht an die See herantrat, daß er uns nicht ein wenig Raum zur bequemen Landung

verſtattet hätte. Wir ſtießen an das ſandige Ufer, ſprangen alle
ans Land, küßten den Boden und dankten mit innigſten Freudentränen Gott unſerm Herrn für die unvergleichliche Wohltat,
die er uns erwieſen. Wir nahmen aus dem Boote die darin be-
findlichen Vorräte, zogen es ans Land und ſtiegen eine große
Strecke den Berg hinauf. Denn waren wir auch hier am Orte,
ſo konnten wir doch unſer Gemüt noch nicht beruhigen und nicht
völlig glauben, daß es chriſtlicher Boden ſei, der unſere Füße trage.
Der Morgen ſchien mir ſpäter anzubrechen, als wir gewünſcht
hätten. Wir ſtiegen den ganzen Berg vollends hinauf, um zu
ſehen, ob von da aus ſich ein bewohnter Ort entdecken laſſe
oder wenigſtens ein paar Schäferhütten. Aber ſoweit wir auch
die Blicke ausſandten, ſahen wir weder einen Wohnort noch
einen Menſchen, weder Steg noch Weg. Trotzdem beſchloſſen
wir weiter ins Land hineinzugehen, da es doch nicht anders ſein
konnte, als daß wir bald jemand auffinden würden, der uns
Nachricht über das Land gäbe.

Was mich indeſſen am meiſten quälte, war, daß ich ſehen
mußte, daß Zoraiba dieſe unwegſame Gegend zu Fuß durch-
wanderte. Denn wiewohl ich ſie manchmal auf meinen Schultern trug, ſo ermüdete meine Ermüdung ſie weit mehr als das
Ausruhen ihr zur Ruhe ward, und daher erlaubte ſie mir durchaus nicht mehr, dieſe Mühe nochmals auf mich zu nehmen. Ich
führte ſie daher immer an der Hand, wobei ſie große Geduld
bewies und ſtets den Schein der Heiterkeit bewahrte, und ſo
mochten wir weniger als eine Viertelmeile gegangen ſein, als
plötzlich der Klang einer Schelle in unſere Ohren drang, ein
deutliches Zeichen, daß dort in der Nähe ſich eine Herde befinden müßte. Und als wir alle aufmerkſam umherſpähten, ob
eine ſolche ſich ſehen laſſe, bemerkten wir am Fuß einer Kork-
eiche einen jungen Schäfer, der ruhig und ſorglos ſich mit ſeinem
Meſſer einen Stab ſchnitzte. Wir riefen ihm laut zu, er erhub

den Kopf und sprang in die Höhe, und die ersten, die ihm vors Auge kamen, waren, wie wir nachher erfuhren, der Renegat und Zoraiba. Da er sie in Maurentracht sah, meinte er gleich, alle Mauren aus der ganzen Berberei seien ihm schon auf dem Hals. Er lief mit wunderbarer Geschwindigkeit in den Wald und weiter und stieß das ungeheuerste Geschrei aus: Mauren, Mauren sind im Land! Mauren, Mauren! Zu den Waffen, zu zu den Waffen!

Bei diesem Geschrei gerieten wir alle in Bestürzung und wußten nicht, was wir anfangen sollten. Da wir indessen bedachten, das Geschrei des Schäfers müsse das Land in Aufruhr bringen, und die Strandreiter würden bald herbeieilen, um zu sehen, was vorgehe, so beschlossen wir, der Renegat solle seine Türkenkleider ausziehen und ein maurisches Gileco, das heißt eine Sklavenjacke, anlegen, welche einer von uns ihm auf der Stelle gab, trotzdem er deshalb im bloßen Hemde einhergehen mußte. Und so befahlen wir uns Gott dem Herrn und zogen desselben Weges, den wir den Schäfer hatten einschlagen sehen, stets den Augenblick erwartend, wo die Strandreiter über uns herfallen würden. Und unsere Vermutung trog uns nicht; denn es mochten noch nicht zwei Stunden vergangen sein, als wir, aus dem Dickicht bereits auf ebenes Land herausgekommen, gegen sechzig Reiter erblickten, die in rasender Eile mit verhängtem Zügel auf uns zukamen. Sobald wir ihrer ansichtig wurden, standen wir still und erwarteten sie. Wie sie nun in die Nähe kamen und statt der Mauren, die sie suchten, soviel arme Christen erblickten, wußten sie sich gar nicht darein zu finden. Einer von ihnen aber fragte uns, ob wir vielleicht der Anlaß gewesen seien, daß ein Schäfer Lärm geschlagen und zu den Waffen gerufen habe.

Ja, sagte ich; und wie ich gerade anfangen wollte, ihm meine Erlebnisse zu erzählen und woher wir kämen und wer wir seien,

erkannte einer der Chriften, die unfre Rudersleute gewefen, den
Reiter, der die Frage an uns gerichtet, und fprach, ohne mich
ein Wort reden zu laffen: Preis und Dank fei Gott, ihr Herren,
der uns zu fo gutem Ziel gefuhrt hat; denn, wenn ich mich nicht
irre, ift der Boden, den wir betreten, die Gemarkung von Vélez=
Málaga; falls nicht etwa die langen Jahre meiner Sklaverei
mir aus meinem Denken die Erinnerung geloscht haben, daß
Ihr, Señor, der Ihr uns fragt, wer wir feien, Pedro de Bufta=
mante, mein Oheim, feid.

　　Kaum hatte der Chriftenfklave dies gefagt, als der Reiter
vom Pferde herabfprang, auf den Jüngling zufturzte und ihn
in die Arme fchloß mit den Worten: Du mein Herzensneffe,
mein geliebter Neffe, wohl erkenne ich dich, und längft haben
wir dich als tot beweint, ich und meine Schwefter, deine Mutter,
und alle die Deinigen, die noch am Leben find, und Gott war
fo gnädig, ihr Leben zu verlängern, damit fie das Vergnugen
genießen, dich wiederzufehen. Wir hatten gehort, daß du dich
in Algier befandeft, und nach deiner Kleidung und dem Aufzug
deiner ganzen Gefellfchaft zu fchließen, muß es bei eurer Be=
freiung wunderbar zugegangen fein.

　　So ift's, antwortete der Jüngling, und wir werden Zeit
finden, Euch alles zu berichten.

　　Sobald die Reiter wahrnahmen, daß wir befreite Chriften=
fklaven waren, ftiegen fie von ihren Pferden, und jeder bot uns
das feinige an, um uns nach der Stadt Vélez-Málaga zu bringen,
die anderthalb Meilen von da entfernt lag. Einige von ihnen
gingen zuruck, um das Boot nach der Stadt zu bringen, da wir
ihnen fagten, wo wir es gelaffen, die andern hoben uns ihren
Pferden auf die Kruppe, und Zoraida ritt auf dem Pferde des
Oheims des erwähnten Sklaven. Das ganze Volk kam uns aus
der Stadt entgegen, da man von einem, der vorausgelaufen
war, fchon die Nachricht von unfrer Ankunft erfahren hatte.

Sie wunderten sich nicht darüber, befreite Christensklaven oder in Sklaverei geratene Mauren zu erblicken; denn alle Leute an dieser Küste sind jene wie diese zu sehen gewohnt. Was sie bewunderten, war Zoraidas Schönheit, die zu dieser Zeit und in diesem Augenblicke auf ihrem Höhepunkt stand, infolge der Anstrengungen des Weges sowohl als der Freude, sich endlich auf christlichem Boden zu befinden, ohne Furcht, in Not und Gefahr zu geraten. Und dies hatte ihre Wangen mit so lieblicher Röte umzogen, daß ich wagen möchte zu behaupten — wenn nicht die Neigung mich damals täuschte —: es hat nie ein schöneres Geschöpf auf Erden gegeben, wenigstens habe ich keines je gesehen.

Wir begaben uns geradeswegs in die Kirche, um Gott für die gewährte Gnade Dank zu sagen, und sowie Zoraida hineintrat, sagte sie gleich, es seien hier Gesichter, die demjenigen Lela Mariéns ähnlich sähen. Wir sagten ihr, es seien das die Bildnisse derselben, und der Renegat erklärte ihr so gut er konnte, was die Bilder bedeuteten, damit sie dieselben anbete, als ob deren jedes in Wirklichkeit die nämliche Lela Marién wäre, die mit ihr gesprochen habe. Sie, die einen guten Verstand und eine leichte Fassungskraft besitzt, begriff sofort alles, was man ihr über die Bilder sagte.

Von der Kirche aus führte und verteilte man uns in verschiedene Häuser des Ortes. Allein den Renegaten, Zoraida und mich führte jener Christ, der mit uns hierhergekommen, in das Haus seiner Eltern, die mit den Gaben des Glücks mäßig bedacht waren und uns mit so viel Liebe aufnahmen und pflegten wie ihren eignen Sohn.

Sechs Tage blieben wir zu Vélez, und hierauf ging der Renegat, nachdem die kirchliche Untersuchung betreff seiner vorgenommen worden, nach der Stadt Granada, um durch Vermittlung der heiligen Inquisition wieder in den Schoß der allerheiligsten Kirche aufgenommen zu werden. Die übrigen befreiten Christen wenbeten sich ein jeder bahin, wohin es ihn am besten bebünkte. Zoraiba unb ich blieben allein zurück, nur mit den wenigen Talern, bie bie Höflichkeit des Franzosen Zoraiba geschenkt hatte, unb von biesem Gelbe kaufte ich das Tier, auf dem sie reitet. Bis jetzt weihe ich ihr meine Dienste als Vater unb Reisebegleiter, nicht als Gatte, unb so ziehen wir hin, mit ber Absicht zu erfahren, ob mein Vater noch am Leben ist, ober ob einem meiner Brüder ein günstigeres Schicksal als mir geworben. Zwar ba ber Himmel mich zu Zoraibas Lebensgefährten bestimmt hat, so bebünkt es mich, baß mir kein anbres Los zufallen könnte, so günstig es auch wäre, bas ich höher schätzen würde. Die Gebulb, mit welcher Zoraiba bie Beschwerben erträgt, bie bie Armut mit sich bringt unb ihre Sehnsucht balb eine Christin zu sein, ist so groß unb von solcher Art, baß sie mir Bewunderung abnötigt unb mich bazu verpflichtet, ihr alle Zeit meines Lebens meine Dienste zu weihen; wiewohl bie Wonne, ber Ihrige zu sein unb sie bie Meine zu nennen, mir baburch getrübt unb zerstört wirb, baß ich nicht weiß, ob ich in meinem Vaterlanb einen Winkel finden werbe, um ihr ein Heim zu bereiten, unb ob nicht bie Zeit unb ber Tod eine solche Änberung in ben Verhältnissen unb ber Lebensweise meines Vaters unb meiner Brüder bewirkt hat, baß ich, wenn sie nicht mehr ba sinb, kaum jemanb finden würde, ber mich kennen wollte.

Mehr weiß ich euch nicht, meine Herren, von meiner Geschichte zu sagen. Ob sie unterhaltenb unb merkwürdig ist, mag eure erprobte Einsicht beurteilen. Was mich betrifft, so muß ich sagen, ich hätte sie euch gern in gebrängterer Kürze erzählt, wiewohl ohnehin schon bie Besorgnis, euch zu langweilen, meiner Zunge geboten hat, mehr als einen Umstanb beiseite zu lassen.

Zweiundvierzigstes Kapitel,

welches berichtet, was noch weiter in der Schenke vorging, und auch von viel andern wissenswürdigen Dingen handelt.

Nach diesen Worten schwieg der Maurensklave, und Don Fernando sprach zu ihm: Gewiß, Herr Hauptmann, der Stil und Ton, in dem Ihr uns diese merkwürdige Geschichte erzählt habt, verdient das Lob, daß er der Neuheit und Merkwürdigkeit der Sache selbst ganz ebenbürtig war. Alles war ungewöhnlich und eigentümlich und voll von Begebnissen, die den Hörer spannen und in Staunen setzen. Und das Vergnügen, das wir empfanden, Euch zu hören, war so groß, daß, wenn uns auch noch der morgende Tag bei der Unterhaltung mit dieser Geschichte träfe, wir uns freuen würden, wenn sie aufs neue begänne.

Nun erboten sich ihm auch der Pfarrer und die andern zu allen Dienstleistungen, die in ihren Kräften stünden, und dies in so freundschaftlichen und aufrichtigen Ausdrücken, daß der Hauptmann über ihre wohlwollenden Gesinnungen hocherfreut war. Insbesondere bot ihm Don Fernando an, wenn er mit ihm heimkehren wolle, so würde er seinen Bruder, den Marqués, veranlassen, bei Zoraidas Taufe die Patenstelle zu übernehmen, und er für seinen Teil würde so für ihn sorgen, daß er in seiner Heimat mit aller Würde und Bequemlichkeit eintreffen könne, die seiner Person gebühre. Der Sklave dankte für dies alles mit feinster Höflichkeit, wollte jedoch keine seiner großmütigen Anerbietungen annehmen.

Indessen nahte bereits die Nacht, und bei deren Einbruch kam eine Kutsche in Begleitung einiger Leute zu Pferd in der Schenke an. Sie verlangten Herberge, worauf die Wirtin ant-

wortete, es sei in der ganzen Schenke nicht eine Handbreit mehr
unbesetzt.

Wenn das auch der Fall ist, sprach einer der Leute zu
Pferd, die in den Hof hereingeritten waren, wird es doch an
Raum für den Herrn Oberrichter nicht fehlen, der hier ankommt.

Bei diesem Namen geriet die Wirtin in Verlegenheit und
sagte: Es ist hierbei nur der Umstand, daß ich keine Betten
habe; wenn Seine Gnaden der Herr Oberrichter ein solches mit
sich führt, und ganz gewiß wird das der Fall sein, so möge er
in Gottes Namen einkehren, und mein Mann und ich werden
unser Gemach räumen, um es Seiner Gnaden bequem zu machen.

In Gottes Namen denn, sprach der Reisediener.

Inzwischen war aber schon ein Herr aus der Kutsche gestiegen, an dessen Tracht man sofort seinen Stand und Amts-
beruf erkannte; denn das lange Gewand und die weiten Ärmel
mit Handkrausen zeigten, daß er ein Oberrichter war, wie sein
Diener gesagt hatte. Er führte an seiner Hand ein Fräulein,
das etwa sechzehn Jahre alt schien. Sie war im Reiseanzug und
so zierlich, schön und fein anzuschauen, daß ihr Anblick allen
Bewunderung abnötigte. Ja, sie alle, hätten sie nicht Dorotea,
Luscinda und Zoraida gesehen, die in der Schenke waren, hätten
glauben müssen, daß eine ähnliche Schönheit wie die dieses
Fräuleins nicht so leicht zu finden sei.

Beim Eintreten des Oberrichters und des Fräuleins war
Don Quijote zugegen, und wie dieser den fremden Herrn sah,
sprach er sogleich: Euer Gnaden kann getrost Einkehr halten
und sich ergehen in dieser Burg. Denn wiewohl sie eng und
ohne Bequemlichkeit ist, gibt es weder eine Engnis noch Un-
bequemlichkeit, so nicht für das Waffenwerk und die Gelehrsamkeit Raum hätte, zumal wenn Waffenwerk und Gelehrsamkeit
die Schönheit als Führerin und Wegweiserin bei sich haben,
wie Euer Gnaden Gelahrtheit sie in diesem schönen Fräulein

bei sich hat, einer Dame, vor welcher nicht nur die Burgen sich erschließen und ihr Inneres offenbaren, sondern auch die Felsen sich auseinandertun und die Berge sich spalten und herabneigen müssen, um ihr Zulaß zu gewähren. Es trete also, sag' ich, Euer Gnaden in dies Paradies ein, denn hier werdet Ihr Sterne und Sonnen finden, würdig, dem Himmel sich zu gesellen, den Euer Gnaden mitbringt. Hier werdet Ihr das Waffenwerk auf seiner höchsten Stufe und die Schönheit auf dem Gipfel der Vollkommenheit finden.

Der Oberrichter geriet in Verwunderung über Don Quijotes Reden und begann, ihn mit großer Aufmerksamkeit zu betrachten, und wunderte sich nicht weniger über sein Aussehen als über seine Äußerungen, und ehe er seinerseits Worte der Entgegnung fand, geriet er aufs neue in Staunen, als er Luscinda, Dorotea und Zoraida erscheinen sah. Diese nämlich waren bei der Neuigkeit von den neuen Gästen und bei der Kunde von der Schönheit des Fräuleins, von der ihnen die Wirtin gesagt, herzugeeilt, um sie zu sehen und zu empfangen.

Don Fernando indessen und Cardenio und der Pfarrer begrüßten ihn auf eine verständigere und weltmännischere Weise als Don Quijote es getan. Endlich trat der Herr Oberrichter ins Haus, höchst befremdet über alles, was er sah und was er hörte; und die Schönen aus der Schenke hießen das schöne Fräulein willkommen. Der Oberrichter bemerkte alsbald, daß all die Anwesenden vornehme Leute waren. Allein Don Quijotes Gestalt, Aussehen und Haltung machte ihn gänzlich irre. Und nachdem man gegenseitig viele Höflichkeiten ausgetauscht und die Räumlichkeiten der Schenke in Betracht gezogen, traf man die Anordnung, die schon vorher getroffen war, nämlich, daß alle Frauen sich in die schon erwähnte Kammer begeben, die Männer aber vor derselben gleichsam als Schutzwache bleiben sollten. Sonach war der Oberrichter damit einverstanden, daß

seine Tochter, — dies war das Fräulein, — mit den übrigen
Damen ginge, was sie sehr gerne tat. Und mit einem Teil vom
schmalen Bette des Schenkwirts und mit der Hälfte des vom
Oberrichter mitgebrachten machten die Damen es sich diese Nacht
bequemer als sie erwartet hatten.

Der befreite Maurensklave, dem vom ersten Augenblick an,
wo er den Oberrichter erblickte, das Herz heftig pochte und
Ahnungen erweckte, daß dies sein Bruder sein könne, fragte
einen der Diener, die den letzteren begleiteten, wie der Herr
heiße und aus welcher Gegend er sei. Der Diener antwortete,
der Herr heiße der Lizentiat Juan Pérez de Viedma, und er habe
gehört, derselbe sei aus einem Ort im Gebirge von León.

Diese Mitteilung, und was er mit eignen Augen gesehen,
überzeugte ihn vollends, jener sei sein Bruder, der nach dem
Rat seines Vaters sich den Studien gewidmet hatte. Und in
höchster Aufregung und Freude rief er Don Fernando, Cardenio und den Pfarrer beiseite, erzählte ihnen, was vorgehe,
und gab ihnen die Gewißheit, der Oberrichter sei sein Bruder.
Der Diener hatte ihm auch noch erzählt, derselbe gehe nach
Indien, da er als Oberrichter beim Appellhof von Méjiko angestellt sei. Er erfuhr auch, jenes Fräulein sei dessen Tochter,
ihre Mutter sei an der Geburt des Mädchens gestorben und
der Vater sei durch die Mitgift, die ihm samt der Tochter im
Hause verblieben, ein sehr reicher Mann geworden. Er bat sie
um Rat, welchen Weg er einschlagen solle, um sich ihm zu entdecken, oder um sich vorher zu vergewissern, ob etwa, wenn er
sich dem Richter entdeckt habe, dieser sich der Armut des Bruders
schämen oder ihn mit liebevollem Herzen aufnehmen werde.

Es möge mir überlassen bleiben, diese Probe anzustellen,
sagte der Pfarrer, zumal sich gar nichts andres denken läßt als
daß Ihr, Herr Hauptmann, die allerbeste Aufnahme finden
werdet. Denn die geistige Bedeutung und der verständige Sinn,

den Euer Bruder in seinem edlen Äußern erkennen läßt, deutet
nicht darauf, daß er hochmütig oder vergeßlich ist, oder daß er
nicht die Zufälligkeiten des Schicksals richtig zu würdigen weiß.

Trotz alledem, sagte der Hauptmann, möchte ich mich ihm
nicht mit einemmal, sondern nur allmählich, wie auf Um-
wegen, zu erkennen geben.

Ich sage Euch ja, entgegnete der Pfarrer, ich werde meinen
Plan so anlegen, daß wir alle zufrieden sein werden.

Inzwischen war das Abendessen schon aufgetragen, und alle
setzten sich an den Tisch, ausgenommen der Hauptmann sowie
die Damen, welche in ihrem Zimmer für sich speisten. Während
man nun bei der Tafel war, sprach der Pfarrer: Herr Oberrichter, desselben Namens wie Euer Gnaden hatte ich einen
Kameraden in Konstantinopel, wo ich ein paar Jahre in der
Sklaverei war, und dieser Kamerad war einer der tüchtigsten
Soldaten und Hauptleute, die im ganzen spanischen Fußvolk
zu finden waren. Aber soviel er vom mutigen und tapferen
Mann an sich hatte, soviel hatte er auch vom unglücklichen
an sich.

Und wie hieß dieser Hauptmann, mein werter Herr? fragte
der Oberrichter.

Er hieß, antwortete der Pfarrer, Rui Pérez de Viedma und
war gebürtig aus einem Ort im Gebirge von León. Er erzählte
mir eines Tages einen Vorfall, der sich zwischen seinem Vater
und seinen Brüdern zugetragen, und hätte mir ihn nicht ein so
wahrheitsliebender Mann wie er erzählt, so hätte ich es für
eines jener Märchen gehalten, wie sie die alten Weiber des
Winters beim Herdfeuer erzählen. Denn er sagte mir, sein
Vater habe sein Vermögen unter seine drei Söhne verteilt und
ihnen dabei besseren Rat gegeben als man in den Gedichten des
Dionysius Cato findet. Und ich muß sagen, der Rat, dem er
folgte, in den Krieg zu gehen, schlug ihm so gut aus, daß er es

in wenigen Jahren durch seine Tapferkeit und seinen Mut bis
zum Hauptmann beim Fußvolk brachte und in solcher Achtung
stand, daß er sich schon auf dem Wege sah, demnächst Oberst-
wachtmeister zu werden. Allein das Glück ward ihm feindlich;
denn gerade als er berechtigt schien dessen Gunst zu erwarten,
da büßte er sie vollständig ein, indem er seine Freiheit an jenem
hochbeglückten Schlachttage einbüßte, wo so viele sie wieder erlangten, nämlich bei Lepanto. Ich meinesteils verlor die Freiheit in Goleta, und später fanden wir uns infolge verschiedener
Schicksale als Kameraden in Konstantinopel. Von dort kam er
nach Algier, wo ihm, wie mir bekannt, eines der seltsamsten
Abenteuer von der Welt begegnet ist.

Nun fuhr der Pfarrer fort, in gedrängter Kürze alles zu
erzählen, was dem Bruder mit Zoraida begegnet war, und der
Oberrichter hörte dem Zeugen so merkwürdiger Erlebnisse mit
höherer Spannung zu, als er jemals bei Gericht einen Zeugen
verhört hatte. Der Pfarrer ging nur bis zu dem Punkte, wo
die Franzosen die in der Barke segelnden Christen ausplünder-
ten, so daß seine Gefährten und die schöne Maurin in Armut
und Not gerieten. Er habe nicht erfahren, wohin sie weiter gelangt seien, ob sie nach Spanien gekommen, oder ob die Franzosen sie nach Frankreich gebracht hätten.

Alles, was der Pfarrer erzählte, hörte der Hauptmann mit
an, der nicht weit davon stand und jede Bewegung seines
Bruders beobachtete. Dieser aber seufzte tief auf, als er sah, daß
der Pfarrer seine Erzählung geendet, seine Augen füllten sich
mit Tränen, und er sprach: O Señor! wenn Ihr wüßtet, was
für Nachrichten Ihr mir mitgeteilt habt, und wie nahe sie mich
berühren! So nahe, daß ich es mit meinen Tränen bezeugen
muß, die gegen alle Schicklichkeit und meiner Zurückhaltung
zum Trotz mir aus den Augen strömen! Dieser tapfere Hauptmann, den Ihr nennt, ist mein ältester Bruder, der, weil tüchtiger

und von höherem Streben als ich und mein jüngſter Bruder,
den ehrenvollen und würdigen Beruf des Kriegers erwählte,
als die eine Laufbahn von den dreien, die unſer Vater uns
vorſchlug, wie Euer Kamerad Euch in der Erzählung, die Ihr
für ein Märchen hieltet, mitgeteilt hat. Ich ſchlug die gelehrte
Laufbahn ein, in welcher Gott und mein beharrlicher Fleiß
mich zu der Stellung befördert haben, in welcher Ihr mich ſeht.
Mein jüngerer Bruder befindet ſich in Perú und iſt ſo reich,
daß er mit dem Gelde, das er meinem Vater und mir geſendet,
ſeinen einſt mitgenommenen Anteil reichlich erſetzt, ja meinem
Vater hinreichende Mittel in die Hände gegeben hat, um ſeiner
angeborenen Freigebigkeit Genüge zu tun. Und ſo war auch
mir die Möglichkeit geworden, mich während meiner Studien
anſtändiger und ſtandesgemäßer zu halten und zu dem Poſten
zu gelangen, welchen ich jetzt bekleide. Noch lebt mein Vater
und ſtirbt ſchier vor Sehnſucht, von ſeinem älteſten Sohne zu
hören, und fleht zu Gott mit unaufhörlichem Gebete, daß der
Tod ihm nicht eher die Augen ſchließe, bis er die ſeines Sohnes
noch im Lebensglanz wiedergeſehen. Von dieſem aber, der doch
ein ſo verſtändiger Mann iſt, wundert es mich, daß er in ſeinen
großen Drangſalen und Widerwärtigkeiten, oder wenigſtens als
er in glücklicheren Verhältniſſen war, verſäumt hat, ſeinem Vater
Nachricht von ſich zu geben. Denn wenn dieſer oder einer von
uns es erfahren hätte, ſo wäre er nicht genötigt geweſen, auf
das Wunder mit dem Rohrſtab zu warten, um ſein Löſegeld zu
erlangen. Indeſſen was mich jetzt ängſtet, iſt der Zweifel, ob
jene Franzoſen ihm die Freiheit geſchenkt oder ihn umgebracht
haben, um den verübten Raub zu verheimlichen. Dies alles
wird nun zur Folge haben, daß ich meine Reiſe nicht mit jenem
frohen Mute, mit dem ich ſie begonnen, ſondern mit Trauer
und Schwermut fortſetzen muß. O mein guter Bruder! Wer
doch wüßte, wo du weileſt! Dann würde ich hineilen, dich auf=

zusuchen unb bich von beinen Drangsalen zu erlösen, wenn es
auch auf Kosten eigener Drangsale wäre. O wer doch unserm
alten Vater die Nachricht brächte, baß bu noch lebst! Und lägst
bu auch in ben tiefverborgensten Sklavenzellen ber Berberei,
aus ihnen würden seine Reichtümer unb bie meines Bruders
unb bie meinigen bich frei machen. Unb bu, o schöne, groß=
herzige Zoraiba, wer bich würdig belohnen könnte, was bu
Gutes an meinem Bruder getan! Wer boch zugegen sein könnte
bei ber Wiebergeburt beiner Seele unb bei ber Vermählung,
bie uns alle mit so hoher Freube erfüllen würde!

Diese Worte unb anbre ähnlichen Inhalts sprach berOberrich=
ter, unb er war von ben Nachrichten, bie man ihm über seinen Bru=
ber mitgeteilt, so tief ergriffen, baß bie Zuhörer alle es sich nicht
versagen konnten, ihrer Rührung gleich ihm Ausbruck zu leihen.

Wie nun ber Pfarrer sah, baß ihm so wohl gelungen, was
er beabsichtigt hatte unb was ber Hauptmann wünschte, wollte
er sie alle nicht länger in ihrer Betrübnis lassen. Unb so
stanb er vom Tische auf, ging in bas Zimmer, wo sich Zoraiba
befanb, nahm sie bei ber Hand, unb es folgten ihr Luscinba,
Dorotea unb bie Tochter bes Oberrichters. Der Hauptmann
stanb erwartenb ba, was ber Pfarrer beginnen wolle, unb bies
war einfach, baß er mit seiner andern Hand ihn faßte unb so
bas Paar zu bem Oberrichter unb ben andern Ebelleuten hin=
führte unb sprach: Laßt Eure Tränen nicht länger fließen,
Herr Oberrichter! Euer Sehnen werde nun mit allem Glücke
gekrönt, bas nur zu wünschen ist; benn vor Euch steht Euer
lieber Bruder unb Eure liebe Schwägerin. Der Mann, ben
Ihr hier seht, ist ber Hauptmann Viebma, unb bies ist bie
schöne Maurin, bie so viel Gutes an ihm getan hat. Die
Franzosen, von benen ich Euch sagte, haben sie in bie bebrängte
Lage versetzt, bie Ihr seht, bamit Ihr bie Großmut Eures eblen
Herzen bewähren könnet.

Der Hauptmann eilte herzu, um seinen Bruder zu umarmen, und dieser legte ihm beide Hände auf die Schultern,
um ihn erst aus einiger Entfernung zu betrachten. Aber nachdem er ihn endlich wieder erkannt hatte, preßte er ihn so
fest in die Arme und vergoß so liebevolle Freudentränen, daß
die meisten der Anwesenden sich nicht enthalten konnten mit ihm
zu weinen. Die Worte, die die Brüder miteinander wechselten,
die innigen Gefühle, denen sie Ausdruck verliehen — ich glaube
kaum, daß man sie sich vorstellen, geschweige denn, daß die
Feder sie niederschreiben kann. Da gaben sie einander in kurzer Darstellung Bericht über ihre Erlebnisse; da zeigten sie die
treue Freundschaft zweier Brüder in vollkommenster Wahrheit;
da umarmte der Oberrichter die liebliche Zoraida, da bot er ihr
sein ganzes Vermögen an; da hieß er seine Tochter sie umarmen, und die schöne Christin und die wunderschöne Maurin
lockten aufs neue Tränen aus aller Augen. Da stand Don
Quijote in höchster Aufmerksamkeit, ohne ein Wort zu reden,
und beschaute sich diese wundersamen Vorgänge, die er alle den
Hirngespinsten der fahrenden Ritterschaft zuschrieb. Da trafen
sie die Abrede, der Hauptmann und Zoraida sollten mit dem
Bruder nach Sevilla zurückkehren und ihren Vater benachrichtigen, daß er gefunden worden und sich in Freiheit sehe,
damit der alte Herr, wenn er es könnte, sich zur Hochzeit
und Taufe Zoraidas einfände. Denn dem Oberrichter war es
unmöglich, von der festgesetzten Reise abzustehen, da er Nachricht
empfangen, daß binnen eines Monats eine Flotte von Sevilla
nach Neu-Spanien absegeln werde und es für ihn großen
Nachteil mit sich gebracht hätte, die Reisegelegenheit einzubüßen.
Alle waren nun vergnügt und froh über die günstige Wendung im Schicksal des ehemaligen Sklaven, und da die Nacht
beinahe schon zwei Drittel ihrer Bahn zurückgelegt hatte, beschlossen sie, wenigstens während des Restes derselben ihr Lager

aufzusuchen und zu ruhen. Don Quijote erbot sich, die Bewachung der Burg zu übernehmen, damit sie nicht von irgend
welchem Riesen überfallen würde oder von andern abenteuernden
Schurken, die da nach dem reichen Schatz an Schönheit gierig
sein möchten, den die Burg verwahre. Alle, die ihn kannten,
sagten ihm Dank dafür und setzten zugleich den Oberrichter in
Kenntnis von Don Quijotes seltsamer Geistesrichtung, worüber
er sich nicht wenig ergötzte.

Sancho Panza allein verzweifelte fast darüber, daß es mit
dem Schlafengehen so lange dauerte. Aber er allein auch wußte
sich bequemer zu betten als alle andern, indem er sich auf
Sattel und Decken seines Esels legte, — die ihn später so teuer
zu stehen kamen, wie man bald erfahren wird.

Nachdem sich also die Damen in ihr Gemach zurückgezogen
und die anderen sich so gut oder so wenig schlecht als möglich
gelagert hatten, begab sich Don Quijote zur Schenke hinaus,
um vor der Burg Wache zu halten, wie er es versprochen.

Als nun bis zum ersten Morgengrauen nur noch wenig
fehlte, da drang zu den Ohren der Damen eine so wohltönende,
so liebliche Stimme, daß alle ihr unwillkürlich aufmerksames
Gehör schenken mußten, besonders Dorotea, die wach war und
an deren Seite Doña Clara de Viedma schlief — so hieß nämlich
die Tochter des Oberrichters. Niemand vermochte zu erraten,
wer der Mann sei, der so schön singe; es war eine Stimme für
sich allein, ohne Begleitung eines Instruments. Einmal kam
es ihnen vor, als töne der Gesang aus dem Hofe, ein andermal,
als ob aus dem Pferdestall, und während sie in dieser Ungewißheit höchst aufmerksam zuhörten, kam Cardenio an die
Türe des Gemachs und sprach: Wer nicht schläft, der horche
auf: ihr werdet die Stimme eines jungen Maultiertreibers vernehmen, der so herrlich singt, daß es zum Herzen bringt.

Wir haben ihn schon gehört, Señor, antwortete Dorotea.

Hiermit entfernte sich Cardenio; und Dorotea bot all ihre Aufmerksamkeit auf und vernahm, daß der Sänger folgendes Lied vortrug.

Dreiundvierzigstes Kapitel,

worin die angenehme Geschichte des jungen Maultiertreibers erzählt wird, nebst andern merkwürdigen Vorfällen, so sich in der Schenke zutrugen.

Ich bin Amors Fährmann, segle,
Wo die Hoffnung schier entschwunden,
Wo auf Amors tiefen Meeren
Nimmer wird ein Port gefunden.

Einem Sterne folgt mein Schifflein,
Fernher strahlt er mir im Dunkeln;
Nie sah jener Palinurus
Schönre Sterne droben funkeln.

Und er lenkt mich fern auf Meere,
Die nie Menschen noch befuhren;
Sorgenvoll und unbesorgt doch
Späht mein Herz nach seinen Spuren.

Sprödigkeit, ganz unerhört jetzt,
Tugend, die mir wird zum Fluche,
Sind die Wolken, die ihn bergen,
Wenn ich sehnsuchtsvoll ihn suche.

Klarer, lichter Stern, an dessen
Süßem Glanz ich neu gesunde,
Bleib! Die Stunde deines Scheidens
Wird auch meines Todes Stunde.

Als der Sänger bis dahin gekommen war, erachtete es Dorotea für unrecht, wenn Clara des Vergnügens an einer so schönen Stimme entbehren sollte. Sie weckte sie daher mit den Worten: Verzeih' mir, Kind, daß ich dich wecke, denn ich tue es, damit dir der Genuß wird, die schönste Stimme zu hören, die du vielleicht in deinem Leben vernommen hast.

Clara erwachte noch ganz schlaftrunken und verstand anfangs nicht, was Dorotea ihr sagte; sie fragte daher erst noch einmal, Dorotea wiederholte ihre Worte, und nun ward Clara aufmerksam. Kaum aber hatte sie zwei Verse vernommen, mit denen der Sänger sein Lied fortsetzte, da befiel sie ein seltsames Zittern, als ob sie an einem heftigen Anfall des viertägigen Fiebers erkrankt läge. Sie preßte Dorotea innig in ihre Arme und sprach: O mein Herzensfräulein! warum habt Ihr mich geweckt? Die größte Wohltat, die mir in diesem Augenblick das Schicksal erweisen konnte, war, mir Augen und Ohren verschlossen zu halten, um diesen unglücklichen Sänger nicht zu sehen und nicht zu hören.

Was sagst du, Kind? Bedenke, daß der Sänger, wie man sagt, ein Maultiertreiber ist.

Das ist er nicht, sagte Clara; er ist Besitzer von abligen Herrschaften, und die Herrschaft, die er über mein Herz besitzt, wird ihm, wenn er sie nicht selbst aufgeben will, in alle Ewigkeit nie genommen werden.

Dorotea staunte ob der Worte des jungen Mädchens, die so voll tiefen Gefühles waren, daß sie die geistige Befähigung, die man von ihrem jugendlichen Alter erwarten konnte, weit überboten; und daher sprach sie zu ihr: Ihr redet so eigen, Fräulein Clara, daß ich Euch nicht verstehen kann. Erklärt Euch ausführlicher und sagt mir: was ist's mit dem Herzen und den Herrschaften, die Ihr erwähnt, und mit diesem Sänger, dessen Stimme Euch in solche Aufregung versetzt? Aber sagt mir für jetzt gar nichts; denn ich möchte nicht, um Eure Ängstlichkeit zu beschwichtigen, das Vergnügen einbüßen, den Sänger zu hören; es will mich bedünken, daß er mit andern Versen und anderer Melodie seinen Gesang aufs neue beginnt.

Nun in Gottes Namen, entgegnete Clara und hielt sich beide Ohren mit den Händen zu, um nichts zu hören. Darüber wunderte sich Dorotea abermals, sie horchte nun auf den Gesang, der in folgenden Weisen ertönte:

O du mein süßes Hoffen,
Das kühn sich Bahn bricht durch Unmöglichkeiten,
Da du die Wahl getroffen,
Zum fernen Ziel den Dornenweg zu schreiten,
Laß dein Vertrau'n nicht sinken,
Siehst du bei jedem Schritt den Tod dir winken.

Wer schwelgt in trägem Frieden,
Wird nie des Sieges Ruhm und Preis erjagen;
Vom Glück sind stets gemieden,
Die feig mit dem Geschick den Kampf nicht wagen,
Auf Mannesehr' verzichten
Und nur auf süße Ruh' die Sinne richten.

Wohl darf's gebilligt werden,
Verkauft den Siegespreis die Liebe teuer:
Kein höh'res Gut auf Erden
Als das die Lieb' erprobt in ihrem Feuer;
Und wahr sprach, der da lehrte:
Was wenig kostet, steht gering im Werte.

Beharrlichkeit im Lieben
Erringt gar manches Mal Unmöglichkeiten;
Und ich bin fest geblieben,
Dem unerreichbar'n Ziele nachzuschreiten,
So soll mir's auch gelingen,
Den Himmel von der Erb' aus zu erringen.

Hier hörte die Stimme auf und begann Clara aufs neue zu seufzen und zu schluchzen. Alles dieses entzündete um so mehr Doroteas Neugier, den Anlaß so süßen Gesanges und so schmerzlichen Weinens zu erfahren, und so fragte sie Clara wiederum, was sie ihr vorher habe erzählen wollen.

Jetzt drückte Clara sie fester ans Herz und in der Besorgnis, Luscinda möchte sie hören, hielt sie ihren Mund so dicht
an Doroteas Ohr, daß sie sicher war von niemand belauscht zu
werden, und sprach zu ihr: Jener Sänger, mein Fräulein, ist
der Sohn eines Edelmanns aus dem Königreich Aragón, der
zwei Herrschaften besitzt und in der Residenz dem Hause meines
Vaters gegenüber wohnte. Und obschon mein Vater die Fenster
seiner Wohnung im Winter mit Vorhängen und im Sommer
mit Holzgittern wohl verwahrt hielt, so weiß ich nicht, wie es
zuging und wie es nicht zuging: der junge Herr, der noch ins
Kolleg ging, erblickte mich, ich weiß nicht, ob in der Kirche oder
anderswo. Endlich verliebte er sich in mich und gab es mir
von den Fenstern seines Hauses aus durch so viele Zeichen und
so viele Tränen zu verstehen, daß ich ihm Glauben, ja Liebe
schenken mußte, ohne noch zu wissen, wie ernstlich seine Liebe sei.
Unter den Zeichen, die er mir machte, war eines, daß er seine
Hände ineinander legte, womit er mir zu verstehen gab, daß er
sich gern mit mir verheiraten möchte; und wiewohl ich mich
höchlich freuen würde, wenn dem so wäre, wußte ich doch, so
ganz allein und mutterlos, nicht, mit wem ich es besprechen
sollte, und ließ die Sache gehen, wie sie ging, ohne ihm je eine
andre Gunst zu erweisen als daß ich, wenn mein Vater und
auch der seinige das Haus verlassen hatten, den Vorhang —
oder das Gitter — ein wenig in die Höhe hob und mich in
ganzer Gestalt sehen ließ, worüber er sich so glücklich und selig
gebärdete, daß er schier verrückt zu werden schien.

Inzwischen kam die Zeit heran, wo mein Vater abreisen
sollte, und er erfuhr es, wenn auch nicht durch mich, da es mir
nie möglich war, ihn zu sprechen. Er wurde krank, wie ich vermute, aus Gram, und so konnte ich ihn am Tag unserer Abreise
nicht sehen, um von ihm, wenn auch nur mit Blicken, Abschied
zu nehmen. Aber als wir zwei Tage lang gereist waren und

eben in ein Gasthaus einkehrten, an einem Orte eine Tagereise
von hier entfernt, da erblickte ich ihn plötzlich an der Tür des
Gasthauses, angezogen wie der Bursche eines Maultiertreibers,
und die Tracht schien ihm so natürlich, daß es mir unmöglich
gewesen wäre, ihn zu erkennen, wenn ich sein Bild nicht so treu
im Herzen trüge. Ich erkannte ihn und ward von Staunen
und Freude ergriffen. Er sah mich verstohlen an, hinter meines
Vaters Rücken, da er sich immer vor ihm verbirgt, wenn er auf
den Wegen und in den Wirtshäusern, wohin wir kommen, an
mir vorübergeht. Und da ich weiß, wer er ist, und bedenke, daß
er nur aus Liebe zu mir, unter so viel Mühsalen zu Fuße reist,
vergehe ich vor Gram, und wo sich seine Füße hinwenden, da
wenden sich meine Augen hin. Ich weiß nicht, welche Absicht
ihn hierherführt, noch wie es ihm möglich war, von seinem
Vater fortzukommen, der ihn außerordentlich liebt, weil er
keinen andern Erben hat, und weil der junge Mann es verdient,
wie Ihr sofort erkennen werdet, wenn Ihr ihn seht. Außerdem
kann ich Euch sagen, daß alles, was er singt, aus seinem eignen
Kopfe kommt, denn, wie ich gehört habe, hat er viel gelernt und
dichtet vortrefflich. Aber es kommt noch etwas dazu: jedesmal,
wenn ich ihn sehe oder singen höre, zittre ich am ganzen Leibe
und werde von Angst überfallen, mein Vater möchte ihn erkennen und unsere gegenseitige Neigung entdecken. Nie in
meinem Leben habe ich ein Wort mit ihm gesprochen, und dessenungeachtet liebe ich ihn so innig, daß ich ohne ihn nicht leben
kann. Das, mein Fräulein, ist alles, was ich Euch über diesen
Sänger sagen kann, dessen Stimme Euch so sehr gefallen hat,
daß Ihr an ihr allein schon erkennen könnt, daß er keineswegs
zu den Maultiertreibern gehört, wie Ihr Euch äußertet, sondern
daß er Gebieter über Seelen und Herrschaften ist.

Redet nicht weiter, Señora Doña Clara, sprach Dorotea
jetzt und küßte sie dabei viel tausendmal; redet nicht weiter, sag'

ich, und geduldet Euch, bis der Morgen kommt. Mit Gottes
Hilfe hoffe ich Eure Angelegenheiten in ein solches Geleis zu
bringen, daß sie das glückliche Ende erreichen, das ein so sitten-
reiner Anfang verdient.

O mein Fräulein! versetzte Clara, welch ein Ende läßt sich
hoffen, wenn doch sein Vater so vornehm und so reich ist, daß
er mich kaum wert achten wird, seines Sohnes Dienerin, geschweige seine Gemahlin zu sein? Und dann, mich heimlich
hinter dem Rücken meines Vaters zu verheiraten, das würde
ich um alles in der Welt nicht tun. Ich wünschte nur, der junge
Mann kehrte nach Hause und ließe mich im Stiche. Vielleicht,
wenn ich ihn nicht sähe und die große Strecke des Weges, den
wir reisen, uns trennte, würde sich die Pein, die ich jetzt emp-
finde, beschwichtigen lassen. Zwar muß ich wohl sagen, dies
Mittel, das mir eben eingefallen, würde mir gar wenig helfen.
Ich weiß nicht, was zum Kuckuck das gewesen ist, oder durch
welches Pförtchen die Liebe zu ihm sich mir ins Herz eingeschlossen hat, da ich doch ein so junges Mädchen und er ein so
junges Herrchen ist. In der Tat glaube ich, wir sind vom selben
Alter, und ich zähle noch nicht volle sechzehn Jahre, denn mein
Vater sagt, daß ich dies Alter erst auf nächsten Michaelistag
erreichen werde.

Dorotea konnte das Lachen nicht unterdrücken, als sie Clara
so kindlich plaudern hörte, und sprach zu ihr: Jetzt, Fräulein,
wollen wir das Wenige, was, wie mich dünkt, von der Nacht
noch übrig ist, in Ruhe verschlafen. Gott wird Tag werden
lassen, und es wird uns schon gelingen, oder ich müßte mich
schlecht auf dergleichen verstehen.

Hiemit sanken sie in Schlummer, und in der ganzen
Schenke herrschte tiefe Stille. Nur die Tochter der Wirtin
und Maritornes schliefen nicht. Sie wußten, welchen Sparren
Don Quijote im Kopf hatte. Sie hatten gesehen, wie er vor

der Schenke gerüstet und zu Pferde Wache hielt, und nahmen sich vor, sich einen Spaß mit ihm zu machen oder sich mindestens mit dem Anhören seiner Narreteien die Zeit zu vertreiben.

Nun gab es in der ganzen Schenke kein Fenster, das aufs Feld hinausging; nur auf dem Heuboden war eine Luke, durch welche man das Stroh hinauswarf. An diese Luke stellten sich die beiden nachgemachten Burgfräulein und sahen, wie Don Quijote zu Pferde saß, auf seinen Spieß gelehnt, und von Zeit zu Zeit so schmerzlich tiefe Seufzer ausstieß, daß es schien, als würde mit jedem die Seele ihm schier aus dem Leibe gerissen. Und zugleich hörten sie ihn mit weicher, zärtlicher, liebebeseelter Stimme sagen: O meine Herrin Dulcinea del Toboso, du höchster Inbegriff aller Schönheit, Ende und Vollendung aller Klugheit und Bescheidenheit, Rüstkammer der anmutigsten Holdseligkeit, Vorratshaus aller Sittsamkeit, Vorbild alles dessen, was es Ersprießliches, Sittenreines und Erquickliches auf Erden gibt! o sage, woran mag anitzo deine Herrlichkeit sich erlusten? Hältst du vielleicht deinen fürtrefflichen Sinn gerichtet auf diesen in deinen Ketten schmachtenden Ritter, den es verlangt hat, sich aus eignem freien Willen in so viel Gefahren zu stürzen, nur um sich deinem Dienst ergeben zu zeigen? Gib mir Nachricht von ihr, o Himmelsleuchte, mit dem dreifach verschiedenen Antlitz! Das ihrige beneidest du vielleicht jetzt im Anschauen ihrer Schönheit und beobachtest, wie sie eine Galerie ihres prunkenden Palastes durchwandelt, oder wie sie sich mit der Brust über einen Balkon lehnt und bei sich erwägt, wie sie unbeschadet ihrer Tugend und erhabenen Stellung den Sturm beruhigen könne, den dies mein zagendes Herz um ihretwillen erleidet; welche Glorie sie meinen Qualen, welche Linderung sie meinen Kümmernissen, kurz, welches Leben sie meinem Tode und welchen Lohn sie meinen Diensten gewähren

soll! Und du, Sonne, die du dich gewiß schon jetzt beeilest, deine
Rosse zu satteln, um früh zur Hand zu sein und nach meiner
Herrin dich umzuschauen! sobald du sie erblickest, bitte ich dich,
sie von mir zu grüßen. Aber hüte dich, daß du nicht, wenn
du sie siehst und grüßest, sie auf das Antlitz küssest; denn ich
würde eifersüchtiger auf dich sein als du es auf jene behende
grausame Schönheit warst, die dich so schwitzen ließ und dich
zum Lauf spornte durch die Ebenen Thessaliens hindurch, oder
war es längs der Ufer des Peneus, denn ich erinnere mich nicht
genau, wo du damals in deiner Eifersucht und Verliebtheit
umhergelaufen bist.

So weit war Don Quijote in seinen betrübsamen Herzens-
ergießungen gekommen, als die Wirtstochter begann ihm Pst!
pst! zuzurufen und zu ihm sprach: Verehrter Herr, geruhe
doch Euer Gnaden hierherzukommen, wenn Ihr so gut sein wollt.

Auf diese Winke und Worte drehte Don Quijote den Kopf
und bemerkte bei dem Lichte des Mondes, der gerade in seiner
vollen Helle schien, daß man ihm von der Dachluke aus zurief,
welche ihm ein Fenster schien, und obendrein eins mit ver-
goldetem Gitter, wie es sich für so reiche Burgen geziemt, denn
eine solche war in seiner Einbildung die Schenke. Und gleich
im Augenblick stellte sich ihm in seiner verrückten Phantasie
vor, daß gerade wie das vorige Mal das huldselige Fräulein,
die Tochter der Burgherrin, von Liebe zu ihm überwältigt,
aufs neue um seine Neigung werben wolle. Und in diesem
Gedanken wendete er, um sich nicht unritterlich und undankbar
zu zeigen, Rosinante am Zügel, ritt an die Dachluke heran,
und wie er die beiden Mädchen ersah, sprach er: Bedauern
hege ich um Euretwillen, huldseliges Fräulein, daß Ihr Eure
liebenden Sinne auf ein Ziel gerichtet habet, wo es nicht möglich, Euch die entsprechende Erwiderung finden zu lassen, wie
sie Eure hohe Fürtrefflichkeit und Lieblichkeit verdient. Dessen

aber dürft Ihr die Schuld nicht diesem jammervollen fahrenden Ritter beimessen, welchen Liebe in die Unmöglichkeit versetzt hat, seine Neigung einer andern hinzugeben, sondern nur der, die er in der selben Minute, wo seine Augen sie erschauten, zur unumschränkten Gebieterin seines Herzens machte. Verzeihet mir, fürtreffliches Fräulein; ziehet Euch in Euer Gemach zurück und begehrt nicht, mich durch entschiedenere Kundgebung Eurer Wünsche zu noch größerem Undank zu nötigen. Wenn Ihr aber in mir etwas anderes finden könnt, womit ich Eurer Liebe zu mir ein Genüge zu tun vermöchte, etwas andres, das nicht wieder selbst Liebe ist, so fordert es von mir, und ich schwör' Euch bei jener süßen Feindin mein, die nun fern ist, es Euch augenblicks zu gewähren, und fordertet Ihr von mir sogar eine Locke von Medusas Haaren, die allesamt Schlangen waren, oder auch die Sonnenstrahlen selbst in eine Flasche eingesiegelt.

Von all diesem hat mein Fräulein nichts nötig, fiel hier Maritornes ein.

Und was denn, kluge Zofe, hat Euer Fräulein nötig? entgegnete Don Quijote.

Nur eine von Euren schönen Händen, sprach Maritornes, um an ihr das heiße Begehren zu kühlen, das sie zu dieser Dachluke hergeführt hat, wobei ihre Ehre so große Gefahr läuft, daß, wenn ihr Herr Vater dahinter gekommen wäre — wahrlich ihr Ohr wäre das kleinste Stück gewesen, das er ihr abgeschnitten hätte.

Das hätt' ich wohl sehen mögen! versetzte Don Quijote. Aber er wird sich wohl davor hüten, wenn er nicht das unglückseligste Ende nehmen will, das je auf Erden einem Vater zum Lohne dafür geworden, daß er seine Hände an die zarten Glieder seiner liebeerfüllten Tochter gelegt.

Maritornes hielt es für sicher, daß Don Quijote die verlangte Hand darreichen werde, und da sie in Gedanken schon

mit sich einig war, was sie tun wollte, ging sie von der Dachluke hinunter nach dem Pferdestall, nahm dort die Halfter von
Sancho Panzas Esel und kehrte mit größter Geschwindigkeit
zu ihrer Luke zurück. Hier hatte sich Don Quijote bereits mit
den Füßen auf Rosinantes Sattel gestellt, um das Gitter-
fenster zu erreichen, wo seine Einbildung das liebeswunde
Fräulein stehen sah, und indem er ihr die Hand reichte, sprach
er: Nehmt, Fräulein, diese Hand, oder richtiger gesagt, diese
Zuchtrute aller Missetäter auf Erden. Nehmt diese Hand, sag'
ich, die noch nie von eines Weibes Hand berührt worden, nicht
einmal von der Hand jener Erkorenen, der mein ganzer Körper
völlig zu eigen gehört. Ich gebe sie Euch nicht, damit Ihr sie
küsset, sondern damit ihr das Gewebe ihrer Sehnen, das Ge-
füge ihrer Muskeln, die Breite und Mächtigkeit ihrer Adern
betrachtet, woraus Ihr entnehmen werdet, wie groß die Stärke
dieses Armes ist, dem solch eine Hand zugehört.

Das wollen wir gleich sehen, sprach Maritornes, flocht eine
Schlinge in die Halfter, warf sie ihm um das Handgelenk, ging
dann gebückt von der Dachluke hinweg und band den übrigen Teil
der Halfter so fest als möglich an den Riegel der Bodentüre.
Don Quijote, der die Reibung des rauhen Stricks an seinem
Handgelenk spürte, sprach: Euer Gnaden scheint meine Hand
mehr zu striegeln als zu streicheln. Behandelt sie nicht so übel,
denn sie ist schuldlos daran, wenn mein Herz übel an Euch
handelt, und es ist nicht recht, daß Ihr an einem so kleinen
Teile für das Ganze Eures Ingrimms Eure Rache übt. Bedenket, daß, wer edel liebt, sich nicht so unedel rächt.

Aber alle diese Reden Don Quijotes hörte schon niemand
mehr. Denn sowie Maritornes ihm die Hand in der Schlinge
gefangen hatte, liefen die beiden Mädchen weg und wollten sich
fast tot lachen und ließen ihn dort so fest gebunden, daß es ihm
unmöglich war, sich zu befreien. Er stand denn nun, wie ge-

sagt, mit den Füßen auf Rosinante, den ganzen Arm durch die Dachluke gestreckt und am Türriegel festgehalten, mit der größten Angst und Besorgnis, wenn Rosinante nach der einen oder andern Seite einen Schritt täte, so würde er am Arm aufgehängt bleiben. Er wagte daher nicht die geringste Bewegung, da von Rosinantes Geduld und Gemütsruhe sich ganz wohl erwarten ließ, er würde ein ganzes Jahrhundert stehen bleiben, ohne sich zu rühren.

Wie Don Quijote sich nun so gebunden sah und gewahrte, daß die Damen sich bereits entfernt hatten, verfiel er zuletzt auf den Gedanken, alles dies geschehe durch Zauberei wie das letzte Mal, als in dieser nämlichen Burg jener verzauberte Mohr oder eigentlich Eseltreiber ihn fürchterlich durchbläute. Und er verwünschte im tiefsten Innern seinen Mangel an Verstand und Überlegung, weil er das erstemal aus dieser Burg so schlecht weggekommen, sich bennoch darauf eingelassen habe, sie ein zweites Mal zu betreten, da es doch bei den fahrenden Rittern als Lehrsatz gilt, daß jedesmal, wenn sie sich an ein Abenteuer gewagt und damit kein Glück gehabt haben, es ein Zeichen ist, daß selbiges Abenteuer nicht ihnen, sondern Dritten vorbestimmt ist, und daß sie also nicht nötig haben, sich ein zweites Mal daran zu wagen.

Dessenungeachtet zog er an seinem Arm, um zu versuchen, ob er sich freimachen könne. Aber er war so festgebunden, daß all seine Versuche vergeblich waren. Freilich zog er mit Behutsamkeit, damit Rosinante sich nicht rühre. Wiewohl er sich gerne gesetzt und in den Sattel gebracht hätte, konnte er nichts andres tun als auf den Füßen stehen bleiben, wenn er sich nicht die Hand ausrenken wollte. Jetzt kam der Augenblick, wo er sich das Schwert des Amadis wünschte, gegen welches keine Zauberkunst etwas vermochte. Jetzt kam die Stunde, wo er sein Schicksal verwünschte. Jetzt begann er, sich in grellen

Farben auszumalen, wie sehr man ihn in der Welt vermissen
werde, so lange er hier verzaubert bliebe, denn das zu sein
glaubte er mit vollster Gewißheit. Jetzt auch gedachte er aufs
neue seiner geliebten Dulcinea del Toboso. Jetzt rief er seinen
wackeren Schildknappen Sancho Panza herbei, der aber in
Schlaf begraben und, auf den Sattel seines Esels hingestreckt,
in diesem Augenblick an die eigene Mutter, die ihn geboren,
nicht gedacht hätte. Jetzt rief er die Zauberer Lirgandeo und
Alquife zu Hilfe. Jetzt flehte er um Beistand zu dessen treuer
Freundin Urganda. Und hier endlich fand ihn der Morgen,
in solcher Verzweiflung und Beklemmung, daß er brüllte wie
ein Stier; denn er hoffte keineswegs, daß seinen Qualen mit
dem anbrechenden Tag Abhilfe kommen werde, da er sie für
ewig hielt, weil er sich verzaubert glaubte. Und was ihn in
diesem Glauben bestärkte, war, daß Rosinante sich nicht be=
wegte, weder wenig noch viel, und er dachte sich, er und sein
Roß würden ohne Essen und Trinken noch Schlafen so stehen
bleiben, bis dieser böse Einfluß der Sterne vorüber wäre, oder
bis ein andrer, noch gelahrterer Zauberkünstler ihn entzaubern
würde.

Indessen fand er sich in seinem Glauben arg betrogen. Kaum
fing der Morgen an zu grauen, als vier Männer zu Pferde,
sehr wohl gekleidet und trefflich ausgerüstet, ihre Büchsen über
den Sattelbogen gelegt, zur Schenke herantrabten. Sie poch=
ten mit mächtigen Schlägen an die Tür der Schenke, die noch
verschlossen war. Don Quijote sah dies von seinem hohen
Standpunkt aus und wollte auch von da aus die Pflicht einer
Schildwache nicht versäumen. Er rief mit lauter, stolzer
Stimme: Ritter oder Knappen oder wer ihr immer sein möget,
es kommt euch nicht zu, an die Pforten dieser Burg zu pochen.
Denn es ist zur Genüge offenbar, daß zu solcher Stunde ent=
weder die darin Weilenden im Schlafe liegen oder aber nicht

gewohnt sind, ihre Festen zu erschließen, bis denn der Sonne
Licht sich über die ganze Erde hin verbreitet hat. Macht euch
von dannen und wartet, bis daß der Tag leuchte, und dann
werden wir sehen, ob es sich gebührt oder nicht, daß man euch
die Pforten erschließe.

Was Teufel für Feste oder Burg ist dies, sprach einer von
den Reitern, daß man uns nötigen will, solche Umstände zu
machen? Wenn Ihr der Wirt seid, so befehlt, uns das Tor
zu öffnen. Wir sind Reisende und verlangen weiter nichts als
unsern Pferden Futter zu geben und dann weiter zu ziehen,
denn wir haben Eile.

Meint ihr Ritter, daß ich nach einem Wirt aussehe? entgegnete Don Quijote.

Ich weiß nicht, nach was Ihr ausseht, versetzte der andre;
aber ich weiß, daß Ihr Unsinn redet, wenn Ihr diese Schenke
eine Burg nennt.

Eine Burg ist es, sprach Don Quijote darauf, und eine
der besten in diesem ganzen Gau, und es sind Personen darin,
die schon einen Zepter in der Hand und eine Krone auf dem
Haupte getragen.

Besser wär' es umgekehrt, sagte der Reisende, den Zepter
auf dem Kopf und die Krone in der Hand. Und es wird wohl
so sein, wenn wir es recht betrachten, daß eine Gesellschaft
Schauspieler sich drin befindet, die wohl gewohnt sind, gar oft
die Kronen und Zepter zu tragen, von denen Ihr sprecht. Denn
in einer so kleinen Schenke, und wo solche Stille herrscht wie in
dieser, da, dünkt es mich, kehren nicht wohl Personen ein, denen
Krone und Zepter gebührt.

Ihr wißt wenig von der Welt, entgegnete Don Quijote, da
Euch unbekannt ist, welche Ereignisse bei der fahrenden Ritterschaft vorkommen.

II   19

Die Gefährten des Mannes, der die Anfrage geſtellt hatte,
wurden der Unterhaltung überdrüſſig, die er mit Don Quijote
führte, und daher begannen ſie aufs neue mit größtem Un=
geſtüm zu pochen, ſo daß der Wirt aufwachte und nicht minder
alles, was in der Schenke war. Er ſtand daher auf und fragte,
wer da poche.

Es geſchah nun, daß eine von den Stuten, auf welchen die
pochenden vier Männer ſaßen, ſich dem Roſinante näherte, um
ihn zu beriechen, der bisher ſchwermütig und trübſelig, mit ge=
ſenkten Ohren, ohne ſich zu rühren, ſeinen ausgereckten Herrn
trug. Da der Gaul aber am Ende doch von Fleiſch war, wie=
wohl er von Holz ſchien, konnte er nicht umhin ſich zu fühlen
und das Tier wieder ſeinerſeits zu beriechen, das ihn mit Lieb=
koſungen begrüßt hatte. Und ſo hatte er ſich denn nur ein klein
wenig bewegt, da rutſchten Don Quijotes beide Füße von ihrer
Stelle, glitten vom Sattel herab, und er wäre auf den Boden
geſtürzt, wäre er nicht am Arme hängen geblieben. Dies ver=
urſachte dem Ritter ſo gewaltigen Schmerz, daß es ihm vorkam,
als wenn man ihm das Handgelenk abſchnitte oder den Arm
ausrenkte. Denn er blieb ſo nah über dem Boden ſchwebend,
daß er mit den äußerſten Fußſpitzen die Erde küßte. Aber dies
gereichte ihm zum Nachteil, denn da er merkte, wie wenig ihm
daran fehlte, um mit den Fußſohlen auftreten zu können, mühte
er ſich und ſtreckte ſich ſoviel er konnte, um den Boden zu er=
reichen, gerade wie diejenigen, die bei der Folterung am Flaſchen=
zug ſo hängen, daß ſie den Boden berühren und doch nicht
berühren. Sie ſelber mehren ihre Schmerzen durch ihre Be=
mühung, ſich auszuſtrecken, getäuſcht durch die Hoffnung, die
ihnen vorſpiegelt, wenn ſie ſich nur ein wenig mehr ſtrecken
könnten, würden ſie den Boden erreichen.

Vierundvierzigstes Kapitel,

worin von den unerhörten Ereignissen in der Schenke des
weiteren berichtet wird.

Nun begann Don Quijote so furchtbar zu brüllen, daß der
Wirt eilig das Tor der Schenke auftat und in vollem Schrecken
hinauslief, um zu sehen, wer ein solches Geschrei ausstieß, und
die Fremden, die sich draußen befanden, taten desgleichen. Maritornes, die ebenfalls von dem Lärmen aufgewacht war, dachte
sich gleich, was es sein möchte, lief auf den Heuboden und band
unbemerkt die Halfter los, welche den Ritter festhielt, und er
fiel sofort zu Boden angesichts des Wirtes und der Reisenden,
welche auf ihn zueilten und ihn fragten, was er habe, daß er
solches Geschrei ausstoße. Er aber riß sich, ohne ein Wort zu
erwidern, den Strick vom Handgelenke weg, stellte sich auf die
Füße, stieg auf Rosinante, nahm seine Tartsche in den Arm,
legte seinen Spieß ein, ließ den Gaul einen tüchtigen Anlauf
nehmen und wandte sich in kurzem Galopp zurück und sprach:
Wer auch immer behaupten wollte, ich sei nach Recht und ge-
rechtem Grund verzaubert worden, den, soferne meine Gebieterin, die Prinzessin Mikomikona, mir es großgünstig verstattet, den heiße ich einen Lügenbold, heische ihn zu Recht und
fordre ihn zum Einzelkampf heraus.

Die neuen Ankömmlinge gerieten in großes Staunen über
Don Quijotes Äußerungen. Aber der Wirt riß sie bald aus
ihrer Verwunderung, indem er ihnen sagte, wer Don Quijote
sei, und wie man seiner nicht acht zu haben brauche, da er nicht
bei Verstande sei. Hierauf fragten sie den Wirt, ob vielleicht
ein Jüngling von ungefähr fünfzehn Jahren in diese Schenke
gekommen sei, gekleidet wie ein Bursche bei den Maultiertreibern,
welcher die und die Merkmale an sich habe; und hierbei bezeich-

neten sie genau, woran Doña Claras Liebhaber zu erkennen
war. Der Wirt antwortete, es seien so viele Leute in der
Schenke, daß er den Jüngling, nach dem sie fragten, nicht besonders bemerkt habe. Indem aber sah einer von ihnen die Kutsche, in welcher der Oberrichter gekommen war, und rief: Hier
muß er sein, ganz gewiß; denn dies ist die Kutsche, der er nachzieht, wie wir hören. Bleibe einer von uns am Tor, die andern
sollen hinein, ihn zu suchen. Ja, es wäre gut, wenn einer von
uns die Runde um die ganze Schenke machte, damit er nicht
über die Hofmauer entspringt.

So soll's geschehen, erwiderte einer von ihnen.

Zwei gingen hinein, einer blieb an dem Tor, der vierte
ging um die Schenke herum. Der Wirt sah alledem zu und
konnte nicht verstehen, zu welchem Zweck diese Vorkehrungen getroffen wurden; wiewohl er jedenfalls glaubte, sie suchten jenen
Jüngling, dessen Merkmale sie ihm angegeben hatten.

Jetzt war es heller Tag geworden, und sowohl deshalb, als
infolge des Lärms, den Don Quijote verursacht hatte, waren
alle wach geworden und standen auf, in erster Linie Doña
Clara und Dorotea; denn die eine hatte vor Angst, ihren Geliebten so nahe zu wissen, und die andre vor neugierigem
Drang, ihn zu sehen, diese Nacht nur sehr schlecht schlafen
können. Don Quijote seinerseits war, als er sah, daß keiner
der vier Reisenden seiner acht hatte noch ihm auf seine Heraus-
forderung Antwort gab, ganz außer sich und raste vor Ärger
und Wut. Und hätte er in den Satzungen seines Rittertums
gefunden, daß der fahrende Ritter erlaubtermaßen ein neues
Abenteuer in die Hand nehmen und ausrichten dürfe, nachdem
er sein Wort gegeben, sich auf keines einzulassen, bis er das
früher bereits von ihm verheißene Unternehmen zu Ende geführt habe, so würde er sie alle angefallen und gezwungen
haben, ihm wider ihren Willen Rede zu stehen. Aber da es ihm

schien, daß es für ihn weder geziemend noch wohlgetan sei, ein
neues Unternehmen zu beginnen, bevor er Mikomikona in ihr
Reich eingesetzt, mußte er schweigen und in aller Ruhe abwarten,
worauf die Vorkehrungen jener Reisenden abzielten.

Einer dieser letzteren fand endlich den Jüngling, den sie
suchten, wie er neben einem Maultiertreiber schlief, nicht im entferntesten besorgend, daß jemand ihn suchte, und noch weniger,
daß er ihn fände. Der Mann ergriff ihn am Arme und sagte
ihm: Gewiß, Señor Don Luis, Eure Tracht ist der Würde
Eures Standes sehr angemessen, und das Bett, worin ich Euch
finde, paßt ausgezeichnet zu der sorgsamen Pflege, mit der Euch
Eure Mutter erzog.

Der Jüngling rieb sich die schlaftrunkenen Augen und sah
den Mann, der ihn am Arme hielt, eine geraume Weile an; und
sowie er in ihm einen Diener seines Vaters erkannte, erschrak
er so heftig, daß er lange Zeit nicht die Kraft fand und nicht imstande war, ihm ein Wort zu sagen.

Der Diener aber fuhr fort: Hier ist nichts andres zu tun,
Señor Don Luis, als Euch in Geduld zu fassen und nach Hause
zurückzukehren, falls Ihr nicht etwa wollt, daß mein Herr,
Euer Vater, den Weg in jene Welt wandre, denn andre Folgen
kann der Gram nicht haben, den Eure Entfernung ihm verursacht hat.

Wie hat denn mein Vater erfahren, sprach Don Luis, daß
ich diesen Weg eingeschlagen habe, und in dieser Tracht?

Ein Student, antwortete der Diener, dem Ihr Euer Vorhaben anvertraut habt, hat es uns entdeckt, selber von Schmerz
ergriffen bei dem Ausbruch des Schmerzes, der Euern Vater
augenblicklich befiel, als er Euch vermißte; und daher schickte
er vier seiner Diener aus auf die Suche nach Euch, und wir
alle sind hier zu Euern Diensten, vergnügter als sich nur erdenken läßt, ob der guten Ausrichtung unsres Auftrags, mit

welcher wir zurückkehren und Euch vor die Augen führen werden,
die Euch so innig lieben.

Damit wird es gehen wie ich will, oder wie der Himmel ge=
beut, entgegnete Don Luis.

Was könnt Ihr wollen, oder was kann der Himmel anders
gebieten, als daß Ihr mit Eurer Heimkehr einverstanden seid?
Denn was andres ist nicht möglich.

Dem ganzen Gespräch zwischen den beiden hörte der Maul=
tiertreiber zu, neben welchem Don Luis sein Lager hatte; er
stand auf, ging hinaus und erzählte die Vorgänge Don Fer=
nando und Cardenio und den andern, die sich bereits ange=
kleidet hatten. Er sagte ihnen, der fremde Mann rede diesen
Jüngling mit Don an, habe lange mit ihm gesprochen und wolle
ihn nach dem Hause seines Vaters zurückbringen, der junge
Mann aber wolle nicht. Da sie dies hörten und zu gleicher
Zeit sich erinnerten, welch eine schöne Stimme der Himmel ihm
verliehen, wurde in ihnen allen der Wunsch rege, genauer zu
erfahren, wer er sei, ja sogar ihm Beistand zu leihen, wenn man
etwa mit Gewalt gegen ihn vorgehen wolle. Und so begaben sie
sich alle zu der Stelle, wo sie ihn noch mit seinem Diener
sprechen und streiten hörten.

Unterdessen kam Dorotea aus ihrem Gemach, und hinter
ihr Doña Clara in voller Bestürzung. Dorotea rief Cardenio
beiseite und erzählte ihm in kurzen Worten die Geschichte des
Sängers und Doña Claras; er dagegen berichtete ihr was seit=
dem mit Don Luis vorgegangen, nämlich daß die Diener seines
Vaters gekommen seien, ihn aufzusuchen. Er sprach aber nicht
so leise, daß es Doña Claras Ohren entgangen wäre, und sie
geriet darüber so außer sich, daß sie, wenn Dorotea nicht herzu=
geeilt wäre, sie zu halten, zu Boden gestürzt wäre. Cardenio
ermahnte Dorotea in das Gemach zurückzugehen, er würde sich
bemühen, alles in Ordnung zu bringen. Sie taten also.

Schon waren die vier, welche Don Luis aufsuchen sollten, alle zusammen in der Schenke und standen um ihn her und suchten ihn zu bereden, er möge sogleich, ohne einen Augenblick zu zögern, heimkehren und seinem Vater Trost bringen. Er antwortete, er könne dies unter keiner Bedingung tun, ehe er nicht eine Angelegenheit durchgeführt habe, bei der ihm Leben und Ehre und Seele auf dem Spiel stehe. Die Diener drangen nun stärker in ihn und versicherten ihm, sie würden auf keinen Fall ohne ihn zurückkehren, und ob er nun wolle oder nicht, sie würden ihn mitnehmen.

Das werdet ihr nicht tun, entgegnete Don Luis, oder ihr müßtet mich tot fortschleppen; auf welche Weise immer ihr mich fortbringen möget, ihr werdet mich nur ohne Leben von hinnen schleppen.

Jetzt waren zu dem heftigen Wortgefecht bereits die übrigen in der Schenke Anwesenden hinzugekommen, nämlich Cardenio, Don Fernando und seine Gefährten, der Oberrichter, der Pfarrer, der Barbier und Don Quijote, den es bedünkte, es sei nicht länger nötig, vor der Burg Wache zu halten. Cardenio, schon bekannt mit der Geschichte des Jünglings, fragte die Diener, was sie veranlasse, den jungen Mann gegen seinen Willen fortzuführen.

Was uns dazu veranlaßt, antwortete einer von den vieren, ist, daß wir seinem Vater das Leben erhalten wollen, der durch die Entfernung dieses Edelmannes in die Gefahr geraten ist, es einzubüßen.

Darauf versetzte Don Luis: Ich sehe keinen Grund, hier über meine Angelegenheiten Auskunft zu geben. Ich bin ein freier Mann und werde zurückkehren, wenn es mir behagt; und wenn nicht, so soll keiner von euch mich dazu zwingen.

Die Vernunft wird Euer Gnaden zwingen, entgegnete der Diener; und wenn sie über Euch nicht genug vermag, so wird sie über uns genug vermögen, damit wir ausführen, wozu wir gekommen und wozu wir verpflichtet sind.

Wir wollen doch einmal gründlich untersuchen, was dies bedeutet, fiel hier der Oberrichter ein.

Der Diener jedoch, der ihn als Hausnachbarn kannte, entgegnete: Kennt Euer Gnaden, Herr Oberrichter, diesen Edelmann nicht? Es ist der Sohn Euers Nachbars und hat sich aus seines Vaters Haus in einer seinem Range so unangemessenen Tracht entfernt, wie Euer Gnaden sehen kann.

Der Oberrichter betrachtete ihn aufmerksamer und erkannte ihn; er umarmte ihn und sprach: Was sind das für Kindereien, Señor Don Luis? Oder welcher Grund war so gewichtig, Euch zu bewegen auf solche Weise zu reisen und in solcher Tracht, die sich übel zu Eurem Stande schickt?

Dem Jüngling traten die Tränen in die Augen, und er konnte dem Oberrichter kein Wort erwidern. Dieser sagte zu den vier Dienern, sie möchten sich beruhigen, alles werde gut gehen; und Don Luis an der Hand fassend, führte er ihn beiseite, und fragte, was sein Hierherkommen bedeuten solle.

Während er diese Frage nebst mancher andern an ihn richtete, hörte man großes Geschrei am Tor der Schenke. Die Ursache war diese: Zwei Gäste, die diese Nacht hier eingekehrt waren und jetzt alle Welt nur mit Erkundigungen, was die vier Diener eigentlich vorhatten, beschäftigt sahen, hatten den Versuch gemacht von dannen zu gehen, ohne ihre Zeche zu bezahlen. Allein der Wirt, der auf seine eigenen Angelegenheiten mehr als auf fremde acht gab, packte sie an, wie sie zum Tor hinauswollten, verlangte seine Zahlung und schalt sie ob ihres bösen Vorhabens mit so starken Ausdrücken, daß er sie reizte, ihm mit den Fäusten die Antwort zu geben. Und nun begannen sie, ihn so mächtig zu dreschen, daß der arme Wirt mit lautem Schreien um Hilfe rufen mußte. Die Wirtin und ihre Tochter sahen sich rings

um und fanden keinen andern so unbeschäftigt als Don Qui=
jote, um dem Wirt beispringen zu können, und zu dem Ritter
sprach die Wirtstochter: Herr Ritter, um der Mannhaftigkeit
willen, die Gott Euch verliehen, steht meinem armen Vater bei,
den zwei Bösewichter zu Brei schlagen.

Hierauf antwortete Don Quijote ganz gelassen und in
größter Gemütsruhe: Huldseligstes Fräulein, Eure Bitte findet
für itzo nicht statt, sintemal mir verwehrt ist, mich in ein anber=
weitig Abenteuer einzulassen, bevor ich nicht ein solches zu Ende
geführt, an welches mein Wort mich gebunden hält. Aber was
ich dennoch tun kann, um Euch dienstlich zu sein, das will ich
Euch sofort sagen: Eilt hin und saget Eurem Vater, er möge
sich in diesem Kampfe so gut halten und solange als er es ver=
mag, und sich in keinem Falle besiegen lassen, dieweil ich mir
von der Prinzessin Mikomikona die Vergünstigung erbitte, ihm
in seiner Bedrängnis beistehen zu dürfen; und so sie eine solche
gewährt, dann haltet es für sicher, daß ich ihn aus selbiger
Not erlösen werde.

Gott verzeih' mir meine Sünden! sprach hierauf Mari=
tornes, die dabeistand; bevor Euer Gnaden die Vergünstigung
einholt, von der Ihr redet, wird unser Herr sich in der andern
Welt befinden.

Gestattet immerhin, Ihr Fräulein, daß ich die besagte Ver=
günstigung einhole, entgegnete Don Quijote; und hab' ich sie
einmal erlangt, dann liegt wenig daran, ob er sich bereits in
der andern Welt befinde, denn selbst von dort werd' ich ihn
zurückholen, trotzdem selbige Welt sich dawider setzen möge, oder
mindestens werde ich Euch solche Rache an denen verschaffen,
die ihn ins Jenseits befördert haben, daß Euch mehr als nur
mittelmäßige Genugtuung werden soll.

Ohne ein Wort weiter zu sprechen, wandte er sich zu Doro=
tea, kniete vor ihr nieder, und bat mit rittermäßigen und bei

fahrenden Kämpen bräuchlichen Worten, Ihro Hoheit möge ihm
großgünstigst die Vergünstigung gewähren, dem Burgvogt dieser
Burg beizuspringen und beizustehen, welcher sich von harter
Unbill bedrängt finde. Die Prinzessin gewährte sie ihm mit
willigem Mute, und er schritt, seine Tartsche in den Arm neh-
mend und Hand an sein Schwert legend, zum Tor der Schenke
hin, wo die beiden Gäste noch mit dem Wirte balgten und ihm
den Balg zerklopften. Aber sowie er näher kam, hielt er jählings
inne und blieb stille stehen, trotzdem Maritornes und die Wirtin
ihm zuriefen, weshalb er stehen bleibe, er solle ihrem Herrn und
Ehemanne zu Hilfe kommen!

Ich bleibe stehen, sprach Don Quijote, dieweil es mir nicht
statthaft ist, gegen schildknappliches Gesindel das Schwert zu
ziehen; ruft mir aber meinen Knappen Sancho her, ihm kommt
es zu und gebührt es, sotane Verteidigung und Rache auf sich
zu nehmen.

Dies trug sich am Tor der Schenke zu, und an diesem Tor
gingen die Faustschläge und Backpfeifen aufs allerbeste hin und
wider, und das alles zum Nachteil des Wirts und zum wüten-
den Ärger der Maritornes, der Wirtin und ihrer Tochter, die
schier in Verzweiflung gerieten, daß sie mit ansehen mußten,
wie Don Quijote feige dastand und ihr Gemahl, Vater und
Dienstherr so viel Pech auszustehen hatte.

Doch verlassen wir ihn (es wird ihm schon an einem Helfer
nicht fehlen, oder wenn doch, so dulde und schweige, wer sich an
mehr wagt als seine Kräfte ihm verheißen), und wenden wir uns
fünfzig Schritte zurück, um zu hören, was Don Luis dem Oberrichter antwortete, den wir verließen, wie er den jungen Mann
beiseite nahm und um die Ursache befragte, weshalb er zu Fuße
und in so unwürdiger Tracht hieher gekommen. Der Jüngling
faßte des Oberrichters Hände mit aller Macht, als ob er damit
andeuten wolle, daß ihm ein großer Schmerz das Herz zu-

sammendrücke, und reichliche Tränen vergießend, sprach er:
Verehrter Herr, ich kann Euch nichts andres sagen als dies: von
dem Augenblick an, wo der Himmel es fügte und unsre Nachbarschaft es vermittelte, daß ich das Fräulein Doña Clara, Eure
Tochter und meine Gebieterin, sah, von jenem Augenblick an
machte ich sie zur Herrin meines Willens; und wenn der Eure,
Ihr, mein wahrer Vater und Herr, es nicht verwehrt, so soll sie
noch heut am Tage meine Gattin werden. Um ihretwillen habe
ich meines Vaters Haus verlassen, ihr zu Liebe habe ich diese
Tracht angelegt, um ihr überall hin zu folgen, wie der Pfeil
sich nach dem Ziele wendet, oder der Schiffer nach dem Polarstern. Sie weiß von meinen Wünschen nicht mehr, als was sie
daraus erraten konnte, daß sie einigemal von weitem meine
Augen Tränen vergießen sah. Ihr kennt ja, Señor, den Reichtum und Adel meiner Eltern und wißt, daß ich ihr einziger
Erbe bin; falls Ihr der Meinung seid, daß diese glücklichen
Umstände Euch genügende Gründe bieten, um es auf gut Glück
zu wagen, mich in allen Beziehungen glücklich zu machen, so
nehmt mich alsogleich zu Eurem Sohne an. Wenn aber mein
Vater, von eigenen Plänen andrer Art angetrieben, an dem
hohen Glück, das ich mir aufzufinden gewußt, kein Gefallen
hegen sollte, so hat doch die Zeit mehr Gewalt, die Dinge umzu-
wandeln und zu ändern als der Wille des Menschen.

Nach diesen Worten schwieg der verliebte Jüngling, und der
Oberrichter stand da in Verlegenheit, Ungewißheit und Verwunderung, sowohl über die eigentümliche und verständige Art,
wie Don Luis ihm sein Denken und Fühlen offenbart hatte, als
auch darüber, daß er selbst sich jetzt nicht entscheiden konnte,
welcher Entschluß in einem so unversehens und unerwartet ein-
getretenen Fall zu fassen wäre. Und so gab er Don Luis nur
die Antwort, er möchte sich einstweilen beruhigen und seine
Diener hinhalten, daß sie diesen Tag noch nicht zurückkehrten,

damit man Zeit gewänne zu überlegen, was für sie alle am er-
sprießlichsten sei.

Don Luis küßte ihm mit Gewalt die Hände, ja, er badete
sie in seinen Tränen, was ein steinern Herz hätte erweichen
können, geschweige das des Oberrichters, der als ein verständiger
Mann bereits eingesehen hatte, wie angemessen diese Ehe für
seine Tochter sei; und sofern es möglich wäre, wollte er sie mit
Zustimmung des Vaters von Don Luis abschließen, von welchem
er wußte, daß er beabsichtigte, seinem Sohne einen kastilischen
Adelstitel zu verschaffen.

In der Zwischenzeit hatten die Gäste mit dem Wirt Frieden
geschlossen; denn durch Überredung und gütliches Zusprechen
von seiten Don Quijotes, mehr als infolge von dessen Drohungen, hatten sie dem Wirt alles bezahlt, was er forderte.

Die Diener des Don Luis warteten auf das Ende der Unter-
redung mit dem Oberrichter und den Entschluß ihres Herrn.
Da ließ der Teufel, der nimmer schläft, im nämlichen Augenblick
jenen Barbier zur Schenke kommen, welchem Don Quijote den
Helm Mambrins und Sancho Panza das ganze Geschirr seines
Esels weggenommen und mit dem des seinigen vertauscht hatte.
Als besagter Barbier sein Tier in den Stall führte, erblickte er
Sancho Panza, der gerade ich weiß nicht was an dem Sattel
zurecht machte; und wie er diesen Sattel sah, erkannte er ihn
gleich und erkühnte sich, Sancho Panza anzufallen, und schrie
dabei: Aha, Herr Spitzbube, hab' ich Euch hier! Her mit meiner
Schüssel und meinem Sattel, mit meinem ganzen Reitgeschirr,
das Ihr mir gestohlen habt!

Als Sancho sich so unversehens angegriffen sah und hörte,
mit welchen Schimpfworten man ihn belegte, faßte er mit der
einen Hand den Eselssattel, und mit der andern versetzte er dem
Barbier eine Maulschelle, daß ihm Lippen und Zähne in Blut
schwammen. Allein der Barbier ließ darum die Beute nicht los,

die er da an dem Sattel errungen hatte; vielmehr erhub er ein so mächtiges Geschrei, daß alle Leute aus der Schenke zu dem Lärm und Kampf herzuliefen. Und er rief: Zu Hilfe im Namen des Königs und der Justiz! Weil ich mein Eigentum wieder haben will, da will mich dieser Dieb, dieser Straßenräuber umbringen!

Ihr lügt, entgegnete Sancho, ich bin kein Straßenräuber; in ehrlichem Krieg hat mein Herr Don Quijote diese Beute gewonnen.

Bereits hatte Don Quijote sich eingefunden und sah mit großem Vergnügen, wie trefflich sein Schildknappe zu Schutz und Trutz zu kämpfen wußte, und von da an hielt er ihn für einen echten, rechten Mann und nahm sich in seinem Innern vor, ihn bei der ersten Gelegenheit, die sich böte, zum Ritter zu schlagen, weil es ihm bedünkte, bei Sancho würde der Orden der Ritterschaft gut angebracht sein.

Unter manchen Äußerungen des Barbiers im Verlauf des Kampfes hörte man ihn auch sagen: Ihr Herren, dieser Eselssattel ist so sicher mein, als mir der Tod sicher ist, den ich Gott dem Herrn schulde. Ich kenne den Sattel so gut, als hätte ich ihn geboren, und dort steht mein Esel im Stall, der wird nicht leiden, daß ich lüge; oder leugnet mir's einer, so probiert ihn meinem Esel an, und wenn er ihm nicht wie angegossen sitzt, so will ich zeitlebens ein Schuft sein. Ja noch mehr, am nämlichen Tag, wo man mir ihn weggenommen hat, da hat man mir auch eine messingene Barbierschüssel genommen, ganz neu, sie war einen Goldtaler wert.

Hier konnte sich Don Quijote nicht enthalten, ihm Antwort zu geben. Er stellte sich zwischen die beiden, trieb sie auseinander, legte den Sattel auf den Boden nieder, damit er ihn vor Augen habe, bis die Wahrheit ans Licht gebracht werde, und sprach: Auf daß Euer Gnaden alle klar und offenbar ersehen, in welchem Irrtum dieser wackere Knappe befangen ist, da

er eine Schüffel nennt, was der Helm des Mambrin ist, war
und sein wird, den ich ihm im ehrlichen Krieg abgewonnen und
deffen Herr mit redlichem und rechtmäßigem Befitz ich geworden
bin. Was den Sattel betrifft, da mische ich mich nicht hinein; ich
kann darüber nic t sagen, als daß mein Schildknappe Sancho
mich um die Erlaubnis bat, dem Roß dieses besiegten Feiglings
Sattel und Zeug abzunehmen und das seinige damit zu schmücken,
und er nahm es. Daß sich das Pferdegeschirr in einen Eselssattel verwandelt hat, dafür kann ich keinen andern Grund angeben als den gewöhnlichen, daß nämlich derlei Verwandlungen
bei den Begebniffen im Rittertume des öftern vorkommen. Um
nun das, was ich vorher gesprochen, zu bekräftigen, lauf, Sancho,
mein Sohn, und hole den Helm her, welchen dieser gute Mensch
für eine Bartschüffel erklärt.

Meiner Six, Señor, sprach Sancho, wenn wir für unsre
Behauptungen keinen andern Beweis haben als den Euer Gna-
den vorbringt, dann ist der Helm des Mambrin ebenso gut eine
Barbierschüffel wie das Pferdegeschirr dieses guten Kerls ein
Eselsfattel.

Tu' was ich dir gebiete, entgegnete Don Quijote; es wird
in dieser Burg doch nicht alles mit Zauberei zugehen.

Sancho ging nach der Schüffel und holte sie herbei, und sowie Don Quijote sie erblickte, nahm er sie in die Hand und
sprach: Mögen doch Euer Gnaden zusehen, mit welcher Stirn
dieser Knappe sagen kann, es sei dies eine Bartschüffel, und nicht
der Helm, den ich genannt habe! Und ich schwöre bei dem Ritter-
orden, der mein erkorener Beruf ist, dieser Helm ist derselbe, den
ich ihm abgenommen, ohne daß am selbigen das Geringste hinzu-
oder hinweggetan worden.

Das ist zweifelsohne, sprach hier Sancho, denn seit mein
Herr ihn erobert hat, bis zum heutigen Tage, hat er mit selbigem
nicht mehr als einen einzigen Kampf bestanden, als er jene Un-

glücklichen aus ihren Ketten befreite, und hätte ihm dieser Schüsselhelm nicht geholfen, so wäre es ihm damals nicht sehr gut ergangen, denn es gab genugsam Steinwürfe bei jenem argen Strauß.

Fünfundvierzigstes Kapitel,

worin der Zweifel über Mambrins Helm und den Eselssattel gründlich und in hellster Wahrheit aufgehellt wird, nebst andern Abenteuern, so sich zugetragen.

Was halten Euer Gnaden, meine Herren, sagte der Barbier, von den Behauptungen dieser edlen Herren, da sie beharrlich dabei bleiben, es sei dies keine Bartschüssel, sondern ein Helm?

Und wer das Gegenteil sagt, sprach Don Quijote, dem werde ich zu Gemüte führen, daß er lügt, falls es ein Ritter ist; und wenn ein Knappe, daß er nochmals lügt und tausendmal lügt.

Unser Barbier Nikolas, der bei allem zugegen war, wollte, da er Don Quijotes Sparren so gut kannte, dessen Torheit noch bestärken und den Spaß weiter treiben, damit sie alle was zu lachen hätten, und er sagte zu dem andern Barbier: Herr Barbier, oder was Ihr sonst seid, wißt, daß auch ich von Eurem Handwerk bin und seit länger als zwanzig Jahren mein Zeugnis über bestandene Prüfung habe und mich auf alle Werkzeuge des Bartscherertums, nicht eines ausgenommen, sehr wohl verstehe. Nicht mehr noch minder war ich in meiner Jugend eine Zeitlang Soldat und weiß auch, was ein Helm ist und was eine Eisenhaube und was ein Helm mit Visier ist, und weiß noch anderes in betreff des Kriegswesens, ich meine der verschiedenen Arten von Kriegswaffen. Und ich sage, vorbehaltlich besseren Ermessens und indem ich immer alles besserer Einsicht anheimstelle, dies Ding, das sich hier vor unseren Augen befindet und

das dieser wackere Herr in Händen hält, ist nicht nur nicht eine
Barbierschüssel, sondern ist so fern davon eine solche Schüssel
zu sein, wie das Weiße fern ist vom Schwarzen und die Wahrheit von der Lüge. Sodann sage ich, daß es zwar ein Helm ist,
aber kein vollständiger Helm.

Gewiß nicht, sprach Don Quijote hierauf; denn es fehlt ihm
die Hälfte, nämlich das Kinnblech.

So ist es, fiel der Pfarrer ein, welcher die Absicht seines
Freundes, des Barbiers, bereits wohlverstanden hatte. Und das
nämliche bestätigte Cardenio, sowie Don Fernando und seine
Gefährten. Selbst der Oberrichter würde seinen Teil zu dem
Spaß beigetragen haben, wenn nicht die Angelegenheit mit Don
Luis seine Gedanken in Anspruch genommen hätte. Aber der
Ernst der Gegenstände, die er zu bedenken hatte, hielt ihn in so
beständiger Spannung, daß er wenig oder gar nicht auf diese
lustigen Scherze achten konnte.

Gott steh' mir bei! sagte jetzt der gefoppte Bartscherer, ist
es möglich, daß so viel vornehme Herren behaupten, dies sei
nicht eine Bartschüssel, sondern ein Helm! Das ist offenbar eine
Geschichte, die eine ganze Universität in Bewunderung setzen
könnte, so gescheit sie wäre. Gut denn; wenn es feststeht, daß
diese Schüssel ein Helm ist, muß dieser Eselssattel wohl auch ein
Pferdegeschirr sein, wie dieser Herr gesagt hat.

Mir allerdings scheint es ein Eselssattel, sprach Don Quijote; aber ich habe bereits gesagt, daß ich mich hierein nicht
mische.

Ob es ein Eselssattel oder Pferdezeug ist, sagte der Pfarrer,
das hängt nur davon ab, daß der Herr Don Quijote es ent-
scheide; denn in Dingen des Rittertums räumen wir ihm alle
den Vorzug ein.

Bei Gott, meine Herren, entgegnete Don Quijote, so Vieles
und so Seltsames ist mir in dieser Burg die beiden Male be-

gegnet, die ich darin geherbergt, daß ich nicht wagen kann, irgend=
was mit Bestimmtheit in betreff dessen zu sagen, was sich in
selbiger befindet; denn ich meine, alles, was hier vorgeht, ge=
schieht mittels Zauberkunst. Das erstemal quälte mich gewaltig
ein verzauberter Mohr, der in der Burg weilt, und auch Sancho
ging es mit dessen Helfershelfern gar nicht gut; und heute nacht
habe ich schier zwei Stunden an diesem meinem Arm schwebend
gehangen, ohne zu wissen, wie oder wie nicht ich in dieses Miß=
geschick geraten bin. Sonach mich itzo darauf einzulassen, daß
ich in einer Sache von solcher Unklarheit meine Meinung aus=
spräche, das hieße, in eine dreiste Übereilung beim Urteilen ver=
fallen. Was die Behauptung betrifft, dieses sei eine Barbier=
schüssel und kein Helm, darauf habe ich schon geantwortet; aber
bezüglich der Entscheidung, ob dieses ein Esels= oder ein Pferde=
sattel ist, da erkühne ich mich nicht, einen endgültigen Spruch
zu fällen, das überlasse ich ausschließlich dem besseren Ermessen
Euer Gnaden. Vielleicht weil ihr nicht zu Rittern geschlagen
seid, wie ich es bin, haben die Verzauberungen dieses Ortes nic t
mit euch zu schaffen und ist eure Urteilskraft frei und könnt ihr
von den Dingen in dieser Burg so urteilen, wie sie wahr und
wirklich sind, und nicht, wie sie mir erscheinen.

Es ist kein Zweifel daran, entgegnete Don Fernando hier=
auf, daß der Herr Don Quijote diesmal sehr richtig gesagt hat,
nur uns komme die Entscheidung dieses Falles zu; und damit
es mit desto größerer Gründlichkeit geschehe, will ich die
Stimmen dieser Herren im geheimen sammeln und von dem
Ergebnis vollständige und deutliche Kunde geben.

Für diejenigen, welche schon Kunde von Don Quijotes
Sparren hatten, war das alles ein Stoff zu unendlichem Lachen;
aber denen, die nic t davon wußten, schien es der größte Un=
sinn der Welt, besonders den vier Dienern des Don Luis, und
dem letzteren nicht mehr noch minder, und so auch drei andern

Reisenden, die soeben zufällig in die Schenke gekommen waren und wie Landreiter aussahen, was sie auch wirklich waren. Wer aber am meisten außer sich geriet, das war der Barbier, dessen Bartschüssel sich ihm vor seinen Augen in den Helm Mambrins verwandelt hatte, und der gar nicht daran zweifelte, daß auch sein Eselssattel sich ihm in ein reiches Pferdegeschirr verwandeln würde. Alle aber, die einen wie die andern, brachen in Gelächter aus, als sie sahen, wie Don Fernando einem nach dem andern die Stimme abnahm, wobei sie einander ins Ohr flüsterten, damit sie im geheimen abstimmten, ob dies Kleinod, über das soviel gekämpft worden, ein Eselssattel oder ein Pferdezeug sei. Und nachdem er die Stimmen derer, die Don Quijote kannten, gesammelt hatte, sprach er laut zu dem Barbier: Der Kasus ist, guter Freund, daß ich bereits müde bin, so viele Stimmen zu sammeln; denn ich ersehe, daß ich keinen nach dem Verlangten frage, der mir nicht antwortet, es sei ein Unsinn, dies für einen Eselssattel auszugeben, sondern es sei das Sattelzeug eines Pferdes, und obendrein eines Pferdes von reiner Rasse. So müßt Ihr Euch denn in Geduld fassen, denn zu Eurem und Eures Esels Leidwesen ist dies ein Pferdegeschirr und nicht ein Eselssattel. Ihr habt Euernteils falsch geklagt und nichts bewiesen und habt verloren.

So will ich im Jenseits verloren sein, versetzte der arme Barbier, wenn Ihr, gnädige Herren, Euch nicht alle täuscht, und möge meine Seele so sicher vor Gott erscheinen, wie dies mir ein Eselssattel scheint und nicht ein Pferdezeug. Allein, Gewalt geht vor . . ., und ich sage nichts weiter. Und wahrlich, ich bin nicht betrunken, ich habe mir heute noch nic t vergönnt, ausgenommen etwa Sünden zu begehen.

Nicht weniger Lachen erregten die albernen Reden des Barbiers als die verrückten Don Quijotes, der jetzt sprach: Hier ist nic t weiter zu tun, als daß jeder nehme, was ihm gehört,

und wem es Gott gegeben hat, dem mag Sankt Petrus es ge=
segnen.

Einer aber von den vier Dienern des Don Luis sagte:
Wenn dies nicht etwa eine verabredete Fopperei ist, kann ich
unmöglich verstehen, daß Leute von gesundem Verstand, wie
alle hier Anwesenden sind oder scheinen, sich erlauben können
zu sagen, dies sei keine Bartschüssel und jenes kein Eselssattel.
Aber da ich sehe, daß sie es sagen und behaupten, so muß ich
annehmen, es steckt ein absonderlich Geheimnis dahinter, so
hartnäckig bei einer Behauptung zu bleiben, wovon uns das
Gegenteil durch die Wirklichkeit und durch die Erfahrung selbst
dargetan wird. Denn ich schwör's bei dem und jenem — und er
stieß den Schwur voll und unverkürzt aus, — mich soll alles, was
heutzutage auf Erden lebt, nie überreden, daß dies sich umge=
kehrt verhalte, und daß dies nicht eine Barbierschüssel und jenes
nicht der Sattel eines Esels sei.

Es könnte der Sattel einer Eselin sein, sagte der Pfarrer.

Das ist ganz einerlei, entgegnete der Diener, denn es handelt
sich nicht hierum, sondern darum, ob es ein Eselssattel ist oder
nicht, wie die gnädigen Herren sagen.

Dies vernahm einer der eben angekommenen Landreiter, der
dem Streit und der ganzen Verhandlung über die Frage zu=
gehört hatte und sprach voller Zorn und Ärger: Das ist eben
so sicher ein Eselssattel als mein Vater einer ist, und wer was
anderes gesagt hat oder sagen wird, muß toll und voll sein!

Ihr lüget als ein niederträchtiger Schelm, entgegnete Don
Quijote, erhub seinen Spieß, den er nie aus Händen ließ, und
holte zu einem so gewaltigen Schlag auf den Kopf des Land=
reiters aus, daß er ihn, wenn er nicht ausgewichen wäre, ohne
weiteres niedergestreckt hätte. Der Spieß sprang auf dem
Boden in Stücke, und als die anderen Landreiter ihren Kame=
raden mißhandeln sahen, erhuben sie die Stimme und riefen

20*

nach Beistand für die heilige Verbrüderung. Der Wirt, welcher
auch zur Genossenschaft der Landreiter gehörte, lief auf der
Stelle hinein nach seinem Amtsstab und seinem Schwert und
stellte sich dann seinen Kameraden zur Seite. Die Diener des
Don Luis umringten diesen, damit er ihnen in dem Getümmel
nicht entkomme. Der Barbier griff, wie er das ganze Haus in
Aufruhr sah, wieder nach seinem Sattel, und das nämliche tat
Sancho. Don Quijote zog sein Schwert und griff die Land=
reiter an. Don Luis schrie seinen Dienern zu, sie sollten ihn
lassen und Don Quijote zu Hilfe eilen, ebenso dem Cardenio
und Don Fernando, die beide sich Don Quijotes annahmen.
Der Pfarrer schrie laut auf; die Wirtin kreischte, ihre Tochter
jammerte; Maritornes weinte; Dorotea stand in Bestürzung,
Luscinda war starr vor Staunen, Doña Clara ohnmächtig. Der
Barbier prügelte Sancho, Sancho zerdrosch den Barbier; Don
Luis, welchen einer seiner Diener am Arm zu fassen gewagt,
damit er nicht entfliehe, gab ihm einen Faustschlag, daß ihm
Mund und Zähne in Blut schwammen; der Oberrichter nahm
sich des Jünglings an; Don Fernando hatte einen Landreiter
unter sich gebracht und nahm ihm mit den Füßen das Maß seines
ganzen Körpers nach Herzenslust; der Wirt schrie wiederum
und mit stärkerer Stimme als zuvor: Zu Hilfe der heiligen Ver=
brüderung! So war die ganze Schenke ein Klagen und Schreien
und Kreischen, Wirrsal, Ängsten, Schrecken, Unheil, Schwert=
hiebe, Maulschellen, Prügel, Fußtritte und Blutvergießen.

Und in diesem Chaos, in diesem ganzen Gewirre und Laby=
rinth der verschiedensten Dinge, tauchte plötzlich in Don Qui=
jotes Geiste die Vorstellung auf, er habe sich gewaltsam mitten
in die Zwietracht von Agramants Lager eingedrängt, und so
rief er mit einer Stimme, die die Schenke durchdröhnte: Haltet
alle ein, steckt alle die Schwerter ein, kommt alle zur Ruh, hört
mich alle an, wenn ihr alle bei Leben bleiben wollt.

Beim Ton dieser mächtigen Stimme hielten alle inne, und er fuhr fort: Habe ich euch nicht gesagt, ihr Herren, daß diese Burg verzaubert ist, und daß eine Landsmannschaft von Teufeln in ihr hausen muß? Zu dessen Bewahrheitung sollt ihr nun mit euren eigenen Augen sehen, wie die Zwietracht in Agramants Lager jetzt hierher übergegangen und mitten unter uns hereingetragen ist. Schauet, wie dort gekämpft wird um das Schwert, hier um das Roß, an jener Stelle um den Adler, dort um den Helm, und wir alle kämpfen, wir alle verstehen uns nicht. So komme denn Euer Gnaden, Herr Oberrichter, und Euer Gnaden, Herr Pfarrer, und der eine trete auf als König Agramant, der andere als König Sobrino, und stiftet Frieden unter uns; denn bei dem allmächtigen Gott, es ist eine große Schändlichkeit, daß so viel hochgestellte Leute, wie wir hier sind, einander aus so leichtfertigen Ursachen totschlagen.

Die Landreiter, die Don Quijotes Redensarten nicht verstanden und sich von Don Fernando, Cardenio und deren Gefährten übel zugerichtet sahen, wollten sich nicht zur Ruhe fügen. Der Barbier dagegen wollte es gern, weil ihm bei dem Kampfe der Bart und der Sattel arg mitgenommen worden war. Sancho gehorchte bei der leisesten Mahnung seines Herrn als ein pflichtgetreuer Diener. Auch die vier Diener des Don Luis gaben sich zum Frieden, da sie sahen, wie wenig ihnen daran gelegen sein konnte, es nicht zu tun. Nur der Wirt blieb hartnäckig dabei, man müsse die Unverschämtheiten dieses Narren züchtigen, der ihm bei jedem Anlaß die Schenke in Aufruhr bringe. Zuletzt wurde der Lärm, wenigstens für den Augenblick, gestillt, und in Don Quijotes Einbildung blieb der Eselssattel ein Pferdegeschirr bis zum Tag des Jüngsten Gerichts, die Barbierschüssel ein Helm, und die Schenke eine Burg.

Wie nun auf Zureden des Oberrichters und des Pfarrers alle sich beruhigt hatten und miteinander gut Freund geworden, drangen die Diener des Don Luis aufs neue in ihn, augenblicks mit ihnen heimzukehren. Und während er sich mit ihnen auseinandersetzte, besprach sich der Oberrichter mit Don Fernando, Cardenio und dem Pfarrer, was er tun solle unter diesen Umständen, die er ihnen darlegte, so wie er ihnen auch alles mitteilte, was Don Luis ihm gesagt hatte. Endlich kamen sie überein, Don Fernando solle den Dienern eröffnen, wer er sei, und wie er den Wunsch hege, daß Don Luis ihn nach Andalusien begleite, wo er bei seinem Bruder, dem Marquis, eine ehrenvolle Aufnahme finden werde, wie sie seine Persönlichkeit verdiene; denn man kenne den Vorsatz des Don Luis, auf solche Weise nicht zu seinem Vater für diesmal zurückzukehren, und wenn man ihn in Stücke risse. Als nun die vier den Stand Don Fernandos und den bestimmten Vorsatz ihres jungen Herrn erfuhren, faßten sie unter sich den Beschluß, drei von ihnen sollten heimkehren, um dessen Vater zu berichten, was vorgehe, der vierte aber sollte bei Don Luis zurückbleiben, um ihn zu bedienen, und nicht von ihm weichen, bis sie wiederkommen würden, ihn zu holen, oder bis er vernähme, was sein Vater ihnen befehle.

So wurde durch das hohe Ansehen Agramants und die Klugheit des Königs Sobrino diese ganze Maschinerie des Haders in den Stand der Ruhe gebracht.

Als aber der Feind der Eintracht und Widersacher des Friedens sich verhöhnt und seinen Zweck vereitelt sah und inne ward, wie wenig Nutzen er daraus gezogen, daß er sie alle in ein so verwickeltes Labyrinth geführt hatte, da gedachte er, er wolle nochmals einen Versuch machen und neuen Streit und Unfrieden aufwecken.

Es war nämlich allerdings so, daß die Landreiter sich beruhigt hatten, weil sie etwas vom Stande der Herrn erhorcht, mit denen sie im Kampf gewesen. Sie hatten sich aus dem Streite zurückgezogen, weil es sie bedünkte, auf welche Weise auch die

Sache ausginge, würden sie in diesem Kampfe jedenfalls den
kürzeren ziehen. Allein, einer von ihnen, und es war gerade
der, welchen Don Fernando durchgewalkt und mit Fußtritten
bearbeitet hatte, erinnerte sich jetzt, daß er unter verschiedenen
Haftbefehlen, die er gegen etliche Verbrecher bei sich trug, auch
einen gegen Don Quijote besaß, welchen die heilige Verbrüderung — weil er die Galeerensklaven in Freiheit gesetzt —
festzunehmen befohlen hatte, wie dies Sancho mit gutem Grund
gefürchtet. Da ihm dieses gerade in den Sinn kam, wollte
er sich vergewissern, ob die Kennzeichen zuträfen, die man
ihm von Don Quijote angegeben; er holte etliche Pergamente
aus dem Busen und fand das gesuchte. Er begann nun langsam
zu lesen, denn er war kein fertiger Leser, und bei jedem Worte,
das er las, heftete er die Augen auf Don Quijote, verglich die
Kennzeichen im Haftbefehl mit den Gesichtszügen des Ritters
und fand, daß ohne allen Zweifel er der Mann sei, den der
Steckbrief besage. Und kaum hatte er sich dessen versichert, als
er seine Pergamente wieder einsteckte, mit der Linken den Haftbefehl vorzeigte, mit der Rechten Don Quijote so fest am Hals
packte, daß er ihn nicht Atem holen ließ, und mächtig schrie:
Zu Hilfe der heiligen Verbrüderung! Und damit alle ersehen,
daß ich dies mit Recht verlange, so lese man diesen Befehl, wo
es geschrieben steht, man soll diesen Straßenräuber festnehmen.

Der Pfarrer nahm den Haftbefehl und sah, daß alles sich
in Wahrheit so verhalte wie der Landreiter gesagt, und daß die
Kennzeichen mit Don Quijotes Person stimmten. Bei diesem aber
stieg, als er sah, wie übel ihm von einem schurkischen Bauernlümmel mitgespielt wurde, die Wut auf den höchsten Gipfel. Es
knirschten ihm die Knochen im Leibe, er packte mit möglichster
Gewalt den Landreiter an der Kehle, und wären diesem nicht
seine Kameraden zu Hilfe gekommen, so hätte er eher das Leben
als Don Quijote seine Beute gelassen.

Der Wirt, der notwendigerweise seinen Amtsgenossen zu Hilfe kommen mußte, eilte sogleich herzu, ihnen Beistand zu leisten. Die Wirtin, die ihren Mann aufs neue in Streit befangen sah, erhub aufs neue ihre Stimme, in deren Ton sogleich ihre Tochter und Maritornes zur Begleitung einfielen, indem sie den Himmel und alle Anwesenden um Beistand anriefen. Als Sancho aber die Vorgänge sah, sprach er: So wahr Gott lebt, was mein Herr über die Verzauberungen in dieser Burg gesagt hat, ist alles wahr, denn in selbiger ist es nicht möglich nur eine Stunde ruhig zu leben.

Don Fernando trennte den Landreiter und Don Quijote, und was beiden willkommen war, er riß ihnen die Hände auseinander, mit benen sie sich fest gepackt hatten, der eine ben einen am Rockfragen, der andre ben andern an der Kehle. Aber die Landreiter ließen barum nicht davon ab, ihren Gefangenen zu forbern. Sie verlangten, man solle ihnen beistehen und den Ritter gebunden überliefern und ihn in ihre Gewalt geben, benn solches sei man dem Dienste des Königs und der heiligen Verbrüderung schulbig, in beren Namen sie wiederholt Hilfe und Beistand verlangten, um die Verhaftung dieses Räubers, dieses Strauch- biebs und Wegelageres zustande zu bringen.

Don Quijote lachte laut auf, als er diese Aeußerungen hörte, und sprach mit vollster Gelassenheit: Kommt mal her, schmutziges, gemeines Volk! Also den Gefesselten die Freiheit wiedergeben, die Gefangenen von den Banden lösen, den Bedrängten Beistand leisten, die Gefallenen aufrichten, die Hilfe- flehenden aus der Not erretten, das heißt ihr Straßenraub? Ha, nichtswürdiges Gesindel! Um eures niedrigen, pöbelhaften Sinnes willen verdient ihr, daß der Himmel euch niemals offen- bare, welch hohe Bedeutung die fahrende Ritterschaft in sich trägt, und euch niemals erkennen lasse, in welcher Sündhaftig- keit und Verstocktheit ihr wandelt, wenn ihr nicht den bloßen

Schatten, wie viel mehr die wirkliche Anwesenheit eines jeglichen fahrenden Ritters in hohen Ehren haltet. Kommt mal
her, ihr Landräuber und nicht Landreiter, ihr Wegelagerer
unter dem Freibrief der heiligen Verbrüderung, sagt mir: Wer
war der Verblendete, der einen Haftbefehl gegen einen Ritter,
wie ich bin, unterzeichnet hat? Wer war's, der nicht wußte,
daß die fahrenden Ritter von aller gerichtlichen Obergewalt befreit und ausgenommen sind, daß ihr Schwert ihr Recht, ihr
Mut ihre Regel, ihr Wille ihr Gesetz ist? Wer war der Toll-
häusler, sag' ich wieder und wieder, der nicht weiß, daß es keinen
Adelsbrief mit soviel Vorrechten und soviel Ausnahmsvergün-
stigungen gibt, als wie ihn ein fahrender Ritter an dem Tage
erwirbt, wo er den Ritterschlag empfängt und sich dem harten
Beruf des Rittertums hingibt? Welcher fahrende Ritter hat
jemals Kopfsteuer bezahlt oder den Kauf- und Tauschpfennig,
der Königin Nadelgeld, die siebenjährige Königssteuer, Wege-
zoll oder Fährgeld? Welcher Schneider bekam je von ihm
Macherlohn für Kleider? Welcher Burgvogt nahm ihn in seiner
Burg auf, daß er ihm die Zeche abgefordert hätte? Welcher
König zog ihn nicht an seine Tafel? Welches Fräulein neigte
sich ihm nicht zu und ergab sich ihm nicht in Unterwürfigkeit
nach all seinem Begehr und Belieben? Und endlich, welchen
fahrenden Ritter auf Erden gibt es, hat es gegeben, wird es
geben, der nicht Mut und Kraft besäße, um für sich ganz allein
vierhundert Landreitern, die ihm vor die Augen treten, vierhundert Stockprügel aufzuzählen?

Sechsundvierzigstes Kapitel

Von dem denkwürdigen Abenteuer mit den Landreitern, auch von dem unbändigen Ingrimm unsers wackern Ritters Don Quijote.

Während Don Quijote also sprach, mühte sich der Pfarrer, die Landreiter zu überzeugen, daß Don Quijote nicht bei Verstand sei, wie sie es aus seinen Taten und aus seinen Worten ersehen könnten, und daß es zwecklos sei, die Sache weiter zu treiben, weil sie, wenn sie ihn auch in Haft nähmen und fortführten, ihn doch gleich wieder als einen Verrückten freilassen müßten.

Darauf entgegnete der Mann mit dem Haftbefehl, seine Sache sei es nicht, über Don Quijotes Verrücktheit zu urteilen, sondern lediglich auszuführen, was ihm von seinem Vorgesetzten befohlen worden, und wenn er erst einmal verhaftet sei, möchten sie ihn seinetwegen dreihundertmal wieder freilassen.

Trotz alledem, entgegnete der Pfarrer, werdet ihr ihn für diesmal doch nicht mitnehmen, noch würde er sich mitnehmen lassen, soviel ich ersehen kann.

In der Tat wußte der Pfarrer ihnen so vielerlei vorzureden, und Don Quijote wußte soviel Narreteien zu begehen, daß die Landreiter noch verrückter als er gewesen wären, wenn sie nicht eingesehen hätten, wo es ihm fehlte. So hielten sie es denn für geraten ruhig zu bleiben, ja sogar die Friedensstifter zwischen dem Barbier und Sancho Panza abzugeben, welche noch immer grollend in ihrem Streit befangen waren. Endlich, da sie doch Leute von der Justiz waren, vermittelten sie den Rechtshandel und wußten ihn als Schiedsrichter dergestalt zu schlichten, daß beide Teile, wenn auch nicht gänzlich einverstanden, doch in einigen Punkten zufriedengestellt wurden. Sie tauschten nämlich mit den Eselssätteln, nicht aber mit den Gurten und

Halftern; und was die Sache mit Mambrins Helm anging, so zahlte der Pfarrer unter der Hand und ohne daß Don Quijote es merkte, acht Realen für die Schüssel, und der Barbier stellte ihm einen Empfangschein aus, worin er auch erklärte, er werde den Verkauf niemals wegen etwaiger Übervorteilung anfechten, weder jetzt noch in Ewigkeit, Amen.

Nachdem nun also diese beiden Streithändel, die bedeutendsten und wichtigsten unter allen, geschlichtet waren, blieb nur noch übrig, daß die Diener damit einverstanden wären, daß drei von ihnen heimkehrten und einer zurückbliebe, um Don Luis dahin zu begleiten, wo Don Fernando ihn hinbringen wollte. Und so wie das freundliche Schicksal und das noch freundlichere Glück bereits begonnen hatte, für das Liebespaar und die Tapfern in der Schenke eine Lanze zu brechen und Schwierigkeiten zu ebnen, so wollte es auch die Sache zu Ende führen und alles zu einem heitern Ausgang bringen. Denn die Diener waren mit allem einverstanden, was nur immer Don Luis verlangte, und Doña Clara war darob so freudig erregt, daß ihr jetzt niemand ins Gesicht blicken konnte, ohne das Wonnegefühl ihres Herzens in ihren Zügen zu lesen.

Zoraida, obschon sie all die Ereignisse, die sie mit angesehen, nicht recht begriff, betrübte sich und freute sich aufs Geratewohl, je nachdem sie bei jedem einzelnen den wechselnden Gesichtsausdruck sah und merkte, insbesondere bei ihrem Spanier, auf den sie stets die Augen gerichtet hielt und an dem ihre Seele hing.

Der Wirt, dem die Gabe und Entschädigung nicht entgangen war, womit der Pfarrer den Barbier bedacht hatte, verlangte nun die Zeche für Don Quijote, nebst dem Ersatz für den Schaden an seinen Schläuchen und für den Verlust am Wein und schwur, weder Rosinante noch Sanchos Esel dürfe aus der Schenke heraus, bis ihm alles auf den letzten Deut bezahlt sei. Indessen brachte der Pfarrer alles ins Geleise, und Don Fer-

nando zahlte, wiewohl auch der Oberrichter mit größter Bereit=
willigkeit sich zur Zahlung erboten hatte.

Nun war jedermann so völlig beruhigt und zufrieden, daß
die Schenke längst nicht mehr wie die Zwietracht in Agramants
Lager aussah (wie vorher Don Quijote gesagt hatte), sondern
gänzlich so wie die Ruhe und der allgemeine Friede zu Okta=
vians Zeiten. Und für dies alles, war das allgemeine Urteil,
müsse man den guten Absichten und der großen Beredsamkeit
des Herrn Pfarrers Dank sagen, sowie der unvergleichlichen
Freigebigkeit Don Fernandos.

Als Don Quijote sich nunmehr von so vielen Streithändeln,
sowohl denen seines Schildknappen als seinen eignen, frei und
ledig sah, deuchte es ihm am besten, alsbald seine angefangene
Kriegsfahrt fortzusetzen und jenes große Abenteuer zu Ende zu
führen, für welches er berufen und auserwählt worden. So
ging er denn mit raschem Entschlusse hin und warf sich vor
Dorotea auf die Kniee. Diese aber gestattete ihm nicht, auch
nur ein Wort zu sprechen, bevor er aufstünde. Um ihr zu ge=
horchen, richtete er sich empor und sprach: Es geht die gemeine
Rede, liebreizendes Fräulein, daß Beharrlichkeit die Mutter des
glücklichen Erfolges ist, und bei vielen und schwierigen Dingen
hat die Erfahrung gezeigt, daß des Unterhändlers unablässige
Bemühungen bei den Richtern einen zweifelhaften Prozeß zu
glücklichem Ende bringen. Aber nirgends zeigt sich die Wahr=
heit dieses Satzes deutlicher als in allem, was den Krieg betrifft,
wo Schnelligkeit und stete Bereitschaft den Absichten des Feindes
zuvorkommen und den Sieg erlangen, ehe der Gegner sich nur
in Verteidigungsstand gesetzt hat. All dieses sag' ich, erhabene
und hochpreisliche Herrin, weil es mich bedünkt, daß das Ver=
weilen unserer Personen in dieser Burg jetzt bereits eines nütz=
lichen Zweckes ledig geht, ja uns zu großem Schaden gereichen
könnte, was wir eines Tages wohl erfahren möchten. Denn

wer weiß, ob nicht durch geheime und beflissene Kundschafter
Euer Feind, der Riese, bereits vernommen hat, daß ich ausziehe,
um ihn zu vernichten, und ob er nicht, nachdem ihm diese Ver-
zögerung die Möglichkeit dazu gewährt, sich in irgend einer un-
überwindlichen Burg oder Feste verschanzt, gegen welche all
mein Mühen und die unermüdliche Kraft meines Armes wenig
vermögen würde? Demnach, Herrin mein, wollen wir, wie ich
gesagt, mit unseren schleunigen Maßregeln seinen Anschlägen
zuvorkommen und unverzüglich von bannen ziehen und in Erwartung guten Glückes. Und will Euer Hoheit sotanes Glück
ganz nach Dero Wunsch gewinnen, so ist sie von diesem Gewinn
nur soviel entfernt, soviel ich jetzt noch zögere, Euerem Feind
gegenüberzutreten.

Hier schwieg Don Quijote und sprach kein Wort weiter und
erwartete ruhig und gelassen die Antwort der schönen Prinzessin,
welche mit vornehmem und ganz in Don Quijotes Manier ge-
gehaltenem Gebaren ihm folgendermaßen antwortete: Gar sehr,
Herr Ritter, verdanke ich Euch das Befleißen, das ihr an den
Tag leget, mir in meinen großen Nöten hilfreich zu sein, recht
als ein richtiger Ritter, dem es eigen und geziemlich ist, den
Waisen und Bedrängten Beistand zu leisten; und wollte der
Himmel, daß Euer und mein Begehr in Erfüllung ginge, auf
daß ihr sehet, daß es dankbare Frauen auf Erden gibt! Und
was meinen Aufbruch betrifft, der werde alsogleich ins Werk
gesetzt, sintemal ich keinen andern Willen hege als den Euern.
Verfüget über mich ganz nach Euerem Erachten und Belieben.
Denn diejenige, so Euch einmal den Schutz ihrer Person anvertraut und die Wiederaufrichtung ihrer Herrschaft in Eure
Hände gelegt hat, selbige darf nimmer sich gegen die Anord-
nungen setzen, so Eure weise Einsicht treffen mag.

Mit Gottes Hilfe denn! sprach Don Quijote. Sintemalen
es also geschieht, daß eine Dame sich vor mir demütiget, will ich

die Gelegenheit nicht aus Händen laffen, sie aufzurichten
unb sie auf ihren angeerbten Thron zu setzen. Der Aufbruch
geschehe sonach auf der Stelle, denn das alte, vielangeführte
Wort: nur im Zögern steckt die Gefahr, beflügelt mir schon den
Wunsch und die Reise. Und da der Himmel keinen je erschaffen
und die Hölle keinen je gesehen hat, der mich in Schrecken setzen
ober mutlos machen könnte, so sattle du, Sancho, den Rosinante
und zäume deinen Esel auf und den Zelter der Königin, und
nehmen wir Urlaub vom Burgvogt und von diesen Herrschaften,
und gleich auf der Stelle laffet uns von bannen ziehen.

Sancho, der bei all diesem zugegen war, schüttelte den Kopf
hin und her und sprach: Ach, gnädiger Herr, gnädiger Herr, es
stinkt in der Fechtschule, und man will's nicht Wort haben, so
sag' ich, jedoch mit Verlaub all jener Frauenzimmer, die sauber
unter der Haube sind.

Was kann in der Fechtschule oder meinetwegen in allen
Schulen der Welt für ein übler Geruch sein, der mir etwa zum
Unglimpf gereichen könnte, du gemeiner Mensch? brauste Don
Quijote auf.

Wird Euer Gnaden unwirsch, entgegnete Sancho, dann
schweig' ich und werde nichts von allem offenbaren, wozu ich
als getreuer Schildknappe verpflichtet bin, und was ein getreuer
Diener schuldig ist seinem Herrn zu sagen.

Sage was dir beliebt, entgegnete Don Quijote, vorausgesetzt daß deine Worte nicht darauf ausgehen, mir Furcht einzu-
flößen. Wenn aber du Furcht hast, so handelst du eben deiner
Natur gemäß, und wenn ich solche nicht habe, so handle ich gemäß der meinigen.

Darum, Gott verzeih' mir meine Sünden, darum handelt
sich's nicht, erwiderte Sancho, sondern darum, daß ich für sicher
und für erwiesen halte, daß dies Fräulein, welches sich für die
Königin des großen Reiches Mikomikón ausgibt, das gerade-

sowenig ist als meine Mutter es war. Denn wäre sie das, wofür sie sich ausgibt, so würde sie nicht mit einem von jenen, die hier herumstehen, den Schnabel zusammenstecken, so oft man den Kopf umdreht und so oft man nicht darauf achtgibt.

Bei Sanchos Worten errötete Dorotea; denn es war ganz richtig, daß ihr Gemahl Don Fernando hie und da verstohlenerweise mit seinen Lippen einen Teil des Minnelohns eingeheimst hatte, der seiner Sehnsucht gebührte. Sancho hatte das gesehen, und es dünkte ihm, ein so freies Benehmen passe sich eher für ein buhlerisches Weib als für die Königin eines so großen Reiches.

Sie konnte und wollte Sancho kein Wort erwidern, sondern ließ ihn in seinem Geschwätze fortfahren, und er sprach denn: Dies sag' ich Euch, Señor, damit Ihr's bedenket: wenn, nachdem wir so viel Wege und Landstraßen durchwandert, so viel schlimme Nächte und noch schlimmere Tage verbracht, wenn dann einer, der hier in der Schenke sich's wohl sein läßt, uns die Frucht unsrer Arbeit vor der Nase abpflücken soll, da brauch' ich mich wahrhaftig nicht zu eilen, daß ich den Rosinante aufzäume, dem Esel seinen Sattel auflege und den Zelter in Bereitschaft setze. Denn da ist es viel besser, wir bleiben ruhig zu Hause, und was eine Hure ist, soll lieber am Spinnrocken sitzen, wir aber wollen uns ans Essen und Trinken halten.

Hilf Himmel, wie ungeheurer Zorn erhub sich in Don Quijote, als er die frechen Worte seines Schildknappen vernahm! Ja, sag' ich, der Zorn war so übermäßig, daß der Ritter mit bebender Stimme und stotternder Zunge, blitzendes Feuer aus den Augen sprühend, rief: Ha, gemeiner Schuft, vernunftloser, frecher, dummer Kerl! albernes, doppelzüngiges, schamloses, verleumderisches Lästermaul! Solcherlei Worte erdreistest du dich in meiner Gegenwart und angesichts dieser erlauchten Damen auszusprechen, und solchen Schändlichkeiten und Unverschämtheiten erfrechst du dich Raum zu geben in deiner verrückten Ein-

bilbung? Entferne dich aus meiner Gegenwart, du Ungeheuer
der Natur, du Vorratskammer der Lügen, du Zeughaus der
Tücke, Senkgrube der Schelmenstreiche, Erfinder der Bosheiten,
Verbreiter sinnloser Dummheiten, Feind der Ehrerbietung, die
man königlichen Personen schuldet! Entferne dich, laß dich vor
mir nicht mehr sehen, bei Strafe meines Zornes!

Und bei diesen Worten zog er die Brauen im Bogen empor,
blies die Wangen auf, schaute ringsum und stampfte mit dem
rechten Fuß mächtiglich auf den Boden; was alles den Ingrimm
verriet, den er in seinem Innern hegte. Bei diesen Worten und
diesem wütigen Gebaren wurde Sancho so kleinlaut und verzagt,
daß es ihm eine Freude gewesen wäre, wenn sich gleich im Augenblicke die Erde unter seinen Füßen geöffnet und ihn verschlungen
hätte. Er wußte nichts anzufangen als den Rücken zu wenden
und von dem zürnenden Angesicht seines Herrn hinwegzu-
weichen.

Allein die kluge Dorotea, die sich auf Don Quijotes Art
schon so trefflich verstand, sprach, um seinen Groll zu besänftigen:
Entrüstet Euch nicht, Herr Ritter von der traurigen Gestalt, ob
der sinnlosen Dinge, so Euer wackerer Schildknappe gesagt, denn
es läßt sich denken, daß er sie ganz gewiß nicht ohne Anlaß sagt.
Auch ist von seinem richtigen Verstand und seinem christlichen
Gewissen nimmer argwöhnisch anzunehmen, daß er falsches
Zeugnis gegen irgendwen vorbringt. Diesem nach muß man
des Glaubens leben und keinen Zweifel darein setzen, daß, sintemal in dieser Burg, wie Ihr, Herr Ritter, saget, alles mit
Zauberei zugeht und geschieht, daß es also sein möchte, sag' ich,
daß Sancho unter solcher teuflischen Einwirkung gesehen hätte,
was er behauptet gesehen zu haben, und was meiner Tugend
zu so großer Beeinträchtigung gereichen würde.

Bei dem allmächtigen Gotte schwöre ich, sprach Don Quijote, Euer Hoheit hat den Nagel auf den Kopf getroffen, und

diesem Sünder von Sancho sind böse Gesichte erschienen, welche ihn erschauen ließen, was auf andre Weise als mittels Zauberei nie erschaut werden konnte. Auch ist mir von der Ehrlichkeit und Unschuld dieses unglücklichen Menschen wohl bewußt, daß er gegen niemand falsches Zeugnis reden wird.

So ist's, und so wird es sein, sprach Don Fernando, und deshalb, Señor Don Quijote, müßt Ihr ihm vergeben und ihn in den Schoß von Dero Gnade wieder aufnehmen sicut erat in principio, bevor die besagten Gesichte ihm den Verstand benahmen.

Don Quijote erwiderte, er vergebe ihm; und der Pfarrer ging, Sancho zu holen. Der kam in großer Demut heran, warf sich auf die Knie und bat seinen Herrn um die Hand, und der Ritter gab sie ihm, und nachdem er ihm vergönnt hatte sie zu küssen, erteilte er ihm seinen Segen und sprach: Jetzt endlich wirst du vollends erkannt haben, wie wahr ist, was ich dir schon oftmals gesagt, daß alles in dieser Burg mit Zauberei zugeht.

Das glaub' ich auch, sagte Sancho, mit Ausnahme des Wippens, denn das ist wirklich auf ganz natürliche Weise geschehen.

Glaube das nicht, erwiderte Don Quijote; denn wäre dem so, dann hätt' ich dich damals gerächt, ja, würde dich jetzt noch rächen. Aber weder damals noch jetzt vermochte ich es, noch erblickte ich jemand, an dem ich für deine erlittene Schmach hätte Rache nehmen können.

Die Anwesenden alle wünschten zu wissen, was es mit dem Wippen für eine Bewandtnis habe, und der Wirt erzählte ihnen Punkt für Punkt Sancho Panzas Luftfahrt; worüber sie alle nicht wenig lachten, und worüber Sancho sich nicht weniger würde geärgert haben, wenn ihm sein Herr nicht aufs neue versichert hätte, es sei eitel Zauberei gewesen. Indessen ging Sanchos Einfalt dennoch nie soweit, um es nicht für reine und un-

widerlegliche Wahrheit, ohne Beimischung irgendwelcher Täu=
schung, zu erachten, daß ihn Leute von Fleisch und Blut gewippt
hatten, und keineswegs Traumgebilde und Geschöpfe der Phan=
tasie, wie sein Herr es glaubte und wiederholt versicherte.

Zwei Tage waren nun schon vorüber, seit die ganze hoch=
ansehnliche Gesellschaft in der Schenke verweilte. Und da es
ihnen endlich Zeit zur Abreise schien und die schöne Dorotea und
Don Fernando sich die Mühe ersparen wollten, mit Don Qui=
jote in sein Dorf zurückzukehren und zu diesem Zwecke die Er=
findung von der Befreiung der Prinzessin Mikomikona weiter=
zuführen, so traf man Veranstaltung, daß der Pfarrer und der
Barbier ihn, wie sie wünschten, mitnehmen und in seiner Heimat
für die Heilung seines Irrsinns Sorge tragen könnten. Und
was man veranstaltete, war, daß man mit einem Ochsenkärrner,
der gerade vorüberkam, vereinbarte, er solle ihn auf folgende
Weise fortbringen: Man verfertigte aus gitterförmig gelegten
Holzstäben eine Art von Käfig, geräumig genug, daß Don Qui=
jote bequem Platz darin hatte; und Don Fernando und seine
Gefährten, nebst den Dienern des Don Luis und den Land=
reitern gemeinschaftlich mit dem Wirt, kurz, alle verhüllten sich
auf Anweisung und nach Gutheißen des Pfarrers alsbald die
Gesichter und verkleideten sich, der auf eine Weise, und jener
auf andre, damit Don Quijote sie für ganz andere Leute halten
müsse, als die er in dieser Burg gesehen. Alsdann schlichen sie
in tiefster Stille zu der Stätte, wo er im Schlummer lag und
von den bestandenen Kämpfen ausruhte. Sie näherten sich ihm,
der da frei von Besorgnis und sich sicher wähnend vor solchen
Begebenheiten schlief, und indem sie ihn mit aller Macht packten,
banden sie ihm Hände und Füße so fest, daß er, als er jählings
aus dem Schlummer auffuhr, sich nicht rühren und nichts
andres tun konnte als staunen und atemlos die seltsamen Ge=
sichter anstarren, die vor ihm erschienen. Und gleich verfiel er

auf eine jener Vorstellungen, die ihm seine nimmer ruhende, wahnwitzige Phantasie malte: er hielt es für gewiß, all diese Gestalten seien gespensterhafte Erscheinungen dieser verzauberten Burg, und ohne allen Zweifel sei auch er bereits verzaubert, da er kein Glied rühren und sich nicht verteidigen konnte: — alles genau so wie der Pfarrer, der Urheber dieses Anschlags, vermutet hatte, daß es kommen würde.

Sancho hatte allein von allen Anwesenden seinen richtigen Verstand und sein richtiges Aussehen behalten; und obschon ihm gar wenig daran fehlte, um ebenso krank am Geiste zu sein wie sein Herr, so entging es ihm doch nicht, wer all diese verlarvten Gestalten seien. Allein er wagte den Mund nicht aufzutun, bis er sähe, worauf diese Überrumpelung und Gefangennahme seines Herrn hinauswolle; und dieser sprach ebensowenig ein Wort, sondern erwartete mit Spannung den Ausgang des unglücklichen Begebnisses. Dieser Ausgang aber bestand darin, daß man den Käfig herbeibrachte, ihn darin einsperrte und die Balken so fest vernagelte, daß sie nicht so leicht zu brechen waren. Dann nahmen sie ihn auf die Schultern, und beim Verlassen des Gemaches hörte man eine furchtbare Stimme, so furchtbar sie der Barbier, — nicht der mit dem Eselssattel, sondern der andere, — hervorzubringen vermochte, die da rief: „O Ritter von der traurigen Gestalt! nicht schaffe dir Trübsal die Gefangenschaft, in welcher du verweilest; denn so muß es sein, um desto schneller das Abenteuer zu Ende zu führen, zu welchem dein hoher Mut dich bewogen hat. Selbiges wird aber zu Ende geführt werden, wenn der grimmige Manchaner Löwe mit der weißen Toboser Taube das Lager teilen wird, nachdem sie beide den stolzen Nacken unter das milde ehestandliche Joch werden gebeugt haben; aus welcher nie erhörten Verbindung ans Licht der Welt hervortreten soll die ungestüme Leuenbrut, die es den kralligen Tatzen des heldenhaften Vaters nachtun wird. Und

21*

dies soll geschehen, bevor noch der Verfolger der flüchtigen
Nymphe auf seiner raschen naturgemäßen Rundreise zu zweien
Malen den Besuch der leuchtenden Sternbilder abgetan hat.
Und du, o edelster, gehorsamster aller Schildknappen, so jemals
ein Schwert am Gurt, einen Bart im Angesicht und Geruch in
der Nase besessen, es mache dich nicht mutlos noch ärgerlich,
daß du so vor deinen eignen Augen die Blume des fahrenden
Rittertums hinführen siehst. Denn bald, wenn es dem Werk=
meister des Weltalls gefällt, wirst du dich so emporgehoben
und so zum Gipfel erhöht sehen, daß du dich selber nicht kennest,
und es werden sich nicht als Täuschung erzeigen die Ver=
heißungen, so dir dein redlicher Herre getan hat. Und ich bürge
dir im Namen der Zauberin Lughilde, daß dein Dienstlohn dir
ausbezahlt werden soll, wie du es durch die Tat ersehen wirst.
Folge du nur immer den Wegspuren des mannhaften, anitzo
verzauberten Ritters; denn es ist gebührend, daß du mit ihm zu
dem Orte ziehest, wo ihr beide euer Reiseziel finden sollt. Und
da es mir nicht vergönnt ist, ein mehreres zu sagen, so fahret
wohl in Gottes Namen; denn ich kehre zurück, ich weiß wohl,
wohin."

Und wie er an den Schluß dieser Weissagung kam, erhob er
die Stimme zu solcher Kraft und ließ sie dann zu so sanftem
Tone sinken, daß sogar die Mitwisser des losen Streiches bei=
nahe an die Wahrheit der gehörten Worte geglaubt hätten.

Don Quijote fühlte sich durch die vernommene Weissagung
recht getröstet, denn auf der Stelle begriff er deren Sinn ganz
und gar und erkannte, man verspreche ihm, daß er sich in
heiliger und geziemender Ehe verbunden sehen solle mit seiner
geliebten Dulcinea del Toboso, aus deren glückseligem Leibe die
Leuenbrut hervorgehen werde, nämlich seine Söhne, zum un=
vergänglichen Ruhme der Mancha. Und im ernstlichen und
festen Glauben hieran erhub er die Stimme, stieß einen mäch=

tigen Seufzer aus und sprach: O du, wer immer du sein mögest, der du mir so viel hohe Güter vorhergesagt! ich bitte dich, den weisen Zauberer, der für meine Angelegenheiten zu sorgen hat, in meinem Namen zu ersuchen, daß er mich nicht in diesen Banden, worin ich itzo fortgeschleppt werde, zugrunde gehen lasse, bis daß ich so freudige, so unvergleichliche Verheißungen erfüllt sehe, wie sie mir hier geworden. Sofern aber dies geschehen sollte, so werde ich die Qualen meines Kerkers für Verherrlichung halten, für Erquickung die Ketten, die mich umgürten, und das Lager, auf das man mich hinstreckt, nicht für ein hartes Schlachtfeld, sondern für eine weiche Schlafstätte und ein glückseliges Brautbett. Und was die Tröstung für meinen Knappen Sancho Panza anbetrifft, so vertraue ich auf sein redliches Herz und seine redliche Handlungsweise, daß er mich weder in guten noch in bösen Tagen verlassen wird. Denn wenn es so kommen sollte, daß um seines oder meines Unsterns willen ich ihm die Insul, die ich ihm versprochen, oder etwas andres von gleichem Werte, nicht geben könnte, so wird ihm wenigstens sein Dienstlohn nicht verloren gehen; sintemal in meinem letzten Willen, der bereits errichtet ist, genau bestimmt stehet, was ihm zu verabreichen ist, wenn es auch nicht seinen vielen redlichen Diensten entspricht, sondern nur dem wenigen, was in meiner Möglichkeit liegt.

Sancho Panza verbeugte sich vor ihm mit großer Höflichkeit und küßte ihm beide Hände; eine hätte er nicht küssen können, weil sie zusammengebunden waren. Alsbald nahmen die Gespenster den Käfig auf die Schulter und setzten ihn auf dem Ochsenkarren zurecht.

Siebenundvierzigstes Kapitel

Von der seltsamen Art, wie Don Quijote verzaubert wurde, nebst anderen denkwürdigen Begebnissen.

Als sich Don Quijote solchergestalt eingekäfigt und auf dem Karren sah, sprach er: Viele und sehr bedeutsame Historien hab' ich von fahrenden Rittern gelesen; aber niemals hab' ich gelesen noch gesehen noch gehört, daß man die verzauberten Ritter auf solche Weise von dannen führt und mit solcher Langsamkeit, wie diese trägen, zaubernden Tiere es erwarten lassen. Denn stets pflegt man sie mit wunderbarer Schnelligkeit durch die Lüfte davonzuführen, von einer dunkelgrauen Wolke umschlossen, oder in einem feurigen Wagen, oder etwa auf einem Hippogryphen, oder einem andern Untier ähnlicher Art. Aber daß man mich jetzt, mich, auf einen Ochsenkarren hinschleppt, bei Gott, da steht mir der Verstand still. Indessen hat das Rittertum und die Zauberkunst dieser unsrer Zeiten vielleicht eine andre Manier angenommen als die Alten pflagen; und da ich im Rittertum ein Neuling auf der Welt bin und der erste, der den bereits vergessenen Beruf der abenteuernden Ritterschaft auferweckt hat, so könnte es wohl auch der Fall sein, daß neuerlich andre Arten von Verzauberungen erfunden wurden und andre Manieren, verzauberte Ritter von dannen zu führen. Was bedünkt dich hievon, Sancho mein Sohn?

Ich weiß wahrlich nicht, was mich bedünkt, antwortete Sancho, denn ich bin nicht so belesen in den fahrenden Büchern wie Euer Gnaden; aber bei alledem möchte ich behaupten und beschwören, die Gespenster, die hier umgehen, sind keine rechten, es kann kein Mensch recht an sie glauben.

An sie glauben? O du Gerechter! Wie kann man an sie glauben, da sie doch sämtlich Teufelsgeister sind, die nur schein=

bar Körper angenommen haben, um uns diese Geschichten auf-
zuspielen und mich in diesen Zustand zu versetzen? Und wenn
du sehen willst, wie sehr wahr dies ist, berühre sie, befühle sie,
und du wirst finden, daß sie nur Körper von Luft haben und
ihr ganzes Wesen nur in äußerem Schein besteht.

Bei Gott, Señor, entgegnete Sancho, ich habe sie schon be-
fühlt; und dieser Teufel, der sich hier so geschäftig benimmt, hat
festes, derbes Fleisch und besitzt außerdem noch eine Eigenschaft,
die ganz anders ist als die, welche ich den teuflischen Geistern
nachsagen hörte. Denn, wie man sagt, riechen sie alle nach
Schwefel und andern übeln Düften, dieser hingegen riecht auf
eine halbe Meile weit nach Ambra.

Sancho meinte damit Don Fernando, der als ein so vornehmer Herr allerdings den von Sancho erwähnten Wohlgeruch
um sich verbreiten mochte.

Wundere dich nicht darüber, Freund Sancho, versetzte Don
Quijote; denn ich tue dir zu wissen, daß die Teufel sich auf gar
vieles verstehen, und selbst im Falle sie Gerüche mit sich führen,
so riechen sie selbst doch nach nichts, weil sie Geister sind; und
wenn sie nach etwas duften, können sie nicht nach was Gutem
duften, sondern nur nach was Schlechtem und Stinkendem. Und
der Grund ist: da sie allerwärts, wo sie sich befinden, die Hölle
in ihrem Innern mitbringen und keine Erleichterung irgendwelcher Art in ihren Martern finden können, und da guter
Geruch etwas Ergötzliches und Erfreuendes ist, so ist es nicht
möglich, daß sie nach etwas Gutem riechen. Und wenn es dir
so vorkommt, als rieche dieser teuflische Geist, von dem du
sprichst, nach Ambra, so irrst du dich entweder, oder er will
dich irre führen und dich verleiten, ihn nicht für einen Teufel
zu halten.

Solcherlei Zwiesprach geschah zwischen Herrn und Diener,
und Don Fernando und Cardenio waren in Besorgnis, es möchte

Sancho vollständig hinter ihren Anschlag kommen, da er schon
ganz nahe daran war. Sie beschlossen daher, die Abreise zu
beschleunigen, riefen den Wirt beiseite und befahlen ihm, Rosinante aufzuzäumen und dem Esel Sanchos seinen Sattel auf-
zulegen. Er tat es denn in aller Eile. Inzwischen hatte der
Pfarrer mit den Landreitern die Abrede getroffen, daß sie ihn
nach seinem Orte begleiten sollten, wofür er ihnen ein Gewisses
täglich zusagte. Cardenio hängte an Rosinantes Sattelbogen
einerseits die Tartsche, anderseits die Barbierschüssel und gebot
Sancho durch Zeichen, sich auf seinen Esel zu setzen und
Rosinante am Zügel zu nehmen; und zu beiden Seiten des
Karrens stellte er je zwei von den Landreitern mit ihren Musketen auf.

Bevor jedoch der Karren sich in Bewegung setzte, kam die
Wirtin mit ihrer Tochter und Maritornes heraus; sie stellten
sich, als weinten sie vor Schmerz über sein Mißgeschick. Don
Quijote sprach zu ihnen: Weinet nicht, meine lieben Damen;
allen dergleichen Mißgeschicken sind diejenigen ausgesetzt, die
sich zu dem Berufe bekennen wie ich, und wenn solche Trübsale
mir nicht zustießen, würde ich mich nicht für einen fahrenden
Ritter von Ruf erachten. Denn den Rittern von geringem Ruf
und Namen widerfahren nimmer solcherlei Geschichten, sintemal
niemand auf Erden sich um sie bekümmert; wohl aber den heldenhaften, die da Neider ihrer Tugend und Mannhaftigkeit in zahlreichen Fürsten und vielen andren Rittern haben, welche insgesamt mit schlechten Mitteln die Guten zu verderben trachten.
Aber bei alledem ist die Tugend so mächtig, daß sie für sich
allein, trotz all der Schwarzkunst, auf die sich ihr erster Erfinder
Zoroaster verstand, als Siegerin aus allen Nöten hervorgehen
und das ihr eigene Licht über die Welt verbreiten wird, wie
die Sonne es über den Himmel verbreitet. Verzeihet mir, huldselige Damen, wenn ich aus Unbedacht euch etwa eine Ungebühr

angetan, denn mit Willen und Wissen habe ich solche nie
jemand zugefügt; und bittet zu Gott, daß er mich aus diesen
Banden löse, in die irgend ein übelwollender Zauberer mich
eingetan hat. Wenn ich mich aber von selbigen wieder frei sehe,
werden mir die Gnaden, so ihr mir in dieser Burg erwiesen habt,
nie aus dem Gedächtnis entfallen, auf daß ich sie verdanken,
mit Dienste vergelten und belohnen kann, wie sie es verdienen.

Während die Edelfrauen der Burg sich dergestalt mit Don
Quijote im Gespräch ergingen, nahmen der Pfarrer und der
Barbier Abschied von Don Fernando und seinen Gefährten,
dem Hauptmann und seinem Bruder und von all den ver-
gnügten Damen, insbesondere von Dorotea und Luscinda. Sie
umarmten einander und verabredeten, sich gegenseitig Nachricht
von ihren Schicksalen zu geben. Don Fernando sagte dem
Pfarrer, wohin er ihm schreiben solle, um ihm mitzuteilen, was
aus Don Quijote werden würde, und versicherte ihm, nichts
könne ihm mehr Vergnügen machen als dies zu erfahren.
Ebenso wolle auch er ihn von allem benachrichtigen, was nach
seiner Meinung der Pfarrer gern vernehmen werde, sowohl
von seiner Trauung als von Zoraidas Taufe und wie es mit
Don Luis ergehen werde, und von Luscindas Rückkehr zu
ihrer Familie. Der Pfarrer erbot sich, all ihre Aufträge
pünktlichst auszuführen. Sie umarmten einander nochmals
und wiederholten nochmals ihre Freundschaftsversicherungen.

Der Wirt trat jetzo zu dem Pfarrer heran und gab ihm
ein Heft Papiere, welche er, wie er ihm sagte, im Unterfutter
des nämlichen Mantelsacks endeckt habe, in welchem er die Erzählung von dem „Törichten Vorwitz" gefunden, und da der
Herr desselben nie wieder hierher zurückkehrt sei, so möge er sie
alle mitnehmen; denn da er selbst nicht lesen könne, so wolle er
sie nicht behalten. Der Pfarrer dankte ihm dafür, schlug die
Papiere auf und fand gleich, daß es zu Anfang der Handschrift

hieß: „Novelle von Rinconete und Cortadillo". Er sah also,
daß es eine Novelle sei, und da die vom „Törichten Vorwitz"
gefallen hatte, so folgerte er, es werde auch mit dieser der Fall
sein, weil ja beide möglicherweise vom nämlichen Verfasser
herrühren könnten. Und so nahm er sie in Verwahr, mit der
Absicht, zu lesen, sobald er Muße dazu fände.

Nun stieg er zu Pferde, und so auch sein Freund, der Barbier, beide mit ihren Tüchern vor dem Gesicht, damit sie nicht
gleich von Don Quijote erkannt würden, und sie begannen
hinter dem Wagen herzutraben. Die Ordnung, die sie dabei
einhielten, war diese: Zuerst kam der Karren, der von dem
Eigentümer gefahren wurde; zu beiden Seiten hielten sich
die Landreiter, wie gesagt, mit ihren Musketen; gleich danach
folgte Sancho Panza auf seinem Esel, den Rosinante am Zügel
führend; hinter dem Ganzen her zogen der Pfarrer und der
Barbier auf ihren mächtigen Maultieren, die Gesichter verhüllt,
wie schon bemerkt, mit ernster und gelassener Haltung, nicht
schneller reitend, als es der träge Schritt der Ochsen gestattete.
Don Quijote saß in seinem Käfig, die Hände gebunden, die
Füße ausgestreckt, an die Latten des Verschlages gelehnt, so
schweigsam und so geduldig, als wäre er kein Mensch von Fleisch
und Bein, sondern eine steinerne Bildsäule.

Und so zogen sie, stets in gleicher Gemächlichkeit und Stille,
etwa zwei Meilen hin, bis sie zu einem Tale gelangten, das der
Ochsenkärrner für einen passenden Ort hielt, um auszuruhen
und den Ochsen Futter zu geben. Doch als er dies dem Pfarrer
mitteilte, war der Barbier der Meinung, man solle noch ein
wenig weiter ziehen, weil ihm bekannt war, daß hinter einer
Anhöhe, die man von dort aus erblickte, sich ein Tal mit viel
mehr und weit besserem Gras befinde, als wo man jetzt halten
wollte. Der Vorschlag des Barbiers wurde angenommen und
demnach die Reise wieder fortgesetzt.

Indem wendete der Pfarrer die Augen zurück und sah sechs oder sieben Berittene hinter ihnen herkommen, stattliche, wohl= gekleidete Leute, von denen sie sehr bald eingeholt wurden; denn dieselben zogen nicht mit der Bedächtigkeit und Trägheit der Ochsen einher, sondern als Leute, die auf Maultieren von Dom= herren ritten und vom Verlangen getrieben waren, möglichst bald in der Schenke, die sich auf eine Entfernung von weniger als einer Meile dort zeigte, ihre Mittagsrast zu halten. Die Eilfertigen holten die Säumigen bald ein, sie begrüßten ein= ander höflichst; und als der eine von den Ankömmlingen, der, um es in Kürze zu sagen, Domherr zu Toledo und Dienstherr der andern war, die ihn geleiteten, den wohlgeordneten Zug sah mit dem Karren, den Landreitern, Sancho, Rosinante, Pfarrer und Barbier, und gar Don Quijote eingekäfigt und in Banden, konnte er nicht umhin zu fragen, was es zu bedeuten habe, daß man diesen Mann auf solche Weise fortbringe; ob= zwar er schon, gleich als er die Abzeichen der Landreiter er= blickte, vermutet hatte, es müsse ein ruchloser Straßenräuber oder ein Verbrecher andrer Art sein, dessen Bestrafung in das Amt der heiligen Verbrüderung falle. Einer der Landreiter — derjenige, an den die Frage gerichtet war — antwortete also: Señor, was es zu bedeuten hat, daß dieser Herr auf solche Weise fortgebracht wird, das mag er selber Euch sagen, denn wir unsernteils wissen es nicht.

Don Quijote hörte die Unterhaltung und sprach: Sind eure Gnaden, ihr Herren Ritter, vielleicht in betreff der fahrenden Ritterschaft belesen und erfahren? Denn wenn ihr es seid, so will ich euch meine traurigen Schicksale mitteilen; und wenn nicht, so seh' ich keinen Grund, mich mit der Erzählung zu bemühen.

Inzwischen waren der Pfarrer und der Barbier, welche be= merkt hatten, daß die Reisenden sich in ein Gespräch mit Don

Quijote eingelassen, schon herzugekommen, um ihnen so zu ant=
worten, daß ihr listiger Anschlag nicht entdeckt werde.

Der Domherr entgegnete auf Don Quijotes Äußerung: In
der Tat, lieber Freund, weiß ich mehr von Ritterbüchern als
von den Summulá des Villalpando; demnach könnt Ihr mir,
wenn es nur davon abhängt, in voller Seelenruhe alles mit=
teilen, was Ihr wollt.

In Gottes Namen denn, entgegnete Don Quijote. Da es
also ist, so sollt ihr wissen, Herr Ritter, ich weile in diesem
Käfig verzaubert durch Neid und Trug bösartiger Zauberer;
denn die Tugend wird von den Bösen weit mehr verfolgt als
von den Guten geliebt. Ich bin ein fahrender Ritter, und zwar
keiner von jenen, an deren Namen die Göttin Fama niemals
gedacht hat, um sie zu verewigen, sondern einer von jenen,
welche zu Trotz und Ärger dem Neide selbst, und zum Leidwesen
all der Magier, die Persien erzeugte, der Brahmanen, die Indien,
und der Gymnosophisten, die Äthiopien gebar, ihren Namen
einschreiben werden im Tempel der Unsterblichkeit, auf daß er
in kommenden Jahrhunderten zum Beispiel und Vorbild diene,
aus welchem die fahrenden Ritter ersehen mögen, welche Lebens=
wege sie zu wandeln haben, wenn sie zum Gipfelpunkt und zur
erhabensten Höhe des Waffenwerks gelangen wollen.

Wahr spricht der Herr Don Quijote, sagte jetzt der Pfarrer;
verzaubert zieht er hin auf diesem Karren, nicht ob seiner Ver=
schuldungen und Sünden, sondern ob der bösen Gesinnung
jener, welchen die Tugend zuwider und die Tapferkeit ein
Ärgernus ist. Dieser Mann, Señor, ist der Ritter von der
traurigen Gestalt, falls Ihr etwa ihn zu irgendwelcher Zeit
schon habt nennen hören, dessen mannhafte Taten geschrieben
stehen werden auf hartem Erz und ewigem Marmor, so sehr
sich auch der Neid abmühen möge, sie zu verdunkeln, und die
Bosheit, sie in die Verborgenheit zu drängen.

Als der Domherr den Mann in Gefangenschaft und den Mann in Freiheit, beide auf solche Manier reden hörte, wollte er sich schier aus Staunen und Verwunderung kreuzigen und segnen, und er wußte kaum, wie ihm geschah; und in nicht geringeres Staunen verfielen seine Begleiter alle. Inzwischen hatte sich Sancho Panza genähert, um das Gespräch zu hören, und um alles in Richtigkeit zu bringen, fiel er ein: Jetzt, ihr Herren, ob ihr nun gut oder übel aufnehmt, was ich sagen will, die Sache ist die, daß mein Herr Don Quijote geradeso verzaubert ist wie meine Frau Mutter: er hat seinen völligen Verstand und ißt und trinkt und verrichtet seine Bedürfnisse wie andre Menschen und wie er sie gestern verrichten tat, bevor man ihn eingekäfigt hat. Und da dem so ist, wie wollt ihr mir weismachen, er sei verzaubert? Denn ich habe viele Leute sagen hören, daß die Verzauberten weder essen noch schlafen noch reden, und mein Herr hingegen, wenn man ihm nicht Einhalt tut, würde mehr reden als dreißig Advokaten.

Sodann wandte er sich zu dem Pfarrer, sah ihn an und fuhr so fort: Ach, Herr Pfarrer, Herr Pfarrer! Hat Euer Gnaden gemeint, ich kenne Euch nicht? und könnt Ihr meinen, ich verstehe nicht und errate nicht, worauf diese neuen Verzauberungen hinaus wollen? Wohl, so vernehmt, daß ich Euch kenne, so sehr Ihr Euch das Gesicht verdeckt, und erfahret, daß ich Euch verstehe, so sehr Ihr Eure Ränke verbergen möget. Kurz, wo der Neid regiert, da kann die Tugend nicht bestehen, und wo Geiz, da ist keine Freigebigkeit zu Haus. Daß doch der Teufel den Teufel holte! Wenn Euer Ehrwürden sich nicht darein gemengt hätten, so wäre jetzt schon die Stunde da, wo mein Herr mit der Prinzessin Mikomikona verheiratet wäre, und ich wäre zum mindesten ein Graf, denn ein geringerer Ehrensold ließ sich nicht erwarten, einerseits von dem guten Herzen meines Herrn, des Ritters von der traurigen Gestalt, und

anderseits von der Größe meiner Verdienste. Aber ich sehe es
schon, wahr ist, was man draußen in der Welt sagt: das Rad
des Glückes dreht sich hurtiger als ein Mühlrad, und wer gestern
obenauf war, liegt heut' am Boden. Um Weib und Kinder ist
mir's leid; denn gerade als sie hoffen konnten und sollten, sie
würden ihren Vater als Statthalter oder Unterkönig einer
Insul oder eines Reiches zu ihren Toren einziehen sehen, da
werden sie ihn einziehen sehen als einen Pferdeknecht. Alles,
was ich da sage, Herr Pfarrer, bezweckt weiter nichts als Euer
Würden dringend zu bitten, Ihr möchtet Euch ein Gewissen
daraus machen, daß mein Herr so schlecht behandelt wird, und
möchtet wohl achthaben, daß nicht Gott in jener Welt Rechenschaft von Euch fordert für diese Einkerkerung meines Herrn
und es Euch dereinst schwer anrechnet, daß mein Herr all die
Zeit, wo er gefangen liegt, so viele Rettungswerke und Guttaten
ungetan lassen muß.

Ei ei, das Lämpchen flackert und muß geschneuzt werden!
sagte hierauf der Barbier. Auch Ihr, Sancho, gehört zur Kum-
panschaft Eures Herrn? So wahr Gott lebt, ich seh' es kommen,
daß Ihr ihm bald im Käfig Gesellschaft zu leisten habt und
eben so verzaubert werden müßt wie er, für den Anteil, den Ihr
an seinem Sparren und an seinem Rittertum habt! Zu übler
Stunde habt Ihr von seinen Verheißungen Euer Hirn schwängern lassen; im unglücklichsten Augenblick ist Euch die heiß er-
wünschte Insul in den Sinn gekommen.

Ich bin von niemand geschwängert worden, antwortete Sancho, ich bin nicht der Mann, der sich schwängern ließe, ja nicht
einmal vom König selber. Wiewohl ein armer Mann, bin ich
ein Christ von altem Blut und bin niemand nichts schuldig;
und wenn ich Insuln erwünsche, so wünschen andre andres und
Schlimmeres. Und jedereiner ist der Sohn seiner Taten, und
dafern ich nur ein Mann bin, kann ich's doch noch dahin bringen,

daß ich Papst werde, wie viel eher also Statthalter einer Insul, zumal deren mein Herr soviele erobern kann, daß es ihm an Leuten fehlen wird, sie ihnen zu verschenken. Also überlege Euer Edlen, was Ihr redet, Herr Barbier, denn Bärte scheren ist nicht alles, und es ist immer ein Unterschied zwischen Peter und Peter. Ich sage das, weil wir einander alle kennen, und mir darf man nicht mit falschen Würfeln kommen, und was die Verzauberung meines Herrn betrifft, da weiß Gott, was wahr ist, und dabei wollen wir's lassen, denn wenn man darin herum= rührt, wird's immer schlimmer.

Der Barbier wollte Sancho keine Antwort geben, damit er durch Äußerungen, wie er sie in seiner Einfalt tat, nicht alles verriete, was er und der Pfarrer so sehr zu verbergen suchten. Die nämliche Besorgnis hatte den Pfarrer veranlaßt, den Dom= herrn zu ersuchen, ein wenig mit ihm vorauszureiten; er wolle ihm alsdann das Geheimnis von dem eingekäfigten Ritter mit= teilen, nebst manchem anderen, was ihm Vergnügen machen werde. Der Domherr tat es, ritt mit seinen Dienern und mit ihm voraus und horchte aufmerksam auf dessen Mitteilungen über Don Quijotes Denkart, Lebenslauf, Torheit und Gewohn= heiten; wobei der Pfarrer in aller Kürze von dem Ursprung und Grund der Verrücktheit des Ritters berichtete, wie vom weiteren Verlauf seiner Geschichte bis dahin, wo er in den Käfig gesperrt wurde, und endlich von ihrer Absicht, ihn nach seiner Heimat zu bringen, um zu sehen, ob sie durch irgend ein Mittel ein Heilmittel für seine Verrücktheit fänden.

Aufs neue verwunderten sich die Diener und der Domherr über Don Quijotes seltsame Geschichte, und der Domherr sprach, als er sie zu Ende gehört hatte: Wahrhaftig, Herr Pfarrer, ich meinesteils finde, daß die Bücher, die man Rittergeschichten nennt, dem Gemeinwesen schädlich sind; und obgleich ich, von müßiger und verkehrter Leselust getrieben, beinah von allen, die

im Druck vorhanden sind, den Anfang durchgegangen, so habe
ich mich nie dahin bringen können, auch nur eines vom Anfang
bis zum Ende zu lesen. Denn es bedünkt mich, daß sie, eins
mehr und eins minder, alle immer dasselbe sind, und daß dieses
nichts andres als jenes und jenes nichts andres als dieses enthält. Und wie mir deucht, gehört diese Art von Schriftstellerei
oder Dichtung zur Art jener Milesischen Märchen, welches ungereimte Erzählungen sind, die nur ergötzen und nicht belehren
wollen; im Gegensatze zu den Äsopischen Fabeln, welche beides
zusammen, sowohl ergötzen als belehren. Und wenn nun auch
der hauptsächlichste Zweck solcher Bücher ist zu ergötzen, so weiß
ich nicht, wie sie ihn erreichen können, da sie von so vielen und
so ungeheuerlichen Abgeschmacktheiten voll sind. Denn das Ergötzen, das der Geist empfindet, soll er nur empfinden ob der
Schönheit und der richtigen Verhältnisse alles einzelnen, die er
an den Dingen findet, die ihm der lebendige Anblick oder die
Phantasie vorführt; und alles, was Häßlichkeit und Miß-
verhältnis in sich hat, kann durchaus kein Vergnügen in uns
erregen. Nun aber, welche Schönheit, oder welches Verhältnis
der Teile zum Ganzen kann in einem Buch oder Märchen vorhanden sein, wo ein Junge von sechzehn Jahren einem turm-
hohen Riesen einen Schwerthieb versetzt und ihn mitten aus-
einanderhaut, als wär' er von Zuckerteig? Und wie erst, wenn
man uns eine Schlacht schildern will, nachdem man gesagt, es
stünden auf feindlicher Seite mehr als eine Million Streiter?
Falls nur der Held des Buches gegen sie ist, so müssen wir not-
gedrungen, so ungern wir's auch tun, für wahr annehmen, daß
der besagte Ritter den Sieg durch die Tapferkeit seines starken
Armes allein davongetragen hat. Und dann, was sollen wir
von der leichtsinnigen Bereitwilligkeit sagen, mit der eine Königin oder die Erbin eines Kaisertums sich einem fahrenden, ihr
unbekannten Ritter an den Hals wirft? Welcher Geist, wenn er

nicht völlig roh und ungebildet ist, kann sich daran vergnügen,
zu lesen, wie ein großer Turm voll Ritter über Meer fährt,
gleich einem Schiff unter günstigem Winde, und heute in der
Lombardei Nachtruhe hält, und morgen in der Frühe sich in
den Landen des Priesters Johannes von Indien befindet oder
in anderen, welche weder Ptolomäus entdeckt noch Marco Polo
gesehen hat? Und wollte man mir hierauf entgegnen, daß die
Verfasser von Büchern dieser Art sie nur als erdichtete Ge=
schichten niederschreiben, und daß sie sonach nicht verpflichtet
sind, auf Schicklichkeit und auf Wahrheit der Tatsachen zu sehen,
so würde ich ihnen zu antworten haben, daß die Lüge um so
besser ist, je mehr sie wahr scheint, und um so mehr gefällt, je
mehr sie Wahrscheinlichkeit und Mögliches enthält. Die Dich=
tung muß sich mit dem Geiste des Lesers vermählen; das heißt,
man muß das Erdichtete so gestalten, daß es das Unmögliche
begreiflich macht, das Allzuhohe ebnet, die Geister in Spannung
versetzt und mithin uns in solchem Grade Verwunderung und
Staunen abnötigt, uns aufregt und unterhält, daß Verwunde=
rung und frohe Stimmung stets gleichen Schritt halten. Und
all dieses wird der nicht zustande bringen können, der sich von
der Wahrscheinlichkeit und der Nachahmung der Wirklichkeit
ferne hält, worin die Vollkommenheit eines Buches besteht. Nie
habe ich ein Ritterbuch gesehen, dessen Dichtung ein einiges
Ganzes mit all seinen Gliedern gebildet hätte, so daß die Mitte
dem Anfang entspräche, und das Ende dem Anfang und der
Mitte. Vielmehr setzen sie die Erzählung aus so viel Gliedern
zusammen, daß es eher den Anschein hat, sie beabsichtigen eine
Chimära oder sonst ein widernatürliches Ungetüm zu bilden als
eine Gestalt von richtigen Verhältnissen zu schaffen. Außerdem
sind sie im Stile hart, in den erzählten Taten unwahrscheinlich,
in den Liebeshändeln unzüchtig, in den Feinheiten des Umgangs
unbeholfen, weitschweifig in den Schlachten, albern in den Ge=

sprächen, ungereimt in den Reisen, und kurz, alles Kunstver=
ständnisses bar, und darum wert, aus dem christlichen Gemein=
wesen als unnützes Volk verbannt zu werden.

Der Pfarrer hörte ihm höchst aufmerksam zu und erkannte
in ihm einen Mann von gesundem Verstand, der in allen seinen
Behauptungen recht habe. Daher sagte er ihm, weil er ganz
und gar mit ihm gleicher Meinung sei und gegen die Ritter=
bücher einen Widerwillen hege, habe er die, welche Don Quijote
besaß, samt und sonders verbrannt, und deren seien gar viele
gewesen. Und dann erzählte er ihm, wie er Gericht über sie ge=
halten, und welche er zum Feuer verurteilt, und welche er am
Leben gelassen habe. Darüber lachte der Domherr nicht wenig
und entgegnete, trotz all dem Bösen, das er von den besagten
Büchern gesprochen, finde er in ihnen immerhin ein Gutes,
nämlich daß ihr Gegenstand stets ein solcher sei, daß in ihnen
ein guter Kopf sich zeigen könne; denn sie öffneten ein weites,
geräumiges Feld, über das die Feder ohne irgendwelches Hinder=
nis hineilen könne, um Schiffbrüche, Seestürme, Scharmützel
und Schlachten zu beschreiben; einen tapferen Feldherrn zu
schildern mit allen den Eigenschaften, die zu einem solchen er=
forderlich sind: sich als vorsichtig bewährend, den listigen An=
schlägen seiner Feinde zuvorkommend, ein gewandter Redner,
der seine Krieger zu allem überreden oder ihnen jegliches aus=
reden kann, bedächtig im Rat, rasch zur Tat, ebenso mannhaft
entschieden im Abwarten wie im Angreifen; bald einen jammer=
vollen, schmerzlichen Vorgang darzustellen, bald ein freudiges,
unverhofftes Ereignis; dort eine wunderschöne, tugendsame, ver=
ständige und sittige Dame, hier einen Ritter voll christlichen
Heldenmutes und feiner Gesittung zu zeichnen, dort hingegen
einen ungeschlachten, großsprecherischen Barbaren, an anderem
Orte einen freundlichen, tapferen, umsichtigen Fürsten; die
Biederkeit und Treue der Untertanen, die Größe und Freigebig=

keit der Herrscher. Bald kann er sich als Sterndeuter zeigen,
bald als Meister der Erdbeschreibung, bald als Musiker, bald
als Kenner der Staatsangelegenheiten; ja, vielleicht kommt ihm
einmal die Gelegenheit, sich, wenn er Lust hat, als Schwarz=
künstler zu zeigen. Er kann die List des Ulysses und die Kühn=
heit des Achilles darstellen, Hektors Mißgeschick, Sinons Ver=
räterei, die Freundschaft des Euryalus, Alexanders Großmut,
den Heldensinn Cäsars, die Milde und Aufrichtigkeit Trajans,
die Treue des Zopyrus, den umsichtigen Geist Catos, kurz, alle
jene Handlungen, die einen hochgestellten Mann vollkommen
machen können, indem er sie bald in einem einzigen Helden
zusammengesellt, bald sie unter viele verteilt. Und wenn dies
mit gefälliger Anmut des Stils geschieht und mit sinnreicher
Erfindung, die soviel als möglich das Aussehen der Wahrheit
trägt, dann wird er ohne Zweifel ein Gewebe weben, aus
mannigfachen und reizenden Verschlingungen gebildet, das,
wenn es erst zustande gebracht worden, eine solche Vollkommenheit und solchen Reiz der Gestaltung zeigt, daß es das schönste
Ziel erreicht, das man in Büchern anstrebt, nämlich zugleich zu
belehren und zu ergötzen, wie ich schon bemerkt habe. Denn die
zwanglose Schreibart dieser Bücher gewährt dem Verfasser
Freiheit und Raum, sich als epischen, lyrischen, tragischen,
komischen Dichter zu zeigen, in der ganzen Vielseitigkeit, die in
holden und heiteren Künsten der Poesie und Beredsamkeit ent=
halten ist; — denn die epische Dichtung läßt sich ebensogut in
Prosa als in Versen schreiben.

Achtundvierzigstes Kapitel,

worin der Domherr mit der Besprechung der Ritterbücher fort-
fährt, nebst andern Dingen, so des geistvollen Herrn würdig sind.

Es ist so wie Euer Gnaden sagen, Herr Domherr, sprach
der Pfarrer, und aus diesem Grunde verdienen diejenigen um
so strengeren Tadel, die bis heute dergleichen Bücher verfaßt
haben, ohne jemals vernünftige Überlegung zu Rate zu ziehen,
noch die Kunst und die Regeln, durch die sie sich leiten lassen
und in der Prosa Ruhm erwerben konnten, wie es in Versen
die beiden Fürsten der griechischen und der lateinischen Dich=
tung getan.

Ich wenigstens, versetzte der Domherr, bin einmal in eine
gewisse Versuchung geraten, ein Ritterbuch zu schreiben, und
habe dabei alle die Regeln beobachtet, die ich soeben besprochen.
Und wenn ich die Wahrheit sagen soll, so habe ich mehr als
hundert Blätter vollgeschrieben und habe sie, um die Probe zu
machen, ob sie meiner Wertschätzung entsprächen, Leuten mit=
geteilt, die leidenschaftlich für diese Art Bücher eingenommen
sind, sowohl gelehrten und verständigen, als auch ungebildeten
und beschränkten, die nur Sinn haben für das Vergnügen, un=
gereimtes Zeug zu hören, und habe bei allen den erwünschten
Beifall gefunden. Aber trotzdem habe ich es nicht fortgesetzt,
sowohl weil ich glaubte, mit dieser Arbeit etwas meinem Berufe
Fernliegendes zu tun, als auch weil ich einsah, daß die Zahl der
Einfältigen größer ist als die der Einsichtigen, und weil ich, —
sintemalen es besser ist, von wenigen Verständigen gelobt, als
von vielen Dummköpfen verhöhnt zu werden, — mich nicht dem
unklaren Urteil der in Einbildung sich blähenden Menge unter=
werfen will, die doch vor allen anderen sich mit dem Lesen
solcher Bücher abgibt. Was aber vorzugsweise mir die Arbeit

aus den Händen nahm, ja, mich vom Gedanken sie zu vollenden
gänzlich abbrachte, war eine Betrachtung, die ich für mich anstellte, und die eine Folgerung aus den Komödien war, die heutzutage aufgeführt werden. Ich sagte mir nämlich: wenn diese
Stücke, die jetzt im Schwange sind, sowohl die rein erfundenen
als die aus der Geschichte entnommenen, alle oder doch meistenteils, anerkanntermaßen ungereimtes Zeug sind und weder
Hand noch Fuß haben; und wenn trotzdem die Menge sie mit
Vergnügen anhört und sie für gute Stücke hält und als solche
mit Beifall belohnt, während sie es nicht im entferntesten sind;
und wenn die Verfasser, die sie schreiben, und die Schauspieler,
die sie aufführen, sagen, sie müssen so sein, weil die Menge sie
so und nicht anders haben will; und wenn die Komödien, die
einen Plan haben und die Handlung folgerichtig entwickeln, wie
die Kunst es verlangt, nur für drei, vier einsichtige Leute vorhanden sind, die ein Verständnis für dieselben haben, und alle
übrigen Hörer ganz verständnislos sind für deren Kunst, und
wenn es mithin für die Verfasser und Darsteller viel besser ist,
bei der Menge ihr Brot zu verdienen als bei den wenigen Ruhm
zu erwerben: da wird es am Ende mit meinem Buch ebenso
ergehen, nachdem ich mir die Finger lahm geschrieben, um die
erwähnten Vorschriften zu beobachten, und ich werde am Ende
den Schneider von Cantillo spielen, der die Hosen unentgeltlich
nähte und den Zwirn dazu gab. Und wiewohl ich die Schauspieler mehrmals zu überzeugen suchte, daß sie mit ihrer Ansicht im Irrtum sind, und daß sie mehr Leute anziehen und
größeren Ruf erlangen würden, wenn sie Komödien darstellten,
die den Regeln der Kunst folgen, als jene Stücke voller Wider-
sprüche und Ungereimtheiten, so halten sie dennoch so fest an
ihren Meinungen und sind damit so verwachsen, daß weder eine
vernünftige Erwägung noch die augenscheinlichsten Tatsachen
imstande wären, sie davon abzubringen. Ich erinnere mich, daß

ich eines Tages gegen einen dieser Starrköpfe äußerte: Sagt
mir doch, erinnert Ihr Euch nicht, daß vor wenigen Jahren in
Spanien drei Trauerspiele zu Aufführung kamen, die ein be=
rühmter Dichter dieser Lande verfaßt hatte, und die so wirkungs=
voll waren, daß sie die Hörer alle, sowohl die ungebildeten als
die einsichtsvollen, sowohl die zum großen Haufen gehörenden
als die auserlesenen, in Bewunderung, freudige Stimmung und
hohes Staunen versetzten, und die drei Stücke für sich allein
den Darstellern mehr Geld einbrachten als dreißig der besten,
die seitdem und bis jetzt geschrieben wurden? — Ganz gewiß,
antwortete der Schauspieler, den ich meine. Euer Gnaden
spricht ohne Zweifel von der Isabela, der Phyllis und der
Alexandra. — Diese meine ich allerdings, erwiderte ich ihm;
und denkt einmal darüber nach, ob sie die Vorschriften der Kunst
genau befolgt haben, und ob sie etwa deshalb, weil sie sie be=
folgten, nicht für so wertvoll gegolten wie sie es sind, und nicht
jedermann gefallen haben. So liegt also die Schuld nicht an
dem großen Haufen, der etwa Ungereimtes verlangt, sondern
an jenen, die nichts andres darzustellen verstehen. So ist es,
und das Schauspiel Für Undank Rache war keine Ungereimt=
heit, und die Numancia enthielt keine, und man fand keine in
der Komödie vom Kaufmann als Liebhaber, oder gar in
der freundlichen Feindin, noch in etlichen anderen, die von
verschiedenen einsichtsvollen Dichtern verfaßt wurden, ihnen
selbst zu Ruhm und Ehre, und denen zum Gewinn, die sie auf=
führten. Noch andere Gründe fügte ich diesen hinzu, womit ich
meines Bedünkens ihn etwas verlegen machte, ihn aber weder
zu einem Zugeständnis bewog noch genügend überzeugte, um
ihn von seinen irrigen Ansichten abzubringen.

Euer Gnaden hat einen Gegenstand berührt, Herr Dom=
herr, sprach hier der Pfarrer, der in mir einen alten Groll
wieder geweckt hat, den ich gegen die jetzt im Schwange gehen=

den Bühnenstücke hege, und der nicht minder heftig ist als
gegen die Ritterbücher. Denn während die Komödie, wie
Tullius Cicero meint, ein Spiegel des menschlichen Lebens,
ein Lehrbuch der Sitten und ein Bild der Wahrheit sein soll,
sind die Stücke, die man heutzutage aufführt, Spiegel der Ungereimtheiten, Lehrbücher der Albernheiten und Bilder der
frechen Lüsternheit. Denn welche größere Ungereimtheit ist
denkbar auf dem Gebiete, das wir besprechen, als daß in der
ersten Szene des ersten Aufzugs ein Kind in Windeln erscheint
und in der zweiten als ein bereits bärtiger Mann auftritt?
Und ist es nicht der ärgste Widersinn, uns einen Greis als
tapfern Kämpfer und einen jungen Mann als Feigling darzustellen, einen Lakaien als redegewandt im Wortstreit, einen
Edelknaben als Ratgeber, einen König als Tagelöhner und
eine Prinzessin als Küchenmagd? Was soll ich sodann von
der Art, wie die Zeit eingehalten wird, binnen deren die
Handlung in diesen Schauspielen vorgehen kann oder konnte,
was soll ich anders sagen, als daß ich manches Drama gesehen
habe, wo der erste Aufzug in Europa anfing, der zweite in
Asien und der dritte in Afrika zu Ende ging und gewiß, wenn
es vier Aufzüge gehabt hätte, der vierte in Amerika schließen
und solcherweise das Stück in allen vier Weltteilen spielen
würde? Und wenn es richtig ist, daß die Nachahmung der
Wirklichkeit das Hauptsächlichste ist, was das Drama im Auge
haben muß, wie kann sich ein auch nur mittelmäßiger Kopf befriedigt fühlen, wenn bei einer Handlung, die der Dichter in die
Zeiten des Königs Pipin und Karls des Großen verlegt, die
Person, die in ihr die Hauptrolle spielt, für den Kaiser Hera-
klius ausgegeben wird, der mit dem Kreuz in Jerusalem ein-
zieht und das heilige Grab erobert wie Gottfried von Bouillon,
während doch zahllose Jahre zwischen diesem und jenem Ereignis liegen. Und wenn man demselben Drama, während es

sich auf reine Erfindung gründet, hier etliche geschichtliche
Tatsachen beigibt und dort Bruchstücke von andern beimischt,
die sich bei verschiedenen Personen und zu verschiedenen Zeiten
ereignet haben, und dies nicht etwa nach einem die Wahrscheinlichkeit beachtenden Plan, sondern mit offenbaren, in jeder
Beziehung unentschuldbaren Irrtümern? Und das Schlimme
dabei ist, daß es einfältige und ungebildete Menschen gibt, die
da sagen, das eben sei das Vollkommene, und mehr wollen,
heiße ganz besondere Leckerbissen begehren. — Und wie erst,
wenn wir auf die geistlichen Schauspiele kommen! Wieviel
falsche Wunder werden in diesen erdichtet, wieviel unter-
schobene und mißverstandene Dinge, wo die Wunder des einen
Heiligen einem andern zugeschrieben werden! Ja, selbst in den
weltlichen Stücken erkühnen sie sich, Wunder tun zu lassen, ohne
andere Rücksicht und ohne anderen Grund, als daß es sie bedünkt, das betreffende Wunder und die betreffende Maschinerie
(wie man es nennt) werde sich an jener Stelle gut ausnehmen,
damit ungebildetes Volk in Staunen gerate und in die Komödie
laufe. All dieses gereicht der Wahrheit zum Nachteil und der
Geschichte zur Herabwürdigung, ja, den spanischen Dichtern zur
Schande. Denn die ausländischen, die mit größter Genauig-
keit die Gesetze des Dramas beobachten, halten uns für roh und
ungebildet, wenn sie die Abgeschmacktheiten und Ungereimtheiten in unseren dramatischen Werken sehen. Und es wäre
keine genügende Entschuldigung dafür, zu sagen: der haupt-
sächliche Zweck eines wohlgeordneten Gemeinwesens bei der
Gestattung öffentlicher Schauspiele sei, der Gesamtheit eine anständige Erholung zu vergönnen und hie und da die schlimmen
Gelüste zu verscheuchen, welche der Müßiggang zu erzeugen
pflegt; und da dieser Zweck mit jeder Art von Drama, mit
einem guten oder schlechten, erreicht werde, so sei kein Grund
vorhanden, Gesetze aufzustellen und die Verfasser und Dar-

steller derselben zu nötigen, sie nur so zu schaffen, wie sie sein
sollten, weil, wie gesagt, mit jedem beliebigen Schauspiel er=
reicht werde, was man damit bezwecken wolle. Hierauf würde
ich antworten, daß dieser Zweck ohne allen Vergleich weit besser
mit guten Komödien erreicht würde als mit nicht guten, denn
aus der Vorstellung eines kunstreichen und wohlgeordneten
Schauspieles komme der Hörer frohgestimmt ob der Scherze,
belehrt durch die Wahrheiten, in Verwunderung gesetzt durch
die Begebenheiten, aufgeklärt durch die verständigen Ansichten,
gewarnt durch die trügerischen Ränke, gewitzigt durch die Bei=
spiele, entrüstet ob des Lasters, in Liebe entflammt für die
Tugend. Alle diese Gemütsbewegungen nämlich muß ein gutes
Bühnenstück im Hörer hervorrufen, so ungebildet und un=
empfänglich er auch sei. Und es ist die unmöglichste der
Unmöglichkeiten, daß es einem Schauspiel, das all diese Eigen=
schaften besäße, nicht gelingen sollte, weit mehr zu ergötzen und
zu unterhalten, zu gefallen und zu befriedigen, weit mehr als
einem Stücke, das derselben entbehrt, wie zum größten Teil
diejenigen Schauspiele ihrer entbehren, die heutzutage für ge=
wöhnlich aufgeführt werden. Und daran tragen die Dichter,
die sie schreiben, keine Schuld; denn es gibt unter ihnen manche,
die ganz wohl erkennen, worin sie sich verfehlen, und vollständig
wissen, was sie eigentlich tun sollten. Aber da die Bühnenstücke
zur käuflichen Ware geworden sind, so sagen sie, und sie sagen
die Wahrheit, die Schauspieler würden ihnen die Stücke nicht
abkaufen, wenn sie nicht von diesem Schlage wären, und darum
sucht der Dichter sich dem anzubequemen, was der Schauspieler,
der ihm seine Arbeit bezahlen soll, von ihm verlangt. Und daß
dieses reine Wahrheit ist, kann man aus den vielen, ja un=
zähligen Komödien ersehen, die einer der reichbegabtesten Geister
dieser Lande mit solcher Anmut und solchem Witz gedichtet hat,
in geschmackvollen Versen, mit so geistvollen Gesprächen, mit

so bedeutsamen Lehrsprüchen, kurz so voller Beredsamkeit und
Erhabenheit des Stils, daß er die Welt mit seinem Ruhm er=
füllt. Aber weil er sich den Wünschen der Schauspieler an=
bequemen wollte, haben seine Stücke nicht sämtlich, wie es doch
mit einigen geschehen, den Grad der Vollkommenheit erreicht,
der für sie erforderlich wäre. Andere schreiben ihre Stücke,
durchaus ohne zu überlegen, was sie tun, so daß nach der
Aufführung die Darsteller sich genötigt sehen zu flüchten
und sich in die Ferne zu begeben, aus Furcht zur Strafe ge=
zogen zu werden, wie sie es schon oftmals wurden, weil
sie manches zum Nachteil gewisser Könige und etlichen edlen
Familien zur Unehre auf die Bühne brachten. Aber all diese
Unzuträglichkeiten und noch viel andere, die ich nicht erwähne,
würden aufhören, wenn in der Residenz ein einsichtiger, er=
fahrener Mann da wäre, der alle Bühnenstücke vor der Auf=
führung zu prüfen hätte, nicht nur diejenigen, die man in der
Hauptstadt aufführen wollte, sondern alle, die man in ganz
Spanien darzustellen beabsichtigte, und wenn sodann, ohne
solche Gutheißung mit Siegel und Unterschrift, keine Gerichts=
behörde erlaubte, ein Schauspiel an ihrem Amtssitze aufzu=
führen. Und auf diese Art würden die Schauspieler Sorge
tragen, die Stücke erst nach der Hauptstadt zu senden, und
könnten sie alsdann in aller Sicherheit aufführen, und die
Verfasser würden mit mehr Sorgfalt und Fleiß ihre Werke
gründlich überdenken, da ihnen stets die Besorgnis vor Augen
schwebte, ihre Stücke würden die strenge Prüfung eines Sach=
kenners zu bestehen haben. Und auf diese Weise würden gute
Schauspiele geschrieben und würde glücklich erreicht werden,
was man mit ihnen beabsichtigt: für die Unterhaltung des
Volkes, für den guten Ruf der spanischen Dichter, für die
Sicherheit der Schauspieler und deren eignes Bestes zu sorgen
und den Behörden die Unannehmlichkeit zu ersparen, sie zur

Strafe zu ziehen. Und wenn man einem andern oder dem nämlichen das Amt übertrüge, die etwa neu ans Licht tretenden Ritterbücher zu prüfen, so würde gewiß eins und das andre in der Vollkommenheit ans Licht treten, die Euer Gnaden geschildert hat, unsre Sprache mit erfreulichen und köstlichen Schätzen von Beredsamkeit bereichern und veranlassen, daß die alten Bücher verdunkelt würden im edleren Glanz der neuen, die zum anständigen Zeitvertreib erscheinen würden nicht nur für die Müßiggänger, sondern auch für die beschäftigteren Leute. Denn der Bogen kann nicht fortwährend gespannt bleiben, und die Natur und Schwäche des Menschen kann sich ohne eine anständige Erholung nicht aufrecht halten.

So weit waren der Domherr und der Pfarrer in ihrer Unterhaltung gekommen, als der Barbier hinter ihnen hervorkam, sich ihnen näherte und zu dem Pfarrer sprach: Dies, Herr Lizentiat, ist der Ort, den ich vorher als dazu geeignet rühmte, um während unsrer Mittagsruhe den Ochsen frisches und reichliches Futter zu gewähren.

Auch mir scheint es so, entgegnete der Pfarrer; und als er dem Domherrn sein Vorhaben mitteilte, wollte auch dieser mit ihnen da rasten, weil die schöne Lage des Tals ihn anzog, das sich ihren Blicken darbot. Sowohl um die Reize der Gegend als die fernere Unterhaltung des Pfarrers zu genießen, zu dem er bereits Zuneigung fühlte, und auch Don Quijotes Taten mehr im einzelnen zu erfahren, beauftragte er ein paar von seinen Dienern, sich zu der Schenke zu begeben, die sich nicht weit von dort zeigte, und aus derselben für sie alle zu holen, was zu essen vorrätig wäre; denn er nahm sich vor, hier den ganzen Nachmittag Rast zu halten. Darauf entgegnete einer von den Dienern, das Saumtier mit dem Mundvorrat, das schon in der Schenke angelangt sein müsse, sei mit Lebensmitteln genugsam beladen, um aus der Schenke nichts weiter als Futter für die Tiere nehmen zu müssen.

Wenn dem so ist, versetzte der Domherr, so führe man alle Maulesel dorthin und lasse das Saumtier hierher zurückkommen.

Während dieses vorging, ersah Sancho die Gelegenheit, jetzt ohne die fortwährende Gegenwart des Pfarrers und des Barbiers, die ihm verdächtig waren, mit seinem Herrn reden zu können. Er näherte sich also dem Käfig, in dem sich der Ritter befand, und sprach zu ihm: Señor, um die Last von meinem Gewissen zu wälzen, muß ich Euch sagen, wie es mit Eurer Verzauberung zugeht. Die zwei nämlich, die da mit verhülltem Gesicht umhergehen, sind der Pfarrer unsers Ortes und der Barbier. Und ich meine, sie haben den Anschlag, Euch auf solche Manier fortzubringen, aus purem Neid darüber ausgesonnen, daß Euer Gnaden so weit über ihnen steht, weil Ihr weltberühmte Taten tut. Dieses also vorausgeschickt, was volle Wahrheit ist, so folgt daraus, daß Ihr nicht verzaubert seid, sondern betrogen und zum Narren gehalten. Zum Beweise dafür will ich Euch über etwas befragen, und wenn Ihr mir so antwortet wie ich glaube, daß Ihr mir antworten müßt, so werdet Ihr den Betrug mit Händen greifen und werdet einsehen, daß Ihr nicht verzaubert, sondern verrückt seid.

Frage, was du willst, Sancho mein Sohn, erwiderte Don Quijote, ich werde dich zufriedenstellen, und ganz nach deinem Herzenswunsch dir Antwort geben. Und was deine Behauptung angeht, daß diese beiden, die da um uns hin- und hergehen, der Pfarrer und der Barbier, unsre Landsleute und Bekannten seien, so kann es ganz gut so scheinen, daß sie es sind; aber daß sie es wahr und wirklich wären, das glaube du nie und nimmer. Was du glauben und meinen mußt, ist dieses: wenn sie ihnen in der Tat gleich sehen, wie du sagst, so kann es nur so zugehen, daß jene, die mich verzauberten, die äußere Erscheinung und

Ähnlichkeit derselben angenommen haben. Denn den Zauberern ist es leicht, jegliche Gestalt anzunehmen, die ihnen gerade beliebt, und sie werden die unsrer Freunde angenommen haben, um dich zu dem Wahnglauben zu verleiten, in dem du jetzt befangen bist, und dich in ein Labyrinth von Selbsttäuschungen zu verlocken, aus dem es dir nicht gelingen soll, den Ausweg zu finden, wenn du selbst den Faden des Theseus hättest. Und sie werden es auch deshalb getan haben, damit ich in meinem Urteil von den Dingen schwankend werde und nicht in Erfahrung bringen könne, von wannen mir dieses Unheil kommt. Denn wenn einerseits du mir sagst, daß der Barbier und der Pfarrer unsres Ortes in meiner Begleitung sind, und anderseits ich mich eingekäfigt sehe und doch von mir weiß, daß keine menschliche Kraft, wenn sie nicht etwa übernatürlich ist, genügend wäre, mich einzukäfigen — was, sage mir, soll ich anders sagen oder glauben, als daß die besondere Art meiner Verzauberung jede andere Art übertrifft, von der ich jemals gelesen in all den Geschichten von fahrenden Rittern, die verzaubert wurden? Sonach kannst du dich völlig beruhigen und getrösten, soviel deine Vermutung betrifft, daß sie die Personen seien, die du nennst; denn das sind sie gerade so wie ich ein Türke bin. Was aber den Umstand betrifft, daß du mich über etwas befragen willst, sprich, und ich werde dir Antwort geben, wenn du mich auch von heute bis morgen früh fragen wolltest.

So helfe mir Unsre Liebe Frau! entgegnete Sancho mit heftigem Aufschrei. Ist's denn möglich und ist Euer Gnaden so hart am Kopfe und so schwach im Hirn, daß Ihr nicht einseht, wie reine Wahrheit ich Euch sage, und daß an Eurem Gefängnis und Mißgeschick die Bosheit mehr schuld ist als die Zauberei? Es ist aber einmal so, und ich will Euch den augenscheinlichen Beweis führen, daß Ihr keineswegs verzaubert seid. Wenn anders, so saget mir, so wahr Gott Euch aus dem Sturm dieser

Bedrängnis erlösen soll, und so wahr Ihr Euch in den Armen
unsres Fräuleins Dulcinea sehen möget, wann Ihr es am wenigsten denkt ...

Hör' auf mich zu beschwören, fiel Don Quijote ein, und
frage, was immer du zu wissen wünschest. Ich habe dir schon
gesagt, ich werde dir Punkt für Punkt genau beantworten.

Das will ich eben, erwiderte Sancho; und was ich wünsche,
ist, daß Ihr mir saget, ohne irgendwas hinzuzutun oder wegzu-
lassen, sondern mit aller Wahrheit, wie zu erwarten ist, daß alle
jene sagen müssen und wirklich sagen, die da zum Beruf des
Waffenwerks sich bekennen in der Eigenschaft als fahrende
Ritter, wie Euer Gnaden sich dazu bekennt, ...

Ich sage dir, ich werde dir in keinem Punkte was vorlügen,
entgegnete Don Quijote. Komm' nur zu Ende mit deinem Fragen,
denn in der Tat langweilst du mich mit all deinen Entschuldigungen, Bitten und Einleitungen, Sancho.

Ich sag' Euch, ich bin von der Redlichkeit und Wahrheitsliebe meines gnädigen Herrn ganz überzeugt; und so, weil es
für unsre Geschichte wichtig ist, frag' ich Euch und sag' es mit
aller Ehrerbietung, ob, seit Euer Gnaden eingekäfigt ist und nach
Eurer Meinung in diesem Käfig als ein Verzauberter weilt, ob
vielleicht Euch Lust und Wunsch gekommen ist, was Großes oder
Kleines zu verrichten, wie man zu sagen pflegt?

Ich verstehe nicht, was das heißen soll, Großes verrichten,
Sancho. Drücke dich deutlicher aus, wenn du willst, daß ich dir
glatt antworten soll.

Ist's möglich? Großes oder Kleines verrichten, das versteht
Euer Gnaden nicht? Ei! schon die erst entwöhnten Kinder
werden in der Schule damit auferzogen! So erfahrt denn, ich
meine, ob Euch Lust gekommen ist zu tun, was man nicht unterlassen kann?

Nun, nun versteh' ich dich, Sancho. Freilich, oftmals schon, und jetzt eben habe ich sotane Lust. Erlöse mich aus dieser Gefahr, denn es ist wahrlich nicht alles sauber im Unterstübchen.

Neunundvierzigstes Kapitel,
worin von der verständigen Zwiesprach berichtet wird, welche Sancho Panza mit seinem Herrn Don Quijote hielt.

Aha! sagte Sancho, jetzt hab' ich Euch gefangen. Das eben war mir lieb zu hören, so lieb als Seele und Seligkeit. Kommt mal her, gnädiger Herr! Könnt Ihr leugnen, was man gemeiniglich unter uns zu sagen pflegt, wenn es einem übel ist: ich weiß nicht, was dem da fehlt, daß er nicht ißt und nicht trinkt und nicht schläft, und auf alle Fragen verkehrt antwortet; es sieht gerade so aus, als wäre er verzaubert? Daraus nun wird jedereiner abnehmen, daß Leute, die nicht essen und nicht trinken und nicht schlafen und die natürlichen Dinge, die ich meine, nicht verrichten, daß selbige Leute verzaubert sind; nicht aber die Leute, die den Drang verspüren, den Euer Gnaden verspürt. Und Ihr trinket, wenn man's Euch verabreicht, und Ihr esset, wenn Ihr was habt, und antwortet auf alles, was man Euch fragt.

Ganz richtig ist was du sagest, Sancho, entgegnete Don Quijote. Allein ich habe dir schon bemerkt, es gibt gar verschiedene Arten von Verzauberungen. Auch ist es möglich, daß mit der Zeit die eine Art sich in die andre verwandelt hat, und daß es jetzt bei Verzauberten bräuchlich ist, alles zu tun, was ich tue, wenn sie es auch früherhin nicht taten; so daß man also gegen den Brauch der verschiedenen Zeiten keine Gründe geltend machen kann und auch keine Möglichkeit ist, Folgerungen daraus zu ziehen. Ich weiß und bin des festen Glaubens, daß ich verzaubert bin, und das genügt mir zur Beruhigung meines Gewissens. Ja, ich würde mir ein großes Gewissen daraus

machen, wenn ich glaubte nicht verzaubert zu sein und ließe es
geschehen, müßig und feig in diesem Käfig zu sitzen und betröge
so viele bedrängte und in Nöten befangene Leute um die Hilfe,
so ich denen gewähren könnte, welche gerade zu dieser Zeit und
Stunde ohne Zweifel meines Beistandes und Schirmes aufs
bringendste und aufs äußerste benötigt sein werden.

Wohl, troß alledem, versetzte Sancho, sag' ich, zu allem
Überfluß und zur bessern Überzeugung wäre es gut, daß Euer
Gnaden versuchte aus diesem Gefängnis zu kommen, und ich
mache mich anheischig mit allen Kräften dazu behilflich zu sein,
ja, Euch herauszuholen; und daß Ihr dann wieder versuchtet
auf Euren wackern Rosinante zu steigen, der seinem Aussehen
nach ebenfalls verzaubert ist, so schwermütig und trübselig geht
er einher; und daß wir hierauf noch einmal unser Glück versuchten und auf Abenteuer auszögen. Sollte es uns aber damit
nicht gut ergehen, so bleibt noch immer Zeit in den Käfig zurückzukehren, und auf mein Wort als eines redlichen und getreuen
Schildknappen verspreche ich Euch, mich mit Euch darin einzu-
sperren, falls Euer Gnaden so unglücklich oder ich ein solcher
Esel sein sollte, daß es mir nicht gelänge, meinen Vorschlag zu
glücklicher Ausführung zu bringen.

Ich bin's zufrieden, Freund Sancho, alles zu tun, was du
willst, erwiderte Don Quijote. Sobald du eine Gelegenheit
siehst, meine Befreiung ins Werk zu setzen, werde ich in allem
und zu allem dir gehorsamen. Du jedoch, Sancho, wirst ersehen,
wie du dich täuschest in deiner Ansicht von meinem Mißgeschick.

Mit solcherlei Gesprächen unterhielten sich der fahrende
Ritter und der übelfahrende Schildknappe, bis sie an die Stelle
kamen, wo der Pfarrer, der Domherr und der Barbier schon abgestiegen auf sie warteten. Der Kärrner spannte seine Ochsen
sogleich vom Karren ab und ließ sie los und ledig auf dem be-
grünten lieblichen Platze weiden gehen, dessen frische Kühle zum

Genuſſe einlud, freilich nicht ſo verzauberte Perſönlichkeiten wie
Don Quijote, ſondern nur ſo geſcheite und einſichtige Leute wie
ſeinen Schildknappen. Der letztere bat den Pfarrer um Erlaub=
nis für ſeinen Herrn, ſich auf eine kleine Weile aus dem Käfig
herauszubegeben; denn wenn ſie ihn nicht herausließen, würde
dies Gefängnis nicht ſo reinlich bleiben, wie es das anſtändige
Gebaren eines ſolchen Ritters wie ſein Herr erheiſche.

Der Pfarrer merkte ſeine Abſicht und erwiderte, er würde
ſehr gern dieſen Wunſch erfüllen, wenn er nicht fürchten müßte,
daß ſein Herr, ſobald er ſich in Freiheit ſähe, ſeine tollen
Streiche begehen und ſich auf und davon machen würde auf
Nimmerwiederſehen.

Ich bin ſein Bürge für das Entrinnen, ſagte Sancho.

Ich auch und wir alle, ſprach der Domherr, zumal wenn er
mir ſein Wort als Ritter gibt, ſich von uns nicht zu entfernen,
bis es mit unſerm Willen geſchehen würde.

Ja, ich gebe es, fiel Don Quijote hier ein, der alles angehört
hatte; um ſo mehr als jemand, der verzaubert iſt wie ich, ohne=
hin nicht die Freiheit beſitzt, über ſeine Perſon nach eignem Be=
lieben zu verfügen. Denn der ihn verzaubert hat, kann bewirken,
daß er nicht imſtande iſt, während dreier Jahrhunderte ſich
vom Fleck zu rühren; und wäre er auch entflohen, ſo zwingt ihn
der Zauberer im Fluge zurückzukehren. Da dem nun ſo ſei, ſo
könnten ſie ihn ganz gut von den Banden löſen, beſonders da
es allen zum Beſten gereiche, und wenn ſie ihn nicht löſten,
dann würde, ſo beteuerte er ihnen, unfehlbar der Geruch ſie be=
läſtigen, wenn ſie ſich nicht aus ſeiner Nähe weit wegmachten.

Der Domherr ergriff ſeine Hand, trotzdem beide ihm noch
gebunden waren, und auf ſein Gelöbnis und Ehrenwort wurde
er entkäfigt. Er freute ſich unendlich und über die Maßen,
wie er ſich außerhalb des Käfigs ſah. Das erſte, was er tat,
war, den ganzen Körper zu recken und ſtrecken; und dann trat

II   23

er sofort zu Rosinante, schlug ihn zweimal mit flacher Hand auf die Kruppe, und sprach: Noch immer hoff ich zu Gott und seiner gebenedeiten Mutter, o du Blume und Spiegel aller Rosse, daß wir beide baldigst uns wieder so finden werden, wie wir es ersehnen, du dich mit deinem Herrn auf dem Rücken, und ich mich auf dir, das Amt übend, für welches Gott mich auf die Welt gesetzt hat.

Mit diesen Worten entfernte sich Don Quijote, ging nebst Sancho an eine abgelegene Stelle und kehrte von dort sehr erleichtert zurück, mit um so lebhafterem Wunsche, alles auszuführen, was sein Schildknappe anordnen würde. Der Domherr betrachtete ihn aufmerksam und staunte ob der Seltsamkeit seiner gewaltigen Narreteien und zugleich darüber, daß er in allem, was er sagte und antwortete, einen so ausgezeichneten Verstand an den Tag legte und nur dann Bügel und Zügel verlor, wie schon früher zum öftern gesagt, wenn man mit ihm vom Ritterwesen redete. Darob von Mitleid bewegt, sprach er zu Don Quijote, nachdem sich alle auf dem grünen Rasen gelagert, um den Mundvorrat des Domherrn zu erwarten: Ist es möglich, edler Junker, daß das widerwärtige, eitle Lesen von Ritterbüchern die Gewalt über Euch hatte, Euch den Kopf so zu verdrehen, daß ihr zuletzt gar glauben mögt, Ihr seiet wirklich verzaubert, nebst andern Dingen dieses Schlages, die von der Wahrheit so weit entfernt sind als die Lüge von der Wahrheit. Und wie kann nur ein menschlicher Verstand sich dazu verstehen, an die unendliche Menge von Amadisen zu glauben, zu glauben, daß es in der Welt jemals jenen wirren Haufen berühmter Ritter gegeben, so manchen Kaiser von Trapezunt, so manchen Felixmarte von Hyrkanien, so manchen Zelter, so manch fahrendes Fräulein, so viele Schlangen, so viele Drachen, so viele Riesen, so viele unerhörten Abenteuer, so viele Arten von Verzauberungen, so viele Schlachten, so viel

ungeheuerliche Kämpfe, so vielen Prunk der Trachten, so viele
verliebte Prinzessinnen, so viele Schildknappen, die zu Grafen
werden, so viele witzige Zwerge, so manch Liebesbriefchen und
so manch Liebesgetändel, so viele heldenhaft kämpfende Weiber,
kurz, so zahlreiche und so ungereimte Begebenheiten wie die
Ritterbücher sie enthalten? Von mir muß ich sagen: wenn
ich sie lese, alsbann machen sie mir, solange mein Geist sich
von dem Gedanken fernhält, daß sie sämtlich Lüge und leicht=
fertige Torheit sind, einigermaßen Vergnügen; aber sobald mir
zu Sinnen kommt, was sie eigentlich sind, dann schleudere ich
das beste von ihnen wider die Wand. Ja, ich würde sie alle ins
Feuer werfen, wenn ich dasselbe im Zimmer oder in der Nähe
hätte, gerade wie Verbrecher, die eine derartige Strafe ver=
dienen, weil sie Fälscher und Betrüger sind und sich ganz außer=
halb der Verhältnisse bewegen, die der Menschennatur gemäß
sind; auch als Erfinder neuer Lehren und neuer Lebensweise,
und als solche, die es verschulden, daß der unwissende Pöbel
all die Albernheiten, die sie enthalten, am Ende gar glaubt und
für wahr hält. Ja, so dreist sind sie, daß sie sich erdreisten, den
Geist verständiger und edler Männer von gutem Stande in
Verwirrung zu bringen, wie man wohl daraus ersehen kann,
was sie Euer Gnaden angetan. Denn sie haben Euch in eine
Verfassung gebracht, daß es notwendig geworden, Euch in einen
Käfig zu sperren und auf einem Ochsenkarren zu fahren, wie
wenn man einen Löwen oder Tiger von Ort zu Ort her oder
hin führt, um ihn sehen zu lassen und Geld mit ihm zu ver=
dienen. Wohlan denn, Señor Don Quijote, habt Mitleid mit
Euch selber und kehrt in den Schoß der Vernunft zurück, ver=
steht sie, die vom gütigen Himmel Euch in reichem Maße ver=
liehen worden, zu gebrauchen und die glücklichen Gaben Eures
Geistes auf das Lesen andrer Bücher zu verwenden, auf daß es
Eurem Gewissen zum Heil und zur Erhöhung Eurer Ehre ge=

reiche. Und wenn Ihr dennoch, von Eurer angeborenen Neigung hingerissen, Bücher von Großtaten und vom Rittertum
lesen wollt, so leset in der Heiligen Schrift das Buch der Richter,
denn da werdet Ihr großartige Begebnisse finden und Taten
ebenso wahr als heldenhaft. Einen Viriatus hatte Lusitanien,
einen Cäsar Rom, einen Hannibal Karthago, einen Alexander
Griechenland, einen Grafen Fernán González Kastilien, einen
Cid Valencia, einen Gonzalo Fernández Andalusien, einen
Diego García de Paredes Extremadura, einen Garci-Pérez de
Vargas Jerez, einen Garcilaso Toledo, einen Don Manuel de
León Sevilla, und deren Heldentaten zu lesen kann die aus-
gezeichnetsten Geister unterhalten, belehren, ergötzen und zur
Bewunderung hinreißen. Dies würde allerdings eine Beschäftigung sein, würdig des klaren Verstandes Euer Gnaden, mein
lieber Herr Don Quijote, und aus ihr würdet Ihr gelehrter in
der Geschichte hervorgehen und als ein glühender Verehrer der
Tugend, unterwiesen in allem Guten, gebessert in aller edlen
Sitte, tapfer ohne Tollkühnheit, vorsichtig ohne Feigheit; und
all dies Gott zu Ehren, Euch zum Nutzen und der Mancha zu
hohem Ruhm, aus welcher Ihr, wie ich erfuhr, Eure Geburt
und Abstammung herleitet.

Mit höchster Aufmerksamkeit lauschte Don Quijote den
Worten des Domherrn, und als dieser geendet hatte, blickte er
ihm eine gute Weile ins Gesicht und sprach dann: Mich bedünkt,
edler Junker, die Reden Euer Gnaden gehen darauf hinaus,
mir die Überzeugung beizubringen, daß es niemals fahrende
Ritter in der Welt gegeben hat, und daß alle Ritterbücher falsch,
lügenhaft, schädlich und für das Gemeinwesen nutzlos sind, daß
ich übel getan, sie zu lesen, noch übler, an sie zu glauben, und
am allerübelsten, ihnen nachzuahmen, indem ich mich damit abgegeben, dem durch sie vorgezeichneten überharten Beruf des
fahrenden Rittertums zu folgen — während Ihr mir in Abrede

stellt, daß es jemals in der Welt Amadise gegeben, weder von
Gallien noch von Griechenland, noch irgend einen der andern
Ritter, von denen die Schriften voll sind.

Alles dieses ist buchstäblich so wie Euer Gnaden es eben
vorträgt, sagte hier der Domherr.

Worauf Don Quijote erwiderte: Auch fügte Euer Gnaden
noch die Versicherung hinzu, es hätten mir die besagten Bücher
großen Schaden zugefügt, da sie mir den Kopf verrückt und
mich in einen Käfig gebracht hätten, und es würde mir besser
sein, mich zu belehren und meine Lesegewohnheiten zu ändern,
nämlich andre Bücher zu lesen, die mehr der Wahrheit gemäß
sind und bessere Ergötzung und Belehrung bieten.

So ist es, sprach der Domherr.

Ich aber, versetzte Don Quijote, finde meinesteils, daß der
Mann ohne Verstand und der Verzauberte Euer Gnaden selbst
ist, da Ihr Euch beflissen habt, dergleichen große Lästerungen
gegen etwas auszustoßen, das überall in der Welt solche Gel=
tung gefunden und für so wahr erachtet wird, daß, wer es
leugnen wollte, wie Euer Gnaden es leugnet, dieselbe Strafe
verdiente, die Ihr, wie Ihr saget, den Büchern auferlegt, wenn
Ihr sie leset und sie Euch langweilen. Dann jemand einreden
zu wollen, daß Amadis nie auf Erden gelebt, und ebensowenig
auch die andern abenteuernden Ritter, mit denen die Geschichts=
bücher angefüllt sind, das heißt einem einreden wollen, daß die
Sonne nicht leuchtet und das Eis nicht kältet und die Erde
uns nicht trägt. Mithin, welch vernünftiges Wesen kann es
auf Erden geben, das einem andern einreden könnte, es sei nicht
volle Wahrheit, was von der Prinzessin Floripes erzählt wird,
und von Guido von Burgund, und von Fierabras, nebst der
Brücke von Mantible, was alles sich zur Zeit Karls des Großen
zutrug? Ich schwöre es bei allem, was heilig ist, dies ist alles
so wahr, als daß es jetzt Tag ist. Und wenn es Lüge ist, so

muß es auch Lüge sein, daß je ein Hektor gewesen ist und
ein Achilles und ein trojanischer Krieg und die zwölf Pairs
von Frankreich und König Artus von England, der noch bis
heute in einen Raben verwandelt lebt, so daß man ihn von
einem Augenblick zum andern in seinem Königreich zurück-
erwartet. Und dann mag man sich auch erdreisten zu sagen, er-
logen sei die Geschichte von Guerino Mezquino und die von
der Aufsuchung des heiligen Graal und untergeschoben sei die
Erzählung von den Liebeshändeln Don Tristans und der Königin Isolde, wie von denen der Ginevra und des Lanzelot;
während es doch Personen gibt, die sich beinahe noch erinnern,
die Hofdame Quintañona gesehen zu haben, welche zu ihrer
Zeit die beste Mundschenkin in ganz Großbritannien war. Und
das ist so sicher wahr, daß ich mich erinnere, wie meine Großmutter von väterlicher Seite öfter mir sagte, wenn sie eine alte
Dame in ehrwürdiger Haube sah: Die da, lieber Enkel, sieht aus
wie die Hofdame Quintañona. Daraus ziehe ich den Schluß,
meine Großmutter muß sie gekannt haben, oder sie muß es wenigstens soweit gebracht haben, ein Bild von ihr zu sehen. — Sodann, wer wird leugnen können, daß die Geschichte von Peter
und der schönen Magelona wahr ist, da man noch heutzutage in
der Waffensammlung unserer Könige den Zapfen sieht, mit welchem der Graf Peter das hölzerne Pferd hin und her lenkte, auf
dem er durch die Lüfte flog? Und selbiger Zapfen ist etwas größer
als eine Karrendeichsel. Und neben dem Zapfen sieht man dort
den Sattel des Babieca, und in Roncesvalles befindet sich das
Horn Rolands, von der Größe eines mächtigen Balkens. Woraus
folgt, daß es einen Ritter Peter gegeben, daß es Männer wie Cid
gegeben und andre dergleichen Ritter, von der Art jener, welche,
nach dem üblichen Ausdruck, auf die ihnen vorbestimmten Abenteuer ausziehen. Wenn das geleugnet wird, so sage man mir doch
auch, es sei unwahr, daß der tapfere Lusitanier Juan de Merlo

ein fahrender Ritter war und nach Burgund hinzog und in der Stadt Arras gegen den berühmten Herrn von Charni, genannt der edle Herr Peter, im Zweikampf stritt und später in der Stadt Basel gegen den edlen Herrn Heinrich von Rabenstein und aus beiden Wagnissen als Sieger hervorging und reich an Ruhm und Ehre; und unwahr seien auch die ebenfalls in Burgund zustande gebrachten Abenteuer und Herausforderungen der heldenhaften Spanier Pedro Barba und Gutierre Quijada (von dessen Geschlecht ich mich in geradem Mannsstamme ableite), welche die Söhne des Grafen von Saint-Paul besiegten. Und so soll man mir auch leugnen, daß Don Fernando de Guevara nach Deutschland auf Abenteuer auszog, wo er mit Herrn Georg, einem Ritter von der Hofhaltung des Herzogs von Österreich, seinen Strauß ausfocht. Man soll mir sagen, die Kämpfe des Suero de Quiñones, des Helden von jenem Waffengang, seien nur Spaß gewesen; Spaß nur die Kämpfe des edlen Herrn Luis de Falces, die er für seine Devise ausfocht gegen den kastilischen Ritter Don Gonzalo de Guzmán, nebst vielen andern Heldentaten, so christliche Ritter der spanischen und auswärtigen Reiche ausgerichtet haben, die so wahr und erwiesen sind, daß ich nochmals sagen muß: wer sie leugnen wollte, dem würde aller Menschenverstand und alle gesunde Vernunft abgehen.

Der Domherr war hocherstaunt, diese Mischung von Wahrheit und Lügen zu hören, welche Don Quijote vorbrachte, und zu sehen, welche Kenntnis er von allem hatte, was die Taten seines fahrenden Rittertums betraf und berührte. Und somit antwortete er ihm: Ich kann nicht leugnen, Señor Don Quijote, daß einiges von dem, was Ihr gesagt, wahr ist, besonders was die fahrenden Ritter Spaniens angeht. Und ebenso will ich auch zugeben, daß es zwölf Pairs von Frankreich gegeben hat, aber ich mag nicht glauben, daß sie all jene Taten getan, die der Erzbischof Turpin von ihnen schreibt. Das Wahre daran ist:

sie waren von dem König von Frankreich auserlesene Ritter,
die man Pairs, das heißt Ebenbürtige nannte, weil sie an
Tüchtigkeit, Adel und Tapferkeit alle einander ebenbürtig waren;
und wenn sie es nicht waren, sollten sie es wenigstens sein. Es
war also ein Orden wie die jetzt bekannten Orden von Santiago
oder Calatrava, bei welchen vorausgesetzt wird, daß jeder darin
Aufgenommene ein mannhafter und tapferer Ritter von guter
Geburt ist. Und so wie man jetzt sagt: Ritter vom heiligen
Johannes oder von Alcántara, so sagte man zu jener Zeit: ein
Ritter aus der Zahl der zwölf Pairs, weil es zwölf in jeder
Beziehung Ebenbürtige waren, die man für diesen Kriegerorden
auserkor. Was den Punkt betrifft, ob es einen Cid gegeben, so
ist daran kein Zweifel, ebensowenig daran, daß es einen Bernardo del Carpio gegeben; aber daß sie die großen Taten getan,
die man erzählt, daran, meine ich, ist ein großer Zweifel. Was
nun das andere betrifft, den Zapfen, den Ihr dem Grafen
Peter zuschreibt, und welcher neben dem Sattel Babiecas in der
königlichen Waffensammlung zu sehen ist, so bekenne ich meine
Sünde, ich habe zwar den Sattel, aber nicht den Zapfen zu
sehen bekommen, so dumm oder so kurzsichtig muß ich wohl sein,
vorab da er so groß ist wie Euer Gnaden sagt.

Freilich ist er da, ohne allen Zweifel, entgegnete Don Quijote; und zum weiteren Wahrzeichen: er steckt in einem Futteral
von Rindsleder, damit er nicht vom Schimmel angegriffen wird.

Das kann ja alles sein, versetzte der Domherr; aber bei den
Weihen, die ich empfangen habe, ich entsinne mich nicht, daß ich
ihn gesehen hätte. Doch wenn ich auch zugeben wollte, daß er
sich dort befindet, so verpflichte ich mich darum noch nicht, die
Geschichten von so viel Amadisen, von solchem wirren Haufen
von Rittern zu glauben, die uns weit und breit erzählt werden.
Und es liegt keine Vernunft darin, daß ein Mann wie Euer
Gnaden, so ehrenhaft, voll so guter Eigenschaften, mit so klarem

Verstande begabt, sich einbilden soll, daß die zahlreichen, alles
Maß übersteigenden Narreteien Wahrheit seien, die da in den
ungereimten Ritterbüchern geschrieben stehen.

Fünfzigstes Kapitel

Von dem scharfsinnigen Meinungsstreit zwischen Don Quijote und dem Domherrn, nebst andern Begebnissen.

Das ist nicht übel, entgegnete Don Quijote. Die Bücher, die
mit königlicher Erlaubnis und mit Gutheißung der Herren,
denen sie zur Prüfung überwiesen worden, gedruckt sind und
mit allgemeinem Beifall gelesen und gefeiert worden von groß
und klein, von vornehm und gemein, von den Gelehrten und
den Ungelehrten, von den Leuten aus dem Volk und den Edelleuten, kurz von jeder Art Personen, wes Standes und Berufes
sie auch seien — diese Bücher sollten Lüge sein! Zumal da sie
doch so sehr das Gepräge der Wahrheit an sich tragen, indem
sie uns jedesmal den Vater, die Mutter, das Vaterland, die
Verwandten, das Alter, den Ort und die Taten des fraglichen
Ritters oder der fraglichen Ritter Punkt für Punkt und Tag
für Tag angeben. Nein, würdiger Herr, schweiget, sprecht keine
solche Lästerung aus und glaubt mir: ich rate Euch, was Ihr
als verständiger Mann in der Sache tun müsset. Oder aber, lest
sie doch nur, und Ihr werdet sehen, welchen Genuß Ihr von
diesen Büchern empfangt. Oder aber, sagt mir doch einmal:
gibt's ein größeres Vergnügen als zum Beispiel zu sehen, wie
hier gleich vor unsern Augen ein großer See von siedendem und
Blasen auftreibendem Pech erscheint, und wie darin zahlreiche
Schlangen, Nattern, Eidechsen und viel andre Arten wilder,
entsetzlicher Tiere umherschwimmen und sich in die Kreuz und
Quer bewegen, und wie mitten aus dem See eine jammervolle

Stimme emporbringt und spricht: Du, Ritter, wer du auch seiest, der du diesen fürchterlichen See beschauest, wenn du das Heil erringen willst, das unter diesen schwarzen Wassern verborgen liegt, bewähre die Tapferkeit deines heldenstarken Busens und wirf dich mitten in das schwarze, flammende Naß dieses Sees hinein; denn so du solches nicht tuest, bist du nimmer würdig, die erhabenen Wunder zu erschauen, die da enthalten und beschlossen sind in den sieben Burgen der sieben Feen, welche unter dieser Finsternis liegen. Und wie der Ritter, da er die fürchterliche Stimme kaum noch recht vernommen, auf der Stelle, ohne weiter mit sich zu Rate zu gehen, ohne zu bedenken, in welche Gefahr er sich begibt, ja, ohne sich des Gewichtes seiner starken Rüstung zu entledigen, sich Gott und seiner Gebieterin befiehlt, und sich mitten in den kochenden See hineinstürzt. Und wie er, ehe er sich nur besinnt, und ehe er noch weiß, wohin er geraten mag, sich auf blühenden Gefilden findet, mit welchen die des Elysiums sich in keiner Hinsicht vergleichen können. Da, däucht es ihm, ist der Himmel klarer und scheint die Sonne mit höherem, ungekanntem Glanze. Da bietet sich seinen Augen ein lieblicher Hain von so frischgrünen, dichtbelaubten Bäumen, daß ihr Grün den Blick ergötzt, während die Ohren sich laben an dem süßen, nicht durch Kunst erlernten Gesang der kleinen, zahllosen, bunten Vöglein, die durch das verschlungene Gezweig beständig hin und her fliegen. Dort wieder ersieht er ein Bächlein, dessen frische Wasser flüssige Kristalle scheinen und über seinen Sand und weiße Steinchen hineilen, die wie Goldstaub und reine Perlen anzuschauen sind. Anderwärts erblickt er einen kunstreichen Springbrunnen, dessen Schale aus buntem Jaspis und glattem Marmor besteht; dann einen andern im grotesken Geschmacke angelegt, wo die kleinen Muschelschalen mit den gewundenen weißen und gelben Schneckenhäusern in ungeordneter Ordnung hingelegt sind, und darunter

gemischt Stücke glänzenden Kristalls und künstlich nachgemachten
Smaragds, ein Werk von großer Mannigfaltigkeit darstellen,
so daß die Kunst, indem sie die Natur nachahmt, diese hier zu
besiegen scheint. Dort alsdann zeigt sich ihm unversehens eine
starke Feste oder prächtige Königsburg, deren Mauern von ge-
diegenem Golde, die Zinnen von Demanten, die Tore von Hya-
zinthen sind. Und zudem ist sie von so wunderbarem Bau, daß,
obschon die Bestandteile, aus denen sie errichtet ist, nichts Geringeres sind als Demanten, Karfunkel, Rubine, Perlen, Gold
und Smaragde, die Arbeit an dem ganzen Werke von noch
höherem Wert ist. Und hat er dies alles gesehen, was gibt's noch
Herrlicheres zu sehen, als zu sehen, wie aus der Pforte der
Königsburg eine reichliche Anzahl junger Fräulein hervortritt,
alle in so reizenden, prachtvollen Trachten, daß ich wahrlich,
wenn ich sie nunmehr so schildern wollte, wie die Geschichts-
bücher sie uns beschreiben, nimmer damit zu Ende kommen
würde; und zu sehen, wie alsogleich die Dame, die als die für-
nehmste unter allen aussah, den verwegenen Ritter, der sich in
den kochenden See gestürzt, an der Hand nimmt und ihn, ohne
ein Wort zu reden, in die herrliche Königsburg oder Feste hinein-
geleitet und ihn splitternackt, wie er aus der Mutter Schoß kam,
entkleiden und in lauem Wasser baden läßt und ihm sodann mit
duftenden Salben den ganzen Körper salben und ihn mit einem
Hemd vom feinsten Zindel bekleiden läßt, das ganz und gar voll
Wohlgeruches und lieblich durchduftet ist; und wie dann ein
anderes Fräulein herankommt und ihm über die Schultern einen
Mantel wirft, der mindestens, ja zum mindesten, wie die Berichte
lauten, eine ganze Stadt wert ist, ja noch mehr. Was ist sodann
Schöneres zu sehen, als wenn uns berichtet wird, wie er nach
alledem in einen andern Saal geleitet wird, wo er die Tische in
so wundervoller Anordnung gedeckt findet, daß er voll Staunens
außer sich gerät? Was Schöneres, als zu sehen, wie ihm über

die Hände Wasser gegossen wird, das aus lauter Ambra und
duftigen Blumen abgezogen ist? Was Herrlicheres zu sehen, als
wie man ihn auf einen Sessel von Elfenbein niedersitzen heißt?
Was Schöneres, als zu sehen, wie ihn alle die Fräulein in
wundersamem Schweigen bedienen? Was Prächtigeres, als wie
ihm eine solche Mannigfaltigkeit von Gerichten aufgetragen
wird, alle so schmackhaft bereitet, daß die lüsterne Begier nicht
weiß, nach welchem sie zuerst die Hand ausstrecken soll? Und
wie herrlich, dann den Gesängen zu lauschen, die da ertönen,
während er tafelt, ohne daß er weiß, wer sie singt noch wo sie
ertönen? Und wenn das Mahl beendet und die Tafel aufgehoben ist, wie da der Ritter sich auf seinen Sessel zurücklehnt,
und, während er sich die Zähne stochert, wie es jetzt Sitte ist,
wie da unversehens zur Tür des Saales eine andre Jungfrau
hereintritt, weit schöner als jegliche von den ersten. Und wie sie
sich dem Ritter zur Seite niederläßt und ihm sofort berichtet,
welch eine Burg dieses ist, und daß sie in selbiger verzaubert
weilen muß, nebst viel anderem, was den Ritter in Staunen
versetzt und die Leser, die seine Geschichte lesen, mit Verwunderung erfüllt. Ich will mich nicht weiter hierüber verbreiten;
aber man kann schon aus dem Gesagten schließen, daß jedes beliebige Stück, das man von jeder beliebigen Rittergeschichte liest,
bei jedem beliebigen Leser Vergnügen und Verwunderung her-
vorbringen muß. Und Euer Gnaden möge mir folgen und, wie
ich schon vorher bemerkt, diese Bücher lesen. Und Ihr werdet
sehen, wie sie Euch den Trübsinn, der Euch etwa drückt, verbannen und die Stimmung bessern, wenn Ihr Euch etwa in
einer schlechten befinden solltet. Von mir wenigstens muß ich
sagen, seit ich ein fahrender Ritter bin, seitdem bin ich tapfer,
freigebig, gesittet, großmütig, höflich, kühn, sanft, geduldig, er-
trage leicht Mühsale, Gefangenschaft, Verzauberung, und obschon
ich erst vor kurzem mich als verrückt in einem Käfig eingesperrt

sah, so hoffe ich doch durch die Kraft meines Armes, wenn der
Himmel mir beisteht und das Glück mir nicht feindlich ist, mich
binnen weniger Tage zum König eines Reiches erhoben zu sehen,
wo ich die Dankbarkeit und Freigebigkeit zeigen kann, die meine
Brust in sich faßt. Denn wahrlich, Señor, der Arme ist unfähig,
die Tugend der Freigebigkeit gegen irgendwen zu zeigen, wenn
er sie auch im höchsten Grade besitzt; und die Dankbarkeit, die
nur im Wunsche besteht, ist etwas Totes, gerade wie der Glaube
ohne Werke tot ist. Darum möchte ich, daß das Glück mir baldigst eine Gelegenheit böte, mich zum Kaiser zu machen, um
mein Herz in Wohltaten zu bewähren, die ich meinen Freunden
erwiese, insbesondere dem armen Teufel von Sancho, meinem
Schildknappen, der der beste Mensch von der Welt ist. Ich
möchte ihm gern eine Grafschaft schenken, die ich ihm schon seit
langen Tagen versprochen habe; nur fürchte ich, er möchte nicht
die Fähigkeit besitzen, seine Grafschaft zu regieren.

Ungefähr diese letzten Worte hörte Sancho seinen Herrn
sagen, und gleich sprach er zu ihm: Señor Don Quijote, ar-
beitet nur daran, mir jene Grafschaft zu verschaffen, die von
Euch ebenso ernstlich verheißen als von mir erhofft ist; ich hingegen verheiße Euch, mir soll es an Fähigkeiten nicht fehlen, sie
zu regieren. Und wenn es mir auch daran fehlen sollte, so hab'
ich gehört, es gibt Leute in der Welt, die die Herrschaften der
großen Herren in Pacht nehmen und ihnen so und so viel jähr-
lich abgeben. Sie hingegen sorgen für die Regierung, und der
Herr sitzt und streckt die Beine aus und genießt seine Rente,
die er bekommt, ohne sich um sonst was zu kümmern. Und so
will ich's auch machen, und ich will mich nicht um das Geringste weiter kümmern, sondern gleich alles aus Händen geben
und will mir meine Rente schmecken lassen wie ein Prinz, und
den Leuten mag es bekommen wie es will.

Dies, Freund Sancho, sagte der Domherr, kann gelten, so-

weit es das Verzehren der Rente betrifft; aber was die Ver=
waltung der Rechtspflege angeht, die muß der Besitzer der
Herrschaft selbst verstehen. Und hier kommt Fähigkeit und
tüchtiger Mutterwitz in Betracht und besonders der redliche
Wille, das Richtige zu tun. Denn wo dieser im Anfang fehlt,
wird auch Mitte und Ende stets fehlgehen; und Gott pflegt
ebenso der redlichen Absicht des Einfältigen hilfreich zu sein
als die böse Absicht des Klugen zu vereiteln.

Ich weiß nichts von derlei Gelahrtheiten, entgegnete Sancho
Panza. Ich weiß nur, so geschwind ich die Grafschaft bekommen
würde, so geschwind würde ich sie zu regieren verstehen; denn
ich habe so viel Verstand im Leibe wie jeder andre und so viel
Leib wie nur der Allerbeleibteste, und ich würde ebensosehr in
meiner Herrschaft der König sein wie jedereiner in seiner. Und
wenn ich das wäre, so würde ich tun, was ich wollte; und wenn
ich täte, was ich wollte, so würde ich tun, was ich Lust habe;
und wenn ich täte, was ich Lust habe, wäre ich zufrieden; und
wenn einer zufrieden ist, hat er nichts mehr zu wünschen; und
wenn einer nichts mehr zu wünschen hat, so ist die Sache ab=
gemacht; und so soll mir die Herrschaft nur herankommen. Und
damit Gott befohlen und auf Wiedersehen, wie ein Blinder zum
andern sagte.

Diese Gelahrtheiten, wie du gesagt, sind nicht so übel,
Sancho, sprach der Domherr; aber bei alledem bleibt über die
Sache mit den Grafschaften noch viel zu sagen.

Darauf versetzte Don Quijote: Ich wüßte nicht, daß noch
etwas zu sagen bliebe. Ich richte mich lediglich nach zahlreichen
und mannigfachen Beispielen, die ich in diesem Betreff hier an=
ziehen könnte, von Rittern meines Berufs, welche, um den ge=
treuen und ausgezeichneten Dienstleistungen, die sie von ihren
Schildknappen empfingen, gerecht zu werden, ihnen ganz be=
sondere Gnaden erwiesen und sie zu unabhängigen Herren von

Städten und Insuln machten. Und manchen gab es, dessen Verdienste so hohen Grad erreichten, daß er sich überhob und ver-
maß, den Königsthron zu besteigen. Aber wozu verwende ich
hierauf soviel Zeit, da mir ein so glänzendes Beispiel der große
und nie genugsam gepriesene Amadis von Gallien bietet, der
seinen Schildknappen zum Grafen der Festlandsinsul machte?
Und so kann auch ich ohne Gewissensbedenken meinen Sancho
Panza zum Grafen machen, der einer der besten Schildknappen
ist, die je ein fahrender Ritter gehabt hat.

Der Domherr war höchlich verwundert über diese systema-
tischen Narreteien (wenn in Narreteien ein System sein kann),
welche Don Quijote vorgebracht, und über die Art, wie er das
Abenteuer des Ritters vom See geschildert, über den Eindruck,
den die vorsätzlichen Lügen der Bücher, die er gelesen, auf ihn
hervorgebracht hatten, und endlich erstaunte ihn auch die Einfalt Sanchos, der sich so heiß danach sehnte, die von seinem
Herrn verheißene Grafschaft zu erlangen.

Unterdessen kehrten die Diener des Domherrn aus der
Schenke zurück, von wo sie das Saumtier mit dem Mundvorrat geholt hatten. Ein Teppich und das grüne Gras der
Wiese diente als Tisch. Man setzte sich unter schattigen Bäumen
nieder und speiste daselbst, damit der Ochsenkärrner nicht um
die günstige Gelegenheit käme, die ihm, wie gesagt, dieser Ort
darbot.

Während sie so tafelten, vernahmen sie plötzlich ein starkes
Rauschen von Zweigen und das Klingen einer Schelle, welches
aus Dornbüschen und dichtem Gesträuch, das sich ringsher
fand, erklang. Und im nämlichen Augenblick sahen sie aus dem
Dickicht eine schöne Ziege hervorspringen, deren ganzes Fell
schwarz, weiß und grau gesprenkelt war. Hinter ihr her kam
ein Ziegenhirt, rief ihr nach und sprach ihr schmeichelnd zu,
wie die Hirten pflegen, damit sie stehen bliebe oder zur Herde

zurückliefe. Die fliehende Ziege lief in ihrer Furcht und Ängst=
lichkeit zu den Leuten hin, als ob sie Schutz bei ihnen suchte,
und blieb da stehen. Der Ziegenhirt kam herbei, faßte sie an
den Hörnern und redete mit ihr, gerade als besäße sie Verstand
und Einsicht: Ha, du Landstreicherin, Bergläuferin, Scheckchen,
Scheckchen! Wo hüpfest du denn all die Zeit herum? Was für
Wölfe haben dich fortgeschreckt, mein Töchterlein? Willst du
mir nicht sagen, was das bedeuten soll, du Allerschönste?
Aber was kann es bedeuten, als daß du ein Weibchen bist und
keine Ruhe halten kannst? Das ist eben deine Natur, der
Kuckuck soll sie holen, und es ist die Natur aller Weiber, und
du tust es ihnen nach. Komm mit heim, komm mit heim, Lieb=
chen. Bist du auch nicht so vergnügt in deiner Hürde, so bist du
doch besser geborgen darin oder bei deinen Gefährtinnen. Und
wenn du, die du sie hüten und leiten sollst, so ohne Führung
bist und auf Abwegen wandelst, wohin soll's dann mit ihnen
kommen?

Das Gerede des Ziegenhirten machte allen Zuhörern großes
Vergnügen, insbesondere dem Domherrn, der zu ihm sagte: Ich
bitte Euch um alles, guter Freund, beruhigt Euch ein wenig
und eilt nicht so arg, die Ziege zu ihrer Herde zurückzubringen.
Denn da sie, wie Ihr sagt, ein Weibchen ist, so muß sie ihrem
angebornen Triebe folgen, ob Ihr Euch auch noch so sehr
mühet es zu verwehren. Nehmt diesen Bissen und trinkt ein=
mal, damit werdet Ihr Euren Zorn kühlen, und die Zeit kann
die Ziege sich ausruhen.

Dies sagen und ihm auf der Spitze des Messers die Lenden
von einem kalten gebratenen Kaninchen darreichen war alles
das Werk eines Augenblicks. Der Ziegenhirt nahm's und
dankte dafür, trank und ward ruhig und sprach alsbald: Ich
möchte nicht, daß Euer Gnaden mich für einen einfältigen
Menschen halten, weil ich mit dem Tier so ganz nach der Ver=

nunft gesprochen; denn allerdings sind die Worte, die ich der
Ziege sagte, etwas absonderlich. Ich bin ein Bauer, aber nicht
so bäuerisch, daß ich nicht wüßte, wie man mit dem Menschen
und mit dem Vieh umgehen muß.

Das glaube ich ganz gern, sagte der Pfarrer; denn ich
weiß schon aus Erfahrung, daß die Wälder Leute von Bildung auferziehen und die Schäferhütten manchem Philosophen
Wohnung bieten.

Wenigstens, Señor, beherbergen sie Leute, entgegnete der
Hirt, die durch Schaden klug geworden sind. Und damit Ihr die
Wahrheit dieses Satzes glaubet und sie mit den Händen greifet,
so werde ich, trotzdem es aussieht, als ob ich ungebeten mich
selber einlade — so werde ich, wenn es Euch nicht langweilt
und Ihr mir eine kleine Weile aufmerksames Gehör schenken
wollt, Euch eine wahre Geschichte erzählen, die die Behauptung
dieses Herrn (auf den Pfarrer deutend) und die meinige be-
stätigen wird.

Hierauf entgegnete Don Quijote: Sintemal ich ersehe, daß
dieser Kasus ich weiß nicht was für einen Anstrich von einem
Ritterschafts-Abenteuer hat, so werde ich an meinem Teile
Euch sehr gerne anhören, guter Freund, und desgleichen werden alle diese Herren tun, da sie so überaus verständig sind
und gerne vernehmen von absonderlichen Neuigkeiten, so da
die Sinne spannen, ergötzen und behaglich unterhalten, wie
meines Bedünkens Eure Erzählung ohne Zweifel tun wird.
So machet denn einen Beginn, Freund, wir werden Euch alle
zuhören.

Ich ziehe meinen Einsatz aus dem Spiel, sprach Sancho;
mit der Pastete hier gehe ich dort an den Bach und will mich
da auf drei Tage anfüllen. Denn ich habe meinen Herrn Don
Quijote sagen hören, fahrenden Ritters Schildknappe muß
essen, bis er nicht mehr kann, wenn sich ihm die Gelegenheit

II   24

bietet, dieweil er oftmals in die Lage kommt, daß er zufällig in einen dichtverschlungenen Wald hineingerät, wo er nicht vermögend ist in sechs Tagen wieder herauszukommen, und wenn da der Mensch nicht satt gegessen oder mit einem wohlgespickten Schnappsack versehen ist, so kann er drin stecken bleiben und, wie ihm oftmalen geschieht, zur Mumie zusammenhutzeln.

Du hast das beste Teil erwählt, Sancho, sprach Don Quijote. Geh' du, wohin dir's paßt, und iß, was der Magen faßt. Ich habe schon mein Genügen; es erübrigt mir nur noch, dem Geiste seine Erquickung zu gewähren, und die gewähre ich ihm, wenn ich die Erzählung dieses Biedermanns anhöre.

Wir alle werden unsere Geister daran erquicken, sprach der Domherr; und sofort bat er den Ziegenhirten, mit der versprochenen Erzählung den Anfang zu machen. Der Hirt gab der Ziege, die er an den Hörnern hielt, zwei Schläge mit der flachen Hand auf den Rücken und sagte zu ihr: Leg' dich neben mich hin, Scheckchen, wir haben übrige Zeit zu unserem Pferch heimzukehren.

Die Ziege schien ihn zu verstehen; denn sowie ihr Herr sich setzte, streckte sie sich ganz ruhig neben ihm nieder und sah ihm ins Gesicht, als ob sie zu verstehen gäbe, daß sie auf die Worte des Hirten ernstlich aufmerken wolle. Und dieser begann seine Geschichte folgendermaßen:

Einundfünfzigstes Kapitel,

welches berichtet, was der Ziegenhirt der ganzen Gesellschaft erzählte, die den Ritter Don Quijote von dannen führte.

Drei Meilen von diesem Tale liegt ein Dorf, welches zwar klein, aber doch eins der reichsten in der ganzen Gegend ist. In dem Dorfe lebte ein Bauer in großem Ansehen, und wiewohl dem Reichtum allezeit das große Ansehen anhaftet, so genoß er dieses doch weit mehr ob seiner Rechtschaffenheit als ob des Reichtums, den er besaß. Was ihn aber noch weit glücklicher machte, wie er selbst sagte, war der Umstand, daß er eine Tochter hatte von so außerordentlicher Schönheit, so seltenem Verstand, so voll Anmut und Tugend, daß jeder, der sie kannte und beobachtete, voll Wunders war ob der außerordentlichen Gaben, mit denen der Himmel und die Natur sie überreich ausgestattet hatten. Schon als Kind war sie schön, und seitdem nahm sie stets zu an Reizen, und im Alter von sechzehn Jahren war sie die Schönste von allen. Der Ruf ihrer Reize begann sich in den umliegenden Dörfern zu verbreiten. Was sag' ich, nur in den umliegenden? Er drang bis zu entfernten Städten, ja, zu den Prunksälen der Könige und zum Ohr von Leuten jeden Standes, die von allen Seiten herkamen, um sie wie eine Seltenheit oder wie ein wundertätiges Bild anzuschauen. Ihr Vater hütete sie, und sie hütete sich selber; denn es gibt kein Vorhängeschloß, keinen Riegel, der eine Jungfrau besser hüten könnte als ihre eigne Sittsamkeit.

Der Reichtum des Vaters und die Schönheit der Tochter bewog viele, sowohl aus dem Ort als auswärtige, um ihre Hand anzuhalten. Er aber, als der Mann, dessen Aufgabe es war, über ein so köstliches Kleinod zu verfügen, war in großer Verlegenheit, ohne sich entschließen zu können, wem von den Unzähligen, die ihn bestürmten, er sie geben solle. Unter den vielen, die einen so redlichen Wunsch hegten, war auch ich, und mir versprach der Umstand große Aussicht auf guten Erfolg, daß ich wußte, der Vater wußte genau, was an mir war; daß ich aus demselben Dorfe gebürtig, von reinchristlichem Blute, in blühendem Alter, an Vermögen sehr reich und an Geistesgaben nicht minder vortrefflich war. Mit allen den nämlichen Vorzügen hielt auch ein anderer aus demselben Ort um sie an, und

das gab denn einen Grund, den Entſchluß des Vaters unent=
ſchieden zu machen und in die Schwebe zu bringen, da es ihn
bedünkte, mit jedem von uns beiden wäre ſeine Tochter gleich
gut verſorgt. Um aus dieſer Verlegenheit zu kommen, beſchloß
er, Leandra von der Sache in Kenntnis zu ſetzen; ſo heißt näm=
lich das reiche Mädchen, um deſſentwillen mein Herz verarmt
iſt. Er erwog, da wir beide in allem uns gleichſtanden, ſo wäre
es am beſten, wenn er es dem Willen ſeiner geliebten Tochter
überließe, nach ihrer Neigung zu wählen; ein Verfahren, das
alle Eltern nachahmen ſollten, wenn ſie für ihre Kinder den
Stand der Ehe in Ausſicht nehmen. Ich ſage nicht, ſie ſollen
ihren Kindern im Schlechten und Verderblichen freie Wahl
laſſen, ſondern ſie ſollen ihnen Gutes vorſchlagen, damit ſie
unter dem Guten nach ihrem Wunſch auswählen. Ich weiß
nicht, welchen Wunſch Leandra hatte; ich weiß nur, daß der
Vater uns beide mit dem zu jugendlichen Alter ſeiner Tochter
und mit allgemeinen Redensarten hinhielt, durch die er ſich
weder zu etwas verbindlich machte noch ſich gegen uns unver=
bindlich zeigte. Mein Mitbewerber heißt Anſelmo, und ich
Eugenio, damit Ihr die Namen der Perſonen kennt, die in dieſem
Trauerſpiel vorkommen, deſſen Ende noch obſchwebt, wiewohl
ſich erſehen läßt, daß es ein unglückliches ſein wird.

Um dieſe Zeit kam ein gewiſſer Vicente de la Roca in unſer
Dorf, der Sohn eines armen Bauern aus dieſem nämlichen
Ort, welcher Vicente aus Italien und verſchiedenen anderen
Ländern kam und Soldat geweſen war. Es hatte ihn aus un=
ſerm Dorf, als er ein Junge von etwa zwölf Jahren war, ein
Hauptmann mitgenommen, der mit ſeinem Fähnlein durch=
marſchierte, und wieder nach zwölf Jahren kam der Burſche
von auswärts zurück, ſoldatiſch gekleidet, bunt in tauſend Far=
ben, vollbehängt mit tauſenderlei Klimperkram von Glas und
dünnen Stahlketten. Heute warf er ſich in dieſen Staat und

morgen in jenen, aber alles war hohl und angemalt, leicht von
Gewicht und noch leichter an Wert. Die Bauersleute, die an
sich boshaft, und wenn gerade Müßiggang ihnen Gelegenheit
dazu gibt, die Bosheit selber sind, merkten das wohl, rechneten
Stück für Stück seinen Staat und seine Kostbarkeiten nach und
fanden, daß seiner Anzüge drei waren, von verschiedenen Farben
mit den zugehörigen Kniebändern und Strümpfen. Allein er
wußte sie mit soviel Änderungen herzurichten und mit soviel
neuen Erfindungen aufzuputzen, daß, wenn die Bauern sie nicht
nachgezählt hätten, mancher imstande gewesen wäre zu beschwören,
er habe mehr als zehn Paar Anzüge und mehr als zwanzigfachen
Federschmuck zur Schau getragen. Und ihr dürft nicht für un=
gehörig und überflüssig halten, was ich da von seinen Anzügen
erzähle, denn die spielen eine große Rolle in unserer Geschichte.
Er setzte sich öfter auf eine Bank, die auf unserm Marktplatz
unter einer großen Pappel steht, und da hielt er uns alle fest,
daß wir Maul und Nase aufsperrten und an seinen Lippen hingen,
wenn er uns seine Heldentaten erzählte. Da war kein Land auf
dem ganzen Erdkreis, das er nicht gesehen, keine Schlacht, der er
nicht beigewohnt hätte. Er hatte mehr Mauren umgebracht als
in ganz Marokko und Tunis leben, und hatte mehr Zweikämpfe
bestanden, wie er sagte, als Gante und Luna, Diego García de
Paredes und tausend andere, die er nannte. Und aus allen war
er siegreich hervorgegangen, ohne daß man ihm einen Tropfen
Blutes abgezapft hätte. Anderseits wieder zeigte er Wundenmale,
und obschon man sie nicht recht sehen konnte, wollte er uns vor=
reden, es seien Wunden von Musketenschüssen, die er bei ver=
schiedenen Scharmützeln und Treffen empfangen habe. Kurz, mit
nie erhörter Anmaßung redete er seinesgleichen, ja sogar die Leute,
die ihn genau kannten, mit Er an und sagte öfter, sein tapferer
Arm sei sein Vater, seine Taten seien sein Stammbaum, und in
seinem Stande als Soldat stehe er so hoch wie der König selbst.

Zu dieser Großtuerei kam bei ihm noch hinzu, daß er ein wenig
Musik trieb und auf der Gitarre spielte und über die Saiten
nur so hinfuhr, so daß etliche sagten, die Gitarre bekäme Sprache
unter seinen Fingern. Aber damit waren seine Geistesgaben
noch nicht alle, denn er hatte auch die Gabe zu dichten, und so
machte er über jede Kinderei, die im Dorfe vorging, eine Romanze anderthalb Meilen lang.

Diesen Soldaten also, den ich hier geschildert habe, diesen
Vicente de la Roca, diesen Helden, diesen Putznarren, diesen
Musiker, diesen Dichter sah und beobachtete Leandra oftmals
aus einem Fenster ihrer Behausung, das auf den Marktplatz
ging. Sie verliebte sich in das Flittergold seiner in die Augen
stechenden Trachten; sie war bezaubert von seinen Romanzen,
die er in Abschriften, zwanzig von jedem Gedicht, herum verteilte; die Heldentaten, die er von sich selbst erzählt hatte, kamen
ihr zu Gehör, und endlich — der Teufel mußte wohl die Sache
eingefädelt haben — kam es soweit, daß sie sich ernstlich in ihn
verliebte, bevor nur noch in ihm selbst der vermessene Gedanke
entstanden war, sich um ihre Gunst zu bewerben. Da aber, wo
es sich um Angelegenheiten des Herzens handelt, keine so rasch
zum Ziele gelangt als eine solche, bei der die Neigung des
Weibes selbst Bundesgenosse ist, so verständigten sich Leandra
und Vicente sehr leicht; und ehe einer von ihren vielen Bewer-
bern von ihrer Neigung etwas ahnte, hatte sie dieselbe schon
dem Ziele entgegengeführt. Sie verließ das Haus ihres teuren,
geliebten Vaters, denn eine Mutter hatte sie nicht mehr, und
entfernte sich aus dem Dorfe mit ihrem Soldaten, der einen
größeren Triumph aus dieser Unternehmung davontrug als
aus den vielen, deren er sich zu rühmen pflegte.

Der Vorfall setzte das ganze Dorf in Erstaunen, sowie einen
jeden, der davon Kenntnis erhielt. Ich war höchlich bestürzt,
Anselmo zu Tode erschrocken, der Vater tief betrübt, ihre Ver-

wandten beschimpft, das Gericht in voller Tätigkeit, die Landreiter auf der Spähe. Man streifte auf den Wegen, man durch-
suchte die Wälder und was darum und daran war, und nach
drei Tagen fand man diese ihren Launen fröhnende Leandra
in einer Höhle mitten im Walde, entkleidet bis aufs Hemd, ohne
das viele Geld und die kostbaren Juwelen, die sie von Hause
mitgenommen hatte. Man brachte sie zu ihrem bekümmerten
Vater zurück; man befragte sie über ihr Unglück. Sie gestand
ohne alles Drängen, Vicente de la Roca habe sie hintergangen
und mittels eines Eheversprechens sie überredet, ihres Vaters
Haus zu verlassen; er werde sie in die reichste und üppigste
Stadt bringen, die es in der ganzen Welt gäbe, nämlich Neapel;
und sie, schlimm beraten und noch schlimmer getäuscht, habe ihm
Glauben geschenkt und, nachdem sie ihren Vater beraubt, sich in
derselben Nacht, wo sie vermißt wurde, seinen Händen anvertraut, und er habe sie in ein wildes Waldgebirge geführt und
sie in die Höhle eingesperrt, wo man sie gefunden habe. Sie
erzählte auch, daß ihr der Soldat, ohne ihr jedoch die Ehre zu
rauben, alles, was sie bei sich hatte, weggenommen habe und
sie in der Höhle gelassen und von dannen gegangen sei; ein
Vorgang, der alle aufs neue in Erstaunen setzte. Schwer fiel
es, lieber Herr, an die Enthaltsamkeit des Burschen zu glauben.
Aber sie bekräftigte es mit so zahllosen Beteuerungen, daß sie
viel dazu beitrugen, dem untröstlichen Vater Trost zu verleihen,
und er achtete der Schätze nicht, die man ihm entführt hatte,
da man seiner Tochter das Kleinod gelassen, das, wenn einmal
verloren, keine Hoffnung läßt jemals wieder erlangt zu werden.

Am nämlichen Tage, wo Leandra uns wieder vor Augen
kam, schaffte sie ihr Vater uns wieder aus den Augen, indem er
sie sogleich von unserm Dorf wegführte und in einer benach-
barten Stadt ins Kloster einschloß. Denn er hoffte, die Zeit
werde einiges von dem übeln Rufe verwischen, in welchen seine

Tochter sich gebracht hatte. Die große Jugend Leandras diente
ihrer Schuld zur Entschuldigung, wenigstens bei denen, die es
nicht berührte, ob sie tugendhaft oder schlecht war. Aber wer
ihre Klugheit und ihren großen Verstand kannte, maß ihre Verschuldung nicht ihrer Unerfahrenheit bei, sondern der leichtfertigen Überhebung und dem natürlichen Hang der Weiber, der
in den meisten Fällen das sinnlos Törichte und Unüberlegte
vorzieht.

Sowie Leandra eingesperrt war, wurden Anselmos Augen
blind; wenigstens hatten sie keinen Gegenstand mehr, dessen
Anschauen ihnen Vergnügen machte. Die meinigen waren von
Finsternis umgeben, ohne einen Lichtstrahl, der sie zu etwas
Freudigem geleitet hätte, da Leandra ferne war; unsere Betrübnis wuchs mehr und mehr, unsere Gelassenheit im Erdulden
nahm beständig ab, wir verfluchten den Prunk des Soldaten und
verwünschten die Unvorsichtigkeit von Leandras Vater. Endlich
kamen Anselmo und ich überein, das Dorf zu verlassen und in
dieses Tal zu ziehen, wo er eine große Anzahl ihm zugehöriger
Schafe weidet und ich eine ansehnliche Herde von Ziegen, die
ebenfalls mein eigen sind, und wo wir unser Leben unter den
Bäumen verbringen, unseren Leiden freie Bahn lassen oder
gemeinsam der schönen Leandra Preis oder Schmach singen
oder auch einsam seufzen und jeder für sich allein seine Klagen
dem Himmel anvertraut. In Nachahmung unseres Beginnens
sind viel andere von Leandras Freiern in dies rauhe Waldgebirge gezogen, um sich derselben Lebensart zu widmen wie
wir, und es sind ihrer so viele, daß es den Anschein hat, es habe
sich dies Gefilde in ein schäferliches Arkadien verwandelt, so
angefüllt ist es mit Schäfern und Hürden, und es ist keine
Stelle, wo man nicht den Namen der schönen Leandra vernähme.
Der eine verwünscht sie und nennt sie launenhaft, veränderlich
und sittenlos, der andere verdammt sie als leicht zu gewinnen

und flatterhaft; jener spricht sie frei und vergibt ihr, dieser
spricht das Urteil über sie und schmäht sie; der eine feiert ihre
Schönheit, der andere lästert ihren Charakter; kurz, alle ver-
unglimpfen sie und beten sie an, und bei allen geht die Verrücktheit so weit, daß mancher unter ihnen über Verschmähung klagt,
ohne sie je gesprochen zu haben, ja, mancher bejammert und
fühlt schmerzlich die wütige Krankheit der Eifersucht, zu der sie
doch keinem jemals Anlaß gegeben. Denn, wie gesagt, man hat
ihren Fehltritt eher erfahren als ihre Neigung. Da ist kein
Felsspalt, kein Bachesrand, kein Schattenplatz unter Bäumen,
den nicht irgend ein Schäfer besetzt hielte, um seine Mißgeschicke
den Lüften zu verkünden; das Echo wiederholt, allerwärts, wo
es erweckt werden kann, Leandras Namen, Leandra widerhallen
die Wälder, Leandra murmeln die Bäche, und Leandra hält
uns alle fest in banger Erwartung und in Verzauberung, und
wir hoffen ohne Hoffnung und fürchten, ohne zu wissen, was
wir fürchten.

Unter diesen Unsinnigen ist derjenige, der die wenigste
und die meiste Vernunft an den Tag legt, mein Mitbewerber
Anselmo, der, obschon er sich über soviel anderes zu beklagen
hat, sich nur über Abwesenheit beklagt und zum Klang einer
Fiedel, die er wunderbar spielt, klagende Verse singt, in denen
er seinen klaren Verstand zeigt. Ich verfolge einen leichteren,
doch meines Bedünkens den richtigsten Weg. Ich will sagen, ich
schmähe auf den Leichtsinn der Weiber, auf ihre Unbeständigkeit,
auf ihre Doppelzüngigkeit, auf ihre totgeborenen Verheißungen,
auf ihre Wortbrüchigkeit und endlich auf den Mangel an Verständnis, den sie zeigen, wenn es gilt, ihren Wünschen und
Neigungen ein Ziel zu wählen.

Dies, Ihr Herren, war der Anlaß zu den Worten und
Äußerungen, die ich, als ich in Eure Nähe kam, an meine Ziege
richtete; denn weil es ein Weibchen ist, schätze ich sie gering,

obschon es das beste Stück aus meiner ganzen Hürde ist. Dies ist die Geschichte, die ich euch zu erzählen versprach. Wenn ich etwa bei der Erzählung zu verschwenderisch mit Worten war, werde ich auch nicht karg sein, wenn ich Euch Dienste zu leisten haben sollte. Ich habe meinen Pferch hier in der Nähe und habe dort frische Milch und sehr wohlschmeckenden Käse, nebst verschiedenem reisen Obst, das dem Anblick nicht minder als dem Geschmack angenehm ist.

Zweiundfünfzigstes Kapitel

Von dem Kampfe, so Don Quijote mit dem Ziegenhirten bestand, nebst dem ungewöhnlichen Abenteuer mit den Pilgern auf der Bußfahrt, welches er im Schweiße seines Angesichts zu Ende führte.

Die Erzählung des Ziegenhirten machte sämtlichen Zuhörern viel Vergnügen, besonders dem Domherrn, der mit ungewöhnlicher Aufmerksamkeit die eigentümliche Art beobachtete, wie jener erzählte, der, weit entfernt, sich als ein bäuerischer Hirte zu zeigen, beinahe für einen feinen Hofmann gelten konnte. Daher sagte der Domherr, es habe der Pfarrer recht gehabt mit seiner Behauptung, daß das Waldgebirge Leute von Bildung auferzieht. Alle erboten sich dem Hirten Eugenio zu Dienstleistungen. Wer sich aber darin am freigebigsten zeigte, das war Don Quijote, der zu ihm sprach: Gewiß, Freund Ziegenhirt, wenn ich mich in der Möglichkeit fände, irgend welch Abenteuer zu beginnen, gleich auf der Stelle würde ich mich auf den Weg begeben, auf das Euer Abenteuer zu glücklichem Ziel käme, und aus dem Kloster, worin sie zweifelsohne wider ihren Willen weilet, würde ich Leandra reißen, trotz der Äbtissin und trotz jeglichem, der es

verwehren möchte, und würde sie Euch in die Hände geben, auf
daß Ihr mit selbiger ganz nach Eurem Willen und Begehr
verfahret — unter Wahrung jedoch der Gesetze des Rittertums,
welche vorschreiben, daß keinem Fräulein keinerlei Ungebühr
angetan werde. Indessen hoffe ich zu Gott dem Herrn, es
werde die Macht eines boshaften Zauberers nicht soviel vermögen, daß nicht die eines anderen, günstiger gesinnten Zauberers weit mehr vermöchte, und für alsbann verheiße ich Euch
meinen Schutz und Beistand, wie mich mein Beruf zu tun verpflichtet, welcher kein anderer ist denn den Hilflosen und Bedrängten zu Hilfe zu kommen.

Der Ziegenhirt schaute ihn an, und als er Don Quijotes
schlechten Aufzug und jämmerliches Angesicht bemerkte, verwunderte er sich und sprach zu dem Barbier, den er in seiner
Nähe sah: Señor, wer ist der Mann, der ein solches Aussehen
hat und solcherlei Reden verführt?

Wer wird es anders sein, antwortete der Barbier, als der
berufene Don Quijote von der Mancha, der Mann, der alle
Ungebühr abstellt, alles Unrecht wieder zurecht bringt, der
Schirmer aller Jungfrauen, der Schrecken aller Riesen und der
Sieger in allen Kämpfen!

Ei, sagte der Ziegenhirt, das klingt mir ganz nach dem, was
man in den Büchern von den fahrenden Rittern liest, welche
all dies taten, was Euer Gnaden von diesem Manne sagt; wiewohl ich der Meinung bin, daß entweder Euer Gnaden einen
Spaß macht, oder daß es bei diesem Edelmann leer im Ober-
stübchen aussieht.

Ihr seid ein ausbündiger Schelm, rief hier Don Quijote.
Ihr, Ihr seid der dumme Tölpel, bei Euch ist es leer und
schwach im Kopf. Bei mir ist es voller als es jemals bei der
niederträchtigen Hure war, der schlechten Hure, die Euch auf
die Welt gesetzt hat.

Und mit diesen Worten riß er ein Brot vom Tische, das gerade neben ihm lag, und schleuderte es dem Ziegenhirten so wütig ins Gesicht, daß er ihm schier die Nase platt schlug. Allein als der Ziegenhirt, der keinen Spaß verstand, sah, wie man alles Ernstes ihm übel mitspielte, setzte er alle Rücksicht auf den Teppich, auf das Tischtuch und die ganze tafelnde Gesellschaft außer Augen, sprang auf den Ritter los, packte ihn mit beiden Händen am Halse, und hätte ihn ohne Zweifel erwürgt, wenn nicht gerade im Augenblick Sancho Panza gekommen wäre, ihn an den Schultern ergriffen und ihn über den Tisch hin geworfen hätte, wobei Schüsseln zerschlagen, Trinkschalen zerbrochen und alles, was auf dem Tische war, verschüttet und umhergeworfen wurde. Don Quijote, der sich jetzt frei sah, stürzte sofort über den Ziegenhirten her, und dieser, voll Blut im Gesichte, von Sancho mit Fußtritten zerdroschen, zappelte auf allen Vieren nach einem Messer vom Tische, um sich blutig zu rächen; allein der Domherr und der Pfarrer hinderten ihn daran. Der Barbier jedoch wußte es anzustellen, daß der Hirt den Ritter unter sich brachte, und nun ließ er auf diesen eine solche Unzahl von Faustschlägen regnen, daß vom Gesichte des armen Don Quijote ebensoviel Blut troff wie von dem seinigen. Der Domherr und der Pfarrer wollten vor Lachen bersten, die Landreiter sprangen in die Höhe vor lauter Lust, und diese wie jene hetzten drauf los, wie man mit Hunden tut, wenn sie heftig aneinander geraten sind. Nur Sancho Panza war schier in Verzweiflung, weil er sich nicht von einem Diener des Domherrn losmachen konnte, der ihn festhielt und ihn hinderte, seinem Herrn zu Hilfe zu kommen.

Während sie nun alle so in tollem Jubel waren, mit Ausnahme der zwei Faustpauker, die miteinander balgten, vernahmen sie den Klang einer Trompete, einer so trübselig tönenden, daß sich alle Blicke nach der Seite hinwendeten, von wo der Klang

ihnen herzukommen schien. Wer aber am meisten darüber in
Aufregung geriet, war Don Quijote, der zwar noch, freilich sehr
gegen seinen Willen und mehr als nur mäßig zerbläut, unter
dem Ziegenhirten lag, aber dennoch ihn ansprach: Lieber, guter
Teufel, denn was andres kannst du nicht sein, da deine Tapferkeit und Kraft so groß ist, um die meinige zu bewältigen, ich
bitte dich, laß uns einen Waffenstillstand schließen, nicht länger
als auf eine Stunde; denn der jammervolle Klang jener Drom-
mete, der zu unsern Ohren bringt, scheint mich zu einem neuen
Abenteuer zu rufen.

Der Ziegenhirt, bereits müde zu prügeln und geprügelt zu
werden, ließ ihn auf der Stelle los, und Don Quijote stellte
sich auf die Füße, wendete nun ebenfalls das Gesicht dahin, wo
man den Ton vernahm, und sah plötzlich, wie von einem Hügel
eine Menge von Leuten herabkam, alle wie Pilger auf einer
Bußfahrt weiß gekleidet. In diesem Jahre hatten nämlich die
Wolken der Erde ihr Naß versagt, und in allen Ortschaften
dieser Gegend wurden Wallfahrten, Bittgänge und Bußübungen
abgehalten, um Gott zu bitten, daß er die Hände seiner Barmherzigkeit auftue und Regen spende. Und zu diesem Zwecke
kamen die Leute aus einem nahgelegenen Dorfe wallfahrend zu
einer heiligen Einsiedelei gezogen, die auf einer Höhe bei diesem
Tale lag.

Don Quijote erblickte die seltsamen Trachten der Bußfahrer,
ohne daß ihm ins Gedächtnis kam, wie oft er sie schon gesehen
haben mußte, und bildete sich ein, dies sei so was von einem
Abenteuer, und ihm allein als fahrendem Ritter komme es zu,
sich an dasselbe zu wagen. Und was ihn in dieser Einbildung
noch mehr bestärkte, war, daß er sich einredete, eine Bildsäule,
die sie in Trauerhüllen einhertrugen, sei eigentlich eine vornehme Dame, die von diesen Bösewichtern und schamlosen
Wegelagerern mit Gewalt entführt werde. Und sowie ihm dies

in ben Kopf kam, ftürzte er leichtfüßig auf Rofinante los, ber
bort weiben ging, nahm ihm vom Sattelbogen ben **Zügel** unb
bie **Tartfche**, zäumte ihn im Nu auf, unb fein **Schwert** von
Sancho forbernb, ftieg er auf Rofinante, nahm bie **Tartfche** in
ben Arm unb fprach zu ben Anwefenben allen mit **erhobener**
Stimme: Itzo, mannhafte Gefellfchaft, follet Ihr erfchauen, wie
hochwichtig es ift, baß es auf Erben Ritter gibt, bie **fich zum**
Orben ber fahrenben Ritterfchaft bekennen. Itzo, alfo **fag' ich,**
follet ihr an ber Befreiung biefer trefflichen Dame, bie **fich bort**
in Banben zeigt, erkennen, ob bie fahrenben Ritter **hoher Ach-**
tung wert finb.

Unb alfo rebenb, gab er bem Rofinante bie Schenkel, **benn**
Sporen hatte er nicht an, unb rannte in vollem Galopp (benn
baß fich Rofinante jemals zu geftreckter Karriere verftiegen,
bas lieft man nirgenbs in biefer ganzen wahrhaftigen Ge-
fchichte) auf bie Bußfahrer los, wiewohl ber Pfarrer unb **ber**
Domherr hinliefen, um ihn zurückzuhalten. Aber es war ihnen
nicht möglich, unb ebenfowenig hielt ihn bas Gefchrei Sanchos
zurück, ber ihm zurief: Wo wollt Ihr hin, Señor Don Quijote? Was für Teufel habt Ihr im Leib, bie Euch antreiben,
gegen unferen katholifchen Glauben vorzugehen? Habt boch
acht, o weh meiner armen Seele! baß es eine Wallfahrt von
Büßern ift, unb bie Dame, bie bort auf bem Geftell getragen
wirb, ift bas gebenebeite Bilb ber unbefleckten Jungfrau. Be-
benket, Señor, was Ihr tut, benn biesmal kann man wirklich
fagen, baß Ihr nicht tut, was Eures Berufes ift.

Vergeblich mühte fich Sancho ab, benn fein Herr hatte es
fo feft im Sinn, auf bie Leute in ben weißen Hüllen heran-
zuftürmen unb bie Dame in Trauer zu befreien, baß er kein
Wort hörte, unb hätte er es auch gehört, fo wäre er boch nicht
umgekehrt, unb wenn ber König felbft es ihm geboten hätte.
Er erreichte benn ben Zug, hielt Rofinante an, ber ohnehin

schon große Lust hatte, ein wenig auszuruhen, und rief mit heftig erregter, heiserer Stimme: Ihr, die Ihr, vielleicht weil Ihr tugendlose Leute seid, das Angesicht verhüllt traget, harret still und horchet auf die Worte, die ich Euch zu sagen habe.

Die ersten, die anhielten, waren die Träger des Bildes. Und als einer der vier Geistlichen, welche die Litaneien sangen, das seltsame Aussehen Don Quijotes, die Magerkeit Rosinantes und andere Umstände, die zum Lachen waren, an dem Ritter sah und bemerkte, entgegnete er ihm mit folgenden Worten: Lieber Herr und Freund, wenn Ihr uns etwas zu sagen habt, so sagt es rasch, denn diese frommen Brüder zergeißeln sich den Leib, und wir können und dürfen uns vernünftigerweise nicht aufhalten, irgendwas anzuhören, wenn es nicht etwa so kurz ist, daß man es in zwei Worten sagen kann.

In einem Worte werde ich es Euch sagen, erwiderte Don Quijote, und so lautet es: Ihr sollt gleich auf der Stelle diese schöne Dame freigeben, deren Tränen und betrübtes Antlitz deutlich zeigen, daß Ihr sie wider ihren Willen fortschleppt, und daß Ihr eine offenbare Ungebühr an ihr verübt habt. Und ich, der ich zur Welt geboren bin, um dergleichen Freveltaten abzustellen, ich werde nicht gestatten, daß sie einen einzigen Schritt weiter ziehe, ohne ihr die ersehnte Freiheit wiederzugeben, deren sie würdig ist.

An diesen Worten merkten alle Hörer, Don Quijote müsse verrückt sein, und brachen in herzliches Lachen aus. Aber hier zu lachen, hieß Pulver auf Don Quijotes Zorneswut schütten, und ohne ein Wort weiter zu sagen, zog er das Schwert und sprengte auf die Tragbahre los. Einer der Träger stürzte, die Bürde sofort seinen Gefährten überlassend, Don Quijote entgegen, schwang als Waffe eine jener Gabeln oder Tragstäbe, auf welche man beim Ausruhen die Bahre setzt, und nachdem er mit dieser Wehr einen gewaltigen Schwerthieb aufgefangen, der sie in zwei Stücke schlug, versetzte er mit dem letzten Drittel, das ihm in der Hand blieb, dem Ritter einen solchen Schlag über die Schulter auf der Schwertseite, die der Schild gegen die gemeine bäuerische Kraft nicht schützen konnte, daß der arme Don Quijote gar übel zugerichtet niederstürzte.

Als Sancho Panza, der ihm keuchend nachgeeilt war, ihn am Boden liegen sah, schrie er dem Zerbläuer seines Herrn zu, er solle vom Prügeln ablassen, denn der sei ein armer verzauberter Ritter, der all seine Lebtage keinem ein Leides getan. Aber was den Bauern abhielt, war nicht Sanchos Geschrei, sondern ein Blick auf den Ritter, der weder Hand noch Fuß rührte, und da er mithin glaubte, er habe denselben totgeschlagen, raffte er in aller Eile seinen Kittel bis zum Gürtel auf und machte sich hurtig wie ein Gemsbock über das Gefilde von dannen.

Inzwischen waren alle übrigen aus Don Quijotes Gesellschaft zu der Stelle gekommen, wo er lag. Aber die Leute von der Bußfahrt, die sahen, wie all die Herren dort, und dabei die Landreiter mit ihren Armbrüsten, herzueilten, gerieten in Furcht vor einem schlimmen Ausgang der Sache, drängten sich insgesamt im Kreis um das Bild her, schlugen ihre Kapuzen über den Kopf, und faßten ihre Geißeln fest in die Fäuste. Desgleichen taten auch die Geistlichen mit ihren Altarleuchtern, und so erwarteten sie den Ansturm, mutig entschlossen zu Schutz und womöglich auch zu Trutz gegen der Angreifer.

Allein das Glück fügte es besser als man dachte; denn Sancho tat nichts weiter, als daß er sich über den Körper seines Herrn warf und im Glauben, er sei wirklich tot, über ihn die schmerzlichste und zugleich lächerlichste Klage erhub, die sich denken läßt.

Der Pfarrer war von einem andern Pfarrer erkannt, der mit bei der Bußfahrt war, und diese Bekanntschaft beschwichtigte

die Besorgnis im Gemüte beider Geschwader. Der erste Pfarrer
erklärte dem zweiten mit ein paar Worten, wer Don Quijote
sei, und der letztere und der ganze Haufe der Bußfahrer kamen
herbei, um zu sehen, ob der arme Ritter tot sei. Da hörten sie,
wie Sancho Panza mit Tränen in den Augen sprach: O du
Blume des Rittertums, der du mit einem einzigen Knüppelhieb
die Bahn deiner so trefflich verwendeten Jahre abgeschlossen!
O du Preis deines Geschlechts, Ehre und Ruhm der ganzen
Mancha, ja der ganzen Welt, welche nun, da du ihr gebrichst,
voller Übeltäter bleiben wird, die da nicht mehr fürchten müssen
für ihr Missetun gezüchtigt zu werden! O du, freigebig über alle
Alexanders hinaus, sintemal du mir für nicht mehr als acht
Monde Dienstes die beste Insul gegeben hattest, die das Meer
umgürtet und umfleußt! O du, demütig gegen die Hochmütigen
und stolz gegen die Demütigen, trotzbietend den Gefahren, Er-
dulder feindlichen Schimpfes, verliebt ohne allen Grund, Nach-
ahmer der Guten, Geißel der Bösen, Feind der Schlechten; mit
einem Wort, fahrender Ritter! Was alles enthält, was sich
sagen läßt.

Von Sanchos Schreien und Ächzen lebte Don Quijote
wieder auf, und das erste Wort, das er sprach, war dies: Wer
ferne von Euch lebt, süßeste Dulcinea, ist noch größerem Elend
als diesem preisgegeben. Hilf mir, Freund Sancho, mich auf
den verzauberten Karren zu setzen, denn ich bin nicht mehr imstande, Rosinantes Sattel zu belasten, sintemal mir diese ganze
Schulter zu Stücken zerschlagen ist.

Das will ich sehr gerne tun, Herre mein, antwortete Sancho,
und laßt uns in unser Dorf heimkehren, in Gesellschaft dieser
Herren, die Euer Bestes wollen, und dort wollen wir Anstalt
zu einer neuen Ausfahrt treffen, die uns zu größerem Vorteil
und Ruhm gereichen soll.

Wohlgesprochen, Sancho, entgegnete Don Quijote, und es

II   25

wird sehr klug sein, den übeln Einfluß der Gestirne, der jetzt waltet, vorübergehen zu lassen.

Der Domherr, der Pfarrer und der Barbier erklärten ihm, er würde sehr gut daran tun, so zu handeln wie er gesagt. Und höchlich belustigt von Sanchos einfältigen Redensarten, setzten sie Don Quijote auf den Karren, darauf er vorher gefahren war. Die Bußfahrt wurde wieder in die rechte Ordnung gebracht und setzte ihren Weg fort; der Ziegenhirt verabschiedete sich von allen; die Landreiter wollten nicht weiter mitziehen, und der Pfarrer zahlte ihnen, was man ihnen schuldig war. Der Domherr bat den Pfarrer, ihn zu benachrichtigen, wie es mit Don Quijote erginge, ob er von seiner Narrheit genesen, oder ob er auch fernerhin bei ihr beharren werde; und hiermit nahm er Urlaub, um seine Reise weiter zu verfolgen. Kurz, alle trennten sich und schieden voneinander. Es blieb niemand als nur der Pfarrer und der Barbier, Don Quijote und Panza und der gute Kerl von Rosinante, der bei allem, was er erlebt hatte, ebenso viele Geduld bewährte wie sein Herr.

Der Ochsenkärrner spannte seine Ochsen ein, machte Don Quijote auf einer Schicht Heu ein Lager zurecht, und langsam und gelassen wie gewohnt, verfolgte er den Weg, den der Pfarrer vorschrieb; und nach Verlauf von sechs Tagen kamen sie in Don Quijotes Dorf, wo sie um Mittag einzogen. Es war gerade Sonntag, und die Einwohner standen alle auf dem Marktplatz umher, über welchen Don Quijotes Karren mitten hindurchfuhr. Alle liefen herbei und wollten sehen, was auf dem Karren war, und als sie ihren Landsmann erkannten, waren sie höchlich verwundert. Ein Junge lief eilends hin, um seiner Haushälterin und seiner Nichte anzusagen, daß ihr Ohm und Herr ankomme, abgemagert und bleich und auf einem Heubündel ausgestreckt und auf einem Ochsenkarren. Es war ein Jammer zu hören, wie die zwei guten Frauenzimmer ein Geschrei er-

huben, sich vor den Kopf schlugen und wiederum Verwünschungen gegen die verwünschten Ritterbücher ausstießen. Und
das alles fing aufs neue an, als sie Don Quijote ins Tor seines
Hauses einfahren sahen.

Auf die Nachricht von seiner Ankunft eilte auch Sancho
Panzas Frau herbei, die längst erfahren hatte, ihr Mann sei
mit dem Ritter als dessen Schildknappe fortgezogen; und sowie
sie Sancho erblickte, war das erste, was sie fragte, ob es dem
Esel wohl gehe. Sancho antwortete, es gehe ihm besser als
seinem Herrn.

Gott sei Lob und Dank, sprach sie dagegen, der mir soviel
Gnade erwiesen hat. Aber erzählt mir nun, mein Lieber, was
für einen Gewinn habt Ihr aus Eurer Schildknapperei gezogen?
Was für einen neuen Rock bringt Ihr mir mit? Was für
Schühchen für Eure Kinder?

Nichts dergleichen bring' ich mit, mein Weib, versetzte Sancho,
wiewohl ich andere Sachen von größerer Wichtigkeit und Bedeutung mitbringe.

Das macht mir großes Vergnügen, entgegnete die Frau.
Zeigt mir doch diese Sachen von größerer Bedeutung und
Wichtigkeit, denn ich brenne darauf, sie zu sehen, damit sich
darob mein Herz erheitere, das alle die Jahrhunderte Eurer
Abwesenheit hindurch traurig und mißvergnügt war.

Zu Hause will ich sie Euch zeigen, Frau, sprach Panza,
und für jetzt seid vergnügt, denn wenn es Gott beliebt, daß wir
noch einmal auf die Suche nach Abenteuern ausziehen, werdet
Ihr mich bald als Grafen sehen oder als Statthalter einer
Insul, und zwar nicht einer solchen Insul, wie sie da und dort
herumliegen, sondern der allerbesten, die zu finden ist.

Das gebe Gott, lieber Mann, denn wir haben's wahrlich
nötig. Aber sagt mir doch, was ist das mit den Insuln? Ich
verstehe es nicht.

25*

Der Honig ist nicht da für Esels Maul, antwortete Sancho. Seinerzeit wirst du es schon erleben, Frau; ja, du wirst dich wundern, wenn du hörst, wie dich all deine Vasallen mit Euer Herrlichkeit anreden.

Was sagst du, Sancho, von Herrlichkeiten, Insuln und Vasallen? entgegnete Hanne Panza; denn so hieß Sanchos Frau, nicht als ob sie Verwandte gewesen wären, sondern weil es in der Mancha bräuchlich ist, daß die Frau den Zunamen des Mannes annimmt.

Steife dich doch nicht darauf, Hanne, daß du alles so eilig erfahren mußt; genug, daß ich dir die Wahrheit sage, und jetzt nähe dir den Mund zu. Ich kann dir nur so im Vorübergehen sagen, es gibt nichts Vergnüglicheres auf Erden, als wenn man ein angesehener Mann und Schildknappe eines fahrenden Ritters ist, der auf Abenteuer auszieht. Zwar wie man die Abenteuer findet, gehen sie zum meisten Teil nicht so nach Wunsch aus, wie der Mensch eben möchte, denn von hundert, auf die man stößt, pflegen neunundneunzig verkehrt und schief zu gehen. Ich weiß das aus Erfahrung, denn aus etlichen bin ich gewippt und aus anderen zerbläut davongekommen. Aber trotz alledem ist es was Hübsches, wenn man die Begebenheiten an sich herankommen läßt und dabei Waldgebirge durchwandert, Forsten durchsucht, Felsen besteigt, Burgen besucht, in Schenken frei nach Belieben herbergt, und der Pfennig, den man da bezahlt, den soll der Teufel holen!

Diese ganze Unterhaltung fand zwischen Sancho Panza und Hanne Panza, seiner Frau, statt, während die Haushälterin und die Nichte Don Quijotes ihn empfingen, ihn auszogen und ihn auf sein altväterisches Bett streckten. Er betrachtete sie mit verdrehten Augen und konnte es nicht fassen, an welchem Ort er sich befinde. Der Pfarrer trug der Nichte auf, die möglichste Sorge auf die Verpflegung ihres Oheims zu wenden und auf-

zupassen, daß er ihnen nicht nochmals entkomme; wobei er ihnen
erzählte, was alles vonnöten gewesen, um ihn nach Hause zu
bringen. Nun erhub sich aufs neue das Jammergeschrei der
beiden gen Himmel; nun wurden die Verwünschungen gegen die
Ritterbücher wiederholt; nun flehten sie zum Himmel, er wolle
die Schreiber so vieler Lügen und Ungereimtheiten zum tiefsten
Abgrund der Hölle verdammen. Und zum Ende wurden sie
von größter Bestürzung und Angst ergriffen, sich vielleicht von
ihrem Herrn und Oheim wieder verlassen zu sehen, im nämlichen
Augenblick, wo er einige Besserung verspüren würde. Und in
der Tat geschah es so, wie sie es sich vorstellten.

Allein der Verfasser dieser Geschichte, wiewohl er achtsam
und beflissen den Taten nachspürte, die Don Quijote bei seiner
dritten Ausfahrt vollbracht, konnte von derselben keine Nachricht
auffinden, wenigstens nicht in beglaubigten Aufzeichnungen.
Nur das Gerücht hat in den Erinnerungen der Mancha den
Umstand aufbewahrt, daß Don Quijote, als er zum drittenmal
von daheim auszog, sich nach Zaragoza verfügte und sich dort
bei einem weitberufenen Turnier einfand, welches in jener Stadt
abgehalten wurde, und daß dort sich manches zutrug, was seinem
Heldensinn und seinem verständigen Geiste in würdiger Weise
entsprach.

Auch über sein Ende und Hinscheiden hat der Verfasser
keine Nachricht erlangen können und hätte nie eine erlangt noch
etwas darüber erfahren, wenn nicht das günstige Glück ihm
einen alten Arzt zugeführt hätte, der eine bleierne Kiste im
Besitz hatte, welche nach seiner Angabe sich in den zerfallenen
Grundmauern einer alten, in der Wiederherstellung begriffenen
Einsiedelei gefunden habe. In dieser Kiste hatte man Perga-
mentrollen entdeckt, ganz beschrieben mit gotischen Buchstaben.
Es waren jedoch kastilianische Verse, und diese schilderten viele
von Don Quijotes Heldentaten und gaben Bericht über die

Schönheit der Dulcinea del Toboso, über Rosinantes Gestalt und Aussehen, über Sancho Panzas Treue und über das Grab Don Quijotes selbst, mit verschiedenen Grabschriften und Lobgedichten auf sein Leben und Treiben. Diejenigen Verse, die es möglich war zu lesen und ins Reine zu schreiben, sind die folgenden, die der glaubwürdige Verfasser dieser ganz neuen und nie erhörten Geschichte hierher setzt. Besagter Verfasser aber, zum Lohn der unermeßlichen Arbeit, die es ihn gekostet, alle geheimen Urkundengewölbe der Mancha zu untersuchen und zu durchforschen, um sotane Geschichten ans Licht zu ziehen, bittet die Leser um nichts weiter, als daß sie ihm dieselbe Glaubwürdigkeit zuerkennen wie alle verständigen Leute den Ritterbüchern, die in der Welt allgemein so hohe Gunst genießen. Damit wird er sich für wohl belohnt und zufriedengestellt erachten und sich ermutigt fühlen, noch andere Geschichten aufzusuchen und ans Licht zu ziehen, die, wenn auch nicht so wahr, wenigstens ebenso reich an Erfindungsgabe sein und ebensoviel Zeitvertreib bieten sollen.

Die ersten Worte, die auf dem in der bleiernen Kiste gefundenen Pergament geschrieben standen, waren diese:

Die Akademiker von Argamasilla,

einem Orte in der Mancha,

auf Leben und Tod des mannhaften

Don Quijote von der Mancha

HOC SCRIPSERUNT.

Der Schwarzaffe, Akademiker zu Argamasilla, auf die Grabstätte Don Quijotes.

Der hohle Fraß, der mehr mit Siegeszeichen
Als Jason Kreta einst, die Mancha schmückte;

Der selt'ne Geist, der kluge, der verrückte,
Schier einer Wetterfahne zu vergleichen;

Der Arm, der von Gaëta zu den Reichen
Katais' den Schild trug und das Schlachtschwert zückte;
Der tollste Musenzögling, dem's je glückte,
Auf Erze seinen Ruhm herauszustreichen;

Der weit ließ hinter sich die Amadise;
Dem, weil er nur für Lieb' und Ruhm entbrannte,
In Galaor verhaßt war das Gemeine;

Vor dem verstummten selbst die Belianise,
Der Held, der irrend ritt auf Rosinante,
Der liegt hier unter diesem kalten Steine.

Vom Tellerlecker, Akademiker zu Argamasilla, in laudem der Dulcinea del Toboso.

Sonett.

Seht hier, das Antlitz ganz in Fett verschwommen,
Läßt sich hochbrüstig, feurig von Gebaren,
Tobosos Kön'gin Dulcinee gewahren,
Für die der Held Quijote in Lieb entglommen.

Für sie hat er das Schwarzgebirg' erklommen
Nordwärts und südwärts, trieb den Feind zu Paaren
Im Felde von Montiel, zog in Gefahren
Bis Aranjuez, zu Fuß und schier verkommen

Durch Rosinantes Schuld. O Schicksal, bitter
Straffst du die Mancha-Königin und diesen
Fahrenden Ritter! Denn in jungen Jahren

Starb mit ihr ihre Schönheit, und der Ritter,
Obschon auf Marmor ewiglich gepriesen,
Nie konnt' er sich vor Lieb' und Täuschung wahren.

Vom Grillenfänger, dem höchst geistvollen Akademiker zu Argamasilla, zum Preise Rosinantes, Schlachtrosses des Helden Don Quijote von der Mancha.

Sonett.

Am Thron von Demant, wo auf blutig heißen
Fußspuren Mars, der Wilde, siegreich waltet,
Hat der Manchaner Held tollkühn entfaltet
Sein Banner, läßt es stolz im Winde kreisen.

Da hängt er auf die Rüstung und das Eisen,
Das scharfe, das zerstückt, zerstört, zerspaltet:
Großtaten neuer Art! doch Kunst gestaltet
Dem neuen Paladin auch neue Weisen.

Ruht Galliens Ruhm auf seinem größten Sohne,
Dem Amadis, durch dessen Enkelkinder
Der Griechen Lande sich mit Ruhm bedecken;

Quijoten reicht Bellonas Hof die Krone
Anitzt; die Mancha rühmt sich sein nicht minder
Als Griechenland und Gallien ihrer Recken.

Des Ruhm wird nie Vergessenheit beflecken,
Da Rosinante schon, der wenig wagte,
Den Brillador und Bayard überragte.

Vom Spötter, Argamasillanischem Akademiker, auf Sancho Panza.

Sonett.

Schaut Sancho Panza hier, der Knappen Krone,
An Körper klein, doch Wunder! groß an Geiste;
Ein Knappe frei von Witz, der allerfreiste
Von jedem Falsch, ich schwör's beim höchsten Throne.

Fast wär er Graf geworden, 's war nicht ohne,
Wenn sich nicht gegen ihn verschwur die feiste
Gemeinheit und die Ränkesucht, die dreiste,
Zu boshaft, daß sie nur ein Eslein schone!

Auf diesem Tier zog, mit Verlaub zu sagen,
Der gute Knappe hinter jenem guten
Gaul Rosinante her und seinem Reiter.

O leere Hoffnungen, die Frucht nie tragen!
Ihr flieht vorüber, wo wir gerne ruhten,
Und werdet Schatten, Träume, Rauch — nichts weiter!

Vom Teufelsfratz, Akademiker zu Argamasilla, auf Don Quijotes Grabstätte.

Grabschrift.

Hier tät man zur Ruhe legen
Einen Ritter wohlzerschlagen,
Übelfahrend, den getragen
Rosinant' auf manchen Wegen.

Sancho Panza liegt daneben,
Dumm von Geist, grob von Gebärden,
Doch der Treuste, den's auf Erden
Je im Knappendienst gegeben.

Vom Kunterbunt, Akademiker zu Argamasilla, auf das Grab Dulcineas del Toboso.

Grabschrift.

Hier ruht Dulcinea; loben
Mußte man die drallen Glieder;
Und doch warf der Tod sie nieder,
Daß zu Asche sie zerstoben.

Sie von christlich reinem Stamme,
Tat, als ob sie adlig wäre;
Sie war Held Quijotes Flamme,
Und des Dorfes Stolz und Ehre.

Dies waren die Verse, die noch zu lesen waren; die übrigen übergab man, weil die Schrift von Würmern zerfressen war, einem Akademiker, damit er sie mittels seiner gelahrten Konjekturen entziffern möchte. Man hat Kunde davon, daß er es mit Hilfe vieler durchwachten Nächte und großer Mühsal vollbracht hat, und daß er beabsichtigt, in Hoffnung einer dritten Ausfahrt Don Quijotes, sie ans Licht zu ziehen.

Forse altri canterà con miglior plettro.

Anmerkungen

S. 3. Die Stelle vom Rosenkranz lautete ursprünglich so: „Das allermeiste, was Amadis tat, war beten und sich Gott befehlen. Aber wie mache ich es mit dem Rosenkranz? Ich habe keinen. Da plötzlich fiel ihm ein, wie er sich einen Rosenkranz anfertigen könne; er riß nämlich einen großen Streifen aus dem Schoß des Hembes, der herabhing, und knüpfte elf Knoten darein, dazu einen größer als die andern, und das diente ihm zum Rosenkranz alle die Zeit, die er dort war, während deren er eine Million Ave Marias betete." In der zweiten Madrider Ausgabe des Jahres 1605 ist die Stelle bereits so geändert, wie wir sie jetzt lesen. In der kurzen Zeit, die zwischen beiden Ausgaben lag, war die Inquisition darauf aufmerksam geworden, daß die ältere Fassung etwas Unehrerbietiges gegen den Rosenkranz enthalte oder zu enthalten scheine; die Änderung war also unerläßlich, und sie scheint das Werk des Druckers gewesen zu sein, da Cervantes damals sich — wie der Hof — in Balladolid befand. Die vier Nachdrucke des Jahres 1605 enthalten sämtlich noch die Stelle nach der ursprünglichen Fassung, woraus sich also ergibt, daß sie unverzüglich nach der ersten und vor der zweiten Ausgabe des Don Quijote gefertigt wurden. Braunfels besaß einen jener Nachdrucke (Lissabon bei Rodriguez), worin eine gottes- und inquisitionsfürchtige Seele die ganze Stelle durchstrichen und unleserlich gemacht hatte.

S. 21. Bellido Dolfos ist der Ritter, der den König Don Sancho II. von Kastilien bei der Belagerung von Zamora meuchlerisch erschlug (1072); ein Vorgang, der nebst dessen Folgen in zahlreichen Romanzen besungen wurde. Graf Julián war in der Volksdichtung der Vater jener Cava oder Florinba, welcher der letzte Gotenkönig Robrigo Gewalt angetan haben soll, ein Frevel, zu dessen Bestrafung er, wie die Sage will, die Araber nach Spanien gerufen habe (vergl. zu S. 255).

S. 67. Der „berühmte Mohr Muzaraque" ist heute unbekannt. Vielleicht figurierte er in den Geschichten, die Cervantes aus seiner Jugendzeit in Erinnerung waren. Alcalá de Henares ist Cervantes' Vaterstadt.

S. 74. Tinacrio el Sabidor ist eine Figur des Romans vom Sonnenritter (Caballero del Febo); die übrigen Namen sind scherzhafte Erfindungen des Cervantes.

S. 91. Die Zigeuner trieben damals in Spanien den Pferdehandel und waren berüchtigt ob der Kniffe, mit denen sie schlechte Tiere für gute anzubringen verstanden. So legten sie den Eseln und Maultieren Quecksilber in die Ohren, um sie zu raschem Lauf zu treiben.

S. 93. Sancho ist so außer sich, daß er Worte und Sinn versetzt und verwirrt; denn das Sprichwort heißt:

> Wer Gutes kann haben und Böses will,
> Wird ihm Böses zuteil, so halt' er sein still.

S. 103. Don Cirongilio von Thrazien, ein Ritterroman von Bernardo de Vargas, Sevilla 1545 und 1547. Das Buch gehört zu den verrücktesten seiner Art. — Felixmarte ist schon oben bei dem Büchergericht in Kapitel 6 erwähnt. — Die Geschichte des großen Feldhauptmannes, nebst dem Leben des Diego Garcia de Paredes ist seit 1580 mehrmals gedruckt worden. Der große Feldhauptmann ist einer der berühmtesten Feldherren Europas, † 1515, ebenso bekannt durch seine Siege über die Franzosen und seine zweimalige Eroberung des Königreichs Neapel wie durch den Undank, mit welchem ihn Ferdinand der Katholische belohnte. — Diego Garcia de Paredes, † 1533, war ein kühner, abenteuerlicher Kriegsmann; er hat, wie der Pfarrer nachher erzählt, sein Leben selbst beschrieben.

S. 120. Des Neapolitaners Luigi Tansillo Gedicht Le lagrime di San Pietro ist 1585 in fünfzehn Gesängen erschienen. Es wurde auch in Spanien außerordentlich bewundert; die Strophe, die Cervantes hier übersetzt, ist die 4. des 5. Gesanges.

S. 121. Die Probe mit dem Becher steht bei Ariost (welchen Lotario als Italiener „unser Dichter" nennt), „Ras. Roland" XLII, 71 ff. und XLIII, 6—49. Rinald kommt zu einem Ritter, der bei der Tafel ihm einen Zauberbecher reicht und ihm sagt: wer daraus zu trinken vermöge, dessen Weib sei treu; sei sie aber untreu, so werde der Wein verschüttet und fließe ihm auf die Gewänder herab. Rinald lehnte es ab, den Versuch mit dem Becher zu machen, weil er dabei nichts gewinnen könne, wenn ihm seiner Gemahlin Treue bestätigt werde, wohl aber viel verlieren, wenn er das Gegenteil erfinde. Es ist der Hauswirt hierbei keineswegs „ein einfältiger Doktor", sondern ein Rittersmann. Es wird aber gleich darauf eine ähnliche, nur viel schlimmere

Geschichte erzählt, XLIII, 72 ff., und bei dieser kommt ein Doktor des Namens Anselmo vor, der zwar gar nichts mit der Becherprobe zu tun hat, der aber nicht minder sich einem Vorwitz hingibt, der ihm — auf andre Weise — zum bösen ausschlägt.

S. 123 f. Die „neue Komödie“, der die drei Redondillas entnommen sind, ist nicht bekannt; ebensowenig der Dichter, dem die S. 133 zitierten Verse angeblich entlehnt sind.

S. 142 ff. Cervantes huldigt in seinen Liebessonetten dem Modestil des sog. Culteranismo, d. i. der spanischen Form des aus Italien importierten Petrarkismus, der den antithetischen und hyperbolischen Ausdruck liebt und in gesuchten und gehäuften Bildern spricht. Er hat das erste der Sonette später auch in einem seiner Lustspiele verwendet und damit den Wert bekundet, den er ihm beilegte.

S. 145. Diese „vier S“ finden sich im vierten Gesang, Stanze 14 der „Tränen der Angelika“ von Barahona de Soto, welches Gedicht Cervantes oben in Kap. 6 (Band I, S. 60 u. 311) erwähnt hat. Sie heißen sabio, solo, solícito, secreto: weise (verständig), ausschließlich, (allein der Geliebten huldigend), unablässig aufmerksam, verschwiegen und wurden in jener Zeit oft sprichwörtlich angeführt und zum Teil auch auf andre Wörter gedeutet.

S. 175. Es ist mit der Schlacht im Königreich Neapel wohl die Schlacht bei Cerignola gemeint (1503), in welcher der „große Feldhauptmann“ Ferdinands des Katholischen (s. oben S. 103) die Franzosen schlug. Doch war Lautrec damals noch nicht Führer der Franzosen; er hat Fernández de Córdoba nie gegenübergestanden.

S. 200. Lela entspricht dem spanischen Titel Señora. Der Eigenname Zoraida bedeutet als Appellativum: Leuchter.

S. 207. Ravelin ist ein vor der Festung liegendes Werk, das eine schwächere Stelle derselben deckt; Cavalier ist eine Bastion, die einen Teil der Hauptbefestigung, der Umwallung bildet, aber höher ist als diese, um den Feind von oben herab beschießen zu können.

S. 214 ff. Alessandria, vom Spott seit alter Zeit della paglia (das stroherne) genannt, Hauptfestung und größter Waffenplatz Norditaliens. — Die Stellung eines Fähnrichs war damals die des ersten Offiziers nach dem Hauptmann. Diego de Urbina aus Guadalajara zeichnete sich in der berühmten Seeschlacht bei Lepanto aus. Wieviel Cervantes, der ja selbst bei Lepanto mitgefochten hatte und später (1575) in algerische Gefangenschaft geraten war, von seinen

eigenen Erlebniſſen in die Novelle vom Sklaven aus Algier hineinver-
woben hat, iſt nicht mehr ſicher zu erkennen. Die Ereigniſſe der Kämpfe
mit den Türken von der Schlacht bei Lepanto (1571) bis zur Einnahme
von Goleta (1575) bilden den weltgeſchichtlichen Rahmen der erſten Er-
lebniſſe des Sklaven.

S. 216. Uludſch-Alí aus arabiſchem Uludſchí = chriſtlicher
Renegat in mauriſchem Dienſt und Alí, was Eigenname iſt. — Auch
der Beiname Fartach (S. 223) iſt nicht türkiſch, ſondern arabiſch;
firtás = grindig, kahl, zornmütig.

S. 217. Juan Andrés = Giovanni Andrea Doria,
Neffe des berühmten genueſiſchen Seehelden, von den Schriftſtellern
jener Zeit (wie auch in Schillers Fiesko) Gianettino Doria genannt.

Chairebbin oder Cherebbin der Rotbart (Barbaroſſa), der
kühnſte Seeheld der Türken. Nach dem Tode ſeines Bruders Morruch
wurde er Beherrſcher von Algier und bemächtigte ſich der Regentſchaft
Tunis, welche ſodann Kaiſer Karl V. auf ſeinem bekannten Kriegszuge
1535 eroberte. Barbaroſſas Sohn Haſſán Bey erhielt nach ihm die
Herrſchaft über Algier; und deſſen Sohn Mohammed Bey war der
Schiffshauptmann, der hier erwähnt wird.

S. 223. Das „Kloſterpfäfflein“: Im Text ſteht el Fratin,
ein italieniſches Wort, ſpaniſch fratino, das Mönchlein oder Pfäfflein,
mit welchem Spitznamen man den Kriegsbaumeiſter Giovanni Palearo,
auch Paleazzo, zu bezeichnen pflegte. Er war, wie damals die meiſten
Ingenieure in ſpaniſchen Dienſten, Italiener.

S. 224. Agá iſt der türkiſche Titel eines Janitſcharenkomman-
danten. — Haſſán Agá war der König von Algier, deſſen Sklave einſt
Cervantes ſelbſt geweſen war, der im folgenden die Lebensumſtände der
algeriſchen Cautivos nach eigener Erfahrung ſchildert.

S. 226. Im Spaniſchen: llamado tal de Saavedra, wörtlich: er
hieß ſo und ſo von Saavedra; den Vornamen alſo hat der Mau-
renſklave angeblich vergeſſen. Cervantes meint hier ſich ſelbſt, und nachdem er bisher in die Geſchichte des Sklaven manches aus ſeiner eigenen
eingeflochten, unterſcheidet er von jetzt an deutlich zwiſchen beiden.

S. 227. Die Geſchichte mit dem Rohrſtab und der ſchönen
Maurentochter kommt auch in dem bekannteſten von Cervantes' Luſtſpielen
vor, das den Titel los Baños de Argel (die Sklavenkerker in Algier)
führt, und an deſſen Schluß ausdrücklich die Wahrheit der Erzählung
betont wird.

S. 229. Der Hadschi (Mekka-Pilger) Murad, bei Cervantes Agi Morato, ein Renegat aus Slavonien, war zur Zeit des Cervantes einer der angesehensten Persönlichkeiten in Algier. Pata (Al-Batha) war eine wichtige Grenzfestung des Landes, nicht weit von Orán gelegen.

S. 248. Bagarinos sind die freien Ruderknechte, im Gegensatze zu den Rudersklaven. — Arráez = Schiffshauptmann.

S. 255. Halbwegs zwischen Algier und der westlich gelegenen kleinen Seestadt Dschirgeli (die Cervantes oben S. 239 Sargel nennt) liegt am Meer ein ruinengekrönter Hügel, den die Einheimischen Kober-Rumia, Kaba-Rumia nennen, was wohl als „Königsgrab" zu deuten ist: das Grabdenkmal alter mauretanischer Könige. — Die spätere Interpretation zerlegte, wie die Worte des Cervantes zeigen, den Ortsnamen Kaba-Rumia volksetymologisch in die beiden arabischen Wörter Caba (Weib) und Rumia (Christin) und verband den Ort so mit der Nationalsage. Nach dieser, die ihren Ausdruck vielfach in Romanzen gefunden hat, erblickte einst Don Rodrigo, der letzte der westgotischen Könige Spaniens, die schöne Tochter des Grafen Julián, Befehlshabers der afrikanischen Küste, als sie im Tajo badete, und befriedigte seine rasch entflammte Liebe mit roher Gewalttat. Darauf hin rief der Graf Julián die Araber aus Afrika nach Spanien herüber, und diese vernichteten das gotische Reich in der Schlacht bei Jerez de la Frontera 711. Die Tochter des Grafen Julián wird in den Romanzen bald Florinba, bald la Cava genannt. Noch heute zeigt man zu Toledo „das Bad der Cava" am Tajo (vergl. zu S. 21).

S. 263. Die beständigen Raubzüge, welche Schiffe aus der Berberei an den spanischen Küsten vornahmen, nötigten zur Anlegung von Warttürmen und zur Einrichtung einer Miliz, welche für die Sicherheit der Dörfer und Städte am Meeresstrand zu sorgen hatte. Es waren dies die „Strandreiter", die so lange bestanden, bis unter König Karl III. Verträge mit den nordafrikanischen Raubstaaten der unaufhörlichen Besorgnis vor den Piraten ein Ende machten.

S. 277. Palinurus ist der Steuermann des Äneas bei Virgil.

S. 284. Der Sonnengott Apollo verfolgte Daphne; es geschah dies in der thessalischen Ebene, aber auch zugleich an den Ufern des Peneus, denn der Peneus fließt in Thessalien. Don Quijote hätte also nicht zu zweifeln brauchen.

S. 308 f. Diese Geschichte wird von Ariost im „Rasenden Roland", Gesang 27, ausführlichst erzählt. Auf Geheiß Gottes, der dem in Paris

II 26

belagerten Kaiser Karl damit helfen will, schickt der Erzengel Michael die Göttin der Zwietracht in das Lager des heidnischen Königs Agramant, um dessen Ritter und Helden untereinander zu entzweien und in scheinbar unlöslichen Wirrwarr zu bringen: Es kämpft Mandricardo mit Grabasso um den Besitz des Schwertes Durindana, Rodomonte mit Rüdiger und Sacripante um das Roß Frontino oder Frontalatte, Rüdiger mit Mandricardo um den Schild mit dem Zeichen des weißen Adlers u. s. f. Zuletzt aber gelingt es den Mahnungen des Königs Agramant und der Klugheit des Königs Sobrino, die Eintracht notdürftig wieder herzustellen.

S. 330. Es läßt sich aus der Erwähnung der Novelle von Rinconete und Cortabillo folgern, daß Cervantes anfänglich die Absicht hatte, auch diese Novelle in den Don Quijote einzuschieben. Indessen ist sie erst 1613 in den Novelas ejemplares von ihm veröffentlicht worden. Sie enthält eine meisterhafte Schilderung des Lebens der Gauner und Diebe in Sevilla.

S. 332. Summa, summula, eine Sammlung von Lehrsätzen, namentlich auf dem Gebiete der Theologie und Philosophie, soviel wie unser „Kompendium". Im Jahre 1557 veröffentlichte der Theologe Gaspar Carbillo de Villalpando seine Summa summularum, (das Kompendium der Kompendien), und die Hochschule zu Alcalá erließ die Vorschrift, daß nur nach diesem Buche gelehrt werden dürfe.

S. 339. Zu den Beispielen aus der alten Geschichte: Sinon, ein Grieche, der die Trojaner veranlaßte, das hölzerne Pferd in die Stadt zu ziehen. — Nisus und Euryalus, die in Virgils Äneide um ihrer Freundschaft willen hoch gefeierten Jünglinge. — Als die Bewohner Babylons sich gegen Darius empört hatten, wollte Zopyrus die schwer zu bezwingende Stadt dem Könige wiedergewinnen. Er schnitt sich Nase und Ohren ab, ging in die Stadt und gab vor, er sei auf Befehl des Königs so mißhandelt worden und wolle sich dafür rächen. Auf solche Weise schlich er sich in das Vertrauen der Babylonier ein. Sie übertrugen ihm zuletzt den Oberbefehl, so daß es ihm leicht ward, die Stadt den Persern zu überliefern. Also erzählt Herodot III, 153 ff.

S. 341. Der Schneider von Cantillo oder Campillo (sastre del Cantillo, del Campillo), „der die Näharbeit tut und den Faden liefert", ist schon vor Cervantes im spanischen Sprichwort vorhanden.

S. 342. Die Trauerspiele Isabela, Phyllis und Alexandra

sind von Lupercio Leonardo de Argensola († 1613). Sie waren lange Zeit verschollen; die Phyllis ist es bis jetzt noch, und die andern zwei, die Isabela und die Alexandra, sind erst im Jahre 1772 gedruckt worden. Beide verdienen keineswegs das Lob, das ihnen Cervantes in kurzsichtiger Freundschaft spendet; es sind Stücke ganz ohne die dramatische Kunst, die der Domherr ihnen nachrühmt, mit wenig Poesie und zahlreichen Greueln ausgestattet.

„Für Undank Rache" (La Ingratitud vengada) ist ein Stück Lopes de Vega. Obschon eines seiner früheren, ist es erst 1620 im vierzehnten Teile von Lopes Komödien gedruckt worden. Es ist bemerkenswert, daß Cervantes hier, wo er gegen Lope de Vega dramatische Schule polemisiert, erst ein Stück des nämlichen Lope mit Lob hervorhebt. S. 345 f. schließt er diesen dramatischen Exkurs mit einem neuen Preise dessen, den er „einen der reichbegabtesten Geister dieser Lande" (un felicisimo ingenio destos reinos) nennt. — Die Numancia, ein Trauerspiel von Cervantes, für das er selbst keinen Verleger finden konnte oder wollte, und das erst 1784 gedruckt wurde. Es ist ein Stück voll poetischer Stellen, aber es ist so seltsam aufgebaut und ausgeführt, als ob Cervantes, im Gegensatz zu dem, was er von seinem Sachverständnis meint und sagt, durchaus keinen richtigen Begriff vom Wesen und den Erfordernissen eines eigentlichen Dramas gehabt hätte. — El Mercader amante, eine Komödie des Valencianischen Dichters Gaspar de Aguilar († um 1624), die nicht mit Unrecht hier gelobt wird. — La Enemiga favorable, von dem Domherrn Tárrega († um 1617), einem tüchtigen Meister der Valencianischen Schule.

S. 356. Viriatus rief die Spanier zur Empörung gegen die Römer, denen er von 149 bis 140 v. Chr. zu widerstehen wußte. — Der Graf Fernán González ist der vom Epos verherrlichte Begründer des Königreichs Kastilien, das er großenteils den Mauren abgewann (10. Jahrhundert). — Vom „großen Feldhauptmann" Gonzalo Fernández und von Diego García de Paredes war schon oben die Rede (zu Seite 103). — Garci-Pérez (verkürzt aus García Pérez) de Vargas, ein berühmter, von den Mauren gefürchteter Held unter dem heiligen Ferdinand, dem Eroberer von Sevilla (1248). Er soll nach den Geschichtschreibern nicht aus Jerez, wie Cervantes hier sagt, sondern aus Toledo gewesen sein. — Man weiß nicht, welcher Garcilaso hier gemeint ist, da es verschiedene Helden dieses Namens gab. — Manuel de León lebte in der Zeit von Ferdinand und Isabella und war be-

rühmt ob seiner Kühnheit. Man berichtet von ihm eine ähnliche Geschichte wie die von Schiller im „Handschuh" erzählte.

S. 357. Die zur altfranzösischen Karlsepik gehörende Chanson de
geste vom sarazenischen Riesen F i e r a b r a s , vom Sturm auf Brücke
und Stadt M a u t r i b l e und von der Liebe der F l o r i p a s zu G u i
de B o u r g o g n e war von den Spaniern übernommen und bearbeitet
worden. Calderon hat später den Stoff für sein Drama La Puente
de Mantible benutzt.

S. 358. G u e r i n o il meschino (= der vom Unglück Verfolgte)
ist der Titel eines italienischen Prosaromans aus der Zeit von 1400,
der die Welt der Karlssage in die buntesten Abenteuer überführt. Es
ist noch heute ein Volksbuch Italiens. — Die D u e ñ a Q u i n t a ñ o n a ,
die nach der hier I. S. 308 angezogenen Romanze Lanzelot den
Wein schenkte, war die Gelegenheitsmacherin zwischen Lanzelot und der
Königin G i n e v r a .

S. 358 f. Der Kastilianer J u a n de M e r l o , den Cervantes einen
Lusitanier nennt, weil seine Familie aus Portugal stammte, lebte unter
dem kastilischen König Johann II. (1407—1454), in der Zeit, wo das
Rittertum seine letzten Blüten und die seltsamsten Auswüchse trieb.
Damals waren die Rittergeschichten das Evangelium der Leser und
Hörer, und viele suchten mit ihren Taten die läppische Dichtung ins
wirkliche Leben überzuführen. Zu diesen für ein zweckloses Ideal be-
geisterten Männern gehörte Juan de Merlo. Er hatte, wie damals
üblich, einen Spruch, natürlich zu Ehren der Frauen, aufgestellt (dergleichen anmaßliche Aufstellungen nannte man empresa, d. i. Devise,
Wahlspruch mit Sinnbild) und zog im Jahre 1433 ins Ausland, um
seine Devise gegen alle und jeden zu verfechten. In dieser Absicht kam
er nach Arras an den Hof Philipps des Guten von Burgund, forderte
dort den Ritter Peter von Beauffremont und erfocht in Gegenwart
des Herzogs den Sieg für seine Devise. Zu demselben Zweck focht er
dann in Basel gegen Heinrich von „Remestan" (wie im Spanischen steht),
dessen Name in Wirklichkeit R a b e n s t e i n lautete, und besiegte ihn angesichts der vom Rate der Stadt ernannten Kampfrichter. — P e d r o
B a r b a und G u t i e r r e Q u e j a d a sind zwei Ritter, welche ebenfalls
unter der Regierung Johanns II. nach Burgund an den Hof Herzog
Philipps zogen, um ihre Devisen gegen zwei tapfere Ritter, die Söhne
des Grafen von Saint-Paul, zu verteidigen, denen sie zu diesem Zwecke
eine Forderung gesendet hatten, die auch angenommen wurde. Da Pedro

Barba krank geworden, kam Gutierre Quejada allein im Jahre 1455 nach Saint-Omer an den burgundischen Hof, focht seinen Strauß gegen den einen der Ritter aus und bestand siegreich. — Fernando de Guevara zog 1436 nach Wien, um seine Devise zu verfechten, und kämpfte dort mit dem württembergischen Ritter Georg von Feuerbach in Gegenwart des Herzogs Albrecht von Österreich. — Mit dem Waffengang (dem paso honroso) des Suero de Quiñones verhält es sich folgendermaßen: Am Neujahrstag 1434 erschien vor dem Könige Johann II. und seinem Hofe der Ritter Suero de Quiñones, Sohn eines der vornehmsten Herren des Landes, mit neun andern Rittern, sämtlich in weißer Rüstung, unter Vortritt eines Herolds, welcher eine Bittschrift verlas. In derselben erklärte Suero, er sei schon lange in den Banden einer Dame, und zu dessen Zeugnis trage er jeden Donnerstag einen eisernen Ring um den Hals; jetzt aber habe er im Namen des Apostels Jakob den Entschluß gefaßt, sich aus diesen Banden zu lösen, und die Lösung sollte dadurch erzielt werden, daß er und seine neun Begleiter mit jedem Ritter oder Edelmann, der sich einstellte, kämpfen, und so im ganzen dreihundert Lanzen brechen wollten. Zu diesen dreihundert seien nur die zu zählen, bei denen Blut fließe. Das solle geschehen fünfzehn Tage vor und fünfzehn Tage nach Sankt Jakobstag, und zwar vor der Brücke von Orbigo auf der Straße nach Compostela. Jeder Ritter oder Edelmann würde dort die erforderlichen Rüstungsstücke und Waffen vorfinden. Der König erteilte seine Genehmigung hierzu, worauf Suero die Bedingungen des Kampfes in zweiundzwanzig Artikeln verlesen ließ. Der Wappenkönig von Kastilien zog nun in allen Städten des Landes umher („auf Kosten des Ritters", sagt die alte Urkunde) und forderte männiglich zur Beteiligung an dem Kampfe vor der erwähnten Brücke auf. Dort waren Gerüste, Schranken, Sitze, eine Bühne für die Richter und Tische für die Schreiber errichtet. Der König selbst hatte die Kampfrichter ernannt und seinen Notar Pero Rodríguez Delena mit der Abfassung des Protokolls beauftragt; dieses ist uns in einem sehr vollständigen Auszuge von Juan de Pineda erhalten. Zu dem großartigen Kampfe, der mehr Ernst als Spiel war, fanden sich viele spanische und fremdländische Ritter ein, unter ihnen auch ein Deutscher, „Arnold de la Floresta Bermeja (Rotenhan?) aus der Markgrafschaft Brandenburg"; jeden Tag wurden von Suero und seinen neun Genossen gegen die Angreifer Lanzen gebrochen. Manche Ritter von beiden Seiten, darunter Suero selbst, wurden verwundet; einer der Angreifer

verlor sogar im Lanzenstechen das Leben.   Selbstverständlich wurde dabei jeden Tag Gottesdienst gehalten und Messe gelesen.   Nachdem die
dreißig Tage um waren, obschon die Zahl der gebrochenen Lanzen noch
nicht dreihundert erreichte, geboten die Kampfrichter, den Ritter von
seinem eisernen Halsbande zu lösen.   Dies ist der Paso honroso, zu
deutsch der ehrenvolle (oder ehrenbringende) Waffengang vor der
Brücke von Orbigo, der noch heute in Spanien unvergessen ist. — Der
edle Herr Luis de Falces aus Navarra kam 1428 mit seiner Devise
auf dem Schild nach Valladolid an den Hof; Don Gonzalo de Guzmán
berührte den aufgehängten Schild des Falces, zum Zeichen daß er den
Kampf annehme, welcher auch auf Geheiß des Königs stattfand.   Gonzalo trug den Vorteil davon.

S. 361 ff.   Die ganze Mär von dem Pechsee und dem verwegenen
Ritter ist einer Stelle im Amadis von Griechenland nachgeahmt, doch
mit Absicht ins Ungeheuerliche übertrieben.

S. 373.   Die Haudegen Sante und Luna sind uns unbekannt.

S. 394.   Der italienische Vers, mit dem Cervantes am Schlusse
des zweiten Bandes auf die künftige Erzählung einer dritten Ausfahrt
seines Helden hinweist, ist Ariosts „Ras. Roland“ XXX, 16 entnommen.
Er lautet in der Übersetzung von Gries:

Das singt ein andrer wohl in besserem Tone.